余功保 著

极意

余功保太极演讲录

JIXIANG YUGONGBAO TAIJI YANJIANGLU

上册

人民体育出版社

图书在版编目（CIP）数据

极享：余功保太极演讲录 / 余功保著. -- 北京：人民体育出版社，2022
ISBN 978-7-5009-6115-4

Ⅰ.①极… Ⅱ.①余… Ⅲ.①太极拳—文集 Ⅳ.①G852.11-53

中国版本图书馆CIP数据核字(2021)第254300号

*

人民体育出版社出版发行
北京新华印刷有限公司印刷
新 华 书 店 经 销

*

889×1194　16开本　50.25 印张　900千字
2022年2月第1版　2022年2月第1次印刷
印数：1—5,000册

*

ISBN 978-7-5009-6115-4
定价：286.00元

社址：北京市东城区体育馆路8号（天坛公园东门）
电话：67151482（发行部）　　邮编：100061
传真：67151483　　　　　　　邮购：67118491
网址：www.sportspublish.cn
（购买本社图书，如遇有缺损页可与邮购部联系）

作者简介

余功保

著名太极文化学者,世界太极拳网总编、太学堂—世界太极网络学院院长。毕业于北京大学物理系。曾长期从事武术、传统养生文化的研究、管理工作,创办了博武国际武术网、世界太极拳网、中华民族网络电视台等影响广泛的新媒体平台,是武术信息化的重要开拓者。积极倡导并大力推动太极文化和太极科学研究的发展,主持策划并实施了"中华武林百杰""世界太极拳健康大会""全民健身气功交流大会""世界太极文化节"等多项在国内外具有深远影响的大型武术、太极拳活动。组织开展了众多太极拳学术交流、研讨活动和课题研究。为全世界第一本《中国太极拳大百科》《中国太极拳辞典》主编。著有太极拳、健身气功、国学养生、书法等中国传统文化方面著作数十种,在全国性报刊发表文章近百万字。许多著作被翻译成多国文字在全球发行,在世界太极拳界引起热烈反响,作品被国内外媒体广泛介绍。经常在重大国际太极文化活动中担任学术主讲人,多次应邀出国访问,进行中国文化讲学及主持重要国际文化活动,先后在国内外进行了数百场中国武术、太极拳和中国传统文化的演讲,其太极拳方面的成果在海内外具有重要影响。

序：入山识拳

太极拳产于中国，是中国文化衍进的自然成果，也是其必然结果。

作为中国的精神遗产，中国文化的通方之学，太极文化历经数千年，不论时代变迁，不论复杂，不论喧嚣，从未失去大气酣畅和静蕴茁放，任何时候都展现出了古老文化生机盎然的新样子。而太极拳的出现，更是呈现了太极文化最鲜活灵动的典范。

近百年来一个了不起的中国文化现象，就是把太极拳真正推广到全国各地和全世界，成为各国人民共享的健康财富。其中的主要工作，是在改革开放的最近40年中完成的。

记得一位高僧曾经说过，不在于你说

了什么，而在于是不是过来人。这本书中100多篇演讲，都是自20世纪80年代以来在各种活动中的发言，是我数十年来内心珍贵之"过来"。而这些活动展现了太极人的情怀、坚持与智慧，本人十分有幸参与其中。

1899年，梁启超在《清议报》上发表《饮冰室自由书》。此文里，他谈及文明普及法有三：一曰学校，二曰报纸，三曰演说。在那个时代，中国产生了胡适、陈独秀、鲁迅等优秀的演讲家，他们的演说对传播新文化发挥了重要作用，开辟了新的传统。其实演讲也可以在学校、报纸出现，因此更具自由度和腾挪空间。演讲在战国时期已经是传播思想、沟通识学的有效方式，作为文明、文化之传播方式，演讲在任何时代都独具效能，因此多年来应邀进行一些演讲和讲座的时候，我也愿意为之。

是时代给予了太极文化绽放的光芒，太极文化也给时代增添了活力。因此这本书从一个角度也反映了众多太极传承人、研究者、推广者的心血努力。

庄子云"道行之而成"。中国人常好以"德行"二字连言，若求人生之确然有所得，必重于行。中国哲学有一个很奇妙的地方，就是它的核心理论是可以通过人的自我修持实践来证悟的，太极拳是这种证悟的典型方式。我在和很多太极拳老师的接触当中，深深感受到他们内在文化基因的强大，那是超越一般知识层面，直达生命内核的沉静与旷达、勇毅与从容。中国文化在太极拳这里找到了一个坚实的落脚点。所以，钟情国学、热爱生命、热爱健康的人们喜欢太极拳也就是一种自然的契合。这本书也是想以"太极拳"为表征，从一个角度印证中国太极文化的"古往今来"。

"尚武"不是一种简单的技术概念，而是一种精神文化，这也是孙中山先生大力倡导的缘由所在，"经典时尚"正体现了太极拳当今的社会价值。

本书收录演讲113篇，是从1986年至2020年300多场演讲中选取的，依照时间的大致顺序编排。内容涉及多方面，包括太极拳的历史、文化、人物、研究、发展与推广、传承与传播，也包括许多太极拳的理法和功技。演讲场景包括各级政府和各地太极拳组织、各类武术专业研究会、高等院校及科研单位、社会机构等举办的太极拳交流、研究活动，还有各类国际太极文化交流活动，这些活动是当代太极拳和太极文化发展的一个个缩影。本书选用了演讲相关活动的资料照片，也是为保存这些活动的历史风貌，记录多年来为中国太极拳发展付出许多辛劳的太极拳家和太极拳工作者，这本书是为他们而整理的。

书中文章大都根据现场演讲录音整理，为了保持演讲的语言特色和当时的现场感,基本保留了原有的风格和结构,尽量做到原汁原味。有些演讲因为篇幅较长和基于内容安排的原因,做了节选。

我在这些演讲、讲座过程中,一个突出的感受是,自己也得到很多宝贵的收获。有机会把自己多年来关于太极拳和太极文化的思索和体悟跟大家分享、讨论,而现场很多人的发言和反馈也让我特别受益和感动。

这本书的内容是我关于太极拳说的一些话,太极拳终究是要练一练才有更深的体会。我们在读各种经典拳论,看各种太极拳书文、影像的时候,都应该结合实践,才能"识得太极真面目,只缘身在此山中",但愿此书能为大家走入"拳山"发挥一点导览作用。

在书稿整理过程中,得到了很多太极拳老师和机构的大力支持。感谢所有演讲活动的主办、承办单位及相关机构和个人。他们中的很多人提供了演讲现场的实况资料,他们是这本书形成的最重要的因素。本书的完成是众多太极拳家和太极拳工作者共同努力的结果。

2021年9月18日,人民体育出版社专门成立了"余功保太极文化工作室",深感荣幸和责任,本书作为工作室成立后出版的第一本书,也倾注了人民体育出版社领导和相关工作人员的心血和努力,在此一并表示特别感谢。

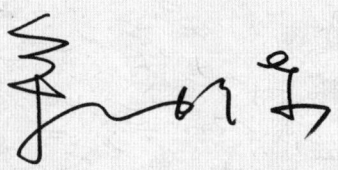

目 录

001 **迈步走出科学之路**
——在首届全国高校武术协会科学研讨会上的主持讲话（1986年5月）

005 **太极拳的文化特性与实践方法**
——在首届中国国际武术节上的讲座（1988年10月）

011 **太极的练养用**
——在"太极内功养生八法"编定会上的讲话（1995年10月）

015 **内练是中国传统养生学的核心方式**
——在全民健身推荐方法专家评审会上的讲话（1996年6月）

019 **科学研究与实践修炼相结合**
——在首届世界太极拳健康大会科学研讨会上的讲话（2001年3月）

023 **太极与文化**
——在首都体育学院的讲座（2001年8月）

027 **水木之欣 固而有本**
——在清华大学"博武论坛"上的演讲（2003年3月）

001

极享——余功保太极演讲录

033 太极拳的全面科学发展
　　——全国多家媒体联合采访发言（2005年5月）

041 笔有太极书自华
　　——在中国国家画院的演讲（2005年5月）

047 有容乃大就是太极胸怀
　　——在香港传统杨式太极拳国际邀请赛上的演讲（2009年5月）

051 经世为武
　　——在李经梧先生百年诞辰纪念座谈研讨会上的演讲（2012年10月）

061 《太极拳论》精要及其对太极拳实践的指导作用
　　——在北京中医药大学的讲座（2013年5月）

081 传统太极拳的"知"与"行"
　　——在北京中医药大学的讲座（2014年4月）

089 万象如一：中国传统养生的智慧与实践
　　——在第十届国际文化产业博览会上的演讲（2014年5月）

097 太极拳的智慧
　　——中央电视台《文明之旅》访谈（2015年10月）

111 优秀太极拳家的特性
　　——在郑悟清先生诞辰120周年座谈纪念会上的演讲（2015年10月）

117 乾隆书法的太极意境
　　——在镇江孙氏武学非遗传承大会上的演讲（2016年1月）

121 一场太极相遇，便是终身欢喜
　　——"三亚南山"首届世界太极文化节开幕式致词（2016年4月）

127	**太极文化产业的思维与格局**
	——在陈家沟国际太极论坛上的演讲（2016年4月）
135	**社会需要什么样的太极人才？**
	——在中国太极拳职业教育中心的演讲（2016年4月）
141	**太极拳的刚柔之道**
	——在德和国际太极同门联谊会上的讲座（2016年5月）
155	**太极拳养生的原则**
	——在陕西泾阳太极养生文化高峰论坛上的演讲（2016年5月）
167	**太极文化的发展与太极修炼**
	——在新疆"丝路太极行"活动中的讲座（2016年6月）
175	**"内圣外王"的生命模式**
	——在武当山"太极文化与健身气功国际论坛"上的演讲（2016年7月）
183	**坚守传统，挖掘太极宝藏**
	——在"太极华藏"启动仪式暨《陈小旺太极手册》首发式上的演讲（2016年8月）
189	**太极师说**
	——2016年"教师节"世界太极拳网祝词（2016年9月）
193	**太极拳养生的智慧**
	——在桓仁"首届世界太极养生文化高峰论坛"上的演讲（2016年9月）
199	**太极拳是练什么的？**
	——在咸阳永年杨式太极拳培训中心的讲座（2016年10月）
211	**拳不分内外，武天下一家**
	——在"中华内家拳纪念馆"开馆仪式上的讲话（2016年10月）

极享——余功保太极演讲录

215	**太极文化的影响力**
	——在大理国际太极文化论坛上的演讲（2016年11月）

223	**永不逝去的武林：国术与国学**
	——北京大学武术文化讲座（2016年12月）

239	**太极拳的"高"与"广"**
	——在太极"T30峰会"上的主持演讲（2016年12月）

243	**人生极有价值的一场相遇**
	——在柒壹会太极俱乐部的演讲（2017年1月）

251	**变化气质——让太极文化改变你的"相"**
	——在大理"海峡两岸及港澳太极文化交流研讨会"上的演讲（2017年2月）

255	**太极拳国际化的话语权**
	——在北京市高校"武术文化传承发展研讨会"上的演讲（2017年3月）

261	**山高拳为峰**
	——在孙式太极拳峰会上的演讲（2017年3月）

267	**太极休闲，身心自在**
	——在澳门世界休闲体育高峰论坛上的演讲（2017年4月）

271	**太极拳的传承与传播**
	——在陈式太极拳峰会上的演讲（2017年4月）

277	**中国武术的生命观与人文精神**
	——在北京体育大学的讲座（2017年5月）

281	**游于艺，合于道**
	——在全国吴式太极拳峰会上的主持演讲（2017年5月）

287	**以开放的胸怀拥抱世界**	
	——在杨式太极拳峰会上的主持演讲（2017年5月）	
295	**优秀太极拳家的素质**	
	——在国际杨式太极拳协会中国总部成立会上的演讲（2017年5月）	
301	**太极拳与《道德经》**	
	——"三亚南山"太极大讲堂讲座（2017年5月）	
311	**唯"战"不破**	
	——在"战太极"赛事发布会上的演讲（2017年6月）	
315	**一眼千年太极韵**	
	——在西津渡"世界太极名家大讲堂"上的主持演讲（2017年6月）	
321	**太极国学的概念与内容**	
	——在"长安太极大讲堂"的演讲（2017年6月）	
329	**产业价值是太极拳社会价值的重要体现**	
	——在首届世界太极产业博览会新闻发布会上的讲话（2017年6月）	
335	**掌握太极拳的两种语言体系**	
	——在北京体育大学太极拳科研专家会上的讲话（2017年6月）	
341	**太极拳的根与魂**	
	——在北京大学"水木博雅太极大讲堂"上的演讲（2017年7月）	
347	**太极思维与国学养生**	
	——在九华山太极文化与健身气功国际论坛上的演讲（2017年7月）	
353	**展现太极拳的活力、热情与创造力**	
	——在"首届世界太极中青年领袖峰会"上的演讲（2017年8月）	

363	**太极拳与《黄帝内经》**
	——世界太极名家"维景太极大讲堂"讲座（2017年8月）

373	**太极拳的体育精神**
	——在"世界百城千万人太极拳展演"北京站活动上的演讲（2017年9月）

377	**太极人的秉立风范**
	——在第二届世界太极文化节开幕式上的致词（2017年9月）

383	**太极拳家的修为**
	——在"马虹杯"陈式太极拳联谊赛上的演讲（2017年10月）

389	**体用兼备 品质相合**
	——在第三届洪派太极拳国际交流大赛开幕式上的讲话（2017年10月）

395	**太极拳练气的原理和方法**
	——在日本熊本中日武术交流大会上的演讲（2017年11月）

401	**太极拳与"气"文化**
	——在亚太中华武术太极文化论坛上的演讲（2017年11月）

407	**太极拳医疗康复值得深耕细作**
	——在"太极疗"两周年纪念活动上的讲话（2017年11月）

411	**以顺达而臻宏张**
	——在全国武式太极拳峰会上的演讲（2017年12月）

419	**自由与自在，寻找真正的太极拳**
	——2018年元旦贺词网络演讲（2018年1月）

425	**太极的纯真之境**
	——在深圳"一带一路太极论坛"上的演讲（2018年1月）

431 **临练拳照是学好太极的重要方式**
——在《崔毅士太极经典传真》首发式上的演讲（2018年1月）

437 **练武习文从来是**
——在河北省王其和太极拳协会总部座谈会上的讲话（2018年3月）

441 **太极文化的价值与发展**
——在"太极拳文化传承发展研讨会"上的演讲（2018年4月）

449 **山海流转 太极刚柔**
——日照"山海之光太极对话"主持演讲（2018年4月）

455 **让太极成为青少年喜爱的项目**
——在（正阳）全国太极拳精英赛上的演讲（2018年5月）

461 **太极文化与太极拳修炼**
——在汉中吴式太极拳海内外联谊会上的讲座（2018年5月）

471 **太极拳的"有来有网"**
——在"鸣生亮"武学交流会暨网络课堂启动仪式上的讲话（2018年5月）

475 **学而时享之**
——在首届"太极思享会"上的演讲（2018年6月）

483 **无心练拳拳成功**
——在中华内家功夫名家讲堂开班仪式上的演讲（2018年7月）

489 **太极拳的道、法、术、功**
——在"太学堂"深圳培训班上的讲座（2018年7月）

499 **太极拳家的六种特质**
——在"陕西首届太极文化节"上的演讲（2018年7月）

极享——余功保太极演讲录

505　见拳、见友、见天地
　　——在"三亚南山"第三届世界太极文化节开幕式上的致词（2018年9月）

511　刚柔乾坤
　　——在"陈发科先生进京传拳九十周年"纪念研讨会上的演讲（2018年9月）

519　文成知中　武诚致恒
　　——在傅钟文武学思想研讨会上的演讲（2018年9月）

527　云泽鉴映　太极芳华
　　——在孙剑云先生纪念研讨会上的演讲（2018年9月）

533　太极文旅产业的核心价值与体系
　　——在首届文旅产业全球联盟高峰论坛上的演讲（2018年9月）

539　归根复命：作为生命艺术的太极拳
　　——在陈小旺太极艺术馆奠基仪式中的演讲（2018年10月）

547　武之强者
　　——在冯志强先生诞辰九十周年纪念活动中的演讲（2018年10月）

553　太极、功夫文化与城市精神
　　——在首届香港太极、养生、武术精英公开赛开幕典礼上的演讲（2018年10月）

559　内家功夫的一座高峰
　　——在《孙禄堂》纪录片开机暨铜像揭幕仪式上的演讲（2018年10月）

565　中国功夫的内练之要
　　——在"武当内家拳传统门派峰会"上的演讲（2018年10月）

571　师道与学道
　　——在孙叔容诞辰一百周年纪念研讨会上的演讲（2018年11月）

581 **太极之道与商道**
——在2019年孔子儒商俱乐部年会上的讲话（2019年1月）

585 **太极拳如何传承？**
——在王茂斋纪念文集发行仪式上的讲话（2019年1月）

589 **向健康高寿的拳家取"真经"**
——在丁水德先生九十华诞庆典上的演讲（2019年3月）

595 **体医养人　立拳为民**
——在人民网"人民太极"频道启动仪式上的演讲（2019年3月）

599 **历史是一种刚柔力量**
——在南京体育学院的演讲（2019年4月）

609 **文武融彰：赵斌太极文化与武学贡献**
——在西安永年杨式太极拳学会成立三十五周年庆典上的演讲（2019年4月）

621 **技击是太极的灵魂**
——在"太极英雄擂"研讨会上的讲话（2019年4月）

627 **太极拳的灵性与涵养**
——在米兰国际太极拳论坛上的演讲（2019年5月）

635 **太极国学赋**
——在第二届昆明太极思享会上的演讲（2019年7月）

643 **拈花一笑，意气自在**
——在无锡灵山武术大会上的演讲（2019年7月）

649 **太极内功十三势**
——深圳市武术协会骨干研修讲座（2019年8月）

669	**世界因太极而不同**
	——在新加坡国际太极文化论坛上的总结演讲（2019年8月）
675	**太极是一种融合性文化**
	——在"中国武术墨尔本国际论坛"上的演讲（2019年8月）
681	**太极拳的"水上高地"**
	——在天津"太学堂-国际太极教育研究发展中心"揭牌仪式上的演讲（2019年9月）
685	**当代武术家的精神和意识**
	——在"今武汇"中华武学中青年领袖峰会上的演讲（2019年9月）
691	**太极拳的新生态**
	——在"太学堂-世界太极网络学院"揭牌仪式上的演讲（2019年10月）
695	**太极拳的中和之道**
	——在首届杨式太极拳精英赛论坛上的演讲（2019年10月）
707	**高筑太极"黄金台"**
	——在定兴黄金台武术节上的演讲（2019年10月）
713	**太极拳的取舍之道**
	——在"感恩太极大学堂"南山游学班结业典礼上的演讲（2019年10月）
721	**提高国民素质的基础课**
	——在新中国七十年太极拳发展座谈会上的发言（2019年10月）
727	**生命因太极而精彩**
	——在三亚南山第四届世界太极文化旅游节开幕式上的致辞（2019年10月）
733	**"无形"与"无明"**
	——在"佛学与太极"世界太极圆桌会议上的主持发言（2019年10月）

| 737 | **太极动商** |
| | ——在镇江职业技术学院"动商"研究中心揭牌仪式上的演讲（2019年11月）|

| 741 | **武居于心，无拘于天地** |
| | ——在"梧居堂"国学健康大讲堂上的讲座（2019年11月）|

| 749 | **太极拳的"传统性"是当代生活的滋养剂** |
| | ——在日本德岛国际武术交流大会上的演讲（2019年12月）|

| 755 | **久久为功** |
| | ——在日本"陈泮岭传统武术99协会"上的演讲（2019年12月）|

| 761 | **太极拳的动静之道** |
| | ——在"黄山论剑"武术文化论坛开幕式上的演讲（2019年12月）|

| 767 | **中国女性的"精神旗袍"** |
| | ——在古兜"健康中国太极文化产业"高峰论坛开幕式上的演讲（2020年1月）|

| 773 | **太极：中国人的"精神唐装"** |
| | ——2020年元旦太极网络贺词（2020年1月）|

首届全国高校武术协会科学研讨会会场

迈步走出科学之路

——在首届全国高校武术协会科学研讨会上的主持讲话

1986年5月，在北京大学校领导的支持下，由北京大学武术协会主办，召开了首届全国高校武术协会科学研讨会。来自全国各地的高校武术协会代表数十人参加，时任国家体委副主任、国家体委武术研究院院长徐才先生带领多位武术界领导、专家参会。这是中国首次高校武术科学研讨会，对武术科学化的推进具有积极意义。研讨会上各高校教师、学生发表了多篇关于太极拳研究的论文。

（1986年5月　北大勺园会议室）

各位领导、各位老师：

大家好。

今天这个会很有意义，也很有特点。这是中国高校第一次，也是中国武术史上第一次举办的高等学校武术科学研讨会。感谢北京大学校领导对本次活动的大力支持，感谢国家体委副主任徐才先生以及各位武术界前辈出席。

这次会议筹备了将近一年，在全国范围内征集武术科学研究论文，共有10多所高校的师生论文入选本次研讨会，内容涉及物理学、生物学、化学、医学、心理学、哲学等多个学科，是一次高校武术现代武术研究成果的集中展示。

中国武术历经数千年的发展，形成了自己独特的技术体系、理法体系、文化体系以及社会发展体系，也有着自己独特的思维方式。武术发展到20世纪的今天，武术的社会共同功能不是减弱了，而应该更加增强，要适应新时代的发展需求，也为了进一步完善传统武术的体系和结

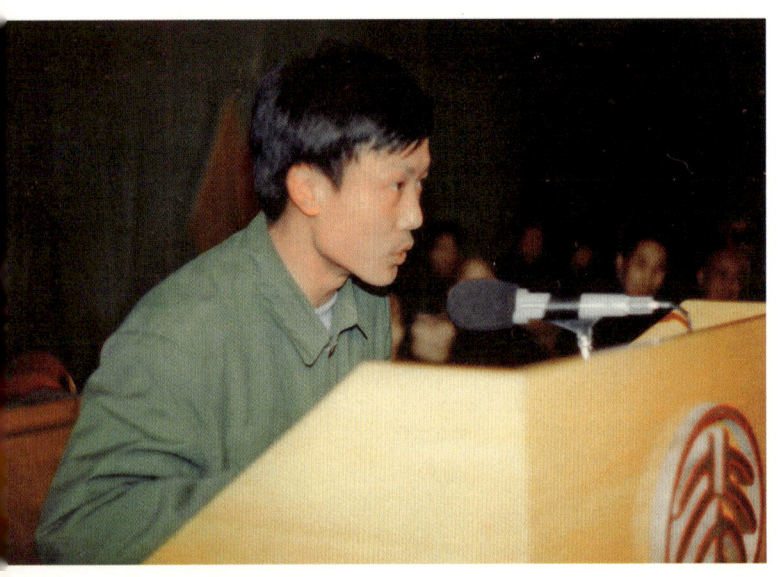

主持北大武协成立一周年纪念大会

构，需要对武术进行全面、系统、科学的研究。这种研究包括对武术运动方法科学性和健身原理科学性的研究，对武术传统思维和现代科学思维对应性的研究。目的在于挖掘武术的科学价值，提炼武术的科学锻炼方法，丰富武术的技术和文化体系。

需要关注的是，武术的传统思维与现代科学的量化性思维有所不同，因此我们不能用外科手术式的方式去简单解剖传统武术的内容、结构，那样只会是简单的扫描，而不是深入的透析。但传统武术作为人体生命的一种科学实践，与现代科学具有相通性，在生命规律的层次上一定是耦合的，这给我们研究武术的科学性提供了很多可能性和巨大的空间。

本次论文中，关于太极拳健身原理和运动方法科学性的研究占据了很大比例，这也突出说明了太极拳当代社会价值受到广泛关注。应该说，武术科学化的研究刚刚开始，很多论文只是提出了课题或者方法，还并不是结论，需要我们不断深入进行相关研究工作。

只要迈出了步子，路一定走得开。

首届全国高校武术协会科学研讨会会场

太极拳的文化特性与实践方法

——在首届中国国际武术节上的讲座

1988年10月,作为中华人民共和国成立后最大规模的国际化武术活动——中国国际武术节隆重举行。武术节由中国武术协会、中国武术研究院主办,浙江省体委、深圳市体委和中华武术国际发展中心联合举办,共有来自33个国家和地区的武术传承人、运动员参加,成为当时最为壮观的国际性体育活动。这次武术节横跨杭州、深圳两个城市举行,内容丰富,具有多项实验性和开拓性,在国内外武术界产生了巨大影响。作为当时最年轻的中国传统文化研究专家,余功保先生在武术节上主讲"中国传统养生文化的智慧与实践",引起强烈反响和广泛关注,这也是余功保首次在大型国际性活动中进行公开讲座(本文为该讲座节选)。

极享——余功保太极演讲录

（1988年10月12日　杭州香格里拉酒店）

女士们、先生们：

各位朋友大家好。

今天给大家介绍中国传统生命文化，在这里我重点谈一下太极拳。

要深入了解中国文化，最好的方式之一是学一学太极拳。

因为中国文化既抽象又具体。说它抽象，因为它有许多概念、理论是独特的，需要用心去领会。说它具体，因为它的文化属性又是可以体验、体悟的。太极拳就是非常好，也是效果非常明显的体悟方式之一。练了太极拳，你会有一定的感觉，你就会有豁然贯通之感——哦，原来是这么回事。

先从文化说起。

太极拳体现了中国文化的几个特性。

1. 主体性。中国文化的主体是人，它的所有内容都是围绕着人的生存、生活和生命发展、提升、完善来进行的。太极拳以人的自我内练为主要内容，把人的内环境研究清楚，把自然外环境研究清楚，把两者密切关联起来，整合在生命运化过程当中，这是中国文化的生命张力。

2. 开放性。中国文化的结构是具有稳定性的，各种理论架构是互相呼应、互相支撑的。从某一种学说，总能找到一个通道，沟通另外的学说，这也就是它的开放性。具有这种开放性，使得它能不断吸收外来文化，不断进行同化、发展。太极拳正是在这种开放性文化环境中，汲取了多种中国文化的要素，以及多种流派的武术理法精华，发展成为独具特色的太极拳。所以我们从太极拳也能很深入地了解其他中国武术流派的理法，从太极拳也能深入了解其他中国文化形态的要义。一招拳，就是一片天地。

3.持续性。中国文化绵延千年，具有很强的持续性。这种持续性造就了文化的深厚内蕴和韧劲。一种理论流派的形成要经反复打磨，还要从不同视角进行观察、思考才能确立。太极拳就是反复打磨而成的一种成果，是中国文化持续性酝酿的一坛美酒。

4.内省性。这是中国文化一种独特的思维方法、心理模式和修炼方式，就是生命的内向性探求。太极拳要重点"修心""炼意"，要把生命内在的东西找到，抒发出来，而内省的方法之一，就是通过外在的导引，"安放"好肢体、脏腑，让内部的"气""神"自觉萌动，运行、运化，而不是强行去找，这叫"顺应自然"，这就是太极拳的内练诀窍。中国文化的内省性有一个重要观点，就是通过"内求"能达到"无限"，外寻则是有局限的，因为人体与宇宙自然有一种整体的"关照"性。这就是练太极拳要"技进乎道"的意思。

中国传统的养生方式有很多种，包括吐纳、导引、冥想、内丹等，有关理论也非常丰富。下面给大家重点介绍一下太极拳的实践方法，主要是太极拳的锻炼原则。各种流派在风格和理法上有所区别，在这里我主要介绍一些共性的原则，我们称为"原则要领"。

1.正。即端正、中和，包括身正与意正。人体是一个优美的对称结构，在日常的劳作中，对这种对称都有着不同程度的扭曲。这些扭曲造成了生理与心理上的种种压迫。回复人体的对称性也是调动其潜在能力，从而走向更加健康的一个重要方法。身体处处端正是"调形"中的基本要求，众多的要领，如"头顶微悬，下颌内收，脊柱松直"均为达到此目的。身正实际上是为了使身体尽量回复最佳体位状态，从而给进一步的调节提供条件。在身体处于正直的情况下，左右、上下、内外才可得到很好的统一，也就有利于阴阳的平衡调整。

2.静。入静为太极拳的基本要领之一。它是指意念、精神保持安静，排除外界的干扰，使身心处于一种特殊的保护状态。"动为耗，静为养"，只有静才能"神安"，才可使神经得以充分休息。人体时时经受着许多不必要的损耗，这是由于外界种种扰动所致，"静"则是一种合理的节能机制。在静的基础上蓄气、聚能，在静中行气。讲究"静"并非否定"动"，而是深化了"动"的含义，"动静相辅"是太极拳的一大特色。

3.松。人的许多疾病都是由于紧张而造成的，放松是为了疏散紧张，协调全身机能联系。在练拳中，全身肌肉放松，此谓之"体松"；一些重要的穴位，如百会、会阴、丹田、膻中、大椎等放松，此谓之"点松"；一些重要经脉、轴线，如任脉、督脉、带脉、脊柱放松，此谓之"线松"。此外，内脏还要注意放松。以上诸方面要特别注意松而不懈，松而不散，舒适得当。精神上也要放松，不要杂念。松的原则贯穿于太极拳练习的始终，渗透于各个方面。如体现在呼吸上，要求均匀、连贯、细致、深长；体现在动作上，则为舒缓圆润、开合有度、随曲就伸。

4.虚空。这是比较高级的练拳要求。虚空是一种境界，是指排除了一切紧张点。身体无一紧张点谓之"虚"，思维无一紧张点谓之"空"。"虚而灵，空而妙"，只有在虚空中才可充分体验到拳势内在的感受。

"虚空"在中国太极拳中还有一种说法叫"无极"态。"恬淡虚无，真气从之"，即"无中生有"，这个"无"却是以实在的生命过程为基础的。虚空是以有限的形式来表达无限的内容，是去掉不必要的损耗，做到无思、无欲、无为。无思就不耗神，使思维安静，意念单纯，即所谓的透空；无欲，则不动摇精、气、神；无为，使神清意静的状态能长期保持。

5.顺。顺即练拳中的一切动作、姿势及意念活动要以自然为原则，顺乎人体生命

徐才、李德生、荣高棠出席1988年首届中国国际武术节

运动的本质规律。练拳时上下相随，肢体不僵硬，开合旋转要"随"，前后相随，内外相随，上下相随，身步相随，动作"顺"了，也就有助于放松和入静，否则就会压迫内脏。顺的另一个意义，就是保持良好的生活习性。

6. 导。"导气令和"，即诱导、疏导、导引。引导体内气息的生生不已，疏通经络的塞兑，激发情感的升华。导是为了"通"，为了整体的平衡。导的方式有多种，太极拳中是利用动作来导引内气，结合意念的运行，使得内气周流在全身各脏腑器官。太极拳的所有动作都有导引之效。

7. 抱。抱是为了动作、神气上的不散乱。太极拳几乎每个动作都有抱的形态，形体合应一起称为"形抱"，"凝神入气穴"称为"神抱"，"收视返听"称为"意抱"。外张为散，内抱为养。抱的深刻含义是使精、气、神涵而一体，旺盛生命活力。中国传统文化中有很多关于这个"抱"的论述。比如《老子》中就说："见素抱朴。""抱"的一个具体表现是强调"合"，内外相合，脏腑相合，上下相合，百会与会阴相合，任脉与督脉相合，自身与空间相合……处处皆合，就形成"抱"的趋势。"抱"是内抱，也是一个凝神的过程，抱住就不散乱。

8. 守。在调整好身体各个环节后，把意念集中、存想于体内或体外一定的对象，称为守。练太极拳的过程中有各种守的意念活动，有些还与技击意识结合在一起。

意守有多种效果，如可以用一念代三念，有助于排杂念，使练拳较快入静；再者，"意气相随"，意守穴位可起到"意念针灸"的调养效果；还可用关键点来带动全身气息，即"守一处和"等。练太极拳要善守，这样才能越练精气神越足。

刚才介绍的这八个要领，是太极拳习练的核心原则。任何具体的要领、方法都是一个过程，是认识事物的一个步骤。当你真正掌握了事物的本质时，便可进一步理解方法背后的意义，这也就是太极拳高级功夫中所讲"无形"的境界了。

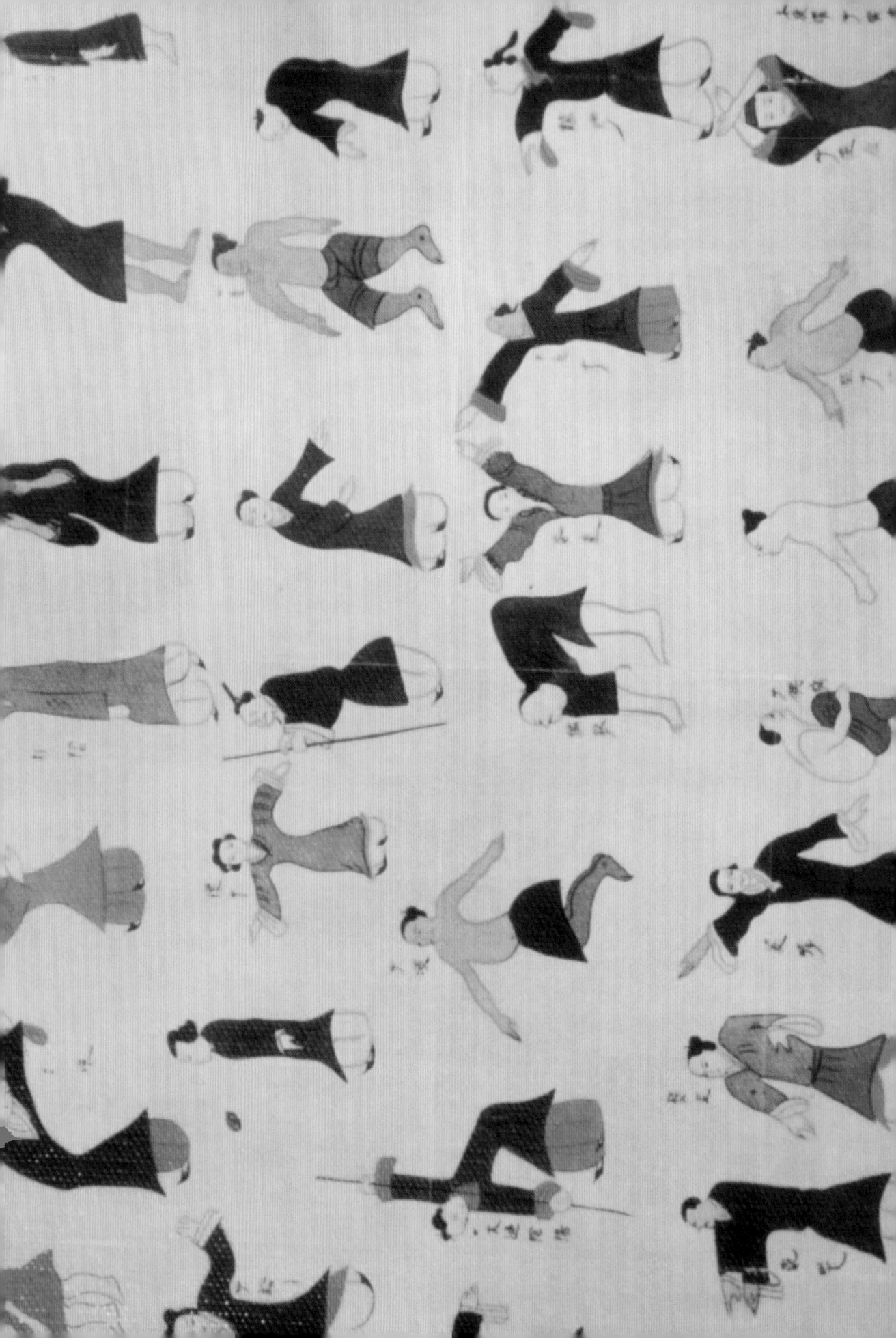

太极的练养用

——在『太极内功养生八法』编定会上的讲话

20世纪90年代初，中国武术研究院组织全国太极拳、武术名家、中医专家及科研人员在传统太极拳、导引等锻炼方法基础上编定了"太极内功养生八法"健身体系，自1994年起，在成都体育学院进行了为期一年的试点研修工作。1995年10月在成都体育学院举行了总结研讨会。

极享——余功保太极演讲录

（1995年10月 成都体育学院）

各位老师，成都体院的领导、师生们：

大家好。

经过一段时间的试点，今天我们举行了这个总结研讨会，刚才看了咱们体院学生的表演和各位老师们的研究报告，觉得成效显著。"太极内功养生八法"是中国武术研究院组织专家编定的一套养生内练方法，里面融合了传统的导引、吐纳以及太极拳的多种练法，简便易学。在成都体院进行了将近一年的试点推广，以实践证明了这套方法行之有效，科学合理，为下一步的推广打下了一个很好的基础。感谢成都体院给予的大力支持，特别是习云太教授，亲自组织师生参加练习、研究活动，很多武术老师都积极参与其中。也说明了成都体院武术研究的领先意识与方法，习云太老师的《中国武术史》是中华人民共和国的第一部武术史，也是填补了一项空白。

我们这套方法原来名称叫"太极拳养生八式"，后来考虑把一些传统养生气功的东西吸收进去，比如八段锦、易筋经，还有一些其他导引的内容、呼吸吐纳的内容吸收进去，所以叫"太极内功养生八法"。编定这么一个健身方法，是群众健身的需要，我们就是应该关注群众锻炼的特点和需求，盘活我们的传统文化资产，创造更大的现代社会价值。我觉得这也是体育学院养生研究的方向、方法。

中国太极拳是一个开放的体系，理论上融合了儒释道，技术上吸收了多种传统武术的精髓，太极理论与方法是中国内养体系的基石，太极拳是其代表性的成功典范。研修太极一是要会练拳，二是要会养拳，三是要会用拳。

会练拳是要练得对,还要练得勤,用功。体院的同学们现在的专业就是做这个的,所以更要抓紧时间,珍惜这段时间和条件,勤学、勤悟、勤练。

会养拳是要特别重视和深入研究太极拳的颐养课题,练拳的根本在于提高身心健康水平和素质。过去有的武术家功夫很好,但不注重养拳,在身体上和情志上出现一些问题。特别是现代社会,养生广为重视,衡量练拳的功夫,一定要与身心的健康状态相结合,这样才全面。"太极内功养生八法"也是侧重于这一方面,就是重点挖掘太极拳的"养",所以大家研修一下还是很有作用的。

会用拳就是对太极拳要学以致用,首先对"用"要有全面的理解。"用"包括技击但不限于技击,因为过去说"用",很多人就只想到技击才是"用","用"还包括养生,以及思维和行为特性。把太极拳中的理法和实践原则运用到生活、工作的各个方面。

祝愿成都体院武术的教学、研究等各项工作不断取得新的成就。

20世纪90年代在成都调研期间参观杜甫草堂

天安门广场万人太极拳演练

内练是中国传统养生学的核心方式

——在全民健身推荐方法专家评审会上的讲话

1995—1996年，国家体委武术研究院组织全国民间优秀武术家、太极拳名家以及部分高等学校的武术教授、养生学专家，在传统太极拳和养生方法的基础上，编定了全民健身推荐方法"中国传统养生八法"，先后在成都体育学院等高校和群众机构进行试点后在全国推广。1996年6月在国家体委武术研究院举行了专家评审研讨会。

极享——余功保太极演讲录

（1996年6月 北京国家体委武术研究院）

各位专家：

大家好。

今天在座的都是全国各地优秀的太极拳名家、武术家和养生学专家。经过一个多星期的研讨、审定，今天定稿了《中国传统养生八法》。这个健身的方法，我们将作为国家体委全民健身的系列推荐方法之一，向全国广大群众进行推荐，感谢大家的劳动。

这几天的研讨，实际上是一次精彩的关于中国传统养生的学术交流、实践交流和心得交流，是一次高水平、高层次的健康思维碰撞和生命智慧的展现。大家畅所欲言，毫不保留，毫无障碍，不仅产生了一套优秀的健身方法，每一位专家也都收获很大。

在这次研讨评审过程中，大家对中国传统的内养方法都做了充分的解释、阐发，并且在我们"养生八法"的技术和理论上进行充分融会贯通。

这套"中国传统养生八法"的主体方法是太极拳和导引术，还吸收了吐纳、冥想、行气的一些练法，最大的特点就是"内练"。内练是中国传统养生的核心方式。这套养生方法也称为"太极内功养生八法"，这次定名为"中国传统养生八法"，就是更加突出它的广泛性和包容性。

在传统太极拳锻炼中，形体的准确是实现形态的到位，形态不仅仅是外部造型，还有状态的元素在内。形态与意念、气机、神采运行、变化相结合，就是内练的方式。外形准确与否是可以看的，内练到不到位是要感觉的，眼睛不一定能看得完全，这就给高水平的教学带来一定的难度，这也是我们今后推广需要重点解决的一个问题。所以高水平的太极拳老师、传统养生方法教学传播的老师，一定要有很好的技术功底和理论修为。没有高水平的技术，自己还没有体会到，就无法给别人讲授真正的内练感受。没有好的理论修养，你的讲授、传播可能会出现误差，影响学员的正确练习。

在传统养生方法中，其实不需要太多"横向"的宽泛，不需要招式有多么多，多么繁复，内练是需要"纵向"的穿透，一个或几个式子搞透了，就能举一反三，由此及彼。因为每一个优秀的内练的招式，都涉及人体内外的各种因素，具有生物"全息性"。

我相信，随着我们不断加强推广与研究，随着大家对中国传统养生内练技术的认知不断加深、提高，中国优秀的养生文化会为当今社会贡献越来越大的价值。

谢谢大家。

写作"养生八法"文稿资料

首届世界太极拳健康大会 天涯海角

科学研究与实践修炼相结合
——在首届世界太极拳健康大会科学研讨会上的讲话

2001年3月22—26日，由中国武术协会、三亚市人民政府和国家体育总局武术运动管理中心联合主办的"寿比南山"首届世界太极拳健康大会在海南三亚隆重举行，活动盛况空前。来自世界20多个国家和地区的近4000名太极拳选手参加交流、比赛，参加大会各项活动的人数达一万多人。大会上，海内外太极拳名家、高手云集，荟萃了太极拳各流派的代表人物及世界冠军，展现了精深的太极拳功夫。大会内容丰富多彩，开幕式、万人晨练、学术报告、名家演示、段位制培训、专家辅导、交流竞赛、颁奖典礼等精彩纷呈，引起巨大轰动。本文为余功保先生主持学术研讨会时的讲话。

极享——余功保太极演讲录

（2001年3月23日 海南三亚）

今天是首届世界太极拳健康大会的一项重要内容——"太极拳科学研讨会"。这次研讨会我们进行了长时间的准备，组委会专门组成了学术组，由中国武术研究院理论部、办公室、社会部等几个部门联合参与，采取了定向邀约和广泛征集相结合的方式，选取了一批优秀太极拳论文，今天在这里进行交流研讨。这些入选论文质量都非常高，应该说，体现了当今太极拳研究的最高水平。这次论文报告、交流中，既有从事太极拳研究多年的大学教授及长期从事太极拳教学工作的优秀名家、教练，还有各个领域内开展太极拳研究的专家。论文的范围也很广，有关于太极拳发展方面的研究、有关于太极拳文化和理法的研究、有关于太极拳人物思想的研究、有关于太极拳运动机理和健身原理的研究，还有关于太极拳国际发展的研究，这些研究不仅有历史价值，文化、科学价值，还有很强的实际应用价值。

太极拳的研究是一件需要积累的、长期的工作，因为它必须以实践为基础，因此所有的研究应植根于太极拳的要领、原则之中，既是理论性很强的文化、历史研究，也不能脱离这个基本条件和基础。所以我再次呼吁，广大的习练太极拳的朋友们，有志于深入挖掘太极拳价值的朋友们，都来进行一些太极拳的研究工作。同样的，从事太极拳研究的专家、学者们，一定要亲身练一练太极拳，练了以后，你的研究工作才能真正"入道"，才能在研究思路、研究方案设计、研究程序的开展上取得更高效、更准确的成果。

预祝本次研讨会取得圆满成功。谢谢大家。

科学研究与实践修炼相结合

主持首届世界太极拳健康大会学术报告会

参加首届世界太极拳健康大会的部分名家嘉宾

三亚海滨万人太极拳演练

太极与文化

——在首都体育学院的讲座

2001年8月5日，应首都体育学院邀请，为该校师生举办太极文化专题讲座，阐述太极拳与文化的关系，以及中国文化对太极拳实践方法的衍生作用。讲座活动由博武国际武术网协办。

极享——余功保太极演讲录

（2001年8月5日　北京首都体育学院）

太极拳产生于中华文化的土壤。我们需要思考的一个问题是，为什么中国文化会孕育出太极拳？世界上的武术种类很多，中国也有不少武术流派，并且每个历史时期武术的形态都在变化。太极拳形成比较晚，它几乎以一种"反武"的颠覆性姿态出现，却诠释了武术的最高境界，这是文化的锻造力。没有中国充满智慧的、独特的哲学体系，就不会产生太极拳，"反者道之动""阴阳合一"等思想贯穿在太极理论和实践中。大家读一些经典太极拳论的时候，都可以当作一篇哲学著作来读，这样领悟的程度会更深。有时候练拳，一定要跳出拳来悟。

太极拳的基础是技术，但不要简单地把它当作技术来看待。太极拳本身就是文化，它所有的拳势都是文化符号，所以不仅有动静、刚柔的速度、劲力体现，这些阴阳元素更是"属性"的体现。体会到太极拳的"属性"功能，才能超越它的量化性。太极的思想是关于世界的意象表达，太极拳是关于生命运动规律的意象表达，体悟到每一个拳势中的"意象"就是破译了太极拳的密码。

所以太极拳势的"容量"很大，它既是身体素质的训练提高方法，也是生命知性、知行的实践途径。

作为大学的武术专业人才，研习太极不仅要练拳，要读经典拳论，还要读核心的传统文化著作，比如《易经》《道德经》《论语》《黄帝内经》等。

太极拳的文化性不是空洞的，是融注在它的"术"里的。拳论中说"拳者，权也"。《孟子·梁惠王上》篇中说："权，然后知轻重，度，然后知长短。物皆然，心

在首都体育学院做"太极与文化"演讲

为甚。"太极拳从术的角度来说,是一种尺度、一种度量,"太极"就是"度",拳就是"权","太极"可以说是一种状态,也可以说是一种尺度,阴阳的尺度,要平衡,阴或者阳单独多了一些,就会失去平衡,所以太极就是在尺度之间进行控制,在长短厚薄轻重的范围内,保持一定的尺度感,太极拳就是通过练习,控制人体的健康指标的合理尺度,比较并调节不同的状态,知轻重,然后平衡轻重。所以太极拳从术的角度来说,就是度量、控制、把握、调节人体的生命运行状态、思维方式、行事规范。

练太极拳的感觉很重要,练拳的初期可以用一些数字化的标准来衡量,比如说你的手有多高、你的脚跨出去多远,但是练到了高级境界,是要感觉你练得舒服不舒服,拳要上身。拳上身的意思就是你练拳的动作要舒服,这个拳术的动作跟你自己的身心合在一起了。著名的媒体人梁冬曾经讲过一个例子,《大话西游》中紫霞仙子的扮演者朱茵买衣服,她在试衣间不像一般的人对着镜子照,看自己穿上衣服在镜子里是什么样子,而是把灯关掉,用自己的身体去感受这个衣服合不合适、舒不舒服、美不美,这叫"衣服上身"。我们练拳,也要有这种感觉,叫"拳上身",不是用眼睛看,而是用心感觉,用心练拳。这也是练太极拳的文化感。

清华大学太极拳交流活动

水木之欣 固而有本
——在清华大学『博武论坛』上的演讲

由博武国际武术网、清华大学武术协会和《中华武术》杂志联合举办的现代武术论坛"清华博武论坛"于2003年3月31日在清华大学首次开讲。"清华博武论坛"是一个具有现代意义的武术系列活动，是提倡武术"根植传统，服务现代"理念的一项具体实践。"清华博武论坛"目的在于弘扬中华传统武术文化，振兴民族瑰宝，发挥清华大学的学术优势、《中华武术》的资讯优势和博武国际武术网的科技优势，致力于提高武术的科学化和规范化，在高校的高知识阶层普及武术理念和技术知识。论坛邀请中国乃至世界上一流的武术名家、专家学者，就中国武术的文化、内涵、功技进行系列讲座，以探讨武术技术、理论为主要内容，把名家讲课、听众提问和网上讨论结合在一起，立体、互动地探讨和展示中国传统武术的魅力。论坛活动由余功保先生担任总主持。

极享——余功保太极演讲录

（2003年3月31日　清华大学）

各位老师、同学们：

大家好。

"清华博武论坛"是一项创举，在高校这个高层次、充满学术氛围的地方来研讨中国武术，我觉得是很对路的。因为武术本身就是一种高层次的文化形态，以运动表达情感，以运动陶冶性情，以运动塑造人格，以运动激发智慧等潜能。

今天这个讲座之前，我和清华大学武术协会的老师、同学们进行了一些交流，观摩了他们的太极拳教学，很多师生练太极拳非常有体会，特别是他们说练了太极拳之后，跟以前自己所以为的，所认识、理解的太极拳不太一样。日有所练，日有所得。他们以切身体会认为，在高校中推广太极拳等中国武术大有必要，是师生素质提升之必须，是国民素质提升之必须。

清华有水木之欣，武术有强民固国之本。这个"水木"就是中华文化的滋养之水，参天之木，这个"本"就是中华民族的文化精神和文明成果。

武术是中华民族在生存、发展，在追求生活品质、生命境界的不断提升和完善中，融合了中国古代的科技、医学、军事、哲学的智慧产生的一种生命的运动形态。

武术的精神包含着中华民族自强不息、勇毅刚强、积极向上、乐观奋进的品质，和应对自然、社会的变化所彰显出的巨大智慧。

武术精神在不同的时期、不同的时代，都有着它自己的一些特殊含义，但是也有着一以贯之的武学文脉的精神气质。中国文化讲究文武兼备，所以武术体系中，始终

在清华大学与太极师生一起

都包含着中国文明伟大的成果，熔铸了中国人对于生命自然和社会认识的高级智慧体悟和成功的实践。

在新的时代，武术又具有着它独特的社会价值和人文价值。比如说武术所追求的重生观，注重生命，注重和谐，人和自然的和谐、人和社会的和谐等，是一种直指人心的人文关怀。协调发展是包括武术精神在内的中国人的核心发展理念。武术注重科学的锻炼，对当代人提高生活品质有重要的意义。武术倡导的是一种身心和谐的整体性的健康。

武术不仅追求肢体的强壮，更追求心性的、心理的强壮，这是武术精神的重要内核。这样才能实现真正的健康。

武术倡导自强不息的精神，它追求自我的身体强健和意志力的强大以及精神品质的高尚，对于建设当代社会的精神文明，具有它特殊的意义。

每个人对于优秀的传统文化精神都应该有所了解。武术是中国优秀文化最突出、最生动的一种行践代表，就是武术用形体实践的方式，实现了中国优秀传统文化的价值观、伦理观、自然观、生命运动观和社会发展观。

清华大学学生在校园内习练太极拳

武术精神最核心的一条是讲究武德，武德就包含了中华民族优秀的伦理道德在里边，它讲究仁、义、礼、智、信、勇等方面。对于培养当代中国青少年健全的人格，对于倡导全社会高尚的社会伦理价值观，都具有积极的意义。习武的人应该是恪守传统伦理道德规范的模范。武艺习练得越高越懂得自我尊重，懂得对生命的尊重，懂得对他人的尊重和对社会的尊重。我们的内心越强大，越会真正感受到帮助别人、帮助社会的责任，这是中国武术培养的优秀人才模式。

在武术应对自然和社会的方法中，凝聚了中华民族伟大的智慧，比如它强调的动静相生、刚柔互转、阴阳互生互动等，都闪烁着唯物辩证思想的光辉和智慧。

倡导武术精神，在全民特别是青少年中推广习武，一方面能够强健我们的身体，另一方面能够强大我们的内心，培养高尚的人格，弘扬、倡导传统文化的核心价值，对于强国强种，对于弘扬积极向上、刚强、奋进、勇毅的品质都具有积极重要的意义，可以有效地提高全民族的凝聚力，提高全民族的奋进精神，提高自我的道德伦理的规范约束，提高生命的境界，使生存更有方法，使生活更有品质，使生命更有境界，对于社会的贡献更大、更具有责任感。

高校肩负着培养社会优秀人才的重任，这种优秀人才应该是复合性的，不仅具有丰富的知识结构、创造能力，还应该具有强健的体魄、健康的人格、优秀的品质，太极拳等中国传统武术是可以在其中发挥重要作用的。

太极拳的全面科学发展
——全国多家媒体联合采访发言

2005年5月，在北京接受中新社、《人民日报》《中华武术》《武魂》等多家媒体采访，就太极拳的研究和发展问题发表看法。有关发展的部分内容经整理后曾在2005年12月出版的《当代太极拳精论集》中作为前言刊登。

极享——余功保太极演讲录

（2005年5月15日 北京）

太极拳是什么？

我始终坚定地认为，无论人类社会如何发展，在古代和现代，在各个时期之间，总有互相贯通的灵魂性的东西，这些东西一定是负载了人类精华的智慧成果，它的价值不随时间、空间的变化而消退。因为它体现的是人类发自内心深处的自然需求。太极拳是这种灵魂性的东西之一。

100多个国家和地区的传播范围，数亿的锻炼人次，已足以说明太极拳的魅力。

越是如此，在推广、研究太极拳的过程中，也就越应注重方式、方法，也应该体现、落实全面科学的发展观。只有如此，才能让太极拳的发展越来越兴旺，发挥出更大的价值。

要实现太极拳全面科学的发展，首先要全面深刻地认识太极拳的内涵。

第一，太极拳是一种武术。它产生的直接土壤是中国传统武术，是在中国武术发展到一定阶段后衍化的精华产品。所以"武"是它先天的属性，在它的一切理论与技术中时时处处保持着技击的本色。这是在认识太极拳中不可偏废的。

第二，太极拳还是一种养生方法。我们考察整个太极拳体系，可以看到它和中国其他传统养生术之间千丝万缕的联系，不仅有理论上的同源，在实践上也一脉相承。正是因为太极拳的这种功能，才使它能在众多中国武术拳种流派中脱颖而出，在现代社会广为流行。

第三，太极拳是一种修养术。不仅对于身体，对于心灵也有温养、洗涤作用。太极拳的核心思想之一是讲究"和谐",让人能够尽量摆脱繁重的心理桎梏,寻找一种宁静的归属感,所以有人说"练太极拳有一种回家的感觉"。

第四,太极拳是一种文化载体。肢体运动是一种符号,形式背后表达的是深邃广袤的文化信息。许多人通过学习太极拳对中国文化有了充分的认识,并且这种认识是如此之生动。它通过流动的画卷,使你切实地感受,让你不由惊叹"传统,原来是如此的鲜活"。可以说,练习太极拳是学习、把握中国传统文化精髓最为简捷、有效的途径之一。

深入挖掘太极拳的这几方面内涵,并且"不偏不倚",才是全面深刻把握太极拳。

要实现太极拳全面科学的发展,还要解决好继承和创新的关系问题。

一切传统的优秀遗产,继承是前提,重视传统是太极拳发展中不可动摇的理念。继承什么?一要"精",继承那些经过千锤百炼流传下来的精华,不管有多难,多复杂,都要继承。有些明白的要继承,有些暂时还不太明白的也要继承,在继承中不断研究,搞清楚。二要"全",就是在继承中不能顾此失彼,应该全面、系统,特别是越稀有的、传播范围越少的,越应该多下功夫。继承也应采用多种形式,传承练习、文字记录、图书、音像等,这需要全社会的共同努力。当然,传统留存下来的也不一定都是精华,对于那些属于糟粕的东西要大胆摒弃。

创新是在继承的基础上的发展。没有创新太极拳就不可能发展。其实,一部太极拳的历史就是一部创新史。从传播上来看,陈长兴将太极拳传给外姓,杨露禅、陈发科把太极拳从乡村带到京城,就是创新;从拳架的演变来看,太极拳的一些老架、新架、大架、小架的逐步改造也是创新;从理论上来看,王宗岳、陈鑫、武禹襄、李亦畬等人都在创新;从流派来看,各派太极拳的创立也是创新的产物。中华人民共和国成立后,国家武术管理部门组织全国有关专家在传统套路基础上编定了一系列的简化推广套路,特别是24式简化太极拳,对世界性的太极拳运动发展起到了重要作用。这就是创新的生命力。

创新不是洪水猛兽,当然也不是随心所欲。真正的创新是在把握了传统的内核之后在历史的轨道运转中一种延续活力的真诚传递。

我们只有把握了创新的真谛,才会以宽容的心态看待变化,比如太极拳的配乐问题、太极拳的服装问题、太极拳器械的各种练法问题、太极拳的套路问题等。

要实现太极拳全面科学的发展,还必须以现代化的思维来看待它。

极享——余功保太极演讲录

每个时代都有自身的特点，一切事物的发展在这个时代中也必然呈现时代性。太极拳的发展没有现代化的眼光就会沦为"老古董"，对很多人来讲就可能产生只可"远观焉"的心理距离。现代化的思维就是要把最先进的时代元素和太极拳发展紧密结合在一起，比如网络化的技术、比如产业化的视角、比如多媒体的传播方式等，甚至于，时尚化的感觉。不能因为它的传统性就忽视、回避其时尚性。我们应理直气壮地重视时尚性。什么是时尚？时尚就是紧贴时代前沿的精神感受与物质表现高度统一的形态。不仅是时装有时尚，饮食、读书、影视、音乐都有时尚，太极拳也应该有时尚。传统从来不应该排斥时尚，现在的时尚可能就变成未来的传统。

发展太极拳，不仅要有历史的视野，还要有现代的眼光以及未来的眼光。

要实现太极拳全面科学的发展，还要进行客观、有效的宣传。

应该说，太极拳的发展取得了很大成效，但还没有达到它应该达到的影响力。要不断发展，要保持增长速度，宣传是一个重要的影响因素。不断加大宣传力度，不断改进宣传方法，是使太极拳"再上层楼"的"阶梯"之一。如何使太极拳的宣传更具有长期性、战略性和系统性？如何使太极拳的宣传更具有冲击力？如何使太极拳的宣传更具有亲切感，更能贴近人心？都是值得研究的内容。其中，有"四戒"却是应特别加以重视的：一戒虚妄，就是不要把不存在的东西往太极拳上贴、靠，把神鬼、玄学的东西硬加进来。那样不仅不能给太极拳增加光彩，还会毁了太极拳的"清白"。二戒空谈，空对空，没有实践，凭空想象，想当然随意曲解太极拳的有关问题，特别是有关实践的一些关键性问题。没练到，敢想到。自己不明白却要信口乱讲。太极拳是关乎人们身心健康的事情，不可马虎。三戒夸大，夸大功夫，误人也误己。有的人盲目夸大，大得没边，把自己的功夫变成空中楼阁，失去了基础。四戒杜撰，杜撰师承，杜撰来历，甚至杜撰流派。

科学的宣传，是保持太极拳纯洁性的关键，实事求是，是科学精神的灵魂。

全面科学的发展离不开脚踏实地的研究工作。客观地说，武术研究长期以来是武术发展的相对薄弱环节，这是不仅要进步，更是要飞跃的领域。研究什么，如何研究，都需要认真对待。研究既要考虑系统，有规划，同时要考虑主次、考虑先后，首先应该研究那些对发展有当务之急的课题，研究那些与实践紧密相关的课题，研究与健康相关的，研究一些涉及太极拳本质性的。对于一些具有很复杂的历史因素，暂时搞不清楚的，又对现实发展没有重大影响的学术问题，不一定急于下结论，可以先放

极享——余功保太极演讲录

2005年5月接受采访

一放，逐步理清。研究不能带有功利性，不能先设定一个结果，再戴着主观有色眼镜去佐证。太极拳的研究工作应提高研究境界，这有赖于研究者生存境界和工作境界的提升。应提倡良好的研究风尚，还应科学地规划研究课题，运用科学的研究方法，善于借鉴其他领域的研究成果。

要全面科学发展太极拳，还要坚持提高和普及相结合、国际化和国内发展相结合、自我完善和对外学习相结合、传统交流和现代竞技相结合、多元化发展和规范相结合等，还有很多的问题需要逐一解决。应该说，太极拳的全面科学发展是一个大课题，一个具有现实意义的大课题，一个关乎千百万人健康实践的大课题。

可以相信，太极拳的健康、全面、科学的发展，能够也必将为构建社会主义和谐社会发挥巨大作用，同时，也必将为全人类的幸福贡献其应有的价值。

太极者，无极而生，动静之机，阴阳之母也。动之则分，静之则合。无过不及，随曲就伸。人刚我柔谓之走，我顺人背谓之粘。动急则急应，动缓则缓随。虽变化万端，而理唯一贯。由着熟而渐悟懂劲，由懂劲而阶及神明。然非用力之久，不能豁然贯通焉。虚领顶劲，气沉丹田，不偏不倚，忽隐忽现。左重则左虚，右重则右杳。仰之则弥高，俯之则弥深。进之则愈长，退之则愈促。一羽不能加，蝇虫不能落。人不知我，我独知人。英雄所向无敌，盖皆由此而及也。斯技旁门甚多，虽势有区别，概不外壮欺弱、慢让快耳。有力打无力，手慢让手快，是皆先天自然之能，非关学力而有为也。察"四两拨千斤"之句，显非力胜；观耄耋能御众之形，快何能为？立如平准，活似车轮。偏沉则随，双重则滞。每见数年纯功，不能运化者，率皆自为人制，双重之病未悟耳。欲避此病，须知阴阳。粘即是走，走即是粘，阴不离阳，阳不离阴，阴阳相济，方为懂劲。懂劲后愈练愈精，默识揣摩，渐至从心所欲。本是舍己从人，多误舍近求远。所谓差之毫厘，谬之千里，学者不可不详辨焉。是为论。

赵孟頫书法集字《太极拳论》

笔有太极书自华

——在中国国家画院的演讲

2005年5月,中国国家画院举办全国中青年画家研修班期间,邀请余功保先生做太极文化的内涵与修养专题演讲,阐释太极文化与书画创作的内在关系和技品境界。

极享——余功保太极演讲录

（2005年5月10日　中国国家画院）

感谢画院的邀请，特别感谢梅墨生先生的周到安排。在此和大家分享一下太极文化与中国书画的关系这个内容。

我听说咱们这个研究班的朋友们都是全国各地的中青年书画家，在书画领域都取得了各自的成就，所以肯定对太极文化一定有自己的理解和感悟，沟通起来就比较顺畅了。

我认为，中国传统书画就是太极文化的图示，一幅优秀的书画作品满纸墨色就是太极气韵。

太极是中国人关于世界的意象图示，太极图就是一幅意象书画作品。它体现的圆融、贯通、平衡、节奏、应和等动静要素，在历代中国书画优秀作品中都得到了一以贯之的彰显。

太极阴阳元素是中国书画的最基本结构，书画的布局就是阴阳元素的组合，无论是笔法的刚柔，或者是章法的疏密，还是纸上的山川、树屋、河流、人物，都是作者对阴阳性质的理解与呈现。"书为心画"，书画品格的高下取决于书画家的传统文化修养，技术的东西是通过不断练习可以逐步提升的，而境界则是感而遂通的生命体验。从太极的角度来看，一个书画家自身的生命力有多强大，就决定了其书画作品的生命力。时间可以流逝，空间可以转化，而自然的平衡气象恒久，太极文化的要旨就是体悟和把握自然的平衡之道。用身体呈现就是太极拳，用宣纸呈现就是书画。

太极元素在书画中的体现十分显著，从工具上就是如此，笔墨纸张每个部分以及

在中国国家画院讲座

它们的组合都是太极之象。毛笔，以柔软笔锋，蘸上墨汁和颜料，就可以在宣纸上衍化出不同的刚柔笔法来。中国书画讲究生动，阴阳相合才能生动，如果一幅书画作品阴阳失调，就会有杂乱感、失衡感，行家就能体会到作者的生涩或者心境的失措。一幅好的书画作品是能调节情绪和精神状态的。中国书画还讲究奇正相生，这是对太极阴阳元素的精妙运用，在打破平衡中求得更高层次上的平衡，看似奇绝，却是平和，所谓满纸云烟，一心从容。

　　书画艺术和太极拳有文化的同源性，所以在理法，甚至在技法上都有很大的相通性和契合性。比如中国书画重意、重气韵、重格调，重视内心的修为，这和太极拳是完全一致的。我建议大家有条件的话，可以练一练太极拳，我觉得对大家的创作应该是有帮助的。有很多杰出的书画大家，比如黄宾虹、李苦禅都在太极理法甚至实践上有很高造诣。黄宾虹先生在《画法简言》中就说"太极图是书画之秘诀"，并强调，中国书画的一切奥秘都在太极图中。张大千先生认为书画是一种在纸上进行的太极拳。"下笔点画撇折曲直，皆尽一身之力而送之"，或似"蛟龙戏海"，或似"蜻蜓

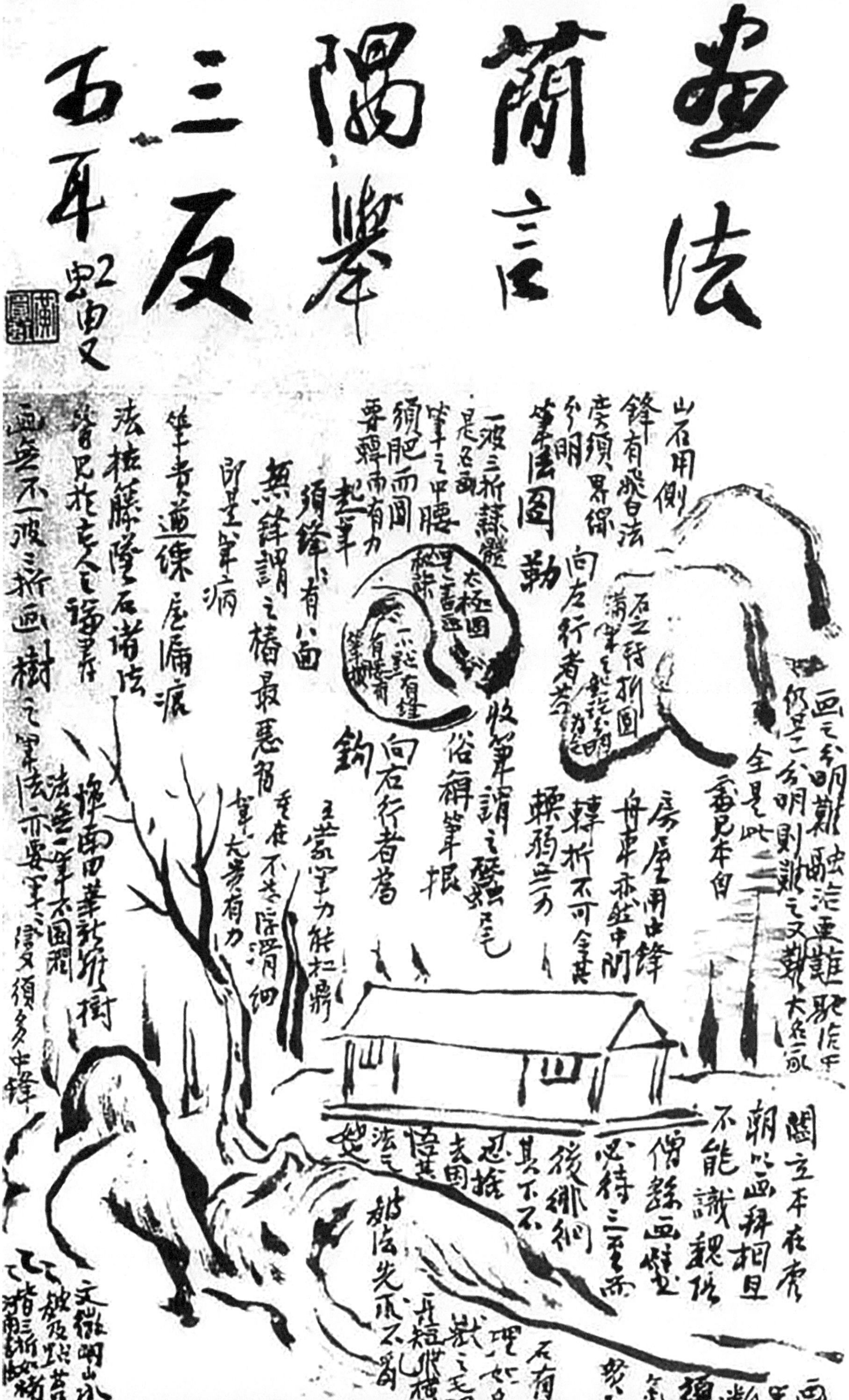

画法简言

阳举三反 五年

山石用侧锋有混向法
虚须界限
分明
笔阵图 勒

一波三折甚体太极圆
是名画

笔贵肥而圆
要霹而有力
须锋下有面
起笔

无锋谓之椿最恶笔

笔贵道练 屋漏痕

法极滕隆石诸法
皆见于无字之碑者

画宜不一波三折画树
之笔法亦要笔笔不圆拥

画之分明难于融洽重难难故作中
儒是二分明则融之又融太色二氟

石之侧折圆
浑笔之时折圆
必须三笔两
转折不可全是
蝶弱无力

向左行者苔

房屋用出锋
舟车亦然中间
必得二笔两
折

向右行者苔
钩
俗称笔根

向右行者苔 五笔笔力能扛鼎

笔太旁有力

文徵明山水
破及跛蹶皆

画之分明难 散炒作中
画见本自

全是此二

清公画释担曰
不能识魏晋
悟其不
及其
理如
石有
论
但治先爪不
开短彼折

闭立本在虎
朝公画拜担旦
不能识魏晋
必待三室两
悟其不
及其
理如
石有
论
但治先爪不
开短彼折

黄宾虹《画法简言》图示

点水",使妙笔生辉,就像太极拳的一招一式。苦禅先生的用笔就如同太极拳,有含有露,张弛有度,如行云流水,疾徐由心。

养气是书画家的重要修养内容,不会养气的书画家格调很难有多高。书画与养气相辅相成,练习书画本身也有养气之效,而在日常生活中注重养气对书画创作也大有裨益。养气是身心两方面的事情,包括心胸、格局、脏腑内环境、气质心性、学识见解等诸多方面。太极拳到了高级阶段有"功夫在拳外"之说,同样,书画的高水平也不能仅仅局限在笔墨上的功夫。

研修太极拳,是养气的一种上选法门。

有容乃大就是太极胸怀

——在香港传统杨式太极拳国际邀请赛上的演讲

2009年5月，香港传统杨式太极拳国际邀请赛暨香港杨式太极拳总会成立十周年纪念活动隆重举行，海内外杨式太极拳名家汇集。活动中举行了名家表演、交流比赛、学术报告等系列活动。余功保先生作为特邀嘉宾出席，并主持国际太极论坛会。

（2009年5月27日 香港）

感谢马伟焕先生、董茉莉女士的盛情邀请，看到这么多杨式太极拳的名家汇聚一堂，的确是太极盛会。一是反映了杨式太极拳全球化蓬勃兴旺的局面，另外也是展现了杨式太极天下一家亲、团结发展的气象，这是一种"有容乃大"的格局。

在此也特别祝贺香港杨式太极拳总会成立十周年，由杨振铭先生弟子发起成立的香港杨式太极拳总会，多年来为香港太极拳发展作出了突出贡献，近年来和内地太极拳界的交流也很多，成为杨式太极拳国际发展的一支重要力量。

刚才开会前我和杨振铎老师交流了一些对杨式太极拳发展的看法，我突出感受

主持香港传统杨式太极拳国际邀请赛学术活动

到,杨式太极拳发展到今天,推广得这么好,有这么多人习练,跟两个字密切相关,就是"胸怀"。

杨式太极拳的产生,就是武术"胸怀"孕育的结果。杨露禅从学于陈长兴,后根据发展的需要,对所学进行了改造,整个过程就是以一种开放式的胸怀包容性地发展。后来杨澄甫先生广传弟子,弟子中包含有各门各派的传人,比如董英杰先生原来就是学习武式的,还有的弟子练过不止一家拳法。其中的很多优秀弟子把太极拳传播到大江南北、世界各地。中华人民共和国成立以后,在传统杨式太极拳基础上,创编了"24式简化太极拳",将传统与现代相结合,将传承与传播相结合,很多武术家在这些过程中都显示了广博的"胸怀"和修养。

胸怀不仅是一种涵养,也是一种技术规范,有了胸怀,拳才能练得开展、松沉,才能顺达,没有胸怀,瞻前顾后,步步为营,紧紧张张,就很难做到真正的放松,更做不到真正的"放心",那就难以平心静气,时间长了,从人的气度、气质上是可以反映出来的。

太极拳是练"拳",更是练"人"。因此,拳要"练",还要"养",静心涵养,这是太极拳慢练的精义所在。胸怀不是强行打开的,是慢慢自然张开的,这是拳修的过程。惟其如此,才能且广且阔。

祝愿杨式太极拳的发展越来越好,迎来更加广阔的太极天地。

接受马伟焕先生颁发嘉宾纪念牌

与杨振铎先生在香港杨式太极拳大会上

李经梧铜像　北戴河奥林匹克公园

经世为武

——在李经梧先生百年诞辰纪念座谈研讨会上的演讲

2012年10月10日，著名武学大家李经梧先生铜像揭幕仪式暨百年诞辰纪念座谈研讨会在北戴河举行。秦皇岛市、北戴河区有关领导以及来自全国各地的李经梧弟子、传人，新闻媒体近百人参加了揭幕仪式。李经梧铜像坐落于北戴河奥林匹克公园核心区，与历届国际奥委会主席、中国众多奥运冠军铜像和纪念柱一起交相辉映，组成了一道重要的体育、文化人文景观。李经梧百年诞辰纪念座谈研讨会10月10日下午在北戴河梅墨生艺术馆内举行。众多李经梧弟子、传人以及全国各地的来宾参加了会议。余功保先生应邀主持座谈会并发表演讲。座谈会上，李经梧先生的重要传人梅墨生、贾仲满、王大勇、吕德和、项国员、冯益健、吕亚西、冯志明以及再传弟子杨庆丰等先后发言，缅怀李经梧先生的业绩，研讨李经梧先生的功夫理法体系，介绍自己的学习心得。李经梧嫡孙李洪舜作了发言。中外多家武术媒体代表出席座谈研讨会。研讨会以缅怀李经梧先生传播太极武学的重要业绩、研讨李经梧先生的武学思想为主题，突出了学术性和思想性。

极享——余功保太极演讲录

（2012年10月10日　河北秦皇岛梅墨生艺术馆）

感谢组委会的邀请，让我来主持今天的座谈研讨会，并讲讲我对李经梧先生武学思想的一些看法。

中国武术从本质上来说，是一门关于自强的学问。它以自身为坐标原点，以宇宙为参照系，以阴阳互动为变化规律，不断提高自身素质，增强人对于自然、社会的适应能力，增加人和万物的和谐程度。所以，一位成功的武术家必然要具备几个方面的特质：

（1）对武术规律的透彻了解；

（2）对武术核心技术的真切把握；

（3）对中国传统文化精神内质的融会贯通；

（4）对自然和社会的积极贡献。

以上几项基本条件，不如此，不可称为武学大家。

纵观中国武术发展史，在其中某一方面秉世卓立者，英才无数，如此亦能流芳武林。如能均衡发展，全面兼备，乃为一代大家。20世纪，是中国武术大发展的一个时期，这一阶段产生了一些必然承传久远的大家，有的人不一定生前显荣尊崇，但随着时间的流转雕磨，越来越闪烁、夺目、光辉。

李经梧就是这样一位武学大家。

一、开放式的武学思维观

眼光有多远，就能走多远。

心怀有多大，功夫才能长多大。

万里无云万里天，心若无云心比天。

世界杰出的武术家李小龙说："以无限为有限，以无法为有法。"无限说的是眼光，无法说的是心胸。

在武学之途上，集四家功夫于一身、融会贯通的李经梧历经了一段漫长的跋涉，从而形成了开放的武学思维。

为了治病而学习密宗拳的李经梧深受其益，不仅顽疾逐渐痊愈，而且练就了一身功夫，李经梧由此开始了与武术纠缠一生的不解之缘。往来于塞北江南、白山黑水之间，李经梧视野更加开阔，阅历也日渐丰富，他更加知道学无涯、功无息的道理。怀揣着对太极拳的向往，李经梧终于在辗转奔波后来到了卧虎藏龙的北京，先后拜在吴式太极拳传人王茂斋、吴鉴泉亲传弟子赵铁庵门下习吴式太极拳，拜在杨禹廷门下学习杨式太极拳，得到以推手见长的王茂斋大师之子王子英师叔的悉心指点，并跟随当时在北京传艺的陈发科学习陈式太极拳。19世纪60年代初，李经梧又与友人交流互学，研习孙式太极拳的手法和劲路。

60余年来，李经梧习武不辍，不管境遇顺逆，他都无间寒暑，不舍晨昏。他的拳风拥有吴式太极拳的巧密柔化之功，凝聚陈式太极拳缠丝刚发之力，融会杨式太极拳圆满舒放之长，揉和孙式太极拳开合活步之妙，集而成之，自成一体。

囿于门户之见，是过去武术界的一大通病，李经梧则认为各家的武术都有长处，太极拳也一样，既然每门能存在于社会上，就都有各自的长处，学武的人要打破门派观念，才能博采众长。他常对人说："我没有门派思想，凡是好的，我都要学。"他在掌握了吴、陈两家太极拳的基础上又广泛学习各式太极拳。他说："有的习武者认为学拳以精于一家为善，这也许有一定道理。然而在本人来说，吴式的粘随柔化之功、陈式的缠抖刚发之力、杨式的舒放洒脱之势、孙式的灵活紧凑之巧，余均博而采之。尝有友人观余之行拳和推手，谓余：身架工整、柔韧、雄浑而潇洒；听劲至灵，应变之速，已臻应物自然之境界。此或过誉之辞，若谓得其一二，则全赖四家拳技之共同滋养也。"

虚怀若谷、博采各家之长集大成者的李经梧除了具备对太极拳艺孜孜不倦的追求、拥有机遇外，更难得的是拥有一种开放的胸怀，敢于比较，善于比较；敢于借鉴，善于借鉴。

开放首先要超越自己，只有忘却自己、超越自己的人，才能真正做到完全开放，

主持李经梧百年诞辰纪念研座谈研讨会

彻底容纳万千世界,如海武道。

李经梧在数十年的习武进程中,不断超越着自己,以开放的胸怀看待武学。如此,才能跳出藩篱,别开洞天。

二、内外兼修的武学练养观

太极拳讲究"守中"。

不弃不离,不偏不倚。

虽是满眼繁华,若败絮其中,一历风雨,难掩断颓虚象。

所以,中国武术极为强调内养功夫,这在世界武术中成为一道独特风景。李经梧深懂其道,毫不犹豫地高举内养大旗。

19世纪40年代,李经梧回家探亲帮助母亲推碾子,牛犯懒不走,他便拿起扫米的笤帚打牛,牛拉着碾子噌地往前一跑,李经梧差点摔倒。他琢磨,碾子中间有个轴,这个中心轴就像是太极拳"守中"的中,牛一转,就给了自己一个圆转的力,把自己的劲给卸了。就是从那一次开始,李经梧说他顿悟了太极拳的劲。

李经梧认为每个人领悟太极拳劲的因缘不同,每个人都要根据自己的气质和灵气来领悟。要想拥有真正的太极功夫,要得真传,自己要用真功,还要真有悟性才能得到。要从理上参透,同时身体要练到,所以他说太极拳是练出来的、是悟出来的。"练太极拳一定要有悟性,而悟性是需要拥有练的累积才能达到的。如果没有悟性怎么样也练不成上乘的功夫"。李经梧非常重视实践,几十年如一日,即便是在他80岁高龄的时候,还在走一些套路,还一直在走架子。

太极拳是一种内功拳术。

李经梧是第一个明确提出太极内功的。

经过自己几十年的修炼感悟，1960年李经梧述著成文。1986年出版了《太极内功》一书，这本从20世纪60年代起已经开始内部流传的书可以说是武术界和气功界的一个共享，因为在传统武术界，内功的部分往往是被认为是秘不外传的部分。《太极内功》在1986年10月由人民卫生出版社出版，第一版发行后，受到广大练功者的欢迎，1988年再版，仍供不应求。

李经梧是根据《太极阴阳颠倒解》秘诀编著《太极内功》的，他说这一秘诀的核心内容是用一种方法使人体的阴阳颠倒，达到水火既济而产生内气，这种内气旺盛、充盈，可以健身，也可以增强太极技击力量。

关于内功的技击作用，李经梧拥有自己独特的看法，他认为太极拳讲内外合一，而如果没有内功，当然无法达到内外合一。若只是手脚比划的动作，四肢的前进后退没有内功配合，是不可能达到很高的技击水平的。

李经梧积数十年习武实践和传艺经验，强调太极拳的意形并重、内外兼修，他深刻地提出"以心行意、以意导体、以体导气、以气运身"的太极拳说，论证了心意体气的主次关系，使后学者茅塞顿开，有所模依。

内为体，外为用。内外兼修才能体用兼备。有了标准的形，可为拳师；有了精湛的内功，才能成家。

三、性命双修的武学原道观

人是一个复杂的生命巨系统。

武学之道，在于自身的强壮，在于生命存在价值的不断发挥。

中国武术是性命之学。性、命的内涵也有多种层次的诠释。

个体的生命为"命"，生命之于社会的作用为"性"。命为自身的素质，性为人与社会的对接方式，命若强大而性却衰败，则武术沦为滥用工具，虽粗壮，却命若悬弦。

武术的功力为"命"，武德为"性"。练武有了德，如水归大海，适得其所。练武先修德，是中国武术的法则。武德不是一个空洞的概念，而是点滴汇聚而成的。

太极拳，蕴含着丰富的中国传统哲学思想，它以太极阴阳为哲学基础，外示安逸、内顾精神，以宁静致远为原则。它主张刚柔结合，这也是中华民族的行为文化。中华民族强调的是一种温良恭谦的行为处世态度。太极拳不仅是一种技术，更是一种中华民族的人文文化。

李经梧在太极推手功夫、技击功夫上是有口皆碑的，但他尽管艺高技精，绝不以

李经梧先生拳照

武欺人,更不擅自我张扬。不得已与人交手时,也是以艺赢人,从不争勇斗狠,总是点到即止,以德服人。

1956年，在全国武术表演会上与另一位老武术家推手较技中，对方意用大将方法以牵制李经梧双手，使其拔根再顺势前挤令其向后扑倒。在对手施用捋式的瞬间，李经梧则顺势随进，只见对手双脚拔根浮起，此时如果李经梧微微一放，对方将就此跌出，但他就此收手。围观者各方名家无不赞誉李师之武德武技。在与人推手较技中，李经梧要求自己和徒弟重口德与手德，不出口伤人，不出手伤人。他告诫徒弟，像"挤劲"这类劲，能打散别人的内气，很可能会伤及对方内脏，除非万不得已不准使用。特别是在友好推手切磋时更不准发。有一次，一位有一定推手功夫的太极拳爱好者，非要和李经梧搭搭手见识一下名家风范，两人一搭手，李经梧就用粘劲盖住对方，使其不能动弹，然后李经梧稍微一动，在对方即将跌出时收了手。李经梧后来对学生说："对方明白就行了，不要让人难堪，别人学到这个程度也不容易。"

老子云："名与身孰亲？身与货孰多？得与亡孰病？甚爱必大费，多藏必厚亡。故知足不辱，知止不殆，可以长久。"在性命双修的过程中，就要敢于舍弃，李经梧舍弃了许多，也得到了很多。当年从北京到河北，他舍弃了繁华，也舍弃了很多可能属于他的荣耀，而换来的是大量太极拳、武术气功的养生保健宝贵的研究探索成果，无数慢性病患者在跟随他习练太极拳后得以重返工作岗位。除教授住院疗养员学拳外，李经梧还开办培训班，为全国各地培养了一大批普及太极拳的师资和骨干，从学拳者逾万人。

拳人合一或许是对李经梧最恰当的评价，他的为人和他的太极拳一样自然淡薄、恬淡虚无，这是真正太极拳的境界，也是中国道家文化哲学的境界。

李经梧用自己的一生注解了一件事，做一个于社会有价值的人，这是武术家的其所、本分。

四、忠实继承的武学教育观

武术是一棵大树。

寒暑交替，树上果实一轮又一轮。果实是属于时代的，温度不同，环境不同，果实也有差异，有区别。

但大树的根是属于大地的，是传统。

江流宛转绕芳甸，汀上白沙看不见。不废江河万古流，流的就是传统的神、传统的髓。

子在川上曰："逝者如斯"逝的是繁华。子在山上又曰："万物作焉而不辞。"神如在，人虽去，意不绝，生生不已，就成了传统。

继承是发展的基础。作为对传统武术有着透彻认识的武术家，李经梧始终把继承放在了突出的地位。

李经梧曾经评价自己"传统""保守"，把自己归纳为"保守派""传统派"，他说自己不是创新派。

"我从不敢说创新，更不敢说创造，融会贯通、开宗立派谈何容易。"他经常跟他的学生说："我只是把我跟前辈学到的功夫传给你，不让它在我的手上失传。我怎么教给学生的也就是老师怎么教给我的，当然其中有我的一些体会、理解和取舍。太极也不是僵死的，要有个人的气质。"

李经梧还非常注重武术文化遗产的挖掘整理工作。1958年，受国家体委委托，与唐豪、顾留馨、李剑华、李天骥、陈照奎等共同编写《陈式太极拳》一书，并与李剑华先生主笔完成了"陈式太极拳一路"手稿和"陈式二路拳谱"的修补工作。1960年将秘不外传之功法"太极内功"著述成文并公诸于世。1964年，在体育报发表了《谈太极拳的抽丝劲、螺旋劲、缠丝劲体会》，澄清了当时太极拳一些混乱的观点。1993年亲自审定主编了《李经梧传陈式太极拳集》一书，由河北大学出版社出版发行。这些著述影响卓著，受到从学者的欢迎，泽被后人，对传统太极拳的继承作出了巨大的贡献。

传统不是口号，是一种实践，必须身体力行。在现代化的环境中彰显传统的规范，需要勇气和能耐寂寞的超然。

五、勇于创新的武学发展观

一个故步自封的人可能是一位行家，但成不了大家，只能是"匠人"，哪怕是巧匠。

就像当年杨露禅创编杨式太极拳，孙禄堂创编孙式太极拳，创新和继承并不矛盾，反倒是互为其根。

创新是发展的动力，核心动力。

植根传统基础上的创新，如老树开新花，根不老，花不浮，随风一舞，锦繁漫天。

李经梧对推手的认识和实践已入化境，这些认识和实践为古老的太极拳宝库增添了新的内容。过去推手讲引进落空，通常是接来劲时坐腿转腰，把人带过来再打出去。李经梧在青壮年时也是这样做的。后来在反复实践中，他发现这样做易出破绽，容易让人顺势借力打过来。他认为在沾着劲点做很小的旋转即可引进落空，不用坐腿退回，也能达到"合即出"制人的目的。李经梧充分发挥了前辈太极拳家所说的"动之至微、引之至长、发之至骤"的艺术作用，不断充实和发展着古老的太极拳艺。

李经梧把毕生的心血全部倾注在武术和社会的健康事业上，至老不辍。在研究和发展中，他不拘泥，能够提倡和接受新的思路和观点，并积极参与创新实践。他参与国家简化拳24式、48式、88式太极拳的编定工作，研习国家简化太极拳新编套路，关注太极拳运动的新发展。1959年，在国家体委的主持下，由李经梧演练，八一电影制片厂成功拍摄了我国第一部《简化太极拳》教学片，极大地促进了太极拳的推广和普及。

以上五个方面构成了完整的李经梧武学体系，是其武学思想的精髓。

这五个方面在李经梧身上是互相融合、互动互助的。只有具备了开放的思维，才能最大限度地吸收各种传统武术的营养，从不同的前辈名家身上客观地汲取最宝贵的武术资源，以忠实的心态与操守对待传统，也就自然在遵循传统核心原则的基础上，不断注入新的活力与方式。

《太极拳论》精要及其对太极拳实践的指导作用
——在北京中医药大学的讲座

2013年5月，世界太极拳网和北京中医药大学联合举办了全国太极拳高级理法研修班，来自全国各地的数十位太极拳优秀传人参加。研修班邀请了多位在太极拳理法、文化、实践上有精深造诣的名家、专家、学者进行讲座培训。在研修班上做了关于王宗岳《太极拳论》的系列讲座。

极享——余功保太极演讲录

（2013年5月　北京中医药大学）

今天我演讲的题目是"王宗岳《太极拳论》介绍以及如何与太极拳练习实践相结合的问题"，包括如何去读，如何去体悟。

练太极拳的人都知道王宗岳的《太极拳论》，但是很多没有练太极拳的人，以前没有接触过王宗岳《太极拳论》的，接触了这篇拳论以后，就觉得中国传统文化里面还有这么好的一篇经典文献。它不仅是讲太极拳的，而且涉及中国传统哲学的方方面面。要深入地了解、理解中国传统文化，特别是关于人的生命方面的文化，练习太极拳是一条捷径，你练跟不练不一样。同样的，练拳的人，读不读王宗岳的《太极拳论》，练起拳来领会的也不一样。

关于《太极拳论》，练拳到不同层次，可能理解起来，都会有自己的一些独特的体会。这篇拳论是练太极拳和研究太极拳必读的一篇经典文献。如果你不读，不去深入琢磨这篇文章，可能你在练太极拳的很多方面收到的效果就会打折扣。我以前出过一本书，叫《太极十三经心解》，中国的太极拳论很多，比较重要的有上百篇，长长短短的，有各种不同的版本，各个流派还有很多自己的拳论。这些拳论观点有深有浅，方方面面，侧重点不一样，我就从里面选出来13篇经典文献，这是我个人的观点，我认为这13篇文献，是练习太极拳最最重要、最最核心的文献。研究太极拳、练习太极拳的人，特别是你要想深入地研究、练习有较高的水平、取得较好的效果的，应该花点时间把这些经典文献都读一读。这13篇文献里面，王宗岳的《太极拳论》是比较核心的一篇。

这个文献不仅是初学者要读，就是练拳已经几十年的人也要读，时时读拳时时新。你刚开始入门、你还没开始练、初学的，来读一读，你的起点就比较高；你练了一年、两年有体会，读它是一种感觉；你练了十年、八年、几十年以后，再读还有新感觉。我接触的很多著名的太极拳家，他们还在经常读《太极拳论》。在不同阶段的功夫实践中结合着读它，感觉就不一样。一个最简单的"仰之则弥高，俯之则弥深"，可能不同的阶段想法就不一样。一开始的想法可能是手怎么上去，意怎么上去，一个海底针怎么下去。那你再练一个阶段，意怎么走，气怎么走，可能感觉有变化。

所以对于王宗岳的《太极拳论》，我觉得对于练太极拳的人来说，都应该熟读、深悟，还要精研。有些东西是不可言表的，需要用心悟，所以要用心练拳。这个拳论文章不长，不要只是局限在它字面上的意思，不囿于它这个空间。你要突破它字面的意思，你就得深悟。字里边就是那么多字，字外有无穷的意思。有人说这个拳论，听每个人的解释不一样，这很正常。比如最简单的一个概念——"双重"，两个老师解释不一样，哪种对？你不能说这个对那个不对，他可能是在这个层次上是这样理解，那个层次上是那样理解，层次有高低。也可能是这个流派这种理解，那个流派那种理解。中国太极哲学妙的地方，就是它是一个开放式的体系，你怎么样去理解，只要是你理解的符合人的生命运动规律，都是对的，不是一定要求一个定量的结果，这是中国哲学、中国文化，也是中国太极拳的精髓，大家一定要理解这种思维方式。太极拳竞赛有时候需要有定量，手多高、腿多高，有一个统一的评判标准。传统太极拳的练习，是具有个性化的东西，里边不一定非要有定量的结果，这一点非常重要。这句话大家可以慢慢去悟。但是我们恰恰很多学太极拳的人，特别是一些初学的人，去追求这个定量的结果。为什么说要混混沌沌、空明澄澈？空明澄澈，不仅没有定量，连方向都没有了，这才是太极拳比较高的境界。我这一段讲的就是你怎样去理解这个太极拳论，跟理解太极拳是一样的。

要领会太极拳，一定要结合实际，就是结合着练拳，你可以先读拳论再练拳，也可以先练拳再读拳论，也可以边练边读，但是一定要相结合。

我觉得我们今天讲的王宗岳的《太极拳论》，我不是把它看作一堂普通的理论课，讲讲就完了，而是把它作为学习太极拳的一个关键点。从这篇拳论当中，能够悟到很多太极拳的具体要领，虽然它没有涉及一些具体的练法，这就需要结合实践来读。太极拳的任何理论如果不跟实践结合，它就没有意义，如果对实践不能够进行指

极享——余功保太极演讲录

导，也没有意义。

练习太极拳我觉得最重要的，第一个是要"到位"。练太极拳，有经验的老师就要看你这个拳到不到位，到位包括你的空间位置、你的意气结合等各个方面。有的人练了很多年，不到位，这个拳就没有练好。第二个是要有"韵味"。你到位了，只能说你练正确了，练得对了，但是你有没有韵味、有没有神韵，这是关系到你的练拳质量。有时候老师说你这个拳打得没有味道，就是指缺乏这个韵味。第三个是要有"意态"。式和式相连贯，势和势相呼应，内外相结合，都在这个"意态"上。你的拳架、拳功、拳学就由这三个方面共同构成。理解王宗岳的《太极拳论》也要结合这三个方面。你自己打一趟拳，你的拳架到没到位、你有没有味道、有没有意态？有了后两者你才有内功。如果你只会拳架，你只能说学会了。你只会拳功，你只能说学好。你有了拳学，你就学的是天人合一。

拳学是中国太极国学的综合修养。孙禄堂是太极的大家，也是武术的大家，他的文化水平并不高，但是他理解拳术很深入，他的学问也很大。这个拳学跟你的学历各方面没有绝对关联。中国太极拳的拳学是关于人的生命的学问，是关于你理解人的健康、理解生命、理解社会的一种学问。所以这个"学"，不是简单的指知识这方面。

学拳要实现这三个方面，我觉得有三种有效方法。

第一种方法是临摹。就是你看老师教你打拳，包括看老师的拳照。我今天为了结合讲这个《太极拳论》，选取了各个流派的一位名家的拳照。我的《太极密码》系列图书里面有一本叫《太极心法体悟》，专门有一篇文章就是讲怎么样临摹拳照的。就像练书法一样，学书法的基本功是要临帖。你不管学真草还是隶篆，都要临帖，字帖是最基本的功。学拳也要临拳，李雅轩先生讲他过去习拳时，每当打拳，都想着老师打拳的样子。所以他很重视这个方面，留下了大量的拳照，方便让后世去临摹。所以大家平时自己练拳，有时候就要像过电影一样，脑海中浮现老师练拳的样子，特别是神态。

第二种方法是体悟。不管是临摹，还是面对面跟老师学，你都要理解老师如何打，这么打是为什么，这里面的东西要深入体悟。

第三种方法是读经。读经就是你有了临摹、体悟的技术，读经就能够升华。所以读经是其中一个重要的方面。

下面我就简明扼要地讲解一下王宗岳的《太极拳论》，和大家交流一下心得吧。

王宗岳的《太极拳论》，我觉得具有以下几个显著的特点。

第一个是普适性。就是它适合于各门各派的太极拳。

第二个是理法性。它没有过多地阐述太极拳的具体招式、技术，而是重点阐释太极拳的学习方法和理法要领。为什么呢？因为它站在了更高的一个高度上来看待太极拳，所以阐述的是太极拳的思想和太极拳的灵魂。这点在读王宗岳《太极拳论》的时候要特别注意。

第三个是系统性，或者说叫全面性。它涉及太极拳的方方面面，包括理论、方法、养生、技击等。你读很多拳论，包括我的著作《太极十三经》里的一些拳论，它可能重点讲的是某一方面，但是王宗岳的《太极拳论》应该说是比较系统全面的。

第四个是哲理性。里边蕴含着很深的哲学内涵，有些词好像是从传统哲学的文字当中搬过来，但是它又进行了提炼，又赋予了太极拳内在的灵魂的东西。

第五个是文学性。《太极拳论》文字比较优美，很流畅，是一篇很精美的文章，而且它的结构是层层递进的，如剥茧抽丝。就像你进山去看风景，一层一层的，越来越深入，风光旖旎无限。我曾经和教育部的老师讨论，我说如果有条件，王宗岳《太极拳论》的全部或者部分段落，应该收入中小学的课本里供学生学习。

现在我们进入《太极拳论》的正文。

第一句话"太极者无极而生，动静之机，阴阳之母也"。这一句是文章最重要的开篇，也是它的灵魂。这里边涉及两个重要概念，一个是"无极"，另一个是"太极"，所有练习太极拳的人，对这两个概念一定要深入领会。这两个概念可能大家早就接触过，但你练习太极拳后，对这两个概念才能够有深入的理解，不一样的理解。

"无极"就是空、虚、无，空灵澄澈，什么都没有，但是又什么都有。所以太极要从无极来生，这是两个哲学概念，但是在太极拳练习里面，是有具体内容的。练拳要先练"无极桩"，要先站桩，站桩的过程就是练"无"的。所有的太极拳势都是从无极里面生出的，这不是一个简单的哲学概念，是一个必经的练习。练拳如果你没有桩功、静功，你就很难理会进入的太极层次。

"太极者无极而生"，无要生有，这个无是首先把你身上所有的杂质去掉，这是个净化过程，把自己"打扫"干净了再练拳。

这还是要从太极图说起。太极图就是一个"无"，什么都没有。人从一生下来就是无的，道家讲究后天要返先天，老子说要返回婴儿状态，就是你生下来是干净的，

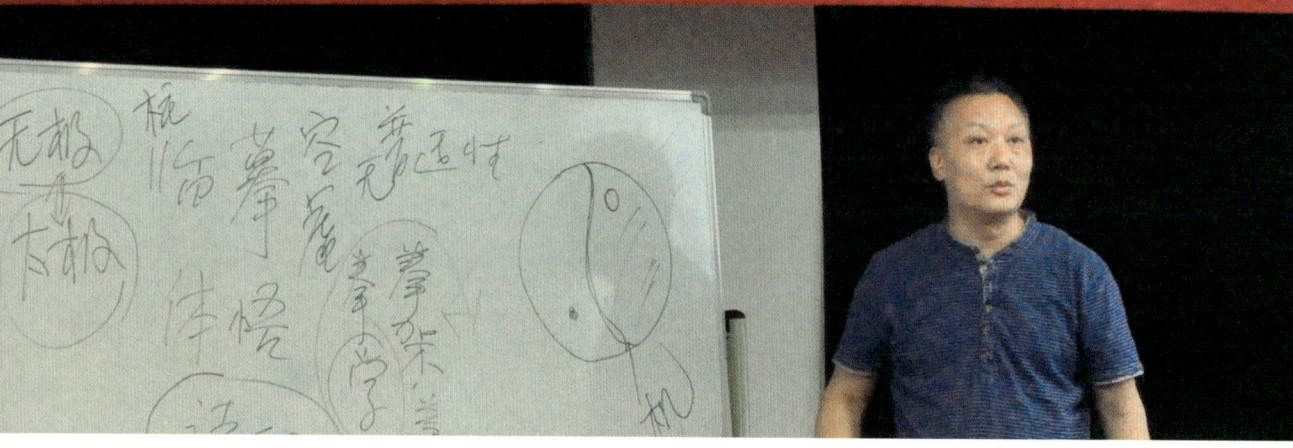

讲解王宗岳《太极拳论》

意识上是纯净的，没有任何杂质，没有受后天的各种不良意识的侵扰，是一个纯净体。所以很多道家练一些功法，内丹功法要返先天。因为宇宙万物是一个空明澄澈的混元状态，你只有做到了"无"，就是最大程度地跟外界进行的一种沟通，这就是我们中国文化讲的"天人合一"。我现在讲的不是哲学概念，而是实实在在的太极拳理法。

这时候，如果你身体、脑海里有很多杂质的东西、乱七八糟的东西，它就是一个耗散结构，是一个耗你的能量、散你精气神的结构。精神的、心理的污染对大家的损害很大，练拳要先达到"无"，就是把这些污染逐渐去掉，空无了，即进入一种无极的状态，在这个状态下练拳，就不是损耗性的结构，而是不断地把外界的能量往里聚的过程。如何做到？一开始要站桩，在站桩的过程中，你能够体会到这个"无"，这是一种十分有效的办法。

体会到了"无"以后，生太极，就出来太极图中间这条线。一边是阴，一边是阳，生出来阴阳就有太极了。动静之机，阴阳之母也。有了太极以后，动作就分阴阳了，动作当中具有了阴阳属性，阴阳相合才是太极。阴阳不能完全割裂开，它必须是阳中有阴、阴中有阳，所以这个太极图里边阴中包含阳，阳中包含阴。

太极图中的核心是这条"S"线，这条"S"线就叫作"机"。它是阴阳的基线，也是转机。练拳一定要懂这条线，你不懂这条线，就不知道太极是怎么回事。这条线就是平衡，是平衡线、和谐线。练太极拳始终要走这条线，一边搭着阴，一边搭着阳，阴阳同时共处一体，和谐共存共生，互相转化。只有形成了这个阴阳和谐共同体，你练的太极拳才能成为一个很好的内功拳。

每种传统太极拳都有多个拳械套路，每个套路都有很多式子。后来又编了24式太极拳、42式太极拳、32式太极剑等推广套路，不计其数。有人说太极拳是2式，一式是阴式，一式是阳式，就是不管套路中有多少式，都是阴、阳归路的体现，这很有道理。如果再进一步从根本上说，我认为太极拳就一式，这个式子当中包含阴、阳，阴阳都在其中，和谐共生，动态平衡，练到最后，你掌握一式就足够了，当然前提是真正地透彻掌握。每一个式子里边阴阳都不一样，阴阳占的比重、阴阳的转化方式、阴阳运行的状态都不一样。但是你要练对了、练好了，它就是一式。这一式是什么？就是阴阳和谐。不管你是白鹤亮翅、野马分鬃、金鸡独立，还是如封似闭，阴阳和谐的状态是如一的。

所以太极拳练习的第一步，太极者无极而生也，要练练无极桩。也有人也把它叫作太极桩，桩的要领，符合太极拳的根本要领。

头，要微微上领。《太极拳论》里边说的虚灵顶劲，你不能顶得太使劲，太使劲气就淤在头顶了，就容易出偏。下颌要微微内收，你一仰下巴，任督脉气就断了，所以要微微内收。但是内收不能扣得太死，如果扣得太死，脖子就梗起来了，便不自然了。腋下要虚，沉肩坠肘，中间要抱球。敛臀、收胯、收腹，你不能够挺着肚子、撅着屁股。膝盖微屈，两脚自然分开，宽度与肩同宽，不死板。太极拳流派有很多，但是最终要练成自己的拳才行。每个人的舒适程度根据自身条件决定，不是一定要规定身体各个部分前后开合多少厘米，应是一种特别松的状态，在完全松的状态你才能够"通天彻地"。这个桩只是单独

无极桩

吴鉴泉先生无极势

孙禄堂先生无极势

陈小旺先生太极桩

的一个式子，是单独站桩。其实每一个太极拳式子都是一个桩。

大家看一下吴鉴泉先生的拳势，这就是无极桩，每个拳势都是一个桩。

这是孙式太极拳孙禄堂先生的拳势。你看这个站桩，很松畅，这个动作在孙式太极拳中叫无极势，练拳都是要先站桩。孙禄堂先生拳照气脉很好，立体贯通。起手就是这个感觉，一直保留在整个拳架当中，一动就生太极。

这个是陈式太极拳陈小旺先生的站桩。练拳中每个动作不一样，但是都要求的是那种静、合的神态感觉，并保持这种感觉。

《太极拳论》的第一句话就够下几年功夫。动静之机，阴阳之母也。拳一动，就是始终沿着这条"S"线走，阴阳之母也。无极势有人称为太极拳的"母式"，一切拳势从它变化而来。

无极势好像没有任何动作，但是千般万般变化都蕴含在其中了，它是一种虚空的实在。虽然它是一种虚空的，但又是一种非常充实、真正的存在。如果原来有东西，即使再多，一旦填满了，它还是有限的。但是一空掉之后，你是跟大自然、跟外界完全沟通，你以自身的有限联通了大自然的无限，外面所有的面积都是你的面积，就是一个无限大的空间。这样说起来有些抽象，实际上你练拳如果有体会就知道，你最后练的不是你自己，你练的是整个自然跟你的相合。只有做到这点，对我们说的"天人合一"才有实际体会。如果完完全全地、有限度地练，填得越满越合不上。你只有把自己空掉了，才能合。如果大家练内功，就会有体验，你先空、虚、无，没有东西了以后，等你再练到一个阶段，突然什么都有了。你能感觉到你的气血的澎湃、气血的流动，大周天、小周天的运转等，都会觉得非常的充实，即是一种自然应物的状态。在一个有限的空间内，你跟外界只不过是一个对称的反转，你在里面的空间，好像是有限的，你从里面看外边的空间是外边，但是从外边的空间看里面的空间也是外边。这样反转了以后，有内有外，内外如一。你如果练到这种虚、空、无的状态，里边和外边是统一的，不分你我，这就是中国哲学里面讲的"其大无外，其小无内"，就是所有的东西都包含在里面。你练每一式的时候都要体会到这种感觉。

太极拳的每一式中都有无极的本质，所以每一式都必须有空、无的感觉和境界，这非常重要。怎么叫"空"？我给它四个衡量指标，大家练的过程中可以参考。

第一，劲不着力。在劲上，什么叫"空"？这个劲是不着力，你不能有力，有力了就达不到"空"，劲着力就是拙力。太极拳的劲不等同于一般的力，它是灵性化了的力。第二，意无杂质。意有杂质就没法做到"空"。你想打人，一下就有杂质了，你就为人所乘。太极为什么讲究后发制人、引进落空，就是"不动"，去掉意识的杂质。引导气转周天意念太重，意上就有了杂质，有了杂质就是"妄动"了，就是佛家讲的有"执念"。第三，气无滞障。堵塞叫滞，不通叫障。气必须要很流畅，必须无滞障，无滞障才能自养、自强，不断生长强盛。第四，形无折断。形体、形态上是圆的、充盈的，无凹陷处、无凸起处，连接顺遂。练习太极拳的动作，如果很僵硬、很生硬、有折断，就不叫"空"。所以你练动作练得疙疙瘩瘩的，不圆润、不圆转、不连绵、不柔和，那就是没有达到这个"空"。

我觉得这四个方面非常重要，是衡量你的拳有没有做到"空"的指标。要始终将"空"的状态保持在整个练拳的每一个动作当中，就要劲不着力，意无杂质，气无滞障，形无折断，由无极进入太极状态，这样练下去你的拳会练得非常的好，便可以登堂入室了。

《太极拳论》的第一句话非常重要，统领整个太极拳的总纲。你只有领会了以上要领和指标，这个太极拳的总纲才能做到，所以我们对开头的话多讲了几句。

下一句"动之则分，静之则合"。我看了很多的研究文章，有的对这两句话解释不太准确，说动的时候是分的，静的时候是合的。有人还去下了很大功夫说动是怎么分的，这样理解比较机械。其实太极拳从始至终都是在动的，如果从字面上简单理解，那始终都是分的，静之则合，就没有停下来的时候，你怎么去合？况且每个动作里面都有它的开合。

其实，"动之则分，静之则合"是中国文学的一种修辞方法，是把一句话分开来说的。动之则分，可以理解为动之则分合；静之则合，可以理解为静之则分合，就是这个意思。两句话分开来说，这是中国哲学古文的一种修辞的方法。动里边有分合，静里边也有分合，所以就分开说，动之则分，静之则合。实际上是动之则分合，静之则分合，是这么一个状态。

太极拳单从外表形态来说，始终是运动着的。但是它和别的运动最大的本质区别是，它在动中有静，这就是太极拳"内"的特性之一。因为动的状态是一个耗的结构，只要有运动就有损耗。体育运动有很多都是损耗，所以很多的现代体育项目，运动过量对身体健康是有害的。静是养的，静止是一种养的状态，"动静结合"是中国养生一个最大的贡献。如果你单纯地动，没有静，它是一种躁动。如果你单纯地静，没有动，活力不够。有些"静"的特殊练功方法，练习不当还会导致出偏。过去气功热的时候，就有一些人练功出偏。研究发现，大量出现偏差的都出在用意过度。过去我们曾经组织过专家来进行纠偏，其中一个简单的办法就是练动功，通过动来矫正一些静的偏差。

过去还有一种说法，叫静功练性、动功练命，只有动静结合才是性命双修。那么太极拳它恰恰就是动静结合的。所有的太极拳动作都在动，它的静就是在动中实现的：第一，意念是静的，不躁。第二，动是动态平衡。做到了动态平衡就是静。动态平衡就是阴阳的平衡，它不是指简单的速度的平衡。有的太极拳速度有变化，没关系，比如陈式太极拳它有起伏跳跃，如果你达到一种状态上的静，状态的平衡，速度是一种次要的、表面上的元素。有的年轻人练拳，蹦蹦跳跳很漂亮，很有美感，但如果气是浮的，就不平衡。练各式太极拳，如杨式太极拳、吴式太极拳等，你可以变化速度，有快有慢，我觉得没有关系，有时候还有意通过速度变化来练习感觉，速度是表面的，但你要达到静，就是一种均衡状态。

理解太极拳的平衡状态，不是简单速度的均匀连贯。练一趟拳，每个式子之间可有速度变化，这一趟拳我练20分钟练完了，同样一套拳，同样这些动作，他练2个小时也练完了，都没有关系，你只要是用均衡的状态来练的就行。特别是你练到高深的阶段，练到内功阶段，如果你单纯地、过分地、一味地追求静，就容易出偏。因为太极拳是一种高级的内功，它讲究动静结合，并不是单纯地、一味地追求静。这点大家一定要切记。

从另一方面讲，只讲动就是目地动，也不利于健身。练太极拳，不是说你练了就万事大吉了，有很多练得不太好的，甚至有反作用的。比如说有人膝盖受伤、脚踝受伤，更重要的是心智受伤，这些现象都有。

解决好了动静问题，就是解决了练太极拳过程中一个非常大的问题。这点恰恰是很多练习者不太注意的。有的即使练了几十年，也不太注意，都是在注意解决怎么动的问题、怎么静的问题，没有解决动静之间的关系问题。这是有隐患的。

咱们看看吴鉴泉先生的拳照，你说这个拳照它是分还是合？它是动还是静？都包含在内，动中有静、静中有动。

从外形上看他是合，两只手相合，两只手跟自己的印堂相合，跟膻中相合，然后从膻中跟丹田相合，两个肘跟胯相合，合成一个整体。你看他肘跟胯合、肘跟肩合，这个膝、胯、肘、肩合得非常好。但是从另一个角度看，他又处处是分的。两只手明显是在分，分中有合。两条腿也是分虚实的，右腿为实、左腿为虚，一实一虚，也是

在研修班上主持名家讲座

分的。胯是旋转的，转胯也是在动的。更主要的是气在动，任督脉内转的，也是有分有合都在动，所以整个拳势是有动有静、有分有合。如果仔细分析一幅拳照也可以讲2个小时，这就是我刚才说的临摹、心照，你要拿名家的拳照，闭着眼睛用心看，要去想，要去读，要读懂它。你现在读了以后，过一年再读，还是不一样的。但是有个前提，你要拿真正好的拳照去读。临帖一样，你拿着那个写得很油很滑的字去摹，那你自己也越练越油越滑了。

再看孙禄堂先生的这个拳照，孙式太极拳，动之则分，静之则合。

他本身是个静态的动作，但是你一看，充满了张力，充满了运动，像一张拉满的弓一样，架式不是拉得很开，不像有的拳照拉得很开，但势很稳。过去陈鑫在拳论里面讲"我守我疆，不卑不亢""宾主分明，中道皇皇"，往那儿一站，前后左右、四面八方

吴鉴泉先生动静相生拳势

孙禄堂先生拳势

都是饱满的，有分有合。米芾书法讲，虽只有一笔，但支撑八面。就这一笔下去，气韵生动，八面有势。我们看，孙禄堂先生这张拳照中，前后两只手合不合？你看他就是合的。但是分没分？也是分的。前后手、左右脚，都是虚实。你看到的势是向前的吧，往前，比猛虎扑食的那个猛扑得还要猛。但是他稳不稳？又有后撑力，往后的也无缺陷。他的意你说是在前还是在后，动作是要向前的，但是意是在后的。意是贴后脊，甚至在无穷远处。前边的意，在前边的无穷远处，后边的意，在后边的无穷远处。前后这是什么？这是分

杨禹廷先生拳势

的。但是分,他绕了一个大圈,又把意劲合在里边了,他是一个中心,然后中轴是一个竖直。每个拳照都需要你去悟,不光是看他的形。

杨禹廷先生也留下了很多视频,我觉得是非常生动的"动之则分、静之则合"的注解。

杨禹廷先生有一段视频是在中山公园里面拍的。分、合简洁、清晰,拳势是在分,又是在合;是在动,又是在静。分里边有合,合里边也有分,有动有静。

下一句是"无过不及,随曲就伸"。太极拳的核心是一个"中","无过不及,随曲就伸"讲的就是"中"的意思。"随曲就伸"是我非常重视的一句话,所以我出的《太极拳名家对话录》三部曲的第一本书名就叫《随曲就伸》,另外两本,一本是《盈虚有象》,一本是《上善若水》,也都是《太极拳论》里边的词语。

什么是"随曲就伸"呢?随曲就伸就是"顺",太极拳的核心就是顺。怎么算顺?阴阳和谐了就是顺。如果练拳的过程中你觉得不顺、别扭,就有问题。其实有人说太极拳很简单,你要是觉得不顺,那你练得不对,可能开始的时候练得不顺,你动作不熟练的时候不顺,但是越练你就应该觉得越顺。你不能开始不顺,练了一段时间还是不顺。甚至你练了一段时间,变得更加不顺,那你要打住,别往下练了,找原因,越练你越跑题了,所以一定要练得顺。

随曲就伸,这是中国哲学的一个境界,也是一种为人处世的方法,所谓用世之道。随曲就伸就是你要顺着趋势的变化,"曲"就是变化,"伸"就是力量、能量。就伸,就是充分发挥能量的作用,一旦得势,炸如雷霆,在太极推手、技击中尤其重要。在太极拳推手中,你没得势的时候"随曲",随曲就好像你的听劲,没得势的时候你要韬光养晦,积蓄能量,减少能量损耗,一旦得势,就是能量的一个迸发,这时候就毫不犹豫,你"曲"个没完不行,就会丧失机会,所以当"伸"则伸。太极拳推

"随曲就伸"三部曲图书

手、技击中的"引进落空"也好,"四两拨千金"也好,它的核心还是随曲就伸。

从内功的角度,"随曲就伸"是什么?它要符合经络的变化。经络是人的气血的走向、运行系统,不通的时候你不能硬去通。有人说练周天功夫、练太极拳要有意识的引导,动作走哪条路线、走哪条经络,这在初级阶段作为入门、过渡可以,但总这样就不对了,因为你违反了随曲就伸。气通周天、经络,它一定是自然地通,练太极拳不需要强行引导,去导通这个周天、那个穴位。你拳法只要练对了,周天就会自然地通和运转了。

太极拳的动作本身就有通周天的功能。比如说"云手",一个普通的云手动作,每个流派的练法都有所区别,比如杨式、孙式、陈式等,手型手法、步型步法是不太一样的,有的是并步、横移步,陈式还有交叉步,但核心功用和原则、要领是有相通之处的。

云手是最典型的有通小周天功用的动作,你不要去琢磨如何打通周天,你练云手的过程中,练到一定程度,可以自己有意识体会一下你的小周天是不是在运转。如果运转就练对了,没运转就没练到内功层次。但是你练的时候不要故意地去通,练个云手,故意去导引小周天,那就麻烦了。它是一个自然状态,你练对了,就像水龙头下面放个水缸,一拧水龙头,水自然就下来了。不需要你去用意念,我一拧你要下来,没必要。但是你把水龙头搁在水缸底下,你拧开它水就到不了水缸。练拳就是把这个水龙头调整到上边来,你只需要拧开水龙头就行了,不用去想着水往哪儿去,它就自然地往下、自然地走你的周天了。

这个比喻非常简单,很直白,但却是中国道家内丹功里非常高级的一个步骤。练太极拳你不要太执着念想,那样的话你反而乱了,最后练得岔气。练拳就是一种自然状态,你练对了要领,就会气达四梢,自然就鼓荡了。气意鼓荡,它一定是"气遍周身不稍滞"的。你如果总想着去引导,引导到四梢,你最后一定是到哪儿哪儿滞。所以这个"随曲就伸"的原则非常重要,还要结合很多练习要领去领悟。

"无过不及",核心是"中",是"和"。怎样才算"过"?

陈式云手　　　　　　　　　杨式云手　　　　　　　　　孙式云手

第一，动作夸张就是过。动作夸张就是你控制不住，超出控制范围了，气也就散了。努气就是过，你努着气练拳，短时间能长功夫，但有限度，长期努气练，损伤内气。有些太极拳家寿命并不长，即便寿命长，健康状况也不好，为什么呢？练拳努气是一个重要原因。因为他当时注重的是技击实战，技击实战中就有人在练法上通过努气来提高功夫，因为要用聚气来发放能量。

太极拳的三大功能，技击肯定是它最突出的特点，现在人们练太极拳，健身是第一位的，是现代社会需求最主要的功能。第一步是健身，一般大众要做到。第二步是养生，养生就比健身高一个档次了。第三步是养心，咱们今天在座的都是专业人士，各地的太极精英，咱们一定要往养心上修炼。心的力量是无穷的，是强大的。中国哲学核心就是中和，无过不及，就是养"中和"之道。"善养吾浩然之气""心勿忘，勿助长也"，就是不要努气。

第二，劲力外放就是过。你把劲力外放了，不仅能量损耗了，太极的圆融结构也破坏了。太极拳讲究力不出尖，你一出尖，它不光是不圆的问题，还消耗力。所以劲力外放就是过。

什么叫"不及"？"瘪"就是不及，"凹"就是不及，封闭就是不及。

你动作练得很瘪，瘪进去了，无精打采，不圆润，拳就练歪了。为什么说太极拳适合各个阶层的人练，男女老少都可以练，不是说年纪大了才能练，因为它练的是一种积极向上的态度，不是越练越消极，越与世无争。"夫唯不争，故天下莫与之争",最后要达到一个"莫与之争"的效果,所以它不能是瘪。

萎靡就是不及。你不能萎靡,你动作瘪了是一方面,这是外形。练拳要神不外泄,神外泄了就是不及。不仅不外泄,还要神完气足。神不外泄不是一直往里面收着,整天收着那也不行,是充沛鼓荡。杨禹廷先生、孙禄堂先生、吴鉴泉先生的拳照,不管他是在哪个年龄层,都是神意饱满,无过不及的。做不到位也是不及。我刚才说动作三方面,第一个就是你要"到位",这是最基本的要求。

意气不合是最大的不及。意不及气、气不及意,就是不及。练拳时意气要饱满,但是又不能过,手向前推过了就破坏了随曲就伸。身体、手腕、胯、足,方方面面都要做到无过不及。

李雅轩先生的这张照片,也是典型的无过不及,他是一种往前进的、挥出去的劲,但是不过,很神气,很饱满,架式很开。《太极拳论》这些话不是简单形式上的东西,是有具体实质意义的。

下一句"人刚我柔谓之走,我顺人背谓之粘"。这里边又涉及几个概念,什么是刚柔、顺背、走粘?这句话重点讲的是太极拳的技击原则,就是你要始终处于我柔我顺的地步。人刚我柔谓之走。我顺人背,不能反过来说。这句话是一种提倡,不是描述一定要实现人刚我柔。那人要柔怎么办?那我更柔,所以人柔不是又显得刚了吗?说的是这么一个过程,不是说一个简单的状态,它是一个动态的、应对的。

太极拳的核心就是以柔克刚,刚柔相济,这是它的智慧。用柔来应对刚,是最节省能量的方式。如果他是刚,你也是刚,硬碰硬,最后即使你赢了,也是杀敌一千自损八百。只有用柔的方式,才能消耗最小的能

李雅轩先生拳照

量，取得最大的胜利。太极拳的术语"走"也是游走、飘忽的意思。飘忽就是莫测，你只有走起来它才莫测。这个"粘"就是拿住对方、摧毁对方。它有粘劲的意思，但是它又不是局限在粘劲。有很多人理解我顺人背谓之粘，就解释成我顺人背，用粘劲把他打倒，显然这是没有理解这句话的真髓。它包含粘劲的意思，但远不仅是粘的意思。

下一句"动急则急应，动缓则缓随"。有的人把这句话理解为太极拳速度的变化，这是错误的。从字面上动急则急应，对方快，我也快。动缓则缓随，对方慢，我也慢，这显然是了解得很表面。一定不要单纯从速度上去理解，这说的是太极拳的一个状态，急缓在这里包括速度的变化，但不仅仅是速度，它讲的是太极拳的节奏问题。太极拳是有节奏的。太极拳的节奏，包括你自己练拳的节奏、你的气血运行的节奏、你的意念的节奏，还有控制的节奏等，不仅仅是速度。

有的人说太极拳要均匀连贯，不能有节奏，就是一个速度练下来，这不对，太极拳讲究均匀连贯，均匀不是单纯速度的一致不变，均匀有很多的状态，是综合因素下，生命状态的一种节奏。

陈式太极拳有很多动作的变化，二路炮锤更多一些，但是在练拳中，气血的变化讲究的也是均匀，也必须是一种均匀的状况。陈式是典型的速度有明显变化的。田秀臣先生被认为是忠实地继承了陈发科的拳架，没怎么改变。

大家看他练的拳速度有变化，大家体会他有快有慢，但是他始终是一种均匀的状态。

田秀臣先生自己就是很坚守传统，陈发科怎么传的他就怎么传，他说不能改，不管怎样都要保持原汁原味。现在有些套路，随意地变，蹿蹦跳跃，变来变去，就不是这个意思了。

下一句"虽变化万端，而理为一贯"。这个变化，就是万

田秀臣先生拳势

法。这个理为一贯就是归一，就是我之前说的太极拳融会贯通后就成为了一式，就是阴阳相合的那一式。把这一式掌握好，就是归一，即"虽变化万端，而理为一贯"。老师教的时候，大家一起学，动作是一样的，虽有规范，但最终的拳，是要练成自己的。一个人一套拳，拳就是你，太极拳是讲究个性的，基本的要领是要符合共性规律，然后要体现你的个性。就像中医一样，中医没有秘方。为什么没有秘方？中医有秘方就违背了中医的原则，中医的原则是辨证施治，怎么可能有一个秘方包治这一类病呢？这个道理就是我现在说的太极拳一个人一套拳。拳是有灵性的，个性是它的灵性体现之一。当然这是练好了以后比较高的境界，你不可能在刚跟老师学的时候，成为一个人一套拳，那不行，你先要统一才能提高。每个人的心智不一样，悟性不一样，有的人为什么后来成了大家才能创拳，他就是在一样当中悟出了不一样，又通过这个不一样融汇了那个一样。从自己的拳，高度吻合了大家的拳。

陈发科先生拳照

太极拳研学中每个人的变化是必然的，陈发科教下来的弟子，到最后没有一个是完全一样的。杨澄甫教下来的那些弟子也是如此，在他的《太极拳体用全书》里面列的那些弟子，一个人一个风格，每个人都不一样。不能说是哪个好、哪个不好，只要都符合杨式太极拳，

杨澄甫先生拳照

符合杨澄甫提出来的十大要领，那他就是对的。但是每个人还有自己的风格，所以这就是"虽变化万端，而理为一贯"。

太极拳的高层次就是把拳练成自己的，对自己有用。我原来做过一个比喻，我说有

人练拳，大家都说他名气大，练拳层次高，但练了20年就练坏了。还有一个人大家认为低层次，老是在低层次练，他健康地练了100年，那你宁可要这低层次健康练的100年。为什么？那个低层次尽管别人觉得不好，但最适合他自己，实际上就是高层次。所以这个高层次、低层次，最后一定要跟自己结合的效果最好。有人经常问的一个问题，就是初学者练什么样的太极拳好？什么式好、什么套路好？我都回答说，你多看一看、多选一选，你认为最适合你自己的，那就是最好的。每个人可能用不同的方法，效果都不一样。当然你可以通过不同的套路、不同的流派去悟、去体验、去寻找。

拳理是统一的。练拳的时候，开始时越练越胆小，为什么？你觉得处处是毛病，这也不对，那也不对，这是一个过程，这时候你才能不断地提高。就像练书法，一会儿这儿不对，那儿不对，练永字八法，哪一笔也不对。练到最后你会发现，笔法不是问题了，心法才是主要的，拳也是这样一个道理。但开始你不练基本拳法，后来也就没有心法，心法无从着落。过去拳谚说"拳打千遍，其义自现"，在反复习练中，捕捉到、感受到了那个"如一"的理，这时候，你就抓住太极拳的要义了。

因为时间关系，今天就先讲解到这里。我们下次课再接着讲后面的内容。

传统太极拳的「知」与「行」
——在北京中医药大学的讲座

2014年4月，应邀在北京中医药大学进行太极拳讲座。北京中医药大学师生以及来自全国各地正在学校内参加"全国太极拳高级培训班"的学员们聆听讲座。

极享——余功保太极演讲录

（2014年4月30日　北京中医药大学）

太极拳与医学是什么关系？

都是"活人"之术，医学解决的是出了问题的问题，太极拳功夫主要下在预防出问题方面，都各有各自的作用，不可替代。

中国发展到现在，基本解决了温饱问题，但要生存得好，生存得有质量，还要有好的健康状态，太极拳在这方面也能发挥一定的作用。全民小康离不开全民健康，全民健康不要缺少太极拳，太极拳是在生命这个境界上来改善提高人的生命的质量和生存的境界。

作为中医药大学的学生，应该研修一下太极拳，否则你所掌握的中医养生体系就不全面，甚至不得法。

今天听讲座的，有我们中医药大学的师生，还有一部分来自全国各地的太极拳辅导员、教练员，对大家练拳的要求就要高一些，练太极拳要从"知"与"行"两个方面来兼修。

有了"知"，练拳就会少走些弯路，直入堂奥，一定要科学地练习。太极拳练习中存在着很多太极病，我原来写的一本书上就专门列举了几十种。陈鑫先生书中也列有"太极36病"，就是针对现在练太极拳各种拳病，如膝盖疼、脊椎疼、腰疼，特别是练得如果不对，对神经系统、心血管系统有损。为什么？练得不对，就会造成努劲、努气。比如一个"金刚捣碓"，很多人练习金刚捣碓就是使劲跺脚，咚咚咚。那个体现功夫可以，但对养生而言，怎么跺脚还是很有讲究的。一脚跺下去一震，脚底下涌泉穴"嘣"一冲,反撞到你的头顶百会穴,撞得你气血翻涌。你一跺脚,足三阴三阳经都被震动,不会收敛,气都被震散了,还健什么身呢?金刚捣碓动作很好,有它科学的练法。我专门跟练陈式太极拳的老师们探讨过它的练法,有几位练陈式太极拳的老先生,健康长寿,90多岁的,还有百岁老人,金刚捣碓科学的练习方法不是一味地使劲震脚,不是那样的练法。

金刚捣碓是练心的,收摄心神。有一个词叫"金刚怒目",一到庙里有金刚,一进门两边都有,金刚怒目是驱退邪魔,不使神散,它是握固,不是在那发散气,它是收的。传统十二段锦里边有一个口诀叫"握固静思神",握住手心神就收摄了。晚上走山路的时候,如果害怕,一个办法是咳嗽几声,唱个歌,喊几嗓子,给自己壮胆。还有一个办法是紧紧地攥住拳头,紧紧地攥住手,你越走越有劲。为什么?收摄心神,

百岁拳家杨德厚演示金刚捣碓

在北京中医药大学讲座

聚集精气。所以金刚捣碓要把握很多东西。现在练太极懂内在的相对少一些，因为大家越来越追求表面。所以练太极拳时你一定要知道怎么样练习，练得不对不如不练。不是说一练拳就万事大吉了，我们始终提倡要科学地习练太极拳，一定不要随便地乱练。

关于太极拳的"知"，我想还有一方面大家需要了解一下，就是太极拳和它生成环境的关系。特别是学中医的同学们，不能孤立研究太极拳。对于跟太极拳相关的中国传统养生方法的发展历程和类别应该有所了解。就是把太极拳放到一个大环境，它跟其他的养生方法是相连带的。你知道它的来龙去脉，对于练拳有更好的帮助。

比如导引，导引是以动为主的，最核心的一个要领就是调形，它的核心就是八个字，叫"导气令和，引体致柔"。必须得导通气，要不然你就没有用，所以导气的目的是什么？让它和，内外相和，阴阳相和，内外调和。引体，因为导引的是你的形体，要引导这个形体致柔。民国时期徐致一先生成立的太极拳就叫"致柔拳社"，来强调这个特性。太极拳也是一种导引术，从导引的角度看太极拳，对我们的练法就又有一种体会。著名的马王堆导引术，是公元前173年的东西，我们在20世纪70年代初挖掘出来的。有几十个导引动作，里边的很多动作跟现在成熟以后的太极拳的动作非常相近。前些年发现了比马王堆导引图更早的导引内容，是公元前178年，有一部书叫《引书》出土，里边也有大量的导引内容。大医学家巢元方在他的《诸病源候论》中，就把导引作为养生治病的一个方法。

大家可能知道或者学习过五禽戏，还有八段锦，这都属于导引。易筋经也属于导引，导引被汉代以后的几乎所有的大医学家们广泛应用，都被列入主流的医术当中。比如孙思邈在《千金药方》里边介绍了很多的导引方法。比如陶弘景的《养性延命录》里，最早系统了记载华佗的五禽戏。

我为什么重点介绍导引？因为太极拳也是导引的一种，可以说它受益于导引，它是结合了呼吸、吐纳、导引等为一体的。著名太极拳理论家陈鑫先生在他的书中就专门讲解了导引在太极拳中的作用，"行导引之术，以为修仙之根本"，强调导引是太极拳的一个核心练法。

其他的诸如吐纳、站桩、内丹等都可以涉猎研究一下。

关于太极拳的"行"，我这里重点谈一下"静"练的问题。《易经》里讲"寂然不动，感而遂通"，你不动的状态就是通的状态，跟外界、跟自然进行了一个沟通，沟通了就能够从自然中获得能量，就不断地补充。练太极拳为什么要静呢？虽动犹静，在静当中要体会动，在动中体会静，所以不能上来就练，要会静。

太极拳练习要慢，有的老拳师练拳非常慢，这是有科学道理的，你慢下去，有助于静下来，你的能量消耗降低到最小，能够体会到身体里边细微的变化。所以这个是静坐和站桩。所以太极拳的静，是为了实现深层次的动，在极静的状态下产生一种内动，内动是生生不已之动。不知道大家练过静坐和站桩没有？没练过我建议你以后有机会可以体会一下，感觉不一样。静到一定程度了，就会感觉到你的能量像一粒籽，从你的身体内部逐渐发芽，扩充到你的全身，它是有内在的能量。那个时候你再练拳，你是人在气中，气在人中，人在拳中，拳在人中，练的时候感觉就不一样。所以太极拳的静练，是一种很高级的运动方法，不仅适合体弱的人练习，也适合体格强壮的人练习。

一些深入研究太极拳的人，经常会问一个问题，太极拳和"内丹"术有什么关系？内丹术在社会上流传得比较少，在有些人看来比较神秘，它主要是指道家的一些修炼方法，所以一般也叫道家内丹术。它主要是道家的阴阳，人体的平衡，以人体为自我修炼的目标。中国古代早期的练丹分为两派，一派叫外丹，一派叫内丹。在唐代以前外丹是非常盛行的，甚至占主流。唐代以后外丹逐渐没落，内丹占主流，但外丹也没有完全消亡。外丹就是一些封建统治者追求长生不老，企求一些"神药"，想象它能发挥神奇作用。最有名的是秦始皇,还有唐太宗,你看都是英武神明的皇帝,这些人更追求这个,更舍不得死。秦始皇派童男童女到海外去找,汉武帝专门开辟一个地方让大家去修炼,唐太宗专门安排人炼长生不老药。结果铅中毒、汞中毒的事例很多,因为那个时候科技没发展到那个程度,还认识不到这些危害性。炼外丹一度陷入歧途,真去筑一个炉,弄来一些东西炼,炼成一些金属成丹吃。后来就发现这个道行不通,有的皇帝一怒之下也杀了不少人。唐代之后,大家发现还得往人体里边求,这是中国养生术的一个大的突破,就是"我命在我不在天",要想求仙要体内求,长生药在体内。所以就转而向体内求,就形成炼内丹的道家养生术,中国道家的内丹术非常发达,理论也非常繁杂。比如有一个比较有代表性的图叫《内经图》,就讲述了河车转运的方法,也是炼内丹的一种方法,用了大量的比喻、隐喻、术语等手法。你要把这个图真正钻研清楚,还要费一番功夫。论述内丹的著作很多,比如被称为"万古丹经王"的《周易参同契》等,有一部书集道家的经典大成——《道藏》,里边包含大量的研究内丹的东西。内丹里边有很多故弄玄虚的东西,但也有很多精华的东西。过去中国道教协会会长陈撄宁先生研究很深入,后来陈先生的弟子胡海牙先生在理论实践上也很

好，胡先生还专门研究太极拳，将内丹与太极相印证。我们在20世纪90年代举办"世界太极修炼大会"，还邀请胡海牙先生讲解养生术，胡先生享年百年乃去，思维很清楚敏捷，这就是健康长寿。太极拳有相当一部分原理方法是从内丹里边进行的一些借鉴和吸收，比如它对于大小周天的练习，导引周天、关于丹田的理论等。所以研究太极拳了解一些内丹的东西，可能从另外一个角度来认识太极拳是有帮助的。

中医养生中是十分注重调神的，很多药性都是安神的，通过安神来安身。上层太极拳功夫修炼讲究"性命双修"，就是安神和安身相结合。有的武术家很有名，技击水平很高，但不长寿，就是性命双修问题没解决好。按照中国传统的养生理论，养生分两个方面，一个是性功，一个是命功，这两者是密不可分的。什么是性功？就是那些无形的、精气神、七情六欲、情志、情绪等，简单来说是这样，如果仔细阐述它很复杂。命功包括身体、四肢、肌肉、骨骼、血脉等。你必须性功和命功要同时都练好，都要兼顾到。如果你只注重练性功，比如说练太极拳"用意不用力"，你只是用意在那琢磨，结果你的能量都泄了。但如果你只练命功，练到最后五大三粗，肉体的强壮，气很旺，没有性功去驾驭它，也容易出问题，你的心血管疾病都来了。性功和命功必须相结合，才是相辅相成的。就是司机和汽车的关系，你光有一辆好车，驾驶员不行，你开不快，你也得不了第一。驾驶员好，给他一辆很破的车，开起来还是不行。所以性功和命功一定要结合着来，这是太极拳"行"的一个重要方法。

"行"就是练，那么太极拳练的是什么？这个大的方向要明确。练太极拳每个人的看法不一样，我的观点主要是练四个方面的东西。第一，太极拳练的是心性，练的是一种平和的心性心境，这个是对健康最有好处的。你的癌症怎么得的，就是负能量的积累，最后产生癌变。负能量怎么来的？由情志因素而生，人的病百分之六七十以上是由于心理病造成的。练太极拳首先练的是心境，动作都是过渡性的载体。第二，太极拳练的是柔和，去僵化柔，催僵化柔，把你的形体内外僵化掉，思维的僵也化掉。第三，太极拳练的是完整，就是内外完整一体，内外完整一气。第四，太极拳练的是通透，人通透了就能聚拢更多的人气、更多的能量，人跟自然通透了，你才能跟自然沟通，天人合一，从自然当中获得能量。

在国际文化产业博览会上讲座 深圳

万象如一：中国传统养生的智慧与实践
——在第十届国际文化产业博览会上的演讲

2014年5月15日，中国（深圳）第十届国际文化产业博览交易会在深圳会展中心开幕。5月16日下午，余功保先生应邀主讲文博会主题讲座之一"中国传统养生智慧与实践"。来自全国各地以及深圳的众多养生爱好者聆听了本次演讲。

余功保先生以"万象如一"为题，从养生长寿的概念、中国传统养生的智慧思维、中国传统养生智慧体系、中国传统养生的特点与原则、中国传统养生的流派与方法等方面，深入浅出地讲解了中国传统养生的智慧精髓，重点介绍了太极拳等传统养生体系。在演讲中他以大量生动实例，理论结合实践，多角度阐释了中国传统养生的文化基础、哲学背景及技术要领，从道、法、象、术四大层面解析养生精髓。演讲结束后，余功保先生即席回答了听众的有关提问。

极享——余功保太极演讲录

（2014年5月16日　深圳）

　　今天我们交流中国传统养生智慧。首先一个问题：养生的目的是什么？是健康长寿。

　　对一个人来说，什么是健康长寿？标准是什么？是不是一个人活到90算长寿，活到70就不是长寿？并非如此。影响健康的因素有很多，衡量健康也是一个复合型的标准。长寿与否不能简单用活得多长这个数字来衡量。

　　其实，中国古人已经概括了健康长寿的标准，简单说就是"寿与天齐"。这句话中的"天"不是我们常说的"老天爷"，那是不可能的，这里的"天"是指你自然可能达到的最长的、无损状态下的寿命和状态，是先天条件加后天优化实现的最长寿命。

　　我们来分析一下和健康长寿相关的因素。

　　第一条，先天基因。这是与生俱来的，对你来说是被动的、你不能改变的因素，这一条你无法选择，你也无力改变。

　　第二条，环境因素。包括生活环境、工作环境、自然环境等。这也是被动因素，比较难改变，或者一定时间、区间内比较难改变。

　　第三条，锻炼、修持、修养等改善方法。这是主动性因素，是可以调整、改变的。

　　第四条，习性因素等。这是后天与先天相结合，逐渐形成并逐渐影响生命状态的，可以改变，但也是一个长期渐变的过程。

　　我们的生命健康和上面四种因素都有密切关联，是它们的综合作用。

　　中国传统养生的基本思维就是以先天为参照系，以后天为主要修持目标，以现在和未来为综合调节目标。所以传统养生的指导思想，主要是三个方面。第一，最大程度地发挥先天潜能。这是充分利用自己的"过去"，实现"后天返先天"，所谓"顺则凡，逆则仙"。第二，优化后天因素，这是关注于"现在"，对现在下功夫，"体内自有长生药"，加强自身锻炼。中国传统养生的核心是自主、自我的生命提高和完善，这是主流，当然也有一些杂音，比如一度追求倚重"外丹"等。第三，建立良性趋向结构，这是着眼"未来"，即"我命在我不在天"。这三者互相结合，互为作用，缺一不可。你没有最大程度发挥先天潜能，就浪费了本来固有的生命能量和资源，即使有好的基础，也不能充分利用。不注意当下的锻炼、调节，能量就会有很多无谓的消耗，不能对"不足"和"亏损"进行修补。建立不了"良性趋向结构"，就是你的生命发展趋势越来越糟，即使你现在很好，也会越变越坏；现在不好，更加速变坏。

在这种指导思想下，中国传统养生建立了一整套理法和实践相结合的智慧系统。要深入掌握这套系统，先要对其中一些概念有所认识。这其中就包括无极、太极、两仪、八卦等基本概念。

"无极"被认为是太极之初，阴阳未分之状态，有人称其为"道"，为"零"，没有正，也没有负，为"无"。这是不可定量描述的一种状态，"道可道，非常道"，甚至不能用语言描述，只能去感悟。在太极拳上来说，无极是一种混元的体验，既是太极拳练习之始，也是太极拳练习之归宗。

"太极"是法，为一，阴阳相合的"一"。什么是"一"？就是"不二"。虽然分阴阳，但阴阳不割裂，是你中有我，我中有你，相生相合。太极拳练习的每个动作都是一，既有阴阳，又不分阴阳，分了阴阳就是"双重"。

"两仪"是象，由阴爻、阳爻而出现极性，阴阳的两极属性搭配出关联组合，出现四象、八卦，进而衍生出六十四卦。

"八卦"为术，富于变化，有了机巧，术就丰富了，就具体了，有无穷无尽的变化。但术出于道，应归于道，所以武学高境界叫"技进乎道"。

中国传统养生智慧是一个丰富的体系，思维与方法都独具特色。其中有几方面特点比较突出。

（1）虚极静笃，这是它的"心性观"。养生的一个重要程序就是除杂念、去杂质，目的在于养身、养心。浮躁的心境是最损耗能量的。《黄帝内经》讲"恬淡虚无，病安从来"，虚静了，才能定，才能减少生命能量的消耗。心性的修养是中国传统养生

智慧中十分重要的一点,心性修炼是健康长寿的核心。

(2)动静相生,这是它的"运动观"。单纯的静、单纯的动都不完全,在传统养生中,许多流派作为一套完整体系,都有动练、有静练。比如太极拳,讲究动中有静,静中有动。太极拳练习的整个过程都处于高度松静状态,均匀连贯,随曲就伸,这就是动中有静。而它在整个套路和每个单势中,肢体在动,脏腑在动,意念也在有序地动,这就是静中有动。

(3)内外合一,这是它的"整体观"。太极拳练习外形动作要协调,劲力上讲究整劲,太极大家杨禹廷先生用两个字概括——"一致",就是既要"完整一体",又要"完整一气"。人体自身是一个整体,身体内外各部分如一;人体自身与环境、与外界、与自然又是一个整体,所谓"天人合一"。"一"是什么?阴阳合一,我们讲"万法归宗",宗就是"一"。内外如一,内外相合,形神兼备,这就是实现了"一"。

(4)动态平衡,这是它的"平衡观"。中国古代的哲学观、科学观中一个核心的思想和思维方法就是动态平衡观。地球是运动的,这个运动是平衡的,平衡是"大道"。太极拳的各种练习方法,都是在寻找内外各个因素的整体平衡。这个平衡是和谐的、变化的,平衡点在变化,平衡的形态也在变化。"太极八法"就是动态平衡法则在太极拳技术中的典型体现,每一法都不是孤立的,都和其他的法相关联。

(5)守中用中,这是它的"中和观"。养生是个"守中"的过程,太极拳练习讲究"无过不及",不能没有,也不能太过。运动如此,日常生活也是如此,比如运动量不够不行,太多了也不利于养生。就是吃饭,也不能过饱,这是最简单的"中"。在锻炼中,从身形上来说,保持中正,是形上的"中",正心意也是"中",太极拳处处弧形,力不出尖,意不露形,也是"中"。各种矛盾因素的和谐相处就是"中","中"不是一条笔直的线,而是围绕中线前后左右立体化、多维化的震荡。太极图中间S线的奥秘就是"中"。"中"还是一种高度灵活的运用方法,解决身心健康的基本方法,

在文博会上演讲

就是通过调和让阴阳两种因素达到"中和"的状态。

（6）道法自然，这是它的"象形观"。人生于自然，不断从自然中汲取养料。中国传统养生最早的形态就是仿生，善于学习是人类的一大智慧。太极拳的许多动作，都有仿生因素，不仅象其形，更取其意。动物智力上远远落后于人类，但在某一方面更贴近自然，还有其他一些生物，如植物等，这些都是古人养生的取法所在。中国养生"远取诸身，近取诸物"，以五行分类自然，以八卦运化结构，形成独特的人与自然共融和谐的养生理念。

（7）性命双修，这是它的"功能观"。将人的生命功能属性分为"性""命"两大类属，并产生相应的锻炼方法。"性命双修"是传统养生完整的解决方案，做不到"性命双修"就不能真正做到完全的养生。身体强壮的人精神状态很虚弱、很脆弱，就不是健康的。精神状态很好，体质体能不行，也不是完全健康的。"性命双修"贯穿在太极拳练习中，所以练好太极拳，必须做到形要到位，意气还要贯通得灵。

中国传统养生从练法上来分，有很多体系，这里给大家介绍其中主要的几种。

（1）导引，显著外部特征是调形。导引方法数量最大，影响也最大，贯通在其他各种锻炼方法中。比如太极拳，从养生角度看，基本形态就是导引。太极拳家陈鑫在其拳论中就阐述了导引在太极拳中的作用："人能明任督以运气保身，行导引之术，以为之根本。任督犹车轮，四肢若山石。无念之发，天机自动。每打一势，轻轻运行，默默停止，惟以意思运行，则水火自然混融。"

导引以动为主，核心是八个字是"导气令和、引体令柔"。庄子中的"熊经鸟伸"就是对导引的描述，说明战国时期导引就已经很成熟，汉代的马王堆导引图就系统记录了当时的导引成果。五禽戏、八段锦、易筋经都具有典型的导引练法。道家、医家的很多典籍中都收录有大量的导引养生资料。

（2）吐纳，属于调息类练法。著名的"六字诀"就属于此类。它的主要特点是强化人体内部的组织机能，通过呼吸导引，充分诱发和调动脏腑的潜在能力来抵抗疾病的侵袭，防止随着人的年龄的增长而出现的过早衰老。吐纳练习方法出现也很早，秦汉时期的《吕氏春秋》中就有关于用导引呼吸治病的论述。《庄子·刻意》篇中说的"吹呴呼吸，吐故纳新"也是对此类练法的精辟概括。南北朝时代医学家陶弘景在《养性延命录》一书中说："凡行气，以鼻纳气，以口吐气，微而行之名曰长息。纳气有一，吐气有六。纳气一者谓吸也，吐气六者谓吹、呼、嘻、呵、嘘、呬，皆为长息吐气之法。时寒可吹，时温可呼，委曲治病，吹以去风，呼以去热，嘻以去烦，呵以下气，嘘以散滞，呬以解极。"这些细致地描述了吐纳练习方法。唐代大医学家孙思邈将五行原理和四时季节相结合，编写了《卫生歌》，奠定了"六字诀"治病的基础。

太极拳中也有配合呼吸的方法。《授密歌》中就有特别论述，比如其中的句子"虎吼猿鸣"，有的研究者认为，"虎吼猿鸣"就是喉头呼吸，"虎吼"就是呼气时意想丹田顺着喉头呼出来，有人会发出虎吼的声音来。"猿鸣"即猴叫唤，是指鼻子尖吸气。方法有吸气时脑后看人，眼带耳向后听即吸气。"虎吼猿鸣"就是内练调息的过程。

（3）静功，主要是静坐和站桩。除了身体外形保持一定的静态外，还有各类意念活动，如冥想等。静功中有大量冥想内容，以调神、调心为主。《黄帝内经》中"独立守神，病安从来"就是对站桩功夫的说明。在古代著名养生功法《延年九转功》中，核心要领就是用意念自我按摩。《十二段锦》开始的练习就是"闭目冥心坐，握固静思神"，这就是静功。

（4）内丹术，道家养生内练体系。对生命的养护是道家修持的重要内容，从外丹到内丹，是养生术由玄学到科学的重要一步。许多道家传人就是养生修炼的大家，内丹术既是很多养生家修持实践的总结，也是传统养生理论的匹配落地，当然，其中最核心的是道家生命观的实践体现。值得注意的是，内丹术在历代流传过程中，夹杂了一些玄虚的东西，而有些经典也是晦涩难懂，给后人注解和理解造成了很多的歧义。内丹术中的很多概念和理法，被广泛用于各养生流派中，比如"丹田""周天""河车转运"等。

（5）太极拳，是武术，也是养生术，它是中国武术的一个奇迹，是以搏击为主要功能的训练体系，却具有突出的养生价值。其实这是中国传统武术的属性使然。别的武术也有养生的内容，但太极拳更加以养生为主体，养生的作用更加突出。可以说，太极拳是生命实证的一种方式。传统太极拳一般认为有几大流派，既有共通点，也有各自鲜明特点，比如：陈式太极拳蓄发相变、刚柔并济；杨式太极拳虚实相应、抱元守一；吴式太极拳气运周身、绵绵若存；孙式太极拳开合有度、技道相合； 武式太极拳内气鼓荡、端严灵动。

太极拳优秀套路很多，如简化24式太极拳、42式竞赛太极拳、42式太极剑以及各传统太极拳的代表性套路等，为广大养生爱好者的选练提供了很大的空间。

我用四个字来概括中国养生智慧体系，就是"万象如一"。万象是"虚"，"一"是实，千江水映千江月，找到天上一轮明月。"如"的过程，就是研习、体悟、体证、修持的过程。"一"，就是你自己，从众多养生方法中找到最适合你自己的，在纷繁世界中保持你自己。

这就是中国养生智慧的核心。

太极拳的智慧

——中央电视台《文明之旅》访谈

2015年10月19日，应中央电视台著名文化栏目《文明之旅》邀请，余功保先生在中央电视台进行访谈讲座，生动、深入浅出地讲解了太极拳的发展、特点、技术要领和文化内涵。陈式太极拳名家田秋信老师等一起进行了演示活动。节目在中央电视台播出后，在国内外引起广泛关注。

极享——余功保太极演讲录

（2015年10月19日　中央电视台演播厅）

刘芳菲（中央电视台《文明之旅》主持人　以下简称主持人）：
太极拳的精妙之处在哪里？练太极拳要注意一些什么样的事项？太极拳又是如何强身健体的呢？今天的《文明之旅》我们请来了武术文化研究学者余功保先生，为我们讲述太极拳的奥秘。掌声有请。

余先生您好，欢迎您做客《文明之旅》。

余功保：
主持人好，现场的各国的朋友们，大家好，感谢大家对中国传统文化的关注和喜爱。

主持人：
刚才几位老师为我们表演了太极拳和太极推手，很精彩。我想问您一下，刚才我推那位长者啊，我觉得我的力量很大了，这个力量好像丝毫没有作用在表演者的身上。这是为什么呢？我的力量哪儿去了呢？

余功保：
太极拳讲究以柔克刚，一个重要的方法就是化劲。刚才主持人推田秋信老师的时候就是这种感觉，这就是太极拳里所谓的"化劲"。这个"化"就是太极拳一种典型的劲力方法。要做到这一点是需要很长时间练习的，它必须具备一个条件，就是你自身必须要完全、彻底地放松，如果你不放松，就有紧张点，你就没法使用这个化劲。

你这个人必须彻底松掉，所谓的"一羽不能加"，才能实现我们所说的"劲过来以后如泥牛入海"。你身体如果紧张，它一定是有间隔的、有阻碍的，你这个劲一定会碰到坚硬的东西。所以太极拳就是我们禅宗所说的"本来无一物，何处惹尘埃"。彻底放松了以后，整个人是非常干净的，就好像一潭浑浊的水，你扔进去一块脏东西看不出来，如果一杯非常干净的水，你放一点脏东西马上就显现出来，所以必须自己充分、彻底地放松。

大家都知道太极拳劲力运用上有一句话叫"四两拨千斤"，技击上的方法是"以彼之力还施彼身"，这是太极拳一个重要的原则。各种太极拳都会有这种方法、这种化劲。比如说大家都知道的杨式太极拳创始人杨露禅，他是跟陈家沟的陈长兴学拳以后，把太极拳带到北京的。当时北京武林藏龙卧虎，其中有一个有名的武术家，就是八卦掌的创始人董海川。王家卫电影《一代宗师》里边那个宫二练的就是八卦掌。京城里的一些武林人士就撺掇他们两个打一场，说你们两个都是京城的顶尖高手，到底谁的功夫高啊？比试一下吧。人家两个人都是大宗师级别的，不能像市井之徒上去就以命相搏，人家还是要保持宗师风范的。怎么比？他们就到了郊外一片树林。

董海川练了一趟八卦游身连环掌，非常迅捷，只见掌风不见人影。你能够站在几米外就感觉到它的掌风劲力，但是树上的树叶一片未掉，说明他的控制力很强。观者都是行家，大家热烈鼓掌，说这个功夫高，已入化境啊，然后让杨露禅也来比画一下。杨露禅看到树林里边有很多鸟，看着一只鸟低空掠过，杨露禅"啪"一伸手就把鸟给抄在手里边了，抄到手里以后手就张开了，不是一把攥住，是将手张开了，这只鸟就振翅要飞，但是怎么也飞不出去。为什么？怎么就飞不走呢？也是跟化劲有关。鸟如果要飞走，它必须要有一个向下的蹬力，借劲而起它才能飞走，那么蹬力的时候杨露禅就用化劲把它给化掉了，鸟无从着力，脚下使不上劲，也就无法起飞。大家也热烈鼓掌，说这个太极拳的功夫很好。

主持人：

如果我们总结一下太极拳的核心是什么？精髓是什么？我们该如何来理解？从哪个角度来理解呢？

余功保：

太极拳成熟的技术体系的完整形成，应该是在明末清初以后，太极拳的文化缘起可以追溯到战国以前。太极拳的理法，它的理论和技术体系形成主要是来源于哲学，是由中国传统哲学的土壤孕育出来的。中国哲学最早的根源当然就是我们的《易经》等著作。这里因为时间关系，我简单地介绍它比较核心的几个方面：第一个是"道法自然",第二个是"以静制动",第三个是"以柔克刚",第四个是"上善若水"。

大家刚才看到田老师他们演示的太极推手功夫,就是这些原则的应用。太极拳一个核心原则,就是它不去主动地进攻,要先把自己松掉、空掉,就是老子所说的"夫唯不争,故天下莫能与之争"。它没有主动去进攻谁,《太极拳论》里边讲到"宾主分明""中道皇皇",我就在这守着,这是我自己的一个"中",你外来的力进来以后,我就能够有效地化掉、解掉,所以太极拳是把中国传统哲学的理论和太极拳的技术有机地融合在一块了。

"上善若水"在太极拳中的应用也很精彩。中国古人很早就发现这个水不得了,老子讲究"天下之至柔,驰骋天下之至坚"。你的高山、铁柱子硬不硬?但是总有缝隙,水就可以从缝隙中间走。水在浩瀚的大海中,可以产生无穷的力量。很多人练习太极拳,不仅健身,还要在健身当中体悟它的哲学内涵。可以说太极拳是世界武术流派中哲学性最强的一种。当然其他的中国武术也高度地强调哲学,而且这是中国武术有别于世界上其他武术的一个显著特点。

《文明之旅》节目录制现场

我举一个例子。大家都知道李小龙，那是享誉世界的华人武术家，是我们华人在全世界最具影响力的人物之一。大家通过电影认识了他，但是他还创立了一种武术叫作"截拳道"，至今依然风靡世界。大家看一下截拳道的标志图跟这个太极图的关系，你看它就是由太极图演化而来的。很多人都知道李小龙的师傅叫叶问，咏春拳宗师。其实对李小龙影响很大、很深入的是太极拳和太极理论，就是太极哲学这一部分，所以他在截拳道的标志图中引入了太极图的元素。

李小龙的启蒙老师是他的父亲，叫李海泉。1964年，李小龙在美国的长堤拍了一组太极拳的照片，从这些照片来看，太极拳还真不是随便比画两下，还是下了功夫的，后来他把太极拳糅合到他的截拳道中。

你看李小龙的典型动作，就在那跳来跳去的，那是干什么？那是一种放松。他这种来回地跳就是刚才我说的，让自己达到彻底松下来、静下来这样一种状态。所以在李小龙的武学笔记中，大量引用了太极的理论、理法。比如他说练武的过程中，需要"清空你的杯子"，水杯中如果装满了东西，你就再也装不进去，把杯子清空了，你的杯

在中央电视台接受采访，谈太极国学

子方能再行注满,"空无以求全",这和太极的理论是完全一致的。所以说在风靡世界的李小龙的截拳道中,它的核心理论也是与太极理论相通的。甚至,它的一些技术要领也是由太极理论衍化而来的。

主持人:

今天来的各国观众朋友中,有很多是练过太极拳的,我们接触到的一些人也会关心一个关键的问题,那就是太极拳怎样才能练好?怎样来判断太极拳功夫的高低?

余功保:

太极拳练会容易练好难。几天时间就能学会太极拳,然后有个不断深化的过程。要练好,过去有句话叫"太极十年不出门"。怎样才算练好太极拳了?这里我可以跟大家说几点标准,大家也可以自己尝试去判断。

第一个叫"无过不及"。比如说太极拳的一个"掤劲",撑圆了,又不出死角,这就叫太极拳。瘪进去、凹了,或者向外凸出去了,这个就不叫太极拳。所以说"无过不及",很简单吧。大道理说白了往往都很简单。

第二个叫"盈虚有象"。就是拳架要具有饱满的、充盈的趋势。太极拳讲究气,鼓荡全身、气达梢节。习练太极拳的人还有一个衡量标准,就是看他是不是精神状态很好,那种萎靡不振的一定是没练好的。精神不饱满就涣散了,形体不饱满也不行。

第三个叫"中正安舒"。一个太极拳的架势出来,你一定要很端正的,拳就有样子,"斜性"是要不得的。东倒西歪,即使很灵活,也不是太极拳。太极拳必须是中正的。

根据这几点,大家基本上可以判断太极的功夫高低了。

主持人:

刚才有观众问,太极拳是如何起源的?这种看似柔软的拳术能技击吗?

余功保:

关于太极拳的起源问题,是一个很大的学术问题,一直以来存在着很多争论。一般来说有几个比较流行的说法,其中最有名的是两种说法。一种说法是太极拳由张三丰所创,很多的影视作品、武侠小说里也有所体现。另一种说法是太极拳发源于河南温县的陈家沟,由陈氏第九世陈王廷所创。这是目前最流行的两种说法。

关于张三丰创拳,在杨式太极拳名家杨澄甫的《太极拳体用全书》当中,还有非常生动的一段描述。

有一天张三丰正在室内读书,"有雀在庭",就是听着鸟在亭子里面叫,张三丰一听鸟叫也读不下去书了，先到庭院中看看吧。他看见树上一只鸟，地下一条蛇正在那儿相争相斗，这只鸟啊突然扑下来，那条蛇呢就是盘曲着身子，鸟没下来的时候，它就盘成一团，鸟扑下来则首尾相顾，就这样相持不下。

张三丰看见这个立体的画面很轻灵，他形象思维比较好，这个画面就印在脑海中了，再结合他有很深的武术功底，就创立了太极拳，把这种轻灵的功夫都融入其中，这是其中的说法之一。

还有一种说法呢，就是太极拳起源于河南温县的陈家沟，这也是现在大多数人认可的一种说法，就是由陈王廷创立的太极拳。陈王廷是明末清初的战将，后来社会比较动荡，他就隐居了，回陈家沟读读书，耕耕田，练练拳，教教儿孙。他专门写有《长短句》，记叙这种生活状态和创拳的过程。陈式太极拳创立以后，逐渐演化出了太极拳的其他几种流派，就是现在最流行的陈、杨、吴、武、孙五大流派。

关于太极拳的技击性也是一个热点。我们今天看到的太极拳好像阴柔居多，公园里看到老年人打太极拳也是注重其强身健体的作用，它没有太大的力道，都是带着绵、带着柔的，所以，有人自然就有了这样的疑问，太极拳它能够被用于搏击吗？

太极拳既然叫拳，它首先是一种武术，武术能够搏击是它的一种最根本的属性。太极拳在传承一开始发挥重要作用的就是它的技击性。在中国武术史上，20世纪50年代有一场轰动天下的比武，很多武术史学家把它称为"吴陈比武"，这场比武就是起源于太极拳能不能技击的争论。

吴鉴泉先生的大公子吴公仪，到香港开了一个"鉴泉太极拳社"，当地很多人就有这个质疑，说你太极拳软绵绵的，健健身还可以，到底能不能技击啊？吴公仪先生接受香港报纸采访的时候，针对这种言论，他说了一句话，就是太极拳不仅能健身也能技击，就是无论何时何地，皆可与中西名家研究。这个"研究"是什么意思啊？就是切磋、动手。当时就有一批人不服了，其中就包括澳门健身院的院长陈先生，他是练白鹤拳的。陈先生通过报纸媒体隔空放话，说我要跟你"研究研究"。吴公仪说可以啊，没有问题，他也有这种信心。

但香港那时候是不能比武的，既然是澳门武术家挑战，那就到澳门去比武吧。但澳门一开始也是不批的。这个消息传出去以后，比武的报告就打上去了，澳门总督压力很大。东南亚武术界的很多人反对比武，说武术强身健体，强国强种，你这打打杀杀出了人命怎么办？所以也没批。后来申请了一段时间，最后由澳门的慈善机构来主持，说他们两个来一场比武，大家呼声也很高啊，想要印证一下太极拳究竟能不能技击，就以给慈善机构捐款的名义来办。这个活动当时也确实捐了不少钱，有27万。当时的27万可是一笔不小的数字，款项全部用于慈善。

比武盛况空前，影响也很深远。有几个数字可以说明当时比武的盛况，现场观众人数是2万多人，在澳门20世纪50年代的时候2万多人来观看比武，非常多了。另外规格非常高，澳门总督夫妇出席，剪彩仪式由香港总督夫人主持，很多社会名流也都出席了。当时南方的艺术界名流、粤剧女演员红线女这样的名角也出席并且表演节目，总裁判长由何贤先生担任。何贤就是澳门回归后首任行政长官何厚铧先生的父亲。

比赛原定的是6个回合，结果打了3分钟就结束了。一开始两个人都显示了本门的精湛武功。第一回合打下来以后，吴公仪先生嘴角有点血，他擦一擦，接着进行第二回合比赛。后来吴公仪先生一拳把陈克夫先生的鼻子打流血了，比赛暂停，暂停以后清洗一下再接着打。两个人可能互有损伤，火药味越来越浓，现场的裁判一看不行，这两位都是武林精英，这么打下去伤着怎么办呢？就叫停了。所以总共打了3分钟，最后宣布不胜、不负、不和，这就是最终的比武结果，算是没比完就结束了。

这就是由太极拳能不能技击的争论引发的一场比武。这场比武在武术界很有意义，它同时有个衍生产品更有意义。当时很多媒体都到现场了，《新晚报》的社长叫罗孚，他一看吴陈比武的消息公布以后港澳两地包括东南亚的报纸炒得热火朝天，你想想2万多人去啊，影响很大。搞报纸讲发行量的，他一看大家关心这个事，就临时有个主意，他说咱们报纸干脆来写武侠小说，连载武侠小说，请谁来写呢？报社文笔比较好的是梁羽生，他说你的文笔不错，你来写吧。

梁羽生是一介文人，说让我写武侠？他还有点看不上武侠小说，觉得这个层次不够，不想写。罗孚干脆来个赶鸭子上架，他就在擂台比武的第二天在报纸上登了预告：明日起本报连载武侠小说。报纸登了，然后他拿着这个报纸就去找梁羽生了，你写不写吧，不写开天窗。梁羽生没办法，他是有责任心的，他就开始写，写了他的第一部武侠小说《龙虎斗京华》，于1954年1月20日开始连载。这是新武侠小说的开篇之作，所以梁羽生有句玩笑话说吴陈比武3分钟，催生了我写武侠小说30年。后来，包括金庸、古龙等一批作家创作了大量的武侠小说。所以太极拳对中国的新武侠是有巨大影响和贡献的，这是历史上的一段佳话了。

通过这场比武，印证了太极拳是可以用于技击的，因为当时吴公仪先生比武的时候是年过半百，陈克夫先生比较年轻，他是年轻力壮的，而且这个白鹤派也是很有名的、很优秀的拳种，拳法很凌厉很凶悍。所以，比武场上的情况还是显示了太极拳突出的技击性的。

主持人：

我们之前做过一期关于修禅的节目，我刚才听到余老师说太极有一种放空自我的作用，那它有没有一种感觉，就是特别像修禅，因为它们都是修身养性，又净化心灵的，同时又都是追求健康，我自己觉得太极跟修禅特别像，它们有关联吗？

余功保：

中国修身养性的方式有很多种，"禅"最大的特性是没有形式，禅宗叫"不立文字，直指人心"，认为说出来都是有偏差的。但禅里边有很多禅定的内容，有"行禅"、有"坐禅"等，修炼的形式也是可以直通禅意的。练太极拳当然有它一定的形式，练太极拳也是一种修禅。下面可以请郭老师再给我们演示一段太极拳，大家体会一下。

用太极拳的起势作例子，从智慧、从禅的角度，有一句话叫"沟通自然"，手一抬起来，自己完全空了，沟通自然，经络、头顶穴位，全身都跟自然沟通，把自己放到宇宙当中去。手再一放下，就是放下自我。所以这个太极拳的起势，两句话可以概括其内在的精髓。起手你就跟自然融为一体，你就聆听自然的箫声了。手一落下，就跟宇宙融为一体了，这就是中国道家智慧所讲的"天人合一"的具体体现，就是"物我两忘"，拳势本身这种形式就是一种禅修的过程。学好太极不仅要练拳，更要修心。

主持人：

您刚才讲太极拳，它并不是像一些西方的搏击，或者现代流行的一些健身方式，以练出肌肉为目的，它是一种中气的引领。那么具体在我们太极拳训练过程当中，它又是如何作用于我们的机体，来让我们强身健体的呢？

余功保：

过去我曾经总结说，练太极拳有三个层面，第一个层面我们叫作"生存"，就是解决你"存活"的问题。每个人能活多大，大家自己知道吗？中国古人就讲了，你的寿命长短应该是四个字，叫"寿与天齐"。每个人都是寿与天齐，这就是你的寿命。但是这个天不是我们通常理解的天长地久，这个"天"就是你的自然的属性，自然的生命应该活的那个岁数。特殊情况不算，飞来横祸不算。人的健康主要的影响因素是三个，第一个因素是先天因素、遗传因素等，它有个特性，就是不能改变。第二个因

极享——余功保太极演讲录

接受《文明之旅》采访

素是环境因素。环境因素包括社会环境、自然环境等。这个环境因素有个特性，是一段时间内比较难改变，但是还是可以改变的。第三个因素是改善因素，这就跟我们练太极拳相关了。就是通过后天的努力锻炼，通过练习太极拳等健身方法是可以加以改变的。

既然第一个因素不能变，第二个因素很难变，但我们又要不断地改善，那么就要在我们能改的、有主动权的第三个因素上下功夫。古代所讲的"我命在我不在天"，就是说要当自己寿命的主人，当自己健康的主人。举一个太极拳健康的小例子，我前些天跟一位90多岁的太极拳家聊天，他是练吴式太极拳的。我第一次见他是十几年前他80多岁的时候，我们颁发一个太极拳的奖项，他上台来领奖，80多岁啊，噔噔几步就上来了，比年轻人还快，十几年以后90多岁了，我见他依然健步如飞很矫健，思维敏捷不糊涂。我就问他，我说您练太极拳有啥秘诀啊？您给我总结最简短的一句话，是什么诀窍呀？他告诉我：武林中的秘诀就是一层窗户纸，有的时候你学一辈子，不告诉你你就不知道，告诉你了就是一层窗户纸。他告诉我的一句话就是"百会穴领着走"。老先生一辈子走路也好，练拳也好，就是头顶领着走，就这么一个诀窍。简单吧，但也很高级。他说我练拳也好，走路也好，始终都是这样，我看他走路就是这样。领着一身正气，正气有了邪气就不能侵，不就没病了吗？所以太极拳练的是一种正气，它不在于练不练肌肉，但是一定要练一团正气，练一种和谐的气。走路是这样的，坐着也是这样的。观众朋友，看看你们现在坐姿是什么样的？脑门上有一根绳在拽着你吗？有中气在引领着你吗？这就是太极拳的虚灵顶劲。但不是使劲往上顶，是好像有根细绳在头顶上引着，下颌微微地一收，与头上领相配合。太极拳讲究行走坐卧不离这个，"这个"就是那个所谓的秘诀。

第二个层面应该把它归结为"生活"。生存是活下去的事情，生活是要讲究品质，我不仅要活下去，还要活得好。生存是你有没有吃、有没有穿、有没有住，生活的层次就是我要吃得更好，住得更宽敞，要讲究品质。品质是在太极拳里边最重要的一个方面，它讲究修心，浩然之气、平和心境，是太极拳修心的两个重要方面。

儒家讲"内圣外王"。什么叫内圣外王？你先把自己内部建设搞好了，然后才能"外王"。我们的很多武术家非常讲究武德，武德内涵之一是要讲究道德，跟别人比武的时候手下要有德，谈武的时候口上要有德，更重要的一点就是你要为民族、为国家去做事情，要贡献给这个社会。大家都看电影，李小龙的师傅是叶问，《叶问》电影里边有一段跟日本人比武的故事。这个是电影，我们太极拳现实中也有这样的例子，比如说孙式太极拳创始人孙禄堂先生，日本人尊他为"武圣"，他曾经跟日本武士比武战胜了他们。日本侵华的时候，要在各个领域请一些有名望的人出来帮他们做事，武术上请了孙禄堂先生，但他坚决不和日本人合作。日本人想你不合作，那我就通过打败你、打倒你来树立起我的威望。所以从日本选派来了几个武士要跟孙禄堂先生比武，孙禄堂如果不应战，那说明你中华武林无人，不行。孙禄堂就让五个日本武士按住他的四肢，然后他数一、二、三，用的是太极拳的弹抖劲，全身一抖，四肢一弹，把五个日本人啪啪就弹出去了，自己一跃而起。这个也是被作为一段武林民族正气的佳话来传扬的。这即是我们所说的儒家的中正思想。儒家讲"中正"，不仅仅是一种学说、一种理论，它在太极拳里边更是实实在在的一种技术要领。很多武术家、太极拳家在练习这个要领的过程中，把这种中正的理念贯穿在自己肢体当中，也融化在自己的血液当中，不仅是练拳，还贯穿在他的行事和为人处世等各个方面中。

第三个层面是"生命"。太极拳我们讲它首先能够强身健体，还能够修身养性，那最终我们要达到一个什么样的境界呢？太极拳练好了能提升你的生命境界。随着现代社会不断地发展，带来丰富的物质生活的同时，大家的精神、心理各方面丢失的也很多，越来越迷失，越来越找不到自我。太极拳的一个核心作用就是帮助你找到自我。我们大多数人一辈子都在不断地试图获取，要获得这个、获得那个，要获得很多。其实不然，一个人一辈子面临的选择中，要丢弃的东西更多。李小龙在他的武学著作中说道，倒空你的杯子，方能再行注满，也是这个道理。那么练太极拳就是让你放下包袱，放下便自如。为什么太极拳要练空啊？"空"就是让我们放下。从婴儿时期以后，我们不断地增加了各种各样的负担，我们要把这些负担放下，放下以后才能够获得对自己清醒的认识。太极拳教会你一种取舍之道。大家可能都看过金庸的一部小说，且拍成了电影，叫《倚天屠龙记》，里边张三丰教张无忌太极拳只重其意不重其招，你忘记所有的招式就练成太极拳了。

有时候你获得的越多，旁枝末节越多，你越难抓住事物的本质东西，越本质的东西越简单，所谓大道至简。著名的太极拳家杨禹廷先生，他练拳叫作减法练拳，拳越练要越少。他练的传统吴式太极拳有90多个动作，他教弟子的时候一共有几百动，先让你掌握几百动，然后让你练，过一段时间问你，还记得多少动啊？弟子说我只记得90多动了，杨禹廷先生说这个还不行，再练练，问还记多少动啊？回答我记了十几动了，杨禹廷说还不行，再练。他说，拳到最后只有两动，就是一阴一阳。当然，到最后这两动就是合二为一了，阴阳合一，变成了一动。所以，《太极拳论》里讲大圈练小圈，小圈练无圈，最后就没有了，就是达到一种动态平衡的均衡状态。进入那个状态，你完全可以体验到自身清无一物，感觉着气在周流全身，这个时候你感受到一个实实在在的、活生生的生命个体，这是你在日常忙忙碌碌、嘈嘈杂杂的社会环境当中感受不到的，只有静下来，静了就定了，定而生慧，这是一种体察生命的大智慧。我始终认为关于健康的智慧是人的最大的智慧。

（本文根据中央电视台《文明之旅》节目"太极拳的智慧"访谈部分内容整理而成。有关观众问答互动部分省略）

纪念郑悟清先生生活动 陕西西安

优秀太极拳家的特性

——在郑悟清先生诞辰120周年座谈纪念会上的演讲

2015年10月25日，来自全国各地的太极拳界人士、赵堡太极拳传人和郑悟清先生的家属、亲友等200余人共聚西安，参加"赵堡太极拳一代宗师郑悟清先生诞辰120周年"纪念活动。纪念会由西安体育学院武术系主任马文国主持。会上，郑悟清先生亲传弟子、武当赵堡太极拳第十一代传人、陕西华夏太极推手道馆馆长李随成作了题为《缅怀先贤继往开来》的发言。田苏辉、刘洪耀、罗卫民、宋斌、陈振虎、周润生、张世昌等武术界名流参会。与会代表以讲话、书画、表演、推手等多种方式表达了对太极先辈的缅怀之情。

（2015年10月25日　西安万嘉国际商务酒店）

非常高兴能来参加纪念郑悟清先生诞辰120周年座谈纪念会。此次纪念会的召开，有两方面的目的：一方面是缅怀郑先生对太极拳作出的巨大贡献；另一方面就是我们来研讨太极拳未来如何取得更大的发展。

在纪念会上演讲

太极拳的发展，我认为要站在一个高起点、高层次上来进行。太极拳的发展过程有曲折，也有快速进步。到现在，太极拳已经成为影响全世界各国人民的一种运动方式，更是一种新的生活方式。所以我们谈发展太极拳，就要把它当作一个伟大的文明成果来对待，要深刻地意识到太极拳会越来越显示出对人类巨大的影响。我们推广太极拳，是在为人类做一件非常有意义的事情。

郑悟清先生有许多独特的地方，郑先生的弟子李随成老师、吴忍堂老师也给我介绍了很多情况。我觉得可以用八个字来概括郑先生，就是"西北拳圣，太极逸侠"。他较突出的特点有几个方面。

第一，郑悟清先生是一位实践型的太极拳大家，一切从实际出发，不尚空谈。我们武术界有一句话，叫作"以功夫说话"。

第二，郑悟清先生是一位全面型的太极拳大家，理法兼备，体用兼备。一个太极拳家练得好不好，有几个重要标准，其中最重要的一个是看他的"气度"，即是否具备从容、举重若轻、海纳百川的气度。法是"火"，理是"柴"，有了理，法才能更具有韧度、热度。

李随成老师率弟子表演

第三，郑悟清先生是一位具有开放型思维的教育家。郑先生在西安期间，打破地域的概念，广开教学，培养了一大批优秀的太极拳人才。把自己知道的、练到的东西讲出来，不误人子弟，此为"明师"。现在有一些人，打着"太极拳家"的旗号，不是为武术爱好者传道授业解惑，而是为了满足自己的私欲。这是"泯师"，泯灭武术的"假武师"。如今，我们纪念郑悟清先生，也是对真正传统武术精神的呼唤。

第四，郑悟清先生是一位"知行合一"的太极拳大家。"知行合一"是真正优秀太极拳家的特性。一方面研究太极拳不能只从书本上和纯理论上来研究，太极拳是实践科学，研究者就要亲身去练，有体会你才有发言权。另一方面，练出了功夫，还要

不断总结，与传统理论相结合，提升感受，升华技术。太极拳的"知行合一"就是通过练拳，对生命、对人生、对社会、对人性有越来越深入的理解。练拳没有到这个层次，只能是技术层面的"武师"，并不是真正意义上的"拳家"。

要做到"知行合一"的太极境界，就要真正"沉"得下来。练太极沉不下来，就是躁动，不能把"知""行"贯通。我觉得，目前来说，能达到"知行合一"的拳家不多，但这是我们努力的方向。只有这样，才能大大提高太极拳传承人的社会和历史地位。

参加活动嘉宾、代表合影

乾隆书法的太极意境

——在镇江孙氏武学非遗传承大会上的演讲

2016年1月,由镇江孙氏武学研究会主办的"2016镇江孙氏武学非遗传承大会暨镇江孙氏武学研究院成立4周年纪念活动"隆重举行。来自全国各地的众多武术名家、学者、当代重要孙氏武学传人汇聚一堂,进行了充分的交流研讨。余功保在会上做了关于"乾隆书法的太极意境"的演讲。

(2016年1月16日 江苏镇江)

镇江是个有风景、有文化、有故事的好地方。

我来过多次,每次总有新的感受,新的收获。镇江的武学和它的历史、山川、文化内涵是融汇在一起的。前天我去了西津渡,看了一个小景——"一眼看千年",感触很深。

由于喜欢书法,这次来有朋友推荐去镇江郊外的米芾书法公园走走。

这是中国第一个书法主题公园,面积较大,有众多米芾珍贵碑帖,公园正在建设中,颇具幽野之趣。

米芾为书法奇才,笔意纵横,有自然天成的规矩法度。时常观其帖,对行拳气路很有裨益。

而此行一个惊喜则是蓦然看见乾隆御笔亭中的一块书法石碑。

在绵亘的半山坡上,盖有一个小亭,亭上三字:御笔亭。亭中立石碑一块,上刻乾隆手书几个大字:"快马斫阵,屈曲随人"。亭不大,山不险,而八字凛然,荡气回肠,有别样气势。

这块碑的笔意圆融,刚柔相济,不仅为书法精品,它的词意、境界更深合太极之道,点破拳学之奥妙。

快马斫阵,为突破之势;屈曲随人,为回旋之法。

练太极行拳时宜沉着痛快,不可拖泥带水。要劲力饱满,神全意足。能守住一点而得天下,所谓意到,气到,身手到。临敌之时虽远尤近,虽近而无不足,虽千万人吾往矣。

乾隆书法的太极意境

在米芾书法公园内观赏碑帖

行气宜绵绵流畅，随曲就伸。气可长，不可懈；劲可远，不可断。知开合折叠之法，化直为曲，变纵为屈，以屈曲之形，得充盈之势。

练太极有两易两难：

拳练得形全容易，而势圆则难；

拳练得开展容易，而收放则难。

有的人练拳失之于"无力"，不能柔中寓刚，绵里藏针，谓之"拳弱"。有的人则把拳练得威风八面，缺少自然的应对，而失之于硬。

若能把拳练得"圆融"则是上了大境界。

乾隆虽非武林高手，但有深厚国学修养，此碑文书法直达太极上乘境界，认真悟透，定有大收益。

今天我们是研讨"非遗"，我就把这些感想和大家分享一下，期望能对大家的研修有所帮助。

一场太极相遇，便是终身欢喜

——『三亚南山』首届世界太极文化节开幕式致词

为"弘扬中华太极文化、促进人类身心健康"，"三亚南山"首届世界太极文化节于2016年4月9—12日在海南三亚南山景区举行。来自中国、意大利、德国、法国、美国、俄罗斯等32个国家和地区的180位各流派太极名家、1800多名参赛选手、上万名观摩代表齐聚三亚南山。

世界太极文化节以"健康长寿、生命智慧"为主题，着力打造具有世界影响力的中国太极文化品牌，突出学术性与研究性，由世界太极拳网、三亚市文体局、三亚市旅游委、三亚南山景区等机构联手打造，着力促进太极拳在世界范围的发展，扩大中华优秀文化的国际影响力，增进世界各国太极拳爱好者之间的友谊和交流。

本次文化节为期4天，分设世界太极文化巡展、"南山论剑"世界太极名家精英会演、南山太极课堂、"海纳百川"世界太极导师辅导活动、海滨太极集体晨练、南山太极拜师会、中华太极百位优秀人物颁奖盛典与闭幕晚会及太极健康旅游等多项活动，活动取得圆满成功，在海内外产生重要影响。

南山作为海南最大的国家5A级旅游景区，以文化为积淀，使太极拳的哲学思想、养生文化与南山福寿文化相融合，以进一步提升南山旅游区的文化品质。首届世界太极文化节在三亚南山举办，契合了南山健康长寿的文化内涵，把太极文化和全民健身及养生旅游结合在一起，为中国健康旅游文化产业的发展起到了重要引领作用。

极享——余功保太极演讲录

（2016年4月9日　三亚南山观音广场）

各位领导、各位老师：

今天是当代太极拳发展史上的一个重要的日子。在东经104.4度，北纬38.3度的这片美丽、神奇、名为南山的地方，云集了来自世界各地的各个太极拳流派的杰出名家代表和优秀传人、太极精英数百人，创大型太极活动太极拳名家参会之最，还有数千名参赛代表、上万名观摩代表，呈现出世界太极拳发展史上一个"天人合一"的壮观景象。

正是因为我们热爱太极，我们感恩自然，我们自豪于中国太极拳文化，以及它所蕴含的深刻的内涵，使得我们充满喜悦地享受太极拳带给我们的美好。太极拳健康的

世界太极文化宣言石揭幕

理念、科学的方法，已经广泛影响世界，真正优秀的太极拳家，你们同时也是优秀的科学家、国学家和社会活动家，你们所从事的事业是一项造福人类的伟大的事业。

今天在场的来自世界30多个国家和地区的数千名太极拳研习者、爱好者，你们既是受益者，也是传播者，我要向你们表示热烈的祝贺！祝贺你们此生结缘太极，为生命引入一束光。在太极之光的照耀下，更加理解生命，更加享受生命。也感谢你们参与本次活动，共同见证太极文化的辉煌价值与荣耀。

在这里，我要特别感谢海南省政府，三亚市委、市政府，感谢海南省有关方面的大力支持。作为联合主办单位，三亚市旅游委、文体局等部门为本次活动作出了重要的贡献。特别要感谢三亚南山旅游文化公司，作为承办单位，数月来勤奋努力，精心安排，为大会的成功举行提供了优质的保障。未来的几天让我们充分地享受太极，享受自然，享受人类文化文明的成果。在交流学习研讨中共同进步，共同发展，预祝本次活动圆满成功，谢谢。

首届世界太极圆桌会议

太极名家、传承人汇聚南山

太极文化产业的思维与格局
——在陈家沟国际太极论坛上的演讲

2016年4月21—22日，来自世界各地的太极拳代表，以及中国太极拳六大流派陈、杨、吴、武、孙、和式太极拳的代表性人物，汇聚在河南省温县陈家沟，参加"世界太极名家走进陈家沟"活动。本次活动由温县县委、县政府，焦作市有关单位与世界太极拳网联合举办，是温县大力开发太极文化产业，推进太极拳国际化传播，推动太极事业发展的一项重要举措。22日下午，举行"中国·陈家沟国际太极论坛"，来自国内外的太极拳名家、研究专家就太极文化产业、太极拳的继承与发展、太极文化、太极与健康旅游、太极拳养生以及太极拳国际化等专题进行研讨。

极享——余功保太极演讲录

（2016年4月22日　河南温县）

在陈家沟国际太极论坛演讲

我曾经在世界上很多地方、很多场合做过关于太极文化的演讲，今天站在陈家沟太极讲坛上，还是感到很特别，因为这里对于中国太极拳来说具有特殊的意义。单就文化而言，如果评选对世界影响最大的中国村庄，陈家沟无疑是应该名列前茅的。

几十年间我来过几次陈家沟，每次感受不一样，这次感到的变化最大，形态在变化，但几百年来贯穿下来的太极精神没有变。

我最近和焦作市、温县的一些领导，和一些温县籍的太极拳名家进行了多次深入的交流，我感受到他们对太极拳的责任感与激情，也有很多很好的思路。我对王玲书记讲的一句话印象非常深刻，也很赞同，她说："我们把太极不仅仅是作为几个项目，也不仅仅是做一个产业，而是作为一项事业来做。"所以我们也愿意为温县、为焦作，也为中国的太极拳事业做点事情，作点贡献，并且团结更多的人，把太极拳事业推向新的高度和广度。

我就太极文化产业的发展谈几点自己的看法与体会，供大家参考。

一、关于如何认知太极拳

我们发展太极文化产业，是以太极拳为基础，如何认知太极拳是一个很重要的问题，不是一个简单的学术问题，而是关乎发展的层次与格局的大事。

认知太极拳既要认识，还要切身了解。中国文化是"知行合一"的学问，太极拳更是典型代表。所以发展太极文化产业不是建空中楼阁，而是扎扎实实地去做事。但首先要"立意高远"，要"取法乎上"，出手要高，高举高打，以大思维构建大格局，这就要全面、深刻地认知太极拳。

太极拳首先是一种武术，技击属性不能丢，这是太极拳的灵魂。

健身是当代太极拳发展的核心，在健身方面，要解决好为什么能健身和如何健身这两个问题。

太极拳更重要的，它是一种文化形态。我常说，太极拳是"形践了的中国文化"，是一种独特的"生命语言"，其中蕴含着中国古代文化的"生命全部信息"，凝聚着中国文化关于生命智慧的成果。这是我们开发太极文化产业必须要认知的。

比如中国文化中讲究"中"，这是古代哲学中一个重要概念，论述它的书汗牛充栋。太极拳中一个招势，比如"云手"，就生动、深刻地诠释了"中"的意义；再比如"合"，在太极拳中不是抽象的名词，而是具体的实践原则。

这些都构成我们太极文化产业高层次的研发内容。

我在北大演讲时曾经和一些国学家讲过一个观点，真正优秀的太极拳家就是国学大家。可惜现在这样的太极拳家还比较少，今后培养高层次的太极文化人才也是我们太极文化产业发展的一个重要内容，我们温县可以做这方面的先行者。

二、关于太极文化产业

现在发展太极文化产业是历史上最好的时期。温县天时、地利、人和全部具备。符合国家建设文化强国、文化走出去的总体战略，并且能够带动区域经济的发展。

这里我强调几点：

1. 太极拳的产业价值，是太极拳当代社会价值的重要体现，要旗帜鲜明、理直气壮、大张旗鼓地开展太极文化产业的开发，不能总是"端着金饭碗要饭吃"。

2. 要严格遵循太极文化产业的规律。太极文化产业有自身独特的规律，不是拍脑袋有个主意就能做好的。我们过去有很多成功的案例，也有许多失败的教训，其中包括一些政府主导的太极产业项目失败的例子。所以产业项目决策要深入调研，仔细分析，精心规划。

3. 长短结合。能办的立即办。很多产业项目经过长时间的孕育，已经可以很快着手产生效益，就不能拖。应该长远规划，精准实施，立竿见影，点面结合。

4. 内外结合。太极文化产业一定要实行国际化战略，这是中国少有的能够在国际上制定标准，引领风潮，权威主导的文化项目，太极文化产业应该做"文化走出去"的排头兵、先行者、中流砥柱，否则就是很大的浪费。

5. 高度重视互联网。太极拳是一种经典，其当代的产业发展要善于吸收、运用最先进的文化、科技成果。在产业格局中，要把互联网放在一个重要位置。网络不仅仅是太极拳发展的一种工具，它更是形成了一种新的太极生态环境和产业环境，网络给太极拳带来的变化是根本性的，不懂得充分运用互联网，在未来的产业竞争中必然会落伍甚至被淘汰。当然运用互联网也不是一个简单的事情，不是建几个网站、弄几个微信平台、搞几个QQ群的事情，它有很深刻的规律。在这方面，我们世界太极拳网近些年来做了一些尝试，也积累了一些经验，愿意跟大家分享、共享。

三、构建太极文化发展的系统化工程

从宏观上来说，应该科学布局，精准定位，全面推进，协调发展。另外，对焦作、温县的太极文化产业提几点具体建议供参考，其他地区太极文化产业的发展相信也有很多地方有相通性。

1. 充分挖掘、运用本地独一无二的优秀资源。包括历史资源、自然环境资源，还有人才资源。人才很重要，要善于发现人才，更要善于使用人才，还要善于培养人才，各个环节都要协调。

2. 坚持开放性的思维。面向全国，面向世界，面向体育界，还要面向文化界、企业界以及社会各界。陈家沟是世界的陈家沟，同样陈家沟的发展要吸纳全世界的能量来助力，要团结各流派的太极拳家来共同建设、发展陈家沟。这次设立"陈家沟世界太极名人墙"就是一个很好的典范。

3. 构建强大的、多功能的、可持续发展的体系。

太极人文体系。对于陈家沟的建设，功能性与文化性应并重。

被温县人民政府聘请为太极文化顾问

　　太极旅游生态体系。不仅仅是一些景点，要赋予这些景点丰富的、深刻的太极文化内涵。这样才能使这些景点真正成为有价值的太极文化旅游产品。

　　太极软实力竞争体系。硬件方面，规划、投资就可以达到，软实力则需要更大的智慧。

　　太极研究体系。产业发展研究要先行，否则发展到一定时候，研究跟不上，就一定会制约发展。

　　太极人才培养、使用体系。这方面我听说咱们温县已经制定了一系列的办法，这是一种有远见的做法。

　　太极文化交流体系。只有充分交流，才能开拓更广阔的发展空间，关起门来是做不大的。

　　太极拳教育体系。教育体系不仅仅是办几个培训班的事情，要形成系统的教师体

陈家沟村全貌

系、教材体系、教法体系、传播体系，咱们温县要揭牌"中国太极拳职业教育中心"，就是在这方面迈出了领先的一步。

目前，我们处在太极拳历史上发展条件最优越的时期，我们有条件，也有能力创造比前人更加辉煌的太极事业。有了好的思路，构建起发展大格局，加上扎实的工作，我们对温县、对焦作、对中国的太极拳事业发展充满信心。

太极文化产业的思维与格局

社会需要什么样的太极人才？

——在中国太极拳职业教育中心的演讲

2016年4月，中国太极拳职业教育中心揭牌仪式在温县职业教育中心隆重举行。河南省武术管理中心、焦作市教育局、温县有关领导，以及数十位太极拳名家、学者出席揭牌仪式。揭牌仪式上，温县县领导为13位客座教授颁发了证书。客座教授们一同参观了学校并为师生们举行了专题讲座。

极享——余功保太极演讲录

（2016年4月23日 温县中国太极拳职业教育中心）

太极教育，千年大计，太极拳要发展，教育是根本。今天我们举行了"中国太极拳职业教育中心"的揭牌仪式，这是温县太极拳发展的一件盛事。正如刚才各位领导所说的那样，成立中国太极拳职业教育中心，是时代发展的需要，是培养太极拳优秀人才的需要，中心的成立标志着温县太极拳教育培训工作真正步入了规范化、专业化的发展轨道。相信中国太极拳职业教育中心会更加有效地传承和弘扬太极文化，在深入开展太极拳系统理论研究，科学规范太极拳专业教学，培养出更多优秀的太极拳专业人才等方面取得突出成效，推动太极文化产业发展壮大，为全国、全世界太极拳的发展发挥积极作用。

今天借这个机会，我们被聘请的十几位客座教授给大家进行一个系列讲座，也算是咱们中心成立后的第一次开放式课堂吧。

大家赶上了个好时候。我曾经说过，现在是中国太极拳创立以来最好的发展时期。你们的前辈，为学习、传播太极拳历经甘苦，起起落落，栉风沐雨。现在你们唾手可得的东西，他们当年要费尽周折，甚至付出了巨大的代价。所以我们要倍加珍惜，抓住历史机遇，大力推进太极拳文化发展和体系建设。

体系建设中最核心的是人才队伍建设。咱们中心也担负着培养优秀太极拳人才的使命。我们不仅仅是为太极拳界培养人才，更是为全社会培养优秀太极人才。太极拳的发展不只是太极拳界的事，而是全社会的事。因为太极拳是要造福全社会的，并且，要发展好太极拳也必须是全社会共同参与，共同努力。

社会需要什么样的太极拳人才？我们应该如何培养？这是个很大的题目，需要一直不断地研究、实践下去。我这里先说一点，就是要培养全面的、复合型的优秀太极拳人才。

什么是复合型太极人才？这里有几个融合。

一是要会练、会教、会研究、会传播。太极拳不会练不行，会练还得练得好，所

在中国太极拳职业教育中心揭牌期间参加太极拳活动

以要下苦功夫，咱们学校也要教真功夫。陈家沟有很多好的教师资源，除此之外咱们还有全国各地的客座教授，要充分发挥优势。真东西就是科学的东西，练拳的经验很重要，不能只立足于经验，还要会研究，懂得鉴别，不能做简单的"拳把式"。

二是兼容传统和现代，有传统的情怀，还要有现代意识，要能忠实继承，还要能

主持温县世界太极文化大讲堂并发表演讲

开拓发展。有现代意识还不够，还要有现代知识，这样才能得心应手地发挥。

三是功夫和境界的融合。功夫是技能，境界是发挥技能的心性平台，境界包括眼光、胸怀、思维方式等。境界包括功夫境界，还有做人的境界，这也十分重要，社会需要的是功夫、人品兼备的人才。拳人合一不是一句空话，无数拳家的发展历程充分说明了这一点。

四是精与博相复合，至少精一门，还要了解多门。在学校里学习，不同于在民间跟随一位老师练，我们有条件上多门课，理论的、实践的、文化的、科学的等，还可以接触多种流派、多个老师，这给我们博闻多见提供了有利条件，这是一个优势。但同时我们不能成"万金油"，啥都知道但啥都不透。必须要有所精专，有自己的绝活。其实，太极拳"变化万端而理为一贯"，深钻一门真透了，就能触类旁通，水涨船高，这个"水"就是我们的武学修养。"复合型"太极人才是在保证专业化基础上产生的。

在这里还给大家一个特别建议，一定要多读几本中国传统文化的经典著作，并且要精读。

部分首批中国太极拳职业教育中心客座教授在学校举办讲座

德和国际太极同门合影

太极拳的刚柔之道

——在德和国际太极同门联谊会上的讲座

2016年5月7—8日，河北职工太极拳协会成立大会暨德和太极同门第4届年会在北戴河河北省总工会疗养院隆重举行。德和太极同门年会是李经梧先生弟子吕德和先生国内外传人的交流活动，连续举办多届。本届年会内容包括太极名家演示、太极文化讲座、太极交流比赛等。数百名海内外太极拳爱好者前来参会，另外，还有其他流派和传承体系的代表也来参加了交流活动。河北省武术协会名誉主席李剑方、河北省总工会副主席卢彦军、著名书画家梅墨生、著名太极文化学者余功保等出席了活动。年会期间还举行了德和太极俱乐部揭牌、德和国际太极学院新址落成等活动。应组委会邀请，余功保做《太极拳的刚柔之道》讲座。

极享——余功保太极演讲录

（2016年5月8日 北戴河工人疗养院）

非常感谢德和国际太极学院的邀请，有这么一个机会跟大家一起来共同分享太极文化理法的一些问题，也祝贺河北省职工太极拳协会的成立。德和太极学院在吕德和老师的带领下，积极开展传统太极拳的传承、传播，致力于国际太极文化的推广，取得了突出成绩，在此也特表祝贺。

我今天想跟大家聊一聊太极拳的刚柔之道。我觉得这是一个很重要的问题，不管是从文化的角度、从理法的角度、从修炼的角度，它都是一个特别核心的问题。在座的很多来参加这次年会和交流比赛的，都是跟随吕老师学习、练习太极拳很多年的，对太极拳方面相信都有了自己独特的体会。所以我们交流起来就可能更加顺畅一些。

大家都知道，吕德和老师是李经梧先生的弟子，李经梧先生传承的是两大流派太极拳，一个是陈式太极拳，一个是吴式太极拳。除了这两大流派之外，太极拳还有杨式、孙式、武式等主要流派。

有些人认为，陈式太极拳是比较刚的，杨式、吴式是比较柔的，就把太极拳分为偏刚一类和偏柔一类，这是对太极拳的误解。

其实，大家对太极拳的理解存在着很多偏差，比如大家会问，太极拳软绵绵的，练得很慢，但是在技击当中，搏击擂台上也好，日常交手也好，都是快打慢，太极拳慢悠悠的，怎么打？有实战能力吗？这就涉及功夫是慢练好还是快练好，慢和快是个什么关系等问题，这实际上就涉及刚柔的问题。再说得直白一点，太极拳究竟是刚拳还是柔拳？要是始终软绵绵的，这个人会不会越练越萎靡，内涵是有了，但是阳刚之气就越来越少了。所以在很多人的概念里，太极拳是磨人棱角的，原来血气方刚的人，练了太极拳以后就慢慢地没了血气、没了棱角。这是对太极拳柔的误解。从刚的方面来说，如果练拳中注重刚性，又跟太极拳的要领不符。然而一些太极拳家在实战技击中体现出来的也是快、刚，所以对太极拳究竟是柔拳还是刚拳，有些人认识不清，或者是有些人根本还没有深入地去想这个事。还比如，我们遇到地方上的一些领导、专家，说我们这里搞一个太极拳的基地很好，这里老年人、体弱的人比较多，我们需要搞康养养老。很多人觉得太极拳应该是体弱多病的人练的，或者是到了一定的年龄，至少五六十岁以后才能练太极拳，这也是对太极拳认识的一个误区。

前一段时间我参加了一个座谈会，一位太极名家谈了对太极拳进入中小学的看法。他说，开始他是很积极支持这项工作的，但现在他产生了一些疑虑。他说："我们现在的一些做法，搞不好可能使得太极拳进入中小学这件事对太极拳的发展带来一些问题，本来让青少年练太极，是培养他们对太极拳的爱好，使将来练太极拳的人口越来越多，

活动开幕式

但现在中小学的一些太极拳的教学方法，无法让学生们产生兴趣，甚至抵触。"

现在的中小学生对太极拳还有一种憧憬，听老师介绍，觉得它有很丰富的文化

性。但是当他自己一练，就抵触了。体育课选课，很少学生去选太极拳，最后老师处罚犯规的学生，说你去练太极拳，罚你去练你不喜欢的。这种状况时间长了，久而久之就把青少年习练太极拳的兴趣消磨掉了。心理上早期记忆很重要，他长大以后也不练太极拳了，这样实际上减少了未来太极人口，把一批未来潜在的练太极拳的大军，从中小学时期就给扼杀了。他的观点你乍一听不对，当时他刚一说出来，受到了在场的很多人的激烈反对，但是当他把理由讲完了以后，大家觉得还是有一点道理的。这说明太极拳的定位和教法存在问题。过去强调太极拳的"柔"性，而忽视了它的刚性，忽视了它活泼的生命属性。其实，只要教学方法得当，定位得当，还是可以让青少年去喜爱太极拳的。

太极拳有多重属性，最根本的是"刚""柔"两个方面，应该深刻认识到这一点，根据青少年的特点，有的放矢地研发适合青少年练习的太极拳课程。小孩子好动，就不要强行让他慢下来。太极拳的"柔"是刚中有柔，"刚"也是柔中有刚。所以问题不在于中小学生应不应该练太极拳，而在于你拿什么东西教他们的问题。你不能拿着成人的东西，甚至不能拿着我们对太极拳固有的观念、误解的观念，再去教中小学生。所以对刚柔的深入理解，是关乎太极拳发展的一件大事。

太极拳究竟是"刚的拳"还是"柔的拳"？从某个角度来说，我个人认为太极拳是刚的，过去也有人把太极拳叫柔拳，这只是它的一种表现形式，只是它的一种练习方法，只是它的一种风格。它本质上是刚的。太极拳练的就是强壮、强大，练你的阳刚之气，练你的豪侠之气，练你的天下为己任的正气，练你自己生命的强盛自尊的东西。太极拳应该越练你的身体越好，越练你的自信心越强，应对事情的方法越丰富，你的思维越全面、立体。了解世界科学史的人都知道，世界科学中有几项尖端突破，都是获诺贝尔奖水平的，其思维方法都与我们的太极相关。太极拳的锻炼是覆盖全年龄段的、全域化的锻炼方式，包括各种文化背景、各种职业特性的人，都可以来练习。因为其中包含着积极的进取因素，取之有道，这就是"刚"。太极拳的这一特性，以前我们强调得少，现在应该大张旗鼓地来认识、来宣传，就是太极拳是一种"刚"性的拳术。

但是我们说太极拳的刚性，并不排除它"柔"的一面，刚柔相济是它的完整性。对"柔"的特别认识和运用，是太极拳区别于中国其他武术、区别于世界上其他武术的一个最大特征。只有透彻了解到、掌握住太极拳的"柔"，才能真正了解太极拳、把握太极拳。老子《道德经》里对"刚柔"的阐述是其重点之一。《道德经》第四十三章中说："天下之至柔，驰骋天下之至坚，无有入无间。"他还拿水来做比喻，"天下莫柔弱于水，而攻坚强者莫之能胜，以无以易之。弱之胜强，柔之胜刚，天下莫不知，莫能行（《道德经》第七十八章）"。太极拳中也经常以水来做比喻，强调"柔"对"刚"的滋养作用。

太极拳不是上手练就一定有好的效果，要善"养"，相对于"用"而言，"养"就是柔，"用"为刚。有的武术家技击功夫很高，养生方面却出了一些问题，就是刚柔关系没匹配好。因为过去拳主要是用于技击的，所以练"刚"较多，整天练发劲，练外放。养生是要有收有放，跟技击的练法不完全一样。所以"刚"是太极拳的一种属性，"柔"是它的一种方法。所以在太极拳练习中处处贯穿了"柔"的要素。通过太极拳的训练，让我们的身心达到"至柔"的状态，身体松柔，精神空明干净。可以说不懂得"柔"，就没法理解"以柔克刚"。所以，我刚才讲太极拳本质上是一种"刚"的属性，这丝毫不降低"柔"的重要性，恰恰相反，"至柔"才能"至刚"，要更加重视对"柔"的理解和练习。

这是我想跟大家讨论的第一个问题，怎样正确理解太极拳的刚柔？第二个问题是，什么是太极拳的刚柔？

实现"柔"的状态要做到以下三点：第一，要协调，做到全身内外的协调。当然协调的内涵也很丰富，上下、左右、外三合、内三合等，这些要领讲的都是协调。第二，要放松，只有彻底地松下来才能柔，松得越干净，柔得越彻底。第三，要做到静，只有安静下来，才能有"柔"的环境。静也包括多方面，包括意念的静、身体外形的静。

另外，"刚"要纠正一个误区，"刚"不等于"硬"，有的人概念里是把这两者搞混的。很多人一说刚他就做成硬了，这就跑偏了，这也是太极拳人"谈刚色变"的一个重要原因。"刚"的一个要点就是"完整一体"，它的核心就是"整"。整了才能刚，你的形上要"完整一体"，更进一步，劲力上要"完整一气"，意念上"完整如一"，做到这三个"整"，就是真正的"刚"了，否则就是假"刚"，是"硬"，甚至是"僵"。

举例说一下协调性。婴儿状态被认为是协调性程度很高的，老子说"专气致柔，能婴儿乎"，就是推崇婴儿状态。因为婴儿没有受到外界的干扰，是一种纯净的状

极享——余功保太极演讲录

吕德和先生演示吴式太极拳

态。后天的我们会有很多的劳作、动作习惯，就逐渐形成了身体各个部分的不协调。我们学任何一种体育项目，学任何一种手艺、工艺，都会发现一开始会不协调。每一个类别的协调性是不一样的，你拿剑的协调性跟你拿毛笔执笔的协调性的要领是不一样的，协调性是有差别的。比如一个体操运动员，他身体很协调，但是他刚开始练太极拳的时候也会有不协调感。所以协调性不是一个绝对的指标，是一个相对的、专业化的。当然从整体上说，运动类别之间的协调性还是有一定程度的共性，对于体操运动员跟一个不擅长体育运动的人来说，刚开始练太极拳时，协调性的过渡时间段也是不一样的。所以，练太极拳入手的效率是不一样的。

另外一个就是"松"，真正地做到松，要跟"懈"区别开。做到外形的松还简单，关键是内部的松，内脏的松，要松到里边。有些人练了很长时间，觉得我很松啊，但是如果你的内脏没有松，还算不上柔。为什么内脏没有松？是因为你憋着气呢，所以练太极拳要会松气。太极拳里边有一个要领非常重要，就是"气遍周身不稍滞"。气达四梢，任何一个动作，搂膝拗步也好，懒扎衣也好，只有气运遍身体的每一个地方，流畅而不停滞，没有紧张点，这个时候你才能真正放松。你在任何一个地方"滞"了，那个地方一定不会放松，外在形体上再放松也没有用。内脏不放松，就造成经脉气血的贯通性受影响。所以松一定是内外同时松。

最后是静。静也有几个层次，一个是大家通常理解的练太极拳的时候不能有杂念。和这个"静"相连带的一个概念就是"空"，空也是太极拳很强调的一个概念。有一首太极拳的内功歌诀《授密歌》，一上来就是"无形无象，全身透空"，讲这个空的奥妙。真正的毫无杂念也很难做到，所以有时候我们就用一念代万念，就是练拳的时候你要有一个念头，有的念头是技击的，每个动作都有个技击的含义，练时无人似有人，这样会比较容易把你带入到"静"的状态。这个"静"，有些人理解成一定要做到什么都没有，开始很难做到。举个例子，就像在高速路上开车，你把车停在路上，这好像是什么都没有的"静"。一般理解的"静"就是这样不动了，没有了，其实你在高速路上匀速开车也是一种"静"。真正的静是什么？是一种动态平衡的状态，动态平衡状态就是静，因为你做到绝对的平衡不可能，因为外在因素太多了。绝对平衡中的一方稍微"加减"变化一点，平衡就会被打破，动态平衡是一种更本质的平衡。我们要达到的静，也是动态平衡式的静。

这样的"静"是最省能量的状态，练拳的时候要保持这种状态，也就是"柔"

极享——余功保太极演讲录

的状态。在擂台上跟对手搏击是"刚"的状态，是损耗能量的，经常处于这样损耗能量的状态，这个时候你一定要有意念。你一拳我一脚，意念还要放长击远，根据不同情况，还有假动作，这是一种意念始终处于高速旋转的状态，不是"静"的状态。所以体和用是两回事，练和养也是两回事。所以武术家是需要练养结合的，就是刚柔相济。光傻练不会养不行，那样你的功力会不断增长，但是你养生方面的效果会大打折扣，所以要懂得柔，才能懂得养。我觉得要理解刚柔的属性，理解它的状态。

第三个问题，我想简单讲一下关于太极拳刚柔的类别，在太极拳练习当中怎样体现刚柔？第一种是劲力的刚柔，我们练太极拳跟日常的其他运动一个重要的区别，就是太极拳讲劲，其他的运动讲力。所以我们要分清楚"劲"和"力"的区别。力是单向性的，劲是复合性的，劲是升华了的力，一个练了多年太极拳的人，是要懂得太极拳的劲的运用的。力无刚柔，劲有刚柔，有刚柔，是劲与力最大的区别所在。太极拳十三势中，八法是说劲的，每种劲都有刚柔，包括刚柔的练法、刚柔的运用。但在不同情况下，劲的刚柔侧重点是不一样的，甚至有的劲是重点练柔化，有的则重点练坚刚。但要明确，太极拳的所有劲都应该是刚柔相济的，只是刚柔的比例不一样。在每种太极拳式子中，了解劲的刚柔属性是一件比较关键的事。

这样我们就明确了关于劲的刚柔的三个要点：第一，每一种动作都有劲。第二，每一种劲都有刚柔属性。第三，每一种劲的刚柔属性的侧重点有所不同。当然，练到高境界，刚就是柔，柔就是刚，百炼钢化为绕指柔。过去说太极拳练圈，大圈练小，小圈练没了，这也是指它刚柔的一个变化过程。

刚柔类别的第二种，是关于意的刚柔。练太极必须有意，没有意念参与的太极拳，就是体操化的东西。意的入静，属于柔；意的贯注，属于刚。入静的状态就是柔在意念上的体现，这是一种均匀平衡状态，当要开始做动作分阴阳时，要贯注一个意念，意在动先，就属于"刚"。一个动作，如何起承转合，各个点在哪里，都需要关注。所有太极拳的动作，意念的刚柔也是在转换的，意念的刚柔和劲的刚柔要合在一起，分离了，拳架子就散了。

第三种，是关于形的刚柔。具体来说就是表现在速度上，这个比较简单一点，就是慢为柔、快为刚。我们传下来的太极拳有几种形态：一种形态是它的拳架，一种形态是它的拳功，一种形态是它的拳用。架子实际上是一种练习的记录方式。拳架必须有拳功，有的人是单练拳功，有的流派是把拳功融到拳架。比如有的老师讲要站桩、要静坐，有的老师则说不用站桩和静坐，他们认为，我们每个拳架子都是桩，这两个观点你听起来表面上有区别，实际上是不矛盾的。你可以这边练拳架子，那边单独去练一些拳功。也可以把拳功融到拳架子，关键是你拳架子有没有拳功，没有拳功，那就是空架子。我主张小学生可以开始不用练拳架子套路，先给他一些单势，甚至一些拳功的东西练一练，他就不会把太极拳单纯理解为一定是拳架。毕竟，拳架子只是拳学体系的组成部分之一，还包括拳功、拳理等。

拳之用是刚柔合一的，练了拳要会运用、应用。一个人身体疾病很多，他就练一个式子，比如就练一个"云手"，健康长寿活到九十多岁以上；另外一个人练的拳架子很好，但身体状况不佳，这第二种就是不会"用"。拳之用包括技击、养生和修养，有的人说我功力很深，你不会用也不行，能量很大、气很足，但不会用，能量越大越有害。内气第一要纯净，第二要充足，第三要贯通。另外，还要收放自如，能放得出去还能收得回来，功力很足，往外发不懂得收，越练脸色越苍白，越练精神越萎靡，这样不行。所以，会用拳功也很重要。还有一个拳理，是指导你的拳提升生命境界的，懂得拳理这一部分，才能把太极拳上升为指导你人生的大境界，有助于从拳中悟得大智慧。所以这几点缺一不可，拳架、拳功、拳用、拳理相辅相成。

快慢是太极拳的节奏，每一种太极拳都有这种内在的节奏。太极拳就是根据人的生命的内在节奏来编创的一种运动形态。陈式太极拳中也有很静的元素，杨式太极拳中也有动感很强的元素，这都要细细体会。我看一些陈式太极拳练得很好的大家，气都是很静的，不张扬。所以太极拳节奏上都是慢中有快、快中有慢，这是形上的刚柔属性。如果体会不到慢中有快，太极拳就可能练得越来越软。

第四种类别就是气的刚柔。气的刚柔，我讲的"气遍周身不稍滞"，气在全身的这种周流通畅，就是气的"柔"，凝气、蕴气、聚气、放气，这都属于气的"刚"，跟我刚才说的意的贯注相统一。太极拳的每一个动作都有运气、运化全身并且气达梢节的过程，它是一个柔的过程。伴随着发放动作和劲力，气也有一个鼓荡，这就是气的"刚"。如同白居易诗中所说"银瓶乍破水浆迸，铁骑突出刀枪鸣"。

董英杰是杨澄甫的著名弟子之一，他为了体现太极拳的快练特征和内在功法、技法，编了一套"董家快拳"。我有一次去香港时，董英杰先生的女儿董茉莉女士给我看他父亲和哥哥董虎岭的录像，其中就有董家快拳，胶片拍摄的，很珍贵。练的速度很快，他这就是把杨式太极拳里边快的那种感觉给进一步外化了。很多人对太极拳这

极享——余功保太极演讲录

讲座会场

种"快"的感觉没有体会到。有了这种快，太极拳才能用。这种快跟运气、发放内气都是结合在一起的。

第五种类别就是节奏的刚柔。太极拳有它的节奏感，这个节奏不仅仅是指速度的快慢，这个节奏是一种整体的意、气、劲的变化的感觉。练太极拳有时候你没把握它的节奏感就会失衡，蓄发相变说的就是节奏感，一套拳的动作里边都有蓄发的东西。有时候我们讨论练拳要不要配乐的问题，有的人说不配乐，配乐了干扰练拳入静；有人说可以配乐，觉得可以引导把握太极拳的节奏感。其实要不要音乐，大家可以各抒己见，都有道理，关键是你自己练的时候，有没有音乐你都要体会把握太极拳的内在节奏感。节奏感是什么？就是一种生命体的蓄发、收放、炼养，有这种节奏感是深入认识你自己的一个重要因素。现代人大多数时候没有专注于自己，容易失去自我，练太极拳一个重要的作用就是把你拉回来，从各种纷繁的事情中解脱出来，从信息化的海洋中把你捞出来。一般情况下你整天在往外耗气，能量不断地散掉了，练太极拳就是帮你积蓄一些能量。有的人并没有发现，原来他表面上很温和，实际上却是个急躁的人，在练拳过程中你会有那种感觉，做拳势动作总想快一点完成，你的急躁长时间被压抑在内心了，通过练拳可以自动地抒发出来。有的人在平时生活、工作中总觉得自己缺少闯劲，结果练拳中发现自己体内还有磅礴的激情，有很充沛的精力，你就敢做很多以前不敢做的事。通过练太极拳认识到你的优点、你的长处，有利于你的发挥，还可认识你的不足，知道弥补哪里并适当加以调整。

人的健康状态跟性情有很密切的关系，人的疾病除了一些典型的器质性病变以外，很多都是由于心性造成的，情绪紊乱以后，体内的负能量增加，时间长了形成病变。所以练太极拳要逐渐感受到你身体内部的变化节奏，学会控制住节奏并进行调节，刚柔之道、一张一弛。

太极拳的核心价值集中在两点：认识自己和调节自己。所以，什么样的太极拳是适合自己练的？就是你长时间练习，越练越舒服的。最终把太极拳练成自己的、自性的。但开始练还是要讲规矩，要严格按照老师教的来。我们说"上善若水"，水生万物而无形，随物赋形，就是碰到什么样的容器就是什么样的形状，但是你一开始必须得在容器里边，要不然就散了，这水就聚不了了，这就是规矩的道理。

因为每个人的理解、体形体质、性格特点各个方面不一样，文化地域的差别不一样，所以太极拳练下来出现一些差异是正常的。有的人针对同一流派的拳架出现分化的问题，提出能否统一拳架？我就这个事情征求过一些流派代表性人物的意见，大家觉得，短时间统一起来有可能，长时间了还要再分化。比如杨式太极拳都是杨澄甫先生传的，在他那里是统一的，但后来分化了。你现在再统一，制定所谓的规范，过一段时间，还是要出现差异。这种差异是有限度的，根本原则上还是一致的。太极拳是一种个性化的文化运动形态，每个人在太极拳当中都找到了自我，都找到了自强自尊的方式方法，都找到了认识自我、修复调节自我的方法，这就是太极拳在当代社会的价值和意义。

那么如何修炼刚柔呢？简单地说一下，练刚柔也主要从三个方面着手，练形、练气、练劲。"练形"的重点是把握太极拳的运动特点，就是弧形、圆形运动。弧形就是柔，变化即为刚，弧形转折练好了，以柔致刚就有了。人的生命状态各个方面是有进有退的、有刚有柔的。为什么练弧形呢？小学生都明白两点之间直线最短，但太极拳为什么还要走弧形？这里边蕴含了刚柔之道、进退之道。因为从表面上看两点之间直线最短，但是你的生命发展状态，你的个性状态和社会状态，这两点之间的环境不是一个真空，它是有很多复杂的因素，有很多阻力、阻碍，坑坑洼洼、上上下下在其中。你走的这条直线不一定是最短的，不一定是最便捷的。太极拳的弧形是什么？就是走能量最省的通道。所以不要看两点之间直线最短，我们要走的是能量消耗最低的通道，这就是生命的保养之术，以柔而刚。"练气"主要是不努气、不滞气、不聚

极享——余功保太极演讲录

气，没有火气。做到这一点，就要依照整体观来练气，不是简单的局部练习，手、脚、腰等处处一体，处处有经络、穴位相应。中医治病的方式也是这个思维，西医是直接对症，头疼医头，脚疼医脚。中医是施治，你脚疼给你开的药可能不是直接治脚的，因为可能脚疼跟你的胃经相关，所以给你开和胃的药。气的流畅无碍运行即为柔，气的强壮即为刚，所以行拳要使气流畅而致强壮就是气的练刚柔之法。这里面重点是气不能憋，憋了就疙疙瘩瘩、无柔无刚了。拳练到最后，气势磅礴、刚柔相济、激情万丈，但是没有一点火气，这是太极拳的大境界，其实也是中国文化的高境界。

"练劲"最重要的就是消除紧张点。有了紧张点，你的刚柔就断了，没有紧张点，从

吕德和先生在大会演示陈式太极拳

柔来说，更加协调、更加安静、更加顺遂。从刚来说，没有紧张点，才能完整一气，你发劲的时候是一个整劲，我们通常说整劲、混元劲就是完整一气。在练每个动作的过程中，自己看一看，静的姿势摆在那里，或者动的过程，你体察身上有多少个紧张点，可能开始练时处处都是紧张点，头上、脖子上、肩上、腰上、胯上、膝上，把这些紧张点消除掉，就"空"了，感觉不到自己了，就是刚才说的"无形无相，全身透空"。如果动作往那一摆，感觉身体挺紧的，说明这个动作还没做到位。

刚才讲的拳种的一些刚柔问题都是在技术修炼的层面，其实刚柔之道就是太极拳的一种智慧之道。这又涉及太极拳的一个定位。中国人把身心修养之术叫"天人之学"，就是研究天地自然和人的盛衰关系的大学问。中国很多哲学家都是知行合一的，孔子周游列国，知行合一，老子也是知行合一的。即使理学色彩最浓的宋代，一批顶尖的哲学家也是知行合一的，静坐、站桩、行气等，通过生命实践，对中国哲学就会有独特的深入理解。曾经有一位哲学系的博士生跟我讨论"虚其心，实其腹"的含义，我说现在不和你讨论，你去练站桩一个月，然后咱们再说。练了一个月后他说："我对这话的理解和以前不一样了。"

中国哲学把生命这些事研究得非常透彻，也实践得非常透彻。把理论和实践结合在一起，边练边研究边体悟，就能感受到其中的智慧。刚柔之道就是人世间、自然界的生存、发展智慧。

泾阳崇文塔下演武

太极拳养生的原则

——在陕西泾阳太极养生文化高峰论坛上的演讲

2016年5月，来自国内外的传统武术名家、武术传人齐聚陕西泾阳崇文塔景区，出席"崇文尚武"大型武术表演赛及"太极养生文化高峰论坛"，有60多支代表队、2500多人参加活动，在崇文塔下演练各流派功夫，交流武术研究成果。泾阳，是历代帝王"屯兵养武"的京兆之地，历史上文人墨客云集，尚武之风盛行。"崇文塔"建于明代万历十九年（1591年），为中国最高砖塔，共十三层，根据八卦悬顶的古建筑原理设计修建。本次活动由陕西省武术协会支持，陕西泾阳文体广电局主办，陕西崇文尚武文化传播公司承办。

极享——余功保太极演讲录

（2016年5月21日 陕西泾阳）

　　今天主要是围绕太极养生文化的讨论。研究、推广太极拳一定要对于太极拳的概念有一个非常深刻、准确的认识。到现在为止，应该说我们出版的太极拳书非常多，但是对究竟什么是太极拳，对太极拳下一个非常完整准确的定义，则还没有形成一个广泛的共识。这一方面说明了太极拳确实是博大精深，内涵丰富；一方面也说明我们的一些研究与发展的规模、发展的速度相比，还相对滞后。研究工作是应该要先行的，很多人特别是武术领域不太重视研究，觉得研究可有可无。其实发展到一定程度，研究如果跟不上，它一定是拖发展的后腿的。文化不用说了，它本身就是一个高端的学术，一定要研究。产业更要研究，产业不是拍脑袋就做的。我们这么多年来做武术文化产业，做太极文化产业，投入了很多的人力、物力、财力，有一些成功的经验，但是也有很多失败的案例。所以太极养生文化产业也是一门科学，要做研究，我们的研究工作恰恰现在是远远落后于我们发展的需要的。

　　近几十年来，太极拳在党和政府的大力支持下，在国家相关部门的积极倡导和辛勤工作下，在各流派老师们的共同努力下，取得了非常大的成果。国内外发展得都很快，特别是最近几年，太极拳的发展呈爆炸式增长，我们预计今后还会呈现不断增长趋势，这就需要我们做好各方面的准备工作。现在，其实已经出现了一些脱节现象，比如我们人才储备的脱节、我们研究的脱节等。我刚才说的太极拳的概念，它看似是很普通的一件事，实际上也是我们研究工作的一方面，究竟什么是太极拳，它关乎到太极拳的发展。

太极拳养生的原则

崇文塔前太极表演

关于太极拳的概念，起码要包括三个方面的核心内容，第一，太极拳首先是一种武术，它必须得完整地继承和保留传统武术的技击功能，这是太极拳与任何其他健身方法的一个本质的区别，它是一种武术的拳种，所以它有技击的属性。有人说冷兵器时代过去了，现在都高科技了，但是太极拳练习是以人的形体、以人的精神为主要参与元素的运动，所以这种人和人之间的、人和社会之间的应对关系是永远不会变的。太极拳的技击实际上体现了人的个体、群体、社会等各方面一种复杂的应对关系。当然在太极拳里边我们这种应对关系表现的是阴阳的消长、阴阳的平衡、阴阳的互动等，所以太极拳任何时候都不能削弱这个功能。现在太极拳在推广当中可能有些人渐渐把这个功能相对削弱了，这是一个误区。

第二，现代社会重点突出太极拳的养生健身的功能，就是今天我们论坛的专题。因为在现代社会，太极拳的健身养生功能是它最主要的价值之一，所以要大力地挖掘这个养生功能，要提倡这种养生的方法，还要进行横向的、纵向的研究、比较、整理、归纳，包括它的健身原理方面的研究。在练太极拳的过程中，一些人出现了练太极拳受伤的情况。太极拳要是练得不好是可能出问题的，不是练了太极拳就一定能健身，一定得科学地练习太极拳。那就涉及怎么练习太极拳才能健身？为什么这样练才

参加陕西泾阳太极养生文化高峰论坛的部分嘉宾

能健身？这都属于研究方面。

太极拳概念的第三方面，它是一种文化形态。这是太极拳的一种高级的内涵，一个重要组成部分。太极拳不上升到文化的层面，它就永远是肢体运动，就是一种形体锻炼方式。中国的太极拳是一种高端的生命运动形态。今天在这里讨论太极拳，我不是给它下一个准确的定义，这个准确的定义需要详细的研讨，需要准确的文字归纳。可以长，用一本书来阐述什么是太极拳；也可以短，三两页阐述；也可以很精练，三行四行字也可以。但是要真正地完整理解太极拳的内涵，至少包括这三个方面。理解了这三个方面，在我们的研究推广当中、在产业的开发当中，你就能够在大的方面不会错，大方向如果偏了，你越努力效果越差。这是我要讲的第一个问题，就是如何认识太极拳。

第二个问题就是我们今天讲的太极养生文化。我认为我们现在所说的中国传统文化，具体到太极拳上就是太极国学。太极是一门系统的学科，为什么这么讲呢？我认为中国的传统文化讲的就是生命之学，是关于人的生命的学问，儒、释、道都是这样。从最早的《易经》开始，"天行健，君子以自强不息"，讲的就是生命，生生不息。《道德经》也好，《黄帝内经》也好，也是这样。《黄帝内经》本身就是一本医书，各个方面就是讲的这个。中国传统文化的核心本质就是讲的性命之学。什么是性？什么是命？

什么是性命？什么是生命？从古到今讲的就是这里面的学问。所以脱离了对于生命的研究，你说谁是国学大家，那都是空谈。国学大家一定要精通中国的生命之学，你理解《道德经》，你理解《黄帝内经》，不从生命之学角度去看，你可能理解得不那么透彻。什么叫"其大无外，其小无内"，你怎么通过返观内视认识宇宙，它都是对生命的一种体验，通过合乎自然之道的修行。中国"天人合一"的观念很多都是跟生命的体验相关联的。在这一方面太极拳浓缩和凝聚了国学的所有精髓，它把一个理论用一种形体生命实践的方式生动地呈现出来。认识太极拳，要从这个高度来认识。

优秀的太极拳家理解国学有他自己独特的角度和感受，对生命的理解，对中国传统文化的理解，有一种特殊的语言方式。有的武术家，比如孙禄堂，可能没有很高的学历，但是国学修养非常高。你看孙禄堂的书法，有自己的气韵在里面。初级的书法家是搞点、画，高级的是章法、气脉，真正的书法大家是心法、是心境。你看弘一法师写的字，有人叫"孩儿体"，返璞归真，绚烂之极归于平

在泾阳太极养生文化高峰论坛演讲

淡，就是心境的东西。知识的东西下功夫就能学，智慧的东西是要靠行修去体验的。所以达到中国文化高境界有四字诀，叫"知行合一"。中国文化的真正大家都一定是知行合一的大家，你光知道不行，还要实践、体悟。所以我说北大也好，清华也好，我们的国学教授光读书、教书不全面，你要知，还要行。

研究太极文化更是要"行"，就是要练。很多书籍论述"虚灵顶劲"，如果你没有体会，你做不到那个虚灵顶劲的感受，你再读一万遍"虚灵顶劲"的理论也没有用。你一定要感受一下，上下一通，百会、会阴穴跟天地贯通，人体小周天跟宇宙大

周天应和，达到"内外合一"，这个你不去体验，光靠书本上的东西是不行的。所以中国文化是一个知行合一的文化。太极国学是讲究生命修持的。

第三个问题就是太极国学。太极文化是中国文化最核心、最精华的部分。中国文化的体系非常庞大，如果要讲太极文化，可以说在大学里开三年的课都讲不完。为什么说太极文化是中国文化最核心的部分？太极就是阴阳，无极而太极，无极就是先天，然后到了后天分了太极了，先天八卦，后天八卦，阴阳五行，整个系统论就出来了，它是中国最早的系统论。然后就出现了动态平衡，阴阳的互动互生、相生相克，就是动态的平衡模式，动态平衡是一种最佳的平衡状态，它融合了儒释道的东西。儒家讲究"中"，讲究"仁""礼"等，"中"就是阴阳平衡、动态平衡。在太极文化里，太极图中间一条S线，这个圈里的空间跟圈外的空间是对等的。但是在现代科学理论中，这个圈可能就是多少平方米，外面则是无限的，这是两种思维方式。在太极文化概念中，里面的空间可以反转过来，一反转过来，外面的空间跟里面的空间是对等的，这就是"中"，所以说"其大无外，其小无内"，是很深刻的一种文化科学体系。所以儒家讲究"中"，讲究"理"，很多东西太极里也包含。道家的阴阳，佛家的"不二""无碍""戒定慧"等，都与太极的体系相应和。

所以，太极理论里体现了中国传统文化儒释道各个方面，从古到今，整个贯穿中国传统文化，在生活、政治、经济各方面，随处都体现出太极核心的理论，都有太极的思想在其中。当然不是说一定要把它们都归结成太极的这种体系学说，我讲的是它这种核心思想，也就是说我们通过太极文化研究，太极的理论、太极的方法、太极的思维，可以很快地洞悉到中国传统文化的一个最核心、最内在、最高层的东西。所以我给很多国学的研究专家建议，我说你们可以练一练太极拳。有的老师练了以后觉得确实有很深的体悟，看很多问题找到一个方法、一个途径。应该说，我们练太极拳的人掌握了一个便捷、有效、深入地理解中国传统文化的通道。这是我讲的第三个问题，因为时间关系我不展开说了。

第四个问题，谈点操作层面的东西。今天讲太极养生文化，我就自己所理解的中国太极养生文化的智慧、特点和原则，给它归纳了几个方面。这些原则方法是各门各派太极拳里边都涉及的，不仅是太极拳，包括中国的健身气功、导引、道家的内丹术等，可能都有一定的相通性。

第一个，中国太极和中国养生文化的心性观，核心思想就是"虚极静笃"，至

极享——余功保太极演讲录

泾阳太极养生文化高峰论坛会场

虚极,守静笃。心性的修养是中国传统的养生文化里非常重要的一点,心性的修炼是健康长寿的核心。我们很多的疾病,中医、太极的理论跟西方的理论有些方面有所差异,我们讲上工治未病,认为疾病的形成是一个非常漫长的过程,在形成的漫长过程中一定有端倪可寻,所以我们就能够治未病。在这个过程中产生疾病的因素很大一部分是由于心性的原因造成的。现代心理学到精神分析学出来以后大家如获至宝,因为它到了潜意识层面,到了早期记忆的"印痕"这个层面,已经深入到人的健康的分析层次。其实中国古代几千年前早就按照这个方法做了,所以心性的修炼非常重要。练太极拳为什么先要修心?你练拳不静,一天打300遍也没有用,不如静下来好好练3遍,要能够对心性起作用。当然这个静的过程有各种各样的解释,这就是一个专门的学术。所以练太极拳一定是虚及静,它的心性是最重要的方面。

　　第二个,是动静相生。这是中国养生方法一个精妙的地方。我们曾经走过很多弯路,有人强调说"生命在于运动",结果我们发现,如果过度运动对身体损伤非常大,掌握不好尺度就造成能量的消耗。比如过去推荐跑步,很多人发现跑着跑着身体出现劳损,不是跑步不好,是跑步也讲究方法。包括很多运动,要有科学的锻炼方法，不是一味地动就好。所以我们单纯地讲生命在于运动也不对。后来有一段时间大家强调静坐，练各种气功，有人就说"生命在于静止"。气功也有很多出偏的，并且很多出偏的都是练静功造成的，单纯地强调静，这个也不行。如果你没有动，你单纯地静，特别是没有人指点你，心性乱，很容易出偏差，为什么？就是不注意性命双修，动静结合。我曾经访问过中国很多的高手，专门和90岁以上练太极拳的老师去聊，请教他们。几乎所有人给我的答案都是要动静相生，动静结合。动静结合恰恰是我们太极拳强调的一个核心原则，太极拳的练习表面上你练的是动，但是它强调静。太极拳的静不是静止在那不动的，不动你就没法打拳了，它是要你在运动当中保持一种均衡的静。除了心静以外，你的形体变化的状态，变化的速率要"静"，就是状态不波动，你甚至速度可以不断地变化，但状态是静的。杨式太极拳速度比较均匀，陈式太极拳快慢相兼，这都没有关系。你速度在变，但是它始终是一种静的感觉，这个静不是指速度，是一种更高层次的，指你的变化状态的静。所以太极拳一定是动中求静的。这样你练习起来，动能就转化为你储存的能量。如果没有这个"静"，你的动就是耗散的。所以太极拳的动静相生实际上是很高境界的一个东西。

第三个，是内外合一。内外合一是太极拳养生的一个整体观，我们讲"内三合外三合"，身体与外在相合，这是一个方面。它还有更系统的含义，首先你要"完整一体"，你自己练拳完整一体，我们说的一动无有不动，就是指完整一体。另外要"完整一气"，这个要求更高，你的体不能散，气更不能散。有的人练拳很紧，你看它很合，但是气是拘的，或者气是散的，练完拳你觉得疲劳，这一定是不对的，你一定是没有达到完整一气。人的自身是一个整体，身体每个部分都是零散的，但是合起来又是一个完整的东西，这是生命体的奇妙之处。所以内外合一包括人自身与环境、与外界、与自然合成一个整体，人的内生的完整一气。所谓"抱元归一"讲的就是这个。"抱元"怎么抱？就是完整一气，内外相合，这就是我们说的"天人合一"。

第四个，是动态平衡。我觉得这是太极拳的一种平衡观，就是它是动态的变化的，平衡当中不能是单纯的"量"的问题，这边是半斤，那边是八两，不是这种简单模式，如果这样你只要有一端稍微变化，这个平衡就失去了。而且这个稍微变化是一定有的，是必然发生的，所以你的这个平衡一定是靠不住的。太极拳所要实现的一定是动态平衡，它的平衡当中是一种变化，在变化当中达到一种平衡。

第五个，是守中用中。我刚才讲了儒家讲究中，中正为天下宗。道家讲究和，中

论坛嘉宾

间那条"S"线实际上就是一个中。用中就是用中间那条"S"线。太极拳推手里边有"无过不及""引进落空""随曲就伸",这都是指中。所以中就是指中和。太极图中间那条"S"线含义很深,这条"S"线就是守中用中的图示表达。练拳到一定程度一定要研究这条"S"线是怎么回事,不是简单的左右各半个圆,中间来个平衡划分,左边是一个阴,点一个点,右边是个阳,画一个圈,不是这么回事,它有很深的含义,"S"线当中蕴含着太极拳非常深刻的文化和原理。懂了这条"S"线,把它跟你的练功结合在一块儿,就能够产生一种质的飞跃。

第六个,是道法自然。太极拳里边处处包含着道法自然的规律,比如说最简单的就是我们的象形动作。象形是在中国养生体系里一个庞大的分支,太极拳产生也吸收了导引,吸收了象形里边很多东西。我们大家都知道五禽戏,其实在汉代以前有"一禽戏""二禽戏""六禽戏"等,到东汉华佗等整理了五禽戏,五禽戏也有几种流派。在太极拳当中象形动作更加升华了,从动作名称就能看出来,野马分鬃、白鹤亮翅。但是它已经不是原始的简单的模仿动作了。

比如白鹤亮翅，它不是说像白鹤展开翅膀那样，陈式的白鹤亮翅、杨式的白鹤亮翅、孙式的白鹤亮翅都有所不同，外形上有变化。我做个比喻，它类似于我们的一首曲子叫《平沙落雁》，你要有很轻盈的东西，展翅欲飞，清气上升，浊气下降。同时脚下为根，有阴阳虚实变化，一脚实一脚虚，一个是虚步点地的，然后你的丹田气要下沉，同时你的中气要引起来。它整个是一个虚实相间的动作。它就是取我们的鹤、松延年，稳定而灵动的这种含义。

所以太极拳里象形的动作，道法自然，有动物的、有植物的。我们的站桩，独立守神，就像大树一样。大树为什么能生长千年百年？它有它自己的一套生命的运行办法，所以太极拳里吸收了很多的象形动作。中国文化讲究近取诸身，远取诸物，就是指我们的道法自然这部分。以天地为师，练到一定的程度，你不练拳，你到处去旅游，看看山水，闭着眼睛感受，一定对练拳有帮助。如果到了这个层次，你就达到太极拳道法自然的这个修行境界了。

南怀瑾先生讲过一个故事，有一位先生告诉他一句话，看风景要"满目青山入眼来"，他很受启发。很多人去旅游叫看山，你的眼睛看到的是一座山，一潭水，而你要到一定程度则是山水入眼来，不是你去看，而是自然入目。这一字之别，境界就差很远。这就是道法自然，你去看的时候是用你的主观去看，带着你很多主观的东西，那你就没法汲取自然的精髓，你只看到了山水的美，没看到它的神韵、神气。你要把自己掏空，也就是我们太极拳一定要入静，静了，你什么都没有了，虚了，山水就自然地通过你的眼睛往你的神经、往你自己的心境里扑进来了，往外看是散的，向内装进来了，这样你才能感受到自然的山水精髓。太极拳的练习研究，特别是养生，就是汲取天地精华之气，一座山你把它看活了就是你的修养。

第七个，是性命双修。中国的功夫内外相合也好，动静结合也好，它更高层次是讲性命双修。单纯的修性功和单纯的修命功一定是偏颇的，偏了即使长寿也不能健康长寿，要达到健康长寿一定要性命双修。性命双修解决不好，就不能做到真正的、完全的养生。比如你的命功养得很好，你的身体很强壮，但你的精神状态很虚弱、很脆弱，你的心理承受力很差，就不能说很健康。有的人精神状态很好，学识很高，一开始凭着精神支撑，但你身体不行，底子不行，到最后也不能完全健康。你一年行，两年行，三五年、十年八年就不行了。所以中国养生文化的高境界应该是性命双修，太极拳的练习也应该是性命双修。

太极文化的发展与太极修炼

——在新疆『丝路太极行』活动中的讲座

为响应国家"一带一路"倡议，弘扬优秀传统文化，促进太极拳的国际交流与发展，2016年6月，大型太极文化活动"丝路太极行"在新疆开启大幕。6月21—29日，"丝路太极行"第一阶段活动举行，在新疆昌吉、乌鲁木齐、天山天池、奎屯等地相继开展了丰富多彩的活动。太极拳名家赵幼斌，新疆太极拳协会主席汪兵、副主席兼秘书长朱明等领导参与了系列活动。应新疆太极拳协会的邀请，余功保先生赴新疆参加太极拳系列活动，观看了全疆太极拳比赛，参加"丝路太极行"启动仪式与巡回活动，并为全疆太极拳代表做了太极拳发展与理论实践专题讲座。新疆太极拳协会为新疆最大的太极拳组织，已经成立20多年，由方汝楫等老武术家发起成立，每年均举办多种形式的太极拳活动，并派队参加全国各种太极拳活动。多年来，协会邀请了众多太极拳、武术名家赴新疆讲学、参加活动，包括苏自芳、赵幼斌、陈正雷、门惠丰、蔡龙云、何福生、邱丕相、马明达等人。徐才先生也曾亲赴新疆对武术工作进行考察指导，并专门题词"丝绸之路太极拳行"。

极享——余功保太极演讲录

（2016年6月24日 乌鲁木齐）

非常感谢新疆太极拳协会的邀请，特别是方汝楫老师、汪兵会长、朱明秘书长等的安排。我和方汝楫老师已经认识将近30年了，我们是在20世纪80年代全国武术研讨会上第一次见面，他是一位非常令人敬重的老武术家，为新疆武术、太极拳事业的发展作出了很大的贡献。我听说咱们新疆太极拳协会有几万名会员，特别是有很多维吾尔族的朋友们练习太极拳，练得非常好，也向大家表示祝贺。应该说新疆的太极拳协会独具特色，洋溢着勃勃生机。

协会的负责同志跟我说，希望我来讲讲关于太极文化和太极拳习练的一些问题，并介绍一下太极的文化发展情况。

认识理解太极文化，可以从两个方面来看。第一个方面是从中国古代哲学角度来看，它的一个核心架构就是太极文化，太极文化融汇在儒释道及各家学说当中。太极文化有几个重要的点跟我们的生命状态相关。第一个是它讲究运动的思想，强调阴阳的互动，阴阳互动构成世界的一个平衡结构。第二个是它强调完整的思想，由阴阳两个方面构成一个完整的结构，不能偏向于哪个方面，比如说在讲运动上要有动也有静，在呼吸调节上有吐有纳。第三个是它开放的思想，一个典型体现就是"天人合一"的观念，人的生命和宇宙自然具有相通性。人是一个小太极，宇宙是一个大太极。这三点跟我们练太极拳紧密相关，要特别加深对它们的理解。

第二个方面是从太极拳本体来看，太极拳是太极文化当中孕育出来的一种代表性的形态，一种生命完善、生命提升的形态。太极拳本身就是文化，就是太极文化的一

新疆著名武术家方汝楫主持"丝路太极行"讲座

种体现。不是说文化注入太极拳运动中,它是先天就有的,太极文化是太极拳的先天属性,太极拳的产生,是在太极文化当中孕育出来的,带有太极文化的基因。所以我们练太极拳,不是说你需不需要了解太极文化,而是你一定要了解它,了解太极文化的知识,对于练太极拳一定是有好处的。练太极拳,我们可以有意识地学一些关于传统太极文化的知识,对于太极拳的技术就能更好理解了。文化和拳的关系不是简单的对应关系,是本来就有的。还有一个点,就是练太极拳本身就是体悟太极文化,太极拳练好练透的人,就是一个文化人。

关于太极拳的发展,从近百年来看,经历了几个高潮。一个是在民国时期,特别是二十世纪二三十年代,太极拳有一个社会化的高潮,从原来的深宅大院,局部的师徒传承,进行了一次社会化的运动。杨露禅将太极拳带到北京后,先是在王府传教,后来在社会上也有所传播,但还不太广。到了杨澄甫,才真正实现了杨式太极拳的社会化传播,特别是他的几十位弟子四面开花,把杨式太极拳传播开来。陈式太极拳由陈发科带到北京以后,也广泛传向全国。第一个阶段还出版了大量的太极拳图书,并且社会上有一批文化人介入进来,他们有意识地宣讲、揭示、阐发太极拳的文化内涵,逐渐使很多人认识到了太极拳的文化价值,这样也就有越来越多的有层次有知识的人加入太极拳的研修中来。随着太极拳的普及面扩大，它的功能也在逐渐丰富，它的社会价值也在不断地被挖掘，发挥得也更加充分。太极拳不仅是一种搏击术，更具有全面的功能。

另外一个高速发展时期是中华人民共和国成立后的20世纪50年代，国家提倡群众体育，毛主席提出"发展体育运动，增强人民体质"，并且明确地提出支持打太极拳，所以那个时候发展很快。一个标志性的事件，就是24式太极拳的推广普及，由国家来组织编订并且推广太极拳的套路，这本身就是一种很强烈的政策导向，也极大地推进了太极拳的发展。

第三次高峰就是在20世纪80年代。1982年全国武术工作会议以后，覆盖全国的武术挖掘整理工作，发掘出了一大批优秀的太极拳家，一大批太极拳的著作，进行了展览交流。20世纪80年代开始，举办了一系列全国性、国际性的太极拳交流会，这是一个迸发期，到了90年代就进入了快速发展期。近三四十年来，太极拳、太极文化得到了全面的发展，形成了国际化、科学化、规范化的发展特色。国际化，就是在世界上

新疆校园里举办的"丝路太极行"活动

有很多国家的人都在练太极拳，成立了很多太极拳的组织。科学化，就是我们的很多高校、科研机构普及太极拳，北大、清华、科学院都成立了太极拳的机构，一批高校师生科研人员不仅练太极拳，还进行太极拳研究活动。比如1987年举行的首届全国武术学术研讨会，我就

朱明老师在新疆教授太极

是在那次会上跟方汝楫老师认识的，那次研讨会论文就有一大批关于太极拳科学研究的，从各个学科进行探讨。很多武术杂志也都刊登了老师们关于太极拳研究的文章。那时候，在规范化方面也做了大量工作，20世纪50年代编创了24式太极拳，进入80年代以后，群众习练太极拳的热潮涌起，对学习内容的需求也多样化起来，为了适应群众推广的需要，适应国际化发展的需要，由国家体委武术研究院组织专家编定了一系列规范化的套路，比如各式传统太极拳的竞赛套路等，在国家示范效应带动下，各个流派的太极拳老师也进行了一些规范化的工作，编定了一些自己体系内部的简化套路、推广套路等。出版机构像出版社、杂志社也刊登了大量的规范性的套路。规范化的意义在哪儿？就是为很多人方便学习、互相充分交流提供了有利的条件。

随着太极拳的推广，太极文化的氛围也在逐渐浓郁，太极文化建设也在不断加强。比如在国外很多人学了太极拳，想要理解太极文化，他就要理解太极拳的内涵，不光是技术内涵，还有文化的东西。太极文化对他们来说很神秘、很有内涵。我们国内的很多爱好者也是通过太极拳练习，不仅从技术上、从形态上感兴趣，还想更多地了解它背后的内容，这也就带动了传统文化的发展。

关于太极拳的练习，与大家分享几个要点：

第一，由规矩入手，筑牢基石。这一步重点练"形"，太极拳的"形"不可轻视，导引行拳，循经行气，关键是形要到位。"形"又分"体位"和"体态"两部分，体位是全身肢体的空间布局，体态是整个身心内外的状态感觉。体位和体态的调节就是通过太极拳的运动要领来实现的。其实"形"到位、正确，"内"也自然而然

极享——余功保太极演讲录

就有了。

第二，快乐练拳，真正放松。放松有形体上的放松，更要有心情上的放松。带着紧张的情绪不可能做到形体的完全放松，反而会带来内气的"滞塞"。所以练拳可以"勤奋"，但不需要"刻苦"。真正将练拳作为一项乐事，发自内心的喜悦，而不是当作一种任务。通过练太极拳，寻找身体上的舒适感和精神上的归属感，练太极让我们找回走失了的"精神家园"。

第三，注重心性的陶冶。心性关乎人的生命境界、健康品质，太极拳要练成"平和"心境。通过拳的沉着练出人的沉着；通过拳的舒展练出心胸的开阔。太极拳一个

全疆太极拳比赛

很关键的要领是"不执着",处处弧形,圆转自然,心性也要如此。

第四,要练内气。由形体运转,导引内气运转。内气要抱,不散,完整一气,并且流畅通达,不使有阻碍处,这也是检验练拳要领是否正确的方法。练习时间长了,觉得越练越神清气爽,说明练得对;如果越练越萎靡,或者浑身气不畅,有阻隔感,就说明要领不对,要调整,找原因。"内气"并不神秘,不能故弄玄虚,太极拳只要动作要领对了,内气便会"油然而生",所以切不可努气,强行运气。"油然而生"这几个字很重要,希望大家能仔细领会。

谢谢大家,也预祝"丝路太极行"活动圆满成功。

"内圣外王"的生命模式

——在武当山"太极文化与健身气功国际论坛"上的演讲

2016年7月，首届太极文化与健身气功国际论坛在武当山举办。本次活动由国家体育总局健身气功管理中心、国际健身气功联合会、湖北省体育局、武当山旅游经济特区管委会为指导单位，武当武术协会、法国巴黎东方文化传播中心、世界太极拳网主办。来自中国、法国、英国、德国、西班牙、意大利等国家共400余名太极文化专家、学者及爱好者参加论坛。论坛期间，世界各地太极名家、传人、学者汇聚武当，40多家主流媒体进行了报道，对弘扬太极文化及推进太极产业化、国际化发展有着重要意义。余功保先生应邀主持论坛对话并发表演讲。国内外专家、学者围绕"太极智慧""健康人生""太极文化的国际传播"等话题进行了武当论"见"、世界对话。

极享——余功保太极演讲录

（2016年7月28日　湖北武当山）

谢谢大家，咱们这个名家的讲堂和分享是这次太极文化和健身气功论坛的一个重要内容。我们特邀了几位中国优秀的太极文化和健身气功的专家，这两天陆续和我们共同分享他们的研究成果。

下面我从中国传统文化的角度谈一谈我的一些心得，谢谢柯文女士来担任翻译。

我的第一个观点是，中国包括世界各国的生命智慧是人类最高层次的智慧。人类有很多的智慧，有军事的、有政治的、有经济的，各个方面，人最根本的是他的生命，生命系统最为复杂、最为深刻。因为它要考虑人的自身，考虑人和人之间的关系、人和社会的关系、人和宇宙自然的关系，都要协调。

我的第二个观点就是关于生命智慧要解决三个层次和境界的问题。东西方一样，所有的关于生命的理论和实践都围绕着这三个层次来解决，第一个层次是生存，第二个层次是生活，第三个层次是生命。生存解决的是我要活下去的问题，生活解决的是我怎么活得更好的问题，生命解决的是我要活出层次和境界的问题。现在社会经济发展了，我们练习太极拳也好，健身气功也好，更多的是生活和生命这个层次。其实在早期的导引等养生术中，它跟生存密不可分。比如几千年前的一些宗教祭祀、原始舞蹈等有很多进行运动宣导经脉气血的内容，包括一些仿生的方法，为了解决自己的生存问题。但是经过几千年的发展以后，养生体系、养生理论也在不断地发展，除了解决生存问题以外，还要提高人的健康程度，包括提高人的精神心境，又融合了生活、生命的内容。认识到这一点非常重要，这决定了练太极拳也好，健身气功也好，习练的层次问题。

中国养生文化的一个核心思想就是儒家所讲的四个字,叫"内圣外王"。内圣就是让自己的身体、让自己的心灵变得更加强大,让自己的精神变得更加纯粹,这样你才能服务于社会、用之于社会。中国养生体系的一个主要模式也是四个字,就是"知行合一",中国所有的养生技术一定有强大的、深厚的理论体系作为支撑。还有一点也非常重要,就是它的所有理论必须找到实践的落脚点,就是它所有的理论都不是空洞的。你读一篇太极拳论,会发现它既是一篇很优美的散文,同时每一句话你必须在实践当中找到它的落脚点,能够落实,不是空谈。所以你读中国所有的太极拳理论著作、健身气功著作,包括道家内丹的著作,它的真东西一定是能找到实践对应的技术内容。通过"知行合一"达到"内圣外王"是中国关于生命的理解和实践的理想模式。

比如中国的太极理论讲究"无极",无极生太极。什么是无极?它不是一个简单的哲学概念,它有很丰富的技术内容。就是你练拳时必须先把自己空掉,真正地空掉,形体空掉,把紧张点松掉,把你情绪思想上的紧张点解除掉,这样你这个人才能体会到自然的、内在的那种旋律、那种感受。大家都知道李小龙,实际上最早他是学

论坛开幕式

极享——余功保太极演讲录

太极拳的，他的截拳道的所有理论基础和核心都是太极的理论。他曾经把人比作一个杯子，他说必须把杯子中的水倒掉，你才能装进去新的内容，这就是典型的太极拳的理论。所以我们在养生练习当中要把你自己空掉，所谓"一羽不能加"。练习太极拳过程中，你空掉以后让内气按照它本来的生命本质规律来运行，不通的逐渐打通，而不是强行地去打通。所以我们说东方的养生体系非常强调"静极生动"，你必须完全地静下来，这就是空。这个静，不是静止不动，而是在练习的过程中保持一种均匀的、和谐的状态。

第三个观点我讲一下中国传统养生的实践方法。第一点就是最大程度地发挥先天的潜能，因为对于健康而言，先天是一个很大的因素。东方养生思想认为人的潜能非常大，很多人远远没有开发出自身的潜能，这部分潜能可以很大程度提升、促进、改善我们的健康状态，这一点是针对人的过去来下功夫。第二点就是优化后天因素，这

主持名家对话

是针对现在来下功夫，改善后天因素，中医学体系强调治未病，上工治未病，"我命在我不在天""体内自有长生药"，都是讲的我们要从内在下功夫。第三点就是向未来，对未来趋势的把握，就是建立良性的趋向结构。没有第三点，只有前两点，过不了多久，你的健康水平依然还会掉下去。

第四个观点我讲一下关于太极拳。太极拳是什么？大家理解上还是有一些差异。我在20世纪80年代末讲过一句话，太极拳是中国传统文化的形践方式，就是它把中国哲学、中国传统思想，包括儒释道，用一种生命实践的方式生动地展现出来。

我们对于太极拳练什么要有一个明确的把握。认识这一点非常重要，因为你知道了太极拳练什么，你就能够准确地练，能够练得层次高。太极拳练得好坏与你修炼的层次密切相关，没有层次，你练30年可能就不如练10年练得好。

第一点，太极拳练的是心性，要练一种平和的心性，解决了心性问题才是从根

本上解决了生命的健康问题，否则你哪有病治哪，但心性解决不了，没有解决根本问题，病患还会不断产生，治不完。第二点，太极拳练的是一种柔和，包括形体上的内外柔和，包括心情上、情绪上的柔和，柔和就是佛家讲的圆融，道家讲的自然。第三点，太极拳练的是一种完整，就是内和外的完整一气，还有内和外的完整一体，它是两个程度。首先是要完整一体，形态上要完整。另外从更高层次上要完整，就是完整一气。否则我们看一个人练很长时间的太极拳，练到身体非常协调，完整一体做到了，但是行家一看气是散乱的，这就没有做到完整一气。健身气功也一样，你练了很多年，仿生的五禽戏惟妙惟肖，动作很灵活，但是一看你这个神态没有，你内在的气没有，你还没有得到它的神韵。以太极拳的"白鹤亮翅"为例，你光外形动作练得很轻柔，这个还不行，你要练出白鹤上下一体的那种平沙落雁、海阔天高的感觉，这才能达到自己的完整一气和自然的完整一气。第四点，太极拳练的是通透，就是要内外通透，这样才能和自然感应在一起，才能实现"天人合一"的境界和效能。中国哲学讲究"其大无外，其小无内"，就是以一个有限的自我能够感受到无限的辽阔。

闭幕颁奖典礼

坚守传统，挖掘太极宝藏

——在『太极华藏』启动仪式暨《陈小旺太极手册》首发式上的演讲

2016年8月，深圳太极华藏文化交流会馆举办启动庆典，同时举行《陈小旺太极手册》首发式。深圳市有关领导、全国武术界嘉宾、太极拳各流派代表人物和来自世界各地的太极拳爱好者及深圳市体育界、文化界、企业界、传媒界近200名来宾出席活动。中国武术协会原主席李杰、杨式太极拳名家赵幼斌、武式太极拳名家翟维传、孙式太极拳名家张茂清、吴式太极拳名家梅墨生等出席了庆典活动，武术界嘉宾杨其元、韩建中、李斌等也应邀与会。

极享——余功保太极演讲录

（2016年8月28日 深圳"太极华藏"会馆）

《陈小旺太极手册》首发式

坚守传统，挖掘太极宝藏

今天咱们在深圳锦绣中华旁的"太极华藏"举行这次开业庆典和发布会，下午还有一个学术研讨会，是一次高效能的太极活动，充分展现了现代化的效率、思路、执行力和拓展力。

"太极华藏"以传统为根基，以文化为精髓，以服务现代为目的，实现高品质的太极生活享受，致力于成为传统养生文化现代化发展的都市新标杆，我觉得很有意义。陈小旺先生在这里授课指导，推行纯正的陈式太极拳，带领现代人感受太极拳的魅力，调谐身心，回归自然，对深圳的文化建设具有积极作用。

主持图书发布会并演讲

《陈小旺太极手册》是近年来陈小旺老师在国内出版的第一本图书，也感谢太极华藏和陈小旺老师邀请我担任主编。这本书的内容很丰富、很精彩，收录了陈小旺老师多年来研究太极拳的文章，系统展示了陈老师的太极思想和太极功夫。书中有大量珍贵资料，特别是陈老师专门为本书拍摄了一套拳照，弥足珍贵。这本书展现了陈小旺老师多年精修的深厚的太极功夫和武学修养、文化修养，揭示了陈式太极拳运动的核心规律。这本书的出版发行一定会对广大陈式太极拳爱好者的研修有很大的帮助。

特别要介绍的是，书中还收录了陈小旺老师为推广普及陈式太极拳专门编定的一套"太极华藏十三式"，图文并茂，权威精细。这个套路共十三式，招式极简，却概括了传统太极的身法步法，动作经典，用地范围小，练习时间短，是一套具有科学意义、

极享——余功保太极演讲录

和中国武术协会原主席张耀庭一起参加太极华藏研讨活动

符合现代节奏的拳法,适应人群广泛,坚持习练健身养生效果显著。

　　陈式太极拳从温县陈家沟到北京,经历了一个从农村到城市的过程,也是一个从传统到现代的过程。这不仅是空间的一个变化,也是一种传承思路的变化。传统必须坚守,虽然有时为了推广的需要,形式必须有一定的变化,但无论拳的套路形式如何变,质的内核不能变,从陈小旺老师的这本书里我们也可以看到这一点。作为非物质文化遗产,拳家的坚守往往就是他最强大的生命力。今天到场的各流派太极名家们,都是传统的坚守者,坚守就是"不动",守好太极宝藏。但坚守不是不融于社会,相反,在现代化社会中更显其独特的价值,"随曲就伸"是太极拳上善若水的智慧,挖掘太极宝藏、服务当代社会也是太极拳家的本分。

首届世界太极文化节开幕式名家合影

太极师说

——2016年『教师节』世界太极拳网祝词

太极的传承需要大量优秀的老师，他们以自己多年的努力、修为搭建了太极文化、功夫传承的桥梁，他们是中国优秀文化的重要承载者。2016年，"教师节"之际，世界太极拳网邀请了多位各流派的优秀太极拳老师座谈。余功保主持座谈会，并发表"太极师说"演讲。

极享——余功保太极演讲录

（2016年9月10日　世界太极拳网直播平台）

习练太极，必须有老师。所谓言传身教，于太极一道，尤其重要。

太极之师，其一为"范"，师范标准，告诉你应该怎么练，怎么练才是对的，如何避免错，保证你练拳的大方向不偏差。方向一偏，练一辈子拳，越用功则越有害。

太极之师，其二为"鉴"，为镜子，可正自己的拳。老师的拳架示范，是你模仿的对象，老师的拳照，是你揣摩的形象。师之"鉴"，更可正自己的"德"与"行"，练拳如做人，从老师这面镜子反复对照自己，纠正自己，使自己的拳架从生疏走向成熟，使自己的人性更加圆融。

太极之师，其三为"山"，是你的目标，又是你攀登的阶梯。作为一个目标，放在你的前方，供你超越。学生一旦超越了老师，将是每一位老师最大的成就。太极拳史上有不少学生超越老师的例子，无论是功夫还是成就，那标志着太极拳的进步。老

师这座山也是供学生站立其上的，能够把学生、弟子的功夫托得更高，使他们发展的前景更广阔。

太极之师，其四为"船"，能渡人。指点拳功，是"渡"，让你从表面深入到太极内核，创造练拳和发展的条件也是"渡"，好的老师能让学生的太极才华得到最大程度的发挥，让太极拳在自己身上的健康成效得到充分作用。正所谓"因材施教"。

太极之师，其五为"缘"，有缘则有拳，真正的师徒是人生的一场缘分。气场相合，志趣相投，投的是太极之志，享的是太极之趣。拳不离弃，师徒不离弃。学生遇一太极明师为人生一大幸事，老师获一贤徒为人生一大得意。

有良师高徒，太极才能发扬光大，代代绵延。

网络直播讲座

桓仁世界太极养生文化高峰论坛

太极拳养生的智慧

——在桓仁『首届世界太极养生文化高峰论坛』上的演讲

2016年9月19—22日，"首届世界太极养生文化高峰论坛暨2016年'枫林谷杯'中国·桓仁全国太极拳公开赛"在素有"中国易学标本地"之称的辽宁省本溪市桓仁满族自治县举办。活动由辽宁省体育局，辽宁省武术协会，本溪市人民政府，桓仁满族自治县县委、县政府主办，共有来自全国各地的183支队伍、2400名选手参会。本次论坛旨在探讨太极文化对养生、健身、育人等方面的重要作用，感受太极文化内涵的博大精深及外延功能的无限广阔，不断提高太极养生文化的国际国内影响力。

极享——余功保太极演讲录

（2016年9月20日　辽宁桓仁）

今天下午听了几位老师的讲话，这样静下来听听讲座，也是一次很好的学习机会，很受启发。

今天论坛是养生主题，太极拳的养生不仅仅是一种技术，还是一种智慧，太极拳叫"智慧养生"，不同于一般的养生。它不同于西方的竞技体育，也不同于我们日常所做的一些其他的运动。

这个智慧主要体现在三个方面。

第一个是身心并练。它不单纯是一种身体的参与，一定要有心神的参与。它一定是你的身体和心灵一起来练习的。太极拳讲究"调身"和"调心"，这种并练在开始练习阶段就要有，有人认为开始的重点是调身，过段时间再进行调心，这样练也不是不可以，但最好是同步，开始就把身心并练融合在一起。

第二个就是理法兼

在桓仁"首届世界太极养生文化高峰论坛"上演讲

备。一定有很深刻的理论和它的具体技术结合在一起，这是不同于其他运动的一个方面。刚才这位老师讲了，少林寺举办论文研讨会，一些有分量的论文都是国外的。张耀庭院长前两天也讲过，我们这些年来太极拳的养生和文化的研究，包括一些理法的研究，实际上是落后于我们太极拳的发展的。这一点如果不加以解决的话，它会大大地拖太极拳发展的后腿。特别是在养生领域，养生是一种健康的科学，不能凭空臆断、不能随心所欲，一定要以强大的理论作基础。往国外推广我们的养生文化的时候，如果研究不先行，也一定会出现障碍。所以在研究、推广太极拳养生技术、功法的同时，一定要将相应的理论与之相匹配。

第三个就是内外兼修。中国太极拳各门各派，都是强调内外兼修的。练"内"是为了更好地带动"外"，练"外"为了是更好地促进"内"。外在的每一动，都具有"内"的含义，要了解这种含义，需要在实践中去印证。身体的形态是一种符号，太极拳也是符号学，手、脚、肢体的空间结构、动势都有意义，外在动作会引动内气运转。所以太极拳的每个动作如何动是有学问的，是充满智慧的，有医学的智慧，有科学的智慧，

开幕式集体太极演练

还有哲学的智慧。最奇妙的是科学与人文有机地融合在一体中。

以上三点构成太极拳"道"这个层次。太极拳的"道"的另外一个含义就是太极拳不是简单的一种拳术，通过练习太极拳能够体悟自然发展的规律。你通过练习太极拳悟到拳的道理是小道，通过练习太极拳悟到社会人生的道理是中道，通过练习太极拳悟到自然宇宙万物运动的自然规律才是大道。所以小道、中道、大道都要将太极拳作为载体。

太极拳养生有它的法则，无论哪派的太极拳，它的基本原理是相通的，都是统一在中国传统哲学、传统医学、古代科学的基础上的，所以有共同点。当然发展到细的地方，它有不同的运动特点，有不同的练习方法。所以在"法"的这个层次，基本原则是相通的。比如说，讲究静、讲究虚、讲究动静相生、讲究内外合一、讲究性命双修等，这些原则一致，但呈现方式、风格有区别。所以练习太极拳特别是养生一定要把握住、领悟到这个"法"。

太极拳养生落实到操作层面，就是一些具体的技术，它的套路、它的练习方法、它的器械、它的对练推手等，这是"术"的层面。术不在多，在精，所以很多老师讲，练习太极拳不一定要练十套八套、几十套，练几套甚至一套练会了就行了，练完了以后还要练器械、练推手，从推手当中再悟拳。这些都是基础，你掌握不好基本技术，就无从谈法、无从谈道。

其实真正练好核心的几势，就很有帮助。太极拳是有自身独特的"语言"的，通过少数核心的拳势，去真正掌握这种"语言"，就能举一反三。就像汉字，有限的词语可以组成变化无穷的文章。

刚才有人问，太极拳养生是不是一定要练内功。这种问法就存在问题。太极拳不是要不要练内功的事，太极拳本身就是内功，正确地练习太极拳一定会涉及内功。各门各派有很多具体的练习内功的方法，重点是练"气"。练气重点是三个要点。第一点，要练纯净，你这个气不纯，有杂质，你越充沛越宏大，就越糟糕。所以把气练纯，气纯了人才能纯净，没有杂质，生命环境净化，才是良性内循环，才能不断积累正能量。第二点，练气的浑厚，练气的完整，不散乱。气再纯，一散乱，就完了。人一散，气就散，你内无精神，外无气力，就呈"衰败"之象。所以一定要完整，讲究"抱元守一"。第三点，要畅达通畅，就是气在身体内周流没有障碍。在行拳的时候就引导气在全身运行，气遍周身无稍滞，把气运到你的四肢百骸，这一点很重要，练拳时大家可以体

活动开幕式现场

会一下,你有没有气感,气到没到梢节,是不是越练精神越充沛?直接地用感受来衡量。

还有一点需要强调,往往被大家忽视的,"内"的另外一个重要内容就是修德,这个德包括两层含义,大家通常讲的道德是一方面,还有另一方面非常重要,就是"容量",也是"涵养"。道德是自我约束的规范,是行为规范、社会准则,是向内的,你必须遵守。不管是伦理还是法律都是必须要遵守的。另外一个德是往大里练你的容量,所谓"有容乃大",就是你能够容自己、容别人,容自己的功夫、容别人的功夫,容你的错误、容别人的错误。只有这个容量大了以后,内功才能增长,并且能够稳定。这个是向外扩展的,所以我们练功时这两种德都要练。为什么有的武术家穷其一生不能登堂入室,只是一个拳师,不是一个大家,就是这个德没练开,德没开,容量小,你的功夫就不能大,功夫不能大就谈不上很好的养生,这也是中国太极拳养生的一个智慧。

咸阳太极讲座

太极拳是练什么的？

——在咸阳永年杨式太极拳培训中心的讲座

2016年10月，在咸阳永年杨式太极拳培训中心举行著名太极拳家扎西老师85岁寿辰庆典活动，来自全国各地的扎西弟子们汇聚一堂，庆祝、交流、研讨。活动期间，余功保先生应邀进行太极拳理法讲座。讲座由扎西老师弟子、"感恩太极大学堂"校长杨大卫先生主持。

极享——余功保太极演讲录

（2016年10月　咸阳永年杨式太极拳培训中心）

　　这次非常高兴和荣幸来到咸阳永年杨式太极拳培训中心，参加扎西老师85岁寿辰庆典活动，看到了来自全国各地许多扎西老师的弟子。扎西老师的影响力不仅在陕西、西藏，而且遍布全国各地。我在很多地方也都接触和听到许多老师给我介绍咱们扎西老师和她这个传承体系的有关情况。她提出来的"感恩太极"这个概念，也是咱们扎西老师的这些学生传人共同努力的一个理念。"感恩太极"我觉得非常好，它有两方面含义，一方面自己从太极当中去受益；另一方面把它传播介绍给更多的人去了解认识，去实践。"感恩太极"现在不仅仅是一本书了，我今天上午听大家诗朗诵还提到这本书，它实际上已经成为当代太极拳发展当中的一个概念，一个响亮的品牌。由于这种影响力，它会带动更多的人加入太极拳的锻炼当中来。

　　昨天，我一进来看到咱们院里边的标语是"弘扬扎西精神"，我当时跟高主任探讨询问这个扎西精神现在你们总结的是哪几条，要好好弘扬一下。总结出来以后，扎西精神不是只属于扎西老师的，它应该属于各个时代与太极相关的文化建设内容。太极拳每个时代的发展都有不同的特点、不同的人物，但是它的核心精神是贯穿的，这个精神就是太极拳的文化精神。总结、提炼的"扎西精神"可能有若干条，甚至扩展写成一本书。但我个人理解它的核心起码少不了两方面。第一个方面是奉献，奉献大家讲得比较多，它还不仅仅在于你去教教拳的问题，是对于太极拳作为中华民族的一种伟大的文明成果，它的一种强烈的责任感。这种责任感如果具备了，它自然地会促使你、带动你去做更多的各种形式的奉献。

第二个方面就是文化。健康就是一种文化精神，如果我们倡导的太极拳离开了文化，第一不可能发展得更广、更长久，第二不可能有更高的层次。文化始终是太极拳一个最核心的精髓，文化的东西不是虚的，不是像我们很多人理解的我练练拳、练练功夫，了解一下技术拳理就可以了，有没有文化无所谓，这种概念不对，在太极拳中，文化是一个特别核心的东西，是特别需要落实落地的接地气的东西。

我今天跟大家分享几个方面。第一个就是关于太极文化方面的认识和看法。第二个就是讲一讲太极拳是干什么的，练什么的。第三个就是关于太极拳的一些练习原则和要领，具体的要领就讲一讲关于太极拳几个核心的方面，不管你练哪门哪派，都是应该了解、遵守和重视的。

首先，关于太极文化。我在20世纪80年代末发表的文章中提出过一个观点，也是我在1987年全国武术科学研讨会上讲的，"太极拳是中国传统文化的形践方式"，这句话的含义就是太极拳是用一种人的形体语言，生动、形象化地展示了中国文化的内涵。我们看太极拳和中国文化的关系，首先，太极拳中所蕴含的理论和技法，它是

咸阳永年杨式太极拳培训中心

中国传统文化最精髓内容的体现。中国文化最难的是什么？是"知行合一"。历代做学问的很多，实践家也很多，但是做到知行合一的很少。一旦做到知行合一，那就是大家。我们熟知的孔子是知行合一，王阳明是知行合一，就是能够把理论融汇到技术实践中去，融汇到你的生活、人生中去。比如我们都知道抽烟有害，但很多人还去抽，这就是理论和实践是脱节的。传统太极拳中有一个术语叫"心手不接"，心手不接就是这种脱离。更高层次上就是"合一"，这个知行合一还不仅仅关乎你的知识，你要深刻地了解中国文化，必须要去实践它，太极拳就是从一个生命的角度实践了中国传统文化的精髓。你练习一段时间的太极拳，可能就会真切感受到什么是"天人合一"，什么叫"道法自然"，什么叫"盈虚有象"，如何才能"随曲就伸"，什么是"其大无外，其小无内"。这些哲学概念、哲学理论，不再是口头上的名词，而是活生生的感受。

中国人讲究修为，对于研修中国文化来说，如果你练了太极拳，它就给你提供了一种最便捷、最直接、最高效、最深刻的直达中国传统文化核心结构的一个通道。比如你练一个站桩，体会一下什么叫"虚其心，实其腹"，站了就知道了，再延伸去

来自全国各地的扎西老师的弟子和学生

理解，就很实在地明白。我们古代的中医怎么发展起来的？为什么到现在西医最尖端的解剖技术都找不到经络，而中国人在古代就发现了呢？他要通过反观内视，要把自己作为一个小宇宙，拿自己的宇宙跟外宇宙相应和，用四时的变化跟人体的变化相应和，逐步长时间体会，这些东西就是"其大无外，其小无内"的一种体现。以我们有限的个体去体悟无限的宇宙，以我们有常的形体去体验无常的变化，这也是练太极拳高级内功和太极拳技击当中的核心理论和技法。

中国的传统文化在太极拳中一一找到了它的对应点，传统文化在太极拳中不再是一个虚的东西，它是实实在在的。这个如果展开去讲，可以在大学开一学期的课。举个云手的例子，关于云手的来龙去脉，它怎么练，它的含义是什么，它跟哪些哲学科学、体育运动健康相关等。一个云手讲透了就是一个系统，涉及很多方面，所以说中国太极拳的文化内涵非常博大精深，非常的深刻。所以关于太极文化，这是我的一个观点，它是中国传统文化的一种形践，或者说是一种高级的实践方式。

其次，太极拳当中蕴含了中国传统文化的全息信息，就是它蕴含了中国传统文化中的系统化的信息。当你剖析一个太极拳的动作时，你可以结合中国传统文化的东西给它一一对应起来，而且这种对应不是生硬的。这样说是不是有点玄虚？其实关于太极哲学文化的源起至少可以追溯到战国以前。早期生产力不发达，人们为了生存、活命，要向自然学习，要向动物学习，所以很多动作早期是从仿生当中、从宗教祭祀当中演化的。早期的宗教祭祀很多内容都是舞蹈，比如所谓的"巫舞"，很多的动作在我们后来的太极拳当中也都有体现。当中包括一些太极拳的内功练习法，站桩、独立守神等。有的研究家认为站桩是从大树里悟出来的，树为什么往那一站，不动就能存活千年，自然有它自己的原理。没有站桩你体会不到，站完桩的人确实会有感觉。我们过去练习站桩最少两个小时，站得腿发抖，一收功站不住，噗通就倒在地上，必须得站。打坐也是，你必须得满两个小时，你一个半小时没效果，因为人体所有的循环两个小时走一圈，到了两个小时以上你才能有那种感觉。

我们平时读的《太极拳论》是太极拳习练者必看的文章，《太极拳论》可以在你开始练拳的时候指导你怎么练，但是更重要的是练到一定的程度要反过来看，你再印证。中国的东西讲究印证，印证它，你会发现你理解的层次有变化。所以有的人讲，拳论是给练会了的人看的。不同的拳论各大家的注解是不一样的，甚至差别很大，因为它的角度、它理解的层次是不一样的。这个就是文化的开放性，它是一种开放性的结构。太极拳中每个式子，我们讲练到一定的程度，会出现分化，形式上、形态上分化了，但精义上、原则上高度凝练统一。从拳可以悟禅，禅宗讲一开始拳是拳，练到第二阶段拳非拳，第三阶段拳又是拳，就是这个动作的全息信息是不断变化的，一个动作它可以容纳很多的信息，它的开合、它的进退、它的顾盼，都有内在的含义。它不仅仅是一个人肢体上的东西，它还有文化的东西。关于文化方面我就简单地讲这么两点，因为时间的关系不展开说了，以后有机会我们可以作更加深刻的讨论。

我最近在写一本书，就是从太极拳的角度解读《道德经》。我不是说《道德经》是为太极拳写的，而是说太极拳是理解它的一种方式、一个角度，研究《道德经》里每一句跟太极拳内在关联的话。这个就是试着从文化的角度去把太极拳的动作和传统的经典典籍联系在一起。不是结论，是试图提供一种研究方法。

下面我就讲一下关于太极拳是练什么的问题。这个牵扯到太极拳的概念，从20世纪30年代开始，印刷出版了很多太极拳的书，但是关于太极拳的定义没有一个统一的结论。我到过很多地方，有很多人问能不能给太极拳下一个准确的定义。我说可以下，很简单，几句话就可以下，可以从呼吸导引、意念调节的角度下，也可以从运动特点角度下，还可以从文化形态角度下，但都不要当作固化的、确定的答案。太极拳的概念很难下，因为它的内涵太丰富。大家在不同的流派、不同的研究层次上，这个定义又是不完全相同的，这都很正常。不管太极拳的字面定义怎么下，太极拳的内在结构和内涵里很多东西我们是必须明确的。开始练太极拳和你练到一定的阶段，甚至练到高级阶段，这些都必须明确。

我觉得练太极拳，从实践来说，至少三个方面要把握完整。第一个方面，太极拳就是练"形"的。太极拳是一种形体训练，首先是要学动作，这一点其实大家也有不同的看法。练形大家都不反对，甚至一开始就告诉你要照着画动作，一定要把动作画准。但是有一些人，他就对形的评价不高，就是你不能停留在练形的层次，甚至说你这个练的是花架子，言外之意就是说你只是停留在练形阶段。而且如果你说很注重练形，有的时候会受到非议，或者人家觉得你没有得真传，你只会动作，只会形。虽然大家承认开始入门是要练形，但是或多或少对"形"都有点轻视，这是一种偏见。

对于太极拳练形要高度重视，这个形是非常高级的，它不亚于后边我要讲的那两个所谓的大家都认为比较高的层次。你练不好形，太极拳不可能打好。你看很多老先生说到了高级阶段，到了"形无形意无意"时很美妙，但这基础来自形的不断练习。

太极拳用意是到了高级阶段有这种状态，但是你没到那个程度时，形上面一步一步的动作到哪个位置、到什么地方，你是要明确的，人体生而为之形，这个形是一个必须要重视的阶段。如果形不准确，后边进入高级阶段的时候，它一定会拖你的后腿。相反，如果你的形练得非常准确到位，甚至后边那些"气"呀什么的，可以不专门去练，自然会来。这就是练形的重要性。你不要觉得"形"只是一个入门的东西，比划完了，老师你赶紧教我内功吧。"形"的训练急不得。我这些年研究中国太极拳和传统文化，接触了国内外众多的名家，其中有一阶段我重点挖掘、接触90岁以上的拳家，甚至100岁以上的。因为我有一个观点：我不听你说，我听得太多了，谁都会说，我就看你的实践。就像刚才介绍的，扎西老师今年85岁，原来身患重病，做过大手术，死里逃生，现在活得这么健康，还能传拳。她练得一定对，你再看她的书，听她讲，一定有价值。所以我寻访90岁以上的拳家就发现了一个重要的现象，一开始我觉得他们一定有很多内功的心法，结果我发现有相当一批老人精神抖擞，九十几岁了，思维敏捷，行动自如，生活不用人料理，没有什么名气。一问人家根本不懂什么气、意这些东西，人家就是一个形，太极拳或者八段锦，或者易筋经，或者其他的什么，练得非常准确。人家说，我没有那么多高深的东西，我就是练这个。但是你再往下一看，那个形非常考究。比如一个推掌，你推到这跟推到那是不一样的。差一点，效果上就差很多。你推到这，百会没领，你往那一推，百会领了，这个是不一样的；你收到这，收到那，是不一样的；你这两个手推跟一个手推不一样，往侧面推跟往前面推是不一样的；你135°推和90°推是不一样的；这两个手一高一低地换着推和两个手高低一样，也是不一样的。

　　"形"要静下心去练，感觉是不一样的。静下心才能调动内气，全身处于"松静"的状态，一推掌，手三阴、三阳经牵动以后，就会贯通内气，气达梢节。内气如何运行，也和"形"的练习有关联。你的掌心稍稍一含，手指扣住，气就收住了，你掌心手指往后一翘，气出去，就散了，这是最简单的一种手型符号表达。如果你站桩站3个小时以后，你脸色苍白，不用谈什么意念了，这个就是"形"没练好。所以太极拳首先要练形，虽然大家都知道，形是入门，但是千万不要忽视这个形，不要觉得它是个低层次的东西。"形"的层次非常高，"形"和"形"不一样。所以好的老师，过去练传统武术的，包括太极拳在内，为什么让你用3个月、3年反复抠一个动作而不教你别的？就是在磨你的形，在调你的形，这个形一定要准确，这个姿势很重要。

学书法也一样，有经验的老师上来不会马上教你笔法如何、结构如何，会先训练好你的写字姿势、如何控笔等，等你的书法水平越高的时候，就越明白正确的书写姿势如何重要了。所以一开始大家一定要打好太极拳的这个"形"。

第二个方面，太极拳是要练"气"的。太极拳讲究"以心行气"，你看所有的《太极拳论》，打开一看，论述"气"的比比皆是。大家说你练拳是不是花架子，就是说你练拳有没有气。关于"气"的理论我就不讲了，要讲气，有人总结的关于中国古代的"气"论就有数十种之多，在各种武术拳种里面也有很多。

练气我想重点强调两点。第一个，气要顺畅。你所练的气不能淤，要淤塞了，其他的就不用练了，越练越麻烦。所以，气首先是要顺畅。《太极拳论》里有一句话非常重要，叫"气遍身躯不稍滞"，所以气一定要练得顺畅，一定要通达到每个关节、每个细胞，通顺畅达，这样才能通。中医讲"通则不痛，不通则痛"，很多疾病都是由于不通造成的，所以气首先要通。第二个，气要鼓荡。如果气顺畅了，它在你体内运行无碍，只能说你有了气的能量，但怎么用？练拳的目的是一定要让它鼓荡起来。

联谊会嘉宾

太极拳是一个非常高级的气功，为什么高级？就是"动静相生"这四个字。好的养生一定是"动静相生"，很多长寿的修持者都很注重这四个字。

我们一度是走过弯路的，比如"气功热"的时候曾经出偏很多，我们曾经组织过专家纠偏小组。很多出偏的人是在练习静功的状态下产生的，因为他"性命双修"的问题没有解决好，这又是另外一个课题了，以后有机会再讲。一些出偏就是这个"静"的方面做到了，"动"的方面没有跟上，"性命双修"其中一层是跟"动静相生"相结合的。所以有的人一度提出来"生命在于静止"，也有人提倡"生命在于运动"，这两者都有道理，但生命应该是"动静相生"的，静功和动功相结合。太极拳高级，牛就牛在这，它就是动静相生的。太极拳本身就是气功，你练太极拳，每个动作都是桩功，它有动桩、有行桩，所以动静相生很重要。

动静相生带来的一个直接效果就是鼓荡，也就是我讲的气的鼓荡。只有鼓荡起来了以后，气的滋养效应才能发挥。一个"如封似闭"，它就来回开合鼓荡，前后左右，回环往复。气只有鼓荡起来以后，才能形成一潭活水在身体里，而不鼓荡，这个气就活不起来。《太极拳论》对鼓荡有个注解，也是四个字，叫"气达梢节"。气鼓荡起来了，才能达梢节。有人说练拳时体会不到气达梢节，就因为没有鼓荡起来，而达不到梢节，它就形成不了滋养全身的作用。当然人体的梢节不光是指尖、足尖，每根发梢都是梢节。只有到达了梢节，气才能鼓荡起来，就像一个球一样，没有死角，所以这个气一定要鼓荡起来。我们练太极拳时每个动作的"形"调好了，你就注意体会，有没有这种气的鼓荡感，没有鼓荡感就去找。没有鼓荡感就是我们一般说的你没有内功，所以练气的第二点是要"鼓荡"。

练气的第三点是"养"，要营养。气要守住，不能发散出去，像前面讲的，你练的气运转了，流畅了，也鼓荡起来了，但如果全散出去了，能量弱了，你成一个瘪壳，没了。"练"好了还要"养"好，所以要注意"收"，要能够收住才行，这个气才是你的气，就是你的"内丹"。道家讲"练丹"，有"内丹""外丹"，外丹过去有很多伪科学的东西，不少帝王想长生不老都去求，结果吃了以后都中毒。"内丹"讲究内练，有些练法有它自己的科学道理。太极拳的很多拳理、拳法是跟道家的一些养生理论密切相关的，其中一个重要的核心思想就是"我命在我不在天"，要向体内求"仙丹"。太极拳是把握自己的命运的，扎西老师过去得了重病，她就通过跟赵斌老师学习太极拳，把握自己的命运，然后再去帮助更多的人，让更多人来把握自己的

太极名家扎西

命运。能够把握自己的人才是强者。

关于太极拳练习的第三个方面，就是练"心"，或者我们通常说的"练意"。我们一般说"以心行气"，然后气达四梢。"心"跟"意"有区别，"意"是我们主动性的意，这也是一个比较深奥的专题。经常有人问这个"意"和"心"是什么关系，"意"是你主动性的，我要用意，我练太极拳之前我先起势抬手，要有个"意"在那。或者你练到一定程度，你说"无意之中是真意"，你也是先有个意。"心"是更深层次的，它是一种自然性的、自然萌动的东西，它不需要主动性去启发，所以它是"道法自然"这个层次，太极拳练到高级阶段后的自然而然的状态就是练心。太极拳中所谓的"道法自然"就是你的动作与心意的高度相通。这个动作可能去年你练的跟今年练的不一样，这很正常，如果你去年练的跟今年练的一样，就不对了。规范的角度另说，太极拳到高级阶段不太强调规范。竞技太极拳比赛中，你什么时候上场、亮掌是多少角度、腿到什么高度，那是规范性的。

你的人、你的身体状况、你的社会状况、你的家庭状况、你的工作状况、你的学问、你的交往都在发生变化。你自己对你自己的理解、对自然的理解、对拳的理解也在变化，所以练拳是一定要变化的。这个我们从前辈大家都能看出来，杨式太极大家杨澄甫先生中年的时候拍了一套拳照，后来又拍了一套，你细细看里边还是有很多差别的，不同时期对功夫的理解是不一样的。孙禄堂先生留的拳照很多，你看他不同阶段拍的都不一样。吴鉴泉先生的拳照，你看他穿一套灰衣服的和穿一套白衣服的是不一样的，你不能说哪个对、哪个不对，说老年的一定对，中青年的一定不对，不是这样的。功夫当然是老而弥坚，但是体能、身体的状态在不同时期呈现的特点也不一样。为什么人老了，拳也变化了？这是拳的自然规律。因为随着年龄变化，他对社会、对拳、对人生的理解是不一样的。原来一挥手想的是要把人家打出去，现在一挥手想的是要把人拽回来，这个出手感觉是不一样的。或者那边一出手只是想把人来的劲化掉，这边可能是化掉以后要打倒。还有就是，注重技击效果和注重内养效果的侧重点不一样，体现在拳架上也有区别。出手不一样，拳里边神、意、气也是不一样的。所以到最后练"心"的阶段是把你太极拳的形意、形神练好，那是一种高级阶段，那个高级阶段可能我们现在达不到，但是你必须知道。你要有个目标，知道有这么一个状态。我们宇航员能上天，你上不了天，但你知道有这个原理，有这么一回事。

所以我觉得练太极拳时练形、练气、练心，是缺一不可的。练拳一开始，不同层次的人，比如说一个人，他运动能力很强，他的起步跟一个从未接触过运动的人是不一样的，有的人可能一起手就能练气、练心。我觉得这三者没有高低之分，有的人就觉得形比较低，第二阶段练气和第三阶段练心比较高级。我觉得它们是同等的地位，同样重要。所以一定不能忽视，你到了高级阶段可能合而为一了。

扎西老师与嘉宾、传人合影

名家会武当

拳不分内外，武天下一家

——在『中华内家拳纪念馆』开馆仪式上的讲话

2016年10月20—24日，由湖北省武术协会、湖北省丹江口市人民政府主办，武当山武当拳法研究会、《武当》杂志社承办，世界太极拳网协办的第五届武当国际演武大会在湖北省武当山下的丹江口市隆重举办。此次大会内容丰富，重点突出，共分为开幕式、传统武术各门派武术套路（器械）比赛、武当推手王争霸赛、短兵器对抗赛、武术名家绝技大展演、绝技表演、中华内家拳纪念馆开馆、武术服装器械会展、特色旅游、武术培训等诸多单元。10月21日上午，参加武当演武大会的来自世界各地的众多武术名流汇聚一堂，隆重举行"中华内家拳纪念馆"开馆典礼。

极享——余功保太极演讲录

（2016年10月21日 湖北丹江口市）

中华内家拳纪念馆开馆典礼

热烈祝贺"中华内家拳纪念馆"开馆。刚才听了刘洪耀社长对纪念馆筹备情况的介绍，参观了纪念馆的内容布局，感觉到《武当》杂志社做了一项很有意义的工作，纪念馆对于中华传统武术珍贵资料的搜集整理，以及研究、传承、推广必然会起到积极推进作用。

纪念馆名称为"中华内家拳纪念馆"，我看到馆中资料覆盖的面很广，其实中国武术各流派都讲究"内外兼修"，都是既练外也练内，所以纪念馆对整个传统武术体系都有整理研究意义。武当国际演武大会自2012年举办首届以来，广泛团结海内外武术界人士，体现天下武术是一家的理念，已经成为在国内外具有广泛影响的传统武术品牌活动，为当代武术发展作出了突出贡献。

我看到今天来参加纪念馆开馆典礼的武术名家很多都是各地武术界的大咖，这两天大家也进行了充分交流，开阔了思维。这么多年大家共同努力，一直研究、探索、推广传统武术，取得了很大成绩，但也有一些方面需要进一步加强，借这个机会，我个人的一些感受也和大家分享沟通一下。

第一，需要着重加强、大幅提升武术家的社会影响力。我们很多武术家，在武术界很有影响力，但是在全社会范围来说，影响力还不够。武术要充分发挥它的价值，对全社会、全人类社会生活产生重要影响，武术家的社会影响力应该大幅提升才能够做到这一点。

第二，要大幅提升武术活动的社会影响力。我们现在的武术活动很丰富，一年有很多场，每个月都有，但是不要仅仅局限在武术界内部，应该通过武术活动，大幅提升武术的社会影响力，要走出武术界，让全世界的人认识武术，更多人了解参与武术，不光在中国，更要推广到世界。这就要求在内容设计上体现社会性、广泛性。

第三，要大幅提升武术产业的发展规模。没有武术产业的发展，武术的发展就会很艰难。在当代社会中体现武术价值的一个重要方面，是它的产业价值，武术的发展需要产业良性循环的支持。

第四，就是要大幅提升武术文化内涵。"中华内家拳纪念馆"的建设，就是提升武术内涵的一种举措。现在武术的发展有两大缺陷，第一个是研究不够，第二个是文化不够，所以要着力提升武术文化内涵和影响力。首届三亚南山世界太极文化节，我们在场的很多老师都参与了。第二届也马上要启动，在第二届中我们就突出了很多太极文化的内容。包括这次武当演武大会，刘社长也介绍了，增加了很多文化内容。

武术不仅是体育运动，也是人类文明发展的伟大财富，应当让全世界更多的人来更好地享受它。

太极文化的影响力
——在大理国际太极文化论坛上的演讲

苍山下，洱海边，罗荃半岛上，50多位太极名家汇聚一堂，坐而谈拳论道，说文化，讲发展。罗荃山，天镜阁旁，"大理罗荃国际太极文化高端论坛暨中国太极拳名家联谊会"在这里隆重举行。50多位太极名家包括了老中青三代，参加会议的嘉宾均是太极领域具有代表性的人物。本次论坛自2016年11月21日开始，至25日结束。在几天的论坛会议中，各位太极名家、专家学者纷纷登台演讲，畅所欲言，不拘形式，一起从率真出发，气氛热烈。参加会议的太极名家们亮出自己的"宝剑"、拿出自己的绝活，对太极文化内涵、太极拳的传承与发展、各家门派的历史和理论都进行了深入讨论。

论坛举办地罗荃半岛为大理优质旅游风景区，山海温情，风光宜人。本次论坛发起人为杨式太极名家李学友先生和大理罗荃半岛负责人杨沛泽先生。参加会议的代表包括余功保、翟金禄、杨志芳、李剑方、刘洪耀、赵幼斌、赵海鑫、李恩久、张全亮、霍培林、陈美郿、肖承东、王海洲、郝心莲、方汝楫、黄建成、戴剑英、傅昆鹤、杨合发、曾庆宗、丁水德、崔仲三、马伟焕、梅墨生、阮纪正、苏清标、田春阳、严翰秀、张正红、钟振山、朱明、江澜、唐才良等，各位老师分别从文化推广、尊师重道、拳学拳理、拳术功技、套路动作等方面做了理论与实践相结合的精彩演讲与演练，使听者眼界大开，通过学习探讨，大家取长补短、互相切磋，真正敞开胸怀，拥抱太极。

极享——余功保太极演讲录

（2016年11月21日 大理罗荃半岛）

谈太极拳的文化影响力，要重点解决三个方面的问题，第一是太极拳有没有文化？第二是太极文化影响力包括哪几个方面？第三是如何更大、更有效地发挥太极拳的文化影响力？

太极拳有文化，但练太极拳不需要有多高的文化，因为练太极拳的过程就是学文化、提高文化素养的过程。所以我们也不要将太极文化过分地"阳春白雪"，不要一上来就要求多高的文化层次，这样就会排挤掉一大部分人。拳架从两方面来说，你说它有文化也对，没有文化也对，它就是一个技术性的东西，我们通过练太极拳，产生的文化是另外一部分，所以不要要求所有的人，都有很高的太极文化修养。太极拳是一个概念，太极是一个概念，太极文化也是一个概念。我觉得这几个部分，特别是传播和发展当中，我们需要分清楚。过去很多老的武

在大理国际太极文化论坛上演讲

术家，人家勤学苦练，功夫非常高，但他们没有多少文化，不要因此而否认他们的功夫。现在很多人讲太极文化都是泛泛的，有的甚至没有深刻领悟太极文化的具体内涵、核心思想，我觉得这也是不合适的，不要一刀切。

单纯的太极拳架子本身是技术，从一个角度来说它也是文化。之前我做过一个比喻，拳架子就好像是一团棉花，中国传统文化就像是一个酒缸，棉花就是从酒缸里拎出来的，拎出来本身就沾染文化这个东西，所以说技术可以从文化角度去透视它。

赵孟頫写的书法《道德经》，从书法的角度欣赏，它就是一副精美的作品，非常有艺术价值，但它也是一幅哲学著作。所以太极拳拳架子本身就是一种文化，从文化的土壤里浸淘出来的。我觉得从不同的层面来理解太极拳的发展才是一个完整的、全面的体系，当然练到了高级境界，就一定要有文化，左面一个是拳，右面一个是文化，高级境界就一定是相融合的。第一要把拳练出文化来，这个练出文化来，跟你的学历、知识没有太大关系，中国讲究知行合一，孙禄堂先生文化水平也不高，但我觉得孙禄堂先生就是国学大家，他就是把文化通过"三拳合一"体悟验证出来的。你看他的书法非常好，就不是单纯写字匠的水平。当然你要有文化的指导，能快一点练出来，自己直接练，也能练出来。第二就是要把拳讲出文化来：白鹤亮翅什么意思，里面有什么文化；野马分鬃，什么意思；无极桩什么意思。第三就是把太极拳传播出文化来，这是关乎大众的事，这是太极拳社会文化影响力的这个层次。

太极拳的文化影响力，必须是社会影响非常广泛，首先要影响到很多人、很多领域、很多国家，这才能形成和衡量太极拳的文化影响力，要有广度。其次，影响一定要很深入，这是太极文化影响的深度。既要影响人们的言行，还要影响人们的思维，这样才能形成真正的影响力。影响不仅仅是在拳场，还要深入工作当中、生活当中，贯穿这种思维甚至能影响言行，我觉得这才能叫影响深入。最后，要影响长久，代代相传，例如有的歌曲能影响几辈人，像我们的《义勇军进行曲》《茉莉花》会一直不断影响下去。所以我觉得太极拳的文化影响力，必须是三个方面，第一影响要广泛，第二影响要深入，第三影响要长久。

如何看待当前太极拳的文化影响力？我个人觉得，太极拳现在发展得很好，练习的人数很多，但太极拳的文化影响力目前还不太大。太极拳的文化影响力跟习练太极拳人数，我觉得是两回事，这就是为什么我们大家今天坐在这讨论太极文化的重要原因。目前太极拳的文化影响力，和我们国家五千年优秀传统文化的积淀还不相配，和我们中国日益扩大的国际影响力也不相配。

中华人民共和国成立以后，太极拳的事业取得了非常大的发展，可以说是历史上最好的时期，这也是大家共同努力的结果，但是就文化而言，太极文化的影响力还是没有达到该有的高度。就太极拳文化而言，我们目前该做的工作，重点是两个方面，第一个是构建，第二个是扩大，我们构建的工作还没有做完，构建完之后还要扩大。如果太极文化影响力到一定高度之后，我们的工作就成为三个方面了，即整理、完善和总结，我们现在远远没有到整理、完善、总结的阶段，现在只是到构建太极文化的阶段，还在扩大影响的阶段。衡量太极拳文化影响力，得有一些指标，第一个指标是目前很多练拳的人没有"文化"，就是没有太极文化。尽管这些年太极拳习练者的结构有了很大的变化，以前都说太极拳是老人家练的，现在说这个已经不完全准确

了，现在中青年练的很多，青少年练的也不少，但是练拳的很多人没有太极文化，练了十年八年，根本不知道太极文化是什么，太极文化是怎么一回事，太极文化有哪些基础的、核心概念，太极文化和太极拳是什么关系，怎样通过太极拳体悟发扬太极文化。再有一点，是当代缺乏具有影响力、震撼力的太极文化作品，我们过去有《太极拳论》，有武禹襄、李亦畬等太极拳大家的作品，对现在的太极拳有指导意义，每个流派都有经典作品，从太极文化角度来说的，现在具有震撼力的作品非常少。一个文化的影响力不是一本两本，要有一批经典作品。还有一点，就是太极拳的文化地位还不是很高。虽然我们的一些太极拳的事件、活动，产生了很大的影响力，就系统性而言，太极文化的社会地位还不是很高，没有达到应有高度，甚至有些方面比跆拳道、瑜伽都要欠缺。现在孩子是社会影响力的一个重要指标，太极拳很讲礼仪，尊重老

苍山洱海名家演武

师、尊重社会、尊重自己，应该作为我们国民素质的基本教育内容，这个就是文化影响力的一种表现。另外，就是我们太极文化体系还不够完备，太极文化体系指各个方面，技术体系、理论体系，还不是很完备。另外一个很重要的方面，我们还缺少国际性的、具有文化影响力的人物，一个种类文化的影响力，一定离不开他的一批优秀人物，不是几个，一定是一批，一定是国际化的，影响了全社会，影响了社会各界。综合几个方面，我们现在太极文化的影响力还远远没有达到应该达到的高度。我觉得现在太极拳发展中存在两个最大的不足，一个是缺乏研究，另一个是缺乏文化，这两个是将来要大幅加强的。

  我们对太极拳文化的未来发展充满信心，这个是建立在太极拳取得巨大发展成就的基础上的。我们欣喜地看到太极文化在各个方面不断发展，也开创了令人鼓舞的局面。中华人民共和国成立以来，我们出版了大量的太极拳图书，其中有很多优秀的太极拳作品，产生了很大的影响，为我们的学生和弟子提供了学习的依据。现在也创办了许多具有影响力的活动，为太极文化的传播提供了广阔的平台。国家对传统文化也高度重视，这也必然带动太极文化的发展。

  今天太极拳的发展以及各位太极拳老师的发展是站在整个国家发展的大平台基础上的，只有国家的强盛和发展，才有今天太极拳的发展。国家提出来要建设文化强国，首先要发展的就是传统文化。太极拳的太极文化就是最精华、最核心的内容。我认为习练太极拳就是直通中国文化最高层次、深刻内涵最有效的途径之一。太极拳对于培养独立人格、坚毅品质，对于培养民族文化自信心具有重要作用。

  所以我认为，太极拳是中国优秀传统文化的形践方式，我在不同场合也特别提出，真正的、优秀的太极拳大家，就是国学大家。他是用自己的身心去体悟了天人合一、内外兼修的大道理。太极拳真正体现了中国文化知行合一的境界。

  如何提高太极文化的影响力？第一就是要大幅加强太极文化在国民教育方面的比重。国民教育是一个根本性的教育，意义重大。第二就是要大幅提升太极文化的产业规模和品质。太极拳作为一种文化产品，它一定具有巨大价值。太极文化产业的起点比较低，规模也不大。另外还要有品质，规模上去了，层次很低也不行，我们要形成高层次的规模，既要有很大的容量，也要有很高的层次。太极拳的发展也要有产业来做支撑，产业发展了，也是扩大影响力的一个方面。要形成太极文化产业链，扶持并形成具有国际化竞争力的产业机构。第三就是加强太极文化对各个领域的渗透。它所呈现了层次和量级，它的影响要体现在各个领域，比如影视作品、文艺作品、科技产品等。第四就是太极文化对人的社会行为规范、思考方式的影响与程度。这是太极文化社会影响力的另外一个方面，我们要大幅提高太极文化对人的社会行为规范和方式的影响。太极文化的影响力，不仅在于传播了多少人，还在于传播影响了什么样的人、影响了哪些人。第五就是要提高太极文化的国际化影响力。现在西方社会越发达的国家，对太极拳的认可度越高，对太极的推广程度也越广，这也是我们太极文化在将来能发展的一个巨大条件。第六就是要加强研究，加强拳法拳功的研究，这是我们赖以生存的一个平台。还要加强太极文化传播的研究，层次高低与否，与我们的传播有很大关系，现在太极拳存在着很多不健康现象，相当一部分与我们的传播方式、传播理念相关，今天传播一百人，明天传播一千人，后天再传播一百人，那么这种方式就有问题。比如今天传播一百人，明天传播一千人，后天传播一万人，这个模式就很先进。我觉得传播太极拳最重要的是创建一个百年基业，不要糟蹋老祖宗传承下来的东西。再有就是原理性的研究，如太极拳的健身原理、运动原理等。第七既要提高太极文化的影响力，还要处理好传承与传播的关系。我们既要有大众太极文化，也要有精英文化。传播是广泛的，传承就是精英文化。有的人练了几天就不练了，有的人练着太极也练别的，这就是大众传播，但是我们还要做好精英传播，少数人做金字塔尖上的工作。要大力树立一批太极文化的优秀人物，特别是国际化太极文化的领军人物。没有影响力人物，是构不成巨大影响力的，他们起的是一个带动性的作用。第八就是要多举行一些有影响力的太极文化活动，具有太极文化含量比较高的活动，广泛地动员全社会的所有资源，用开放式的思维搞太极拳的文化活动，不要局限在太极拳界，要向社会各界开放，广泛地吸收各种资源、各种优势，将其整合在一起，为太极文化深刻、广泛、长久地影响世界，作出我们的努力和贡献。

永不逝去的武林：国术与国学
——北京大学武术文化讲座

1982年12月1日，全国高校第一个武术协会——北京大学武术协会成立，当时校方还将12月1日定为"北大武术日"。北大武协的成立，极大推动了20世纪80年代高校武术活动的发展，全国各地高校相继成立了各自的武术协会，形成一股大学生习武热潮。2016年12月1日，北大武协成立纪念日之际，余功保先生应邀回母校进行武术文化讲座。讲座之后与北大师生进行了充分的答疑交流。

极享——余功保太极演讲录

（2016年12月1日　北京大学）

今天我算是回家，今天还是个特别的日子，1982年12月1日，北京大学武术协会成立，这是全国高校第一个武术协会。我来之前一路上收到了历届北大武协负责人给我发来的当时的一些照片，现在算老照片，特别有意思。你看这一张，中间穿黑衣服的

北大武术协会校园内活动

是我，这是刚刚他们发给我的照片。这是我们北大武协筹备第1届科学论文研讨会的时候，在勺园，右边的是当时国家体委副主任徐才先生。他当时是主管全国武术的最高官员，领导创办了国家体委武术研究院，中华人民共和国第一个官办的武术研究和管理机构，现在叫国家体育总局武术运动管理中心，他是第一任院长。他对北大武术协会非常支持，经常到北大来指导，后来我们在一起工作了一段时间。北大武协刚成立的时候，人非常多，第一批会员人数达800多人，创全国高校社团人数之最。《中华武术》杂志专门派记者到北大进行采访，那个时候不像现在，没有新媒体，如果被报纸和杂志采访一下，那是不得了的事情。他们派记者在燕园转了一天，拍摄我们北大武协的照片并发表了一篇文章叫《燕园武踪》，全面报道了北大武协学生习武的盛况。

为什么武术在北大那么受欢迎呢？就跟今天我们讲的这个主题有关系，就是武术精神。其实学生可供选择的锻炼方式有很多种，武术特别受欢迎是有多重因素的。比如1982年电影《少林寺》刚刚放映，在中国掀起了武术热。我们当时的几种主要武术杂志，发行量都在百万份以上，比如我刚才说的刊登介绍北大武协文章的《中华武术》杂志，发行量达两百多万份，超过当时最受欢迎的《大众电影》。为什么武术热？一部《少林寺》仅仅是催化剂，核心要素还是跟中国人接受的武术精神密切相关，它不仅仅是一个娱乐的东西。

北大应该说练武术是有着悠久的传统，从蔡元培先生那时候开始就提倡武术，曾经做过北大图书馆管理员的毛主席也大力提倡传统武术的锻炼。毛主席在湖南第一师范上学时，在《新青年》上发表了一篇《体育之研究》的文章，其中提出"文明其精神，野蛮其体魄"，其核心也是身心并练，这正是中国传统武术的核心主旨。毛主席后来还专门提倡太极拳的锻炼。

北大武协成立后，又带动了全国100多所高校成立了武术协会。我们在大学的时候，利用寒暑假到全国一些大学进行交流，比如，南开大学、南京大学、四川大学、复旦大学等，那时候交通不太方便，但大家热情很高，进行校际之间的武术交流，发现很多地方大家是共通的。实际上大学生练武术不仅仅把它作为一种锻炼身体的方法，当然这也是重要的一方面，更多的是体悟武术当中的文化，体悟到其中的人文精神。所以，后来有人做专题研究，把大学生练武术作为一个课题来研究。

那么究竟什么是中国的武术精神？其实中国的武术从诞生之日起，它就不仅仅简单地作为一项军事的或者是作为一项体力的运动形式。这跟中国的文化思想有关，中国文化讲"形而上者谓之道，形而下者谓之器"，肢体的运动一方面为"器"，"器"是属于技艺的部分，"技"要进乎"道"，所以武术的东西一定要上升到"道"。到了"道"这个层次，你通过练武术来体悟你自身的环境，体悟外在的环境，体悟这种环境的变化，体悟一种生命状态变化的趋势，这是它的人文精神。所以武术从一开始就有一种特别博大的、容纳自然的情怀在里边，武术的精神又蕴含一种人天关系。所以练武术不能封闭自己蛮练，要带有一种贯通天地的意志在内，这样你才能练出大气魄、大境界。

所以，练武术的人往往容易培养一种家国情怀、侠义精神。历代武侠小说中那些侠客都是"家国天下"的，跟他相干的事他去管，不相干的事也去管，他要管自己，要管别人，管乡邻的事，还要管国家的事。他把生命个体作为社会整体的一部分，看待社会、看待自然都是"天人合一"的整体思维。"匈奴未灭，何以家为"，武者就是练的这种"张力"。所以，我们中国武术讴歌的那些英雄一定跟抵抗外部有关系，卫青、霍去病、戚继光、岳飞都是如此，到了民国时期，也流传着很多抗击外来侵略的故事，比如抵抗八国联军的八卦掌名家程廷华等。

中国武术的精神是一种大的情怀，一种责任，不是一种简单的东西。我们看金庸的武侠小说，里面写的就是武术的精神，他写了很多很神奇的武功武技，很多都是想象力的发挥，很有创造力，什么"降龙十八掌"、什么"北溟神功"等。上个月我参加了一个全国的高级武术论坛，有一位老武术家，非常有名，是新疆号称"天山侠影"的方汝楫先生。20世纪90年代我们评选"中华武林百杰"，他是其中一位，新疆武术的代表，他认为金庸就是最高层次的武术家。有的人觉得不服，金庸不会练一招半式怎么算武术家？金庸自己都说他写那么多武侠小说，代表性的14部，但是自己一招不会，从来不练武，但是方老师认为金庸就是了不起的武术家。为什么？方老师就是从武术精神、武术情怀、武术的层次境界这个角度来说的，金庸写的东西很多都是关于武术的精神、境界、情怀、责任、家国，所以他理解的武术比很多武术家理解的都要深刻。我们经常会面临家国、事业、爱情等冲突，需要取舍，大丈夫有所为有所不为，这是人生躲不开的境遇，有所为就是责任，有所不为就是道德，真正的武术家要懂得这两点，在大的问题上不糊涂。这两点具体表现为"侠"和"义"，武术的技术、功夫可以千变万化，这两点是贯穿的。

我1982年到1986年在北大上学的时候，找不着武侠小说，北大的小南门对面有个

租书摊，我在那里一本一本租着看，拿回来整个宿舍的同学都传看，我们是学理科的，大家都喜欢看。后来毕业以后有条件了，在首都体育馆中国武术院上班的时候，离北京图书馆近，经常去那里把它馆藏的武侠小说一本一本的都看了，金庸的、古龙的、梁羽生的，还有其他一些港台的武侠小说作家，这样读下来，无论是对文学修养、哲学修养，还是武学修养，都有一些启发和帮助。改革开放以后，邓小平曾经在人民大会堂会见过金庸先生，他也看金庸的小说。大政治家为什么读，金庸小说中很多讲人性的，其中蕴含了许多中国文化的元素。研习武术的人读一读，对你学武的境界有一定帮助。

金庸的小说基本上部部是精品。古龙的小说两极分化，有的非常好，有的比较粗糙，因为是赶写的，应付报刊要在规定时间登载。他真正下功夫用心写的都非常好。古龙的武侠小说无论是文字的精炼和意境，跟金庸的不一样，金庸小说很宏大、很缜密，层层叠叠的，非常有逻辑性，而且文字很考究。古龙是天纵奇才，有激情，像《小李飞刀》系列、《陆小凤传奇》系列都不错。我很喜欢他的《三少爷的剑》，从武学角度来看有意境，三少爷谢晓峰追求武术境界中"有"和"无"、"武"和"道"的过程，很有意思。谢晓峰和剑客燕十三比武，此时燕十三悟出了极为厉害的剑招，当谢晓峰的剑钉死了燕十三的第十四剑时，无形随性的第十五剑出现了，这是代表着"死亡"的一剑。就在谢晓峰将要死在燕十三的"夺命十三剑"的第十五剑时，燕十三将剑刺向了自己，燕十三不想"夺命十三剑"最狠毒的第十五招变化存于世上带来更多的灾祸而引剑自刎。谢晓峰为了这份伟大的情怀与境界而割掉双手大拇指，终生不再使剑。有些东西必须看书，电影拍不出文字的感觉。

金庸的武侠小说他自己认为写得比较好的是《鹿鼎记》。《鹿鼎记》本质上是一部反武侠的小说，那么多高手有什么用，天南地北的最后都玩不过一个小混混韦小宝。武技是受人驾驭的，人心是最厉害的功夫。所以《鹿鼎记》本质上是超越武侠的，《三少爷的剑》也是一样。

我们真正的武术精神是什么？就是止戈为武，这就是一种中国武术的文化境界。战国时期武术是一种士大夫精神，士大夫都要佩剑；唐代的李白他们以佩剑为荣；皇上很多也佩剑，代表一种权威和力量，秦始皇在上朝的时候都要佩剑，荆轲刺他的时候剑还救了他一命。包括我们的文圣人孔子也佩剑。古代的武是作为一种礼，中国武术的精神是一种礼，是不战而屈人之兵的一个象征。所以真正的大武术家，需要有文化修养，有国学修养。中国文化本质上就是关于人、关于生命的一种文化、一种体验，这种学问需要一些生命实践行为，通过修行能够体悟到你自身、体悟到自然，能够体悟到生命的意义、社会的意义、自然的意义，这是练武的一种高级境界，也是我们所说的中国武术的精神。我们的中医怎么来的？到现在对于经络、穴位，再高级的医学院也没有解剖出来，有些研究者认为这是我们古人在自我修炼中体悟的，是我们先人通过练功，比如静坐站桩，反观内视，看到、体察到自己的经络走向，感受到自己的气脉走向，然后将图画下来，这是一种说法。

为什么讲一些武侠小说？因为我们称武术为国术，不仅是武技、武功，它和我们的文化，还包括文学是有关联的，在精神层面上是相通的。

中国很多的国学家、艺术家也练功夫，像梅兰芳先生练李式太极拳，郭沫若先生练静坐，李苦禅先生和很多武术家有深入交往，他们把武术中的元素吸收融合到不同的艺术形态中。练武有两个层次，一个叫"练"，另一个叫"修"，是不一样的。练可以是学，可以是习。修就是要内外兼修，有精神的因素参与在内。

研究了解中国武术精神层面的东西，有利于技术方面的升华和提高。中国武术中有博大的人文关怀的东西，练到高级境界绝对不会想着打人，它是"化"，太极拳讲究化劲。"化"就是一种容纳，你能容纳才能化。武术练的是一种胸怀，这种胸怀能够包容自己，包容他人，包容社会的方方面面。

这是我今天跟大家分享的第一个方面，就是关于中国武术的精神。

第二个方面就是关于武和侠的关系。武和侠我们一般连在一起，如武侠小说。武和侠，"武"是内容，"侠"是它的一种外包装。武术的精神有了以后，侠只是洋溢在外面的一种气场。"侠"的内涵可以写几部书来论述。我觉得如果用一个大白话来说什么是侠，侠就是一句话——"有所为，有所不为"，这就是中国的侠。"有所为"就是济人，劫富济贫的济，医学上有济世救人。"有所不为"就是克己，儒家讲的一个重点就是这个。再说得文艺点，"有所为"就是兼济天下，"有所不为"就是独善其身。"侠"这东西就是我刚才说的责任感，这个跟功夫高低没有关系，侠就是侠，它可以不是高功夫，不是说你有了很高的功夫你才能行侠仗义。所以我们看很多武侠小说里最感动人的、最具侠义精神的是那些武功比较低微或者一般的人去行侠仗义，它跟你的功夫高低没有必然的关联性，"侠"甚至可以不是武人，文人也有侠，也有侠客。

我有一个朋友，阮纪正先生，也是北大毕业的，20世纪60年代北大哲学系，广东省社科院的研究员,也是练了一辈子的武术,他在哲学方面有很多文章和图书在全国研讨会上获奖。他写了一本武术的书,请我给他写了序,书名就是《至武为文》,论述文、武的关系。金庸武侠小说里写了很多有所为的事情,有些事哪怕我做不了,我也必须去为,就是那种"虽千万人吾往矣"的状态。一般来说应该是这样做,先评估一下风险,看一看我的能力。"侠"没有这个,他没有考虑。所以"侠"是一种特别感性的东西,说白了就是一种冲动,就是骨子里的这种冲动,当然这种冲动是有认知、有价值观作为基础的。所以"侠"是跟你的能力没有关系的。这种感性的东西是社会发展需要的,如果单纯地凭你的能力估算好了,你很难突破自己,所以这也是激发自身能量的一种思维方式。

所以说练武还有一个作用,就是能够充分激发你的内在能量,激发你的能力。大家都知道马云练太极拳,他总结太极拳的核心是三个字"定、随、舍":定就是有定力,练下来,静下心,静气;随就是你能够顺应大势,太极拳里边有一句话叫"随曲就伸";舍就是你要敢于舍、善于舍。人生的高境界不是你怎么样去攫取,大多数人都想的是我怎么样获得这个、怎么样获得那个,但是不懂得舍,其实人生最大的智慧是舍,要舍掉很多东西,一千个选择,你要舍掉九百个,剩下的可能是你要得到的。从这里边再舍,最后人生能得四五个就不得了。往往大家不懂得舍,不懂得舍东西就是你不明白你内心的需求是什么。武术练的就是让你明白自己,真正地了解自己。你首先要做到定,你要能定得住。太极拳和中国武术都讲究"中",要跟人家搏击,形意拳为什么上来先练三体式,就是得"中"。往前可以进攻,往后可以防守,然后支撑八面。把你自己一个"中"的东西练好,守住了,才能用中,"守中、用中"才能达到动态的平衡。人生能够把握这种动态的平衡,对身体来说能促健康,对事业来说能进退有余,所以这是一种人的高智慧。

我们在国内外交流中发现一个现象,就是越发达的国家对中国武术的喜爱和推广越深入、越全面、越彻底。可能随着对社会的理解、对人的理解不断地拓展,不断地

深入，会更加理解这种价值观。

"侠"是中国人的一种理想的精神境界，它可以依托在武之上，也可以脱离武而存在，我们重点培养的是"侠"的精神。侠义与侠气，洋溢在外的就是侠气，蕴藏在内的就是侠肝义胆。民国时期的一些武术家就显现了武术的"侠"的精神，其实历代都有。

中国武术的发展分不同的几个阶段，最早是萌芽形成时期，应该是在唐代以前，它的一个标志就是没有形成完整的套路，主要是用于军事搏杀，所以古代的军事武术很多。宋代就有了一些简单的套路出现，明代是中国武术的第一个成熟阶段。到了明末清初的时候，武术已经发展得非常成熟，出现了众多的武术流派和武术套路。到了民国时期，真正第一次涌现出了大量的民间武术家，比任何一个朝代都多。为什么？武术发展到这个时候，它是处在一个历史的交叉口，民国时期也是中国新旧文化的交替时期，民国诞生了中国很多国学大家，有深厚的国学底子，同时还吸收了西方外来的变革思想和学术流派，武术也一样。

民国时期的武术，当时叫国术，有几个特点。第一，民国时期是中国武术的一大高峰，不说它是最高峰，是一大高峰。第二，民国时期是中国武术的一个大变革的时代。民国的武术是最为丰富多彩的时代。过去大家都是师傅传徒弟，都保守，教会徒弟饿死师傅，因为它是谋生的手段，深宅大院里面一代一代地传。比如形意拳可能在山西、河南、河北一带传。所以你看一个地方扎堆，一个村里出来好几个大武术家，为什么？他就在那个地方传授。民国时候社会结构改变了，出现广泛的交流，第一次出现了中国武术的大融合时期。孙禄堂能够融合三拳创孙式太极拳，没有这种融合的气氛和思维，是不行的。民国时期也是武术第一次引入了科学化的手段来进行研究，出现了一批科学家、学问家来研究，那时候出现了中国武术出版物的第一个高峰，所谓的武术秘籍全方位解密。民国时期的武术书出了很多，不少书现在都非常有价值。民国时期实现了一次武术理法的整合，把过去的秘籍整合，加上自己的一些理解。很多武术家也有文化，当时的一些国学家，包括一些政府的官员都非常支持武术的发展。比如孙中山先生大力提倡"尚武精神"，蒋中正先生还给太极拳图书题词，包括于右任先生，都给武术题词。杨澄甫先生去世在上海的追悼会，到场的很多都是显赫的人物。

民国时期影响最大的一件事，包括到现在都影响深远，就是成立了中央国术馆。中央国术馆应该说是中国历朝历代由政府批准成立的第一个国家级的国术馆，它是由当时政府拨款，政府的要员担任主要领导。馆长是张之江，副馆长是李景林，这都是当时的要员，包括冯玉祥等都是非常支持国术馆的。中央国术馆成立以后，在全国各省都开设了分馆，后来培养了大量的优秀人才，这些人在中华人民共和国各省武术发展中起到了中流砥柱作用。民国时期由中央国术馆参与推动，1936年组织武术队参加了柏林奥运会，那是中国武术人第一次走向全世界，走向真正的体育竞技正式场合。参加柏林奥运会的武术运动员后来都是武术发展的带头人，像创办北京体育大学武术系的张文广先生，创办武汉体院武术系的温敬铭、刘玉华夫妇，这都是当时参加奥运会的人。所以民国时期是中国武术发展的高峰时期。

民国时期也出现了一大批具有侠义精神、具有人文情怀、具有家国情怀的优秀武术家。举一个例子，我们大家知道戊戌变法后来失败了，戊戌变法里的一个代表人物就是谭嗣同。戊戌变法失败以后康有为逃走了，谭嗣同也可以逃走，但是他不走，他说"各国变法，无不从流血而成，今中国未闻有因变法而流血者，此国之所以不昌也，有之，请自嗣同始"。他要做为变法牺牲的人，以此来唤醒民众，后来押赴菜市口行刑，就是当时的"戊戌六君子"之一。被处死前他留下了著名诗句"我自横刀向天笑，去留肝胆两昆仑"。"两昆仑"就跟民国时期的武术家有关系，一个"昆仑"是指大刀王五，民国时期著名的武术家。后来拍过电影《大刀王五》，由著名武术冠军赵长军主演。谭嗣同被抓起来关到监狱的时候，大刀王五曾经联络一批武林界人士想劫狱，被谭嗣同制止了。还有一个说法是指另外一个武林人士叫陈七，也是跟王五不错，他俩一块要劫狱劫法场。另外一个"昆仑"是指康有为，一文一武，文武"两昆仑"。当时武术界的人支持社会的进步。

在民国时期，流传了一些著名的武术家比武的记载，也是突出武术的爱国情怀和行为。

日本侵略中国以后，日本人就拉拢了一批文化界、艺术界的知名人士来为其服务，梅兰芳先生则蓄须不演。他们也去拉孙禄堂，因为孙禄堂当时的威望高，让孙禄堂出来做事，孙禄堂坚持不受，拒绝了。后来找了几个日本武士和孙禄堂比武，也被孙禄堂打败，所以孙禄堂在日本武术界威望很高，被称为"武圣"。

还有大家都比较熟知的两个人，一个是霍元甲，另一个是韩慕侠。

他们和外国武士比武的故事后来被改编成了电影《武林志》，在20世纪80年代影响很大，男主演是当时北京武术队的教练李俊峰，女主演是北京队全国武术冠军戈春艳。韩慕侠这个人也不简单，他在南开大学教授武术，其中有个跟他学武术的学生鼎鼎大名，叫周翔宇，也就是周恩来。周恩来很早就确立了为中华民族崛起而读书的志愿，南开大学校长张伯苓先生倡导"德育、智育、体育"并重的教育思想，对学生产生了积极影响，周恩来认为武术对于强国强种有积极意义，把它作为体育锻炼的重要内容。周总理可不是一般地学，是认真、深入地学，他不仅积极参加校内的武术活动，还经常到武术馆跟韩慕侠习武练功。现在保存的一张当时的照片是韩慕侠的核心弟子跟他一块合的影，黑白照，从左边数第三个是韩慕侠，第四个是周恩来，当时站在一起，大概有10个人，可见周恩来跟韩慕侠的关系也很密切。

孙中山、周恩来等充分认识到，武术倡导民族正义，历来的核心思想就是保家卫国，当时中国积弱太久，一定要强国强民，通过练武术来唤醒、振奋民族精神。所以当时大力提倡武术，普及到中小学，当时政府也花费了大量人力、物力、财力。

霍元甲也和日本人比过武，关于霍元甲的电视剧、电影非常多。霍元甲最大的成就是创立了精武会，一直发扬下来。精武会典型地体现了民国时期武术精神的一个方面，就是强国强民。精武会后来不光在中国，在世界各国有华人的很多地方都有精武会。中国的武术家自始至终不是把武术作为一个简单的个人防身强身的工具，而是把它跟家族、跟国家、跟道义联系在一起。

1949年以后，有一批武术家去了台湾。他们在台湾继续发扬传统武术，传播传统文化。其中有很多著名武术家，比如有一位太极拳家郑曼青先生，他是杨澄甫的重要弟子。郑曼青很不简单，他是宋美龄的老师，号称"五绝老人"，中医、书画、国学、诗词、武术，样样精通。宋美龄女士要学绘画，向郑曼青先生请教。郑曼青先生传的太极拳后人称为郑子太极拳，它有一系列的理论，比如他讲解练功夫要如"陆地游泳"，很有特色。他有一个很有名的弟子叫徐忆中，现在90多岁，今年我们4月的时候还见过面，老人家精神抖擞。我们在香港开太极拳论坛会，他下了飞机直接到会场，演讲授课，我主持活动，我说徐先生，您休息一下再讲吧。他说不用休息，上去就讲。上台的时候比这台阶高很多，老人家噌噌噌几步上去了。他练的就是内养精气神。郑子太极拳手型上讲究"美人手"，很有意思。练太极拳的可能懂，太极拳很多勾手，有些手腕这个地方是折的，包括推掌，而他的"美人手"这个地方是松平的，讲究顺气，要气达四梢。我们练传统武术都讲究气要全身鼓荡，要有内气。练拳一定要鼓荡全身，你把气都运到，叫"气遍周身不稍滞"，你不能淤在那里，一定要把气运化开了。

练武术就是养气，跟我们的武术精神也相关。我到各地经常有人问我，说你评价一下当今哪个武术家功夫高。我说你懂不懂武术没关系，很简单，你就看这个人的精神状态，练好了武术一定中气充沛，器宇轩昂，不会畏手畏脚萎缩的样子，他一定是很通透的，这就是一种气，气是骗不了人的。你当演员诠释一个角色，可以装一时半会，不可能永远装，那个气是油然而生的。

中国人讲究气质，气质变化。中国相学的一个原则就是相由心生，一个人的面相是不断变化的，你看失恋是一种状态，刚谈恋爱时满面红光，又是另一种状态。考试考得很好是一个状态，考得不及格又是一个状态。而且这种状态会长期累积在体内，人体的细胞有生长更新周期，一段时间更换一次。相是在变化的，你的精神状态是老锁着眉头，它一定是拘在一块的。所以武术家你看他功夫高低，就看他的精神状态。大家可以去看看一些优秀武术家的拳照，比如刚才说的孙禄堂、郑曼青等，你再把真正的国学大家的照片摆在一块，无论文武，相都有类似成分，气都有共同特点，就是那种气质，那种中气，那种浩荡。

练书法也一样，练书法为什么能长寿？书法家就是在练气，练行气。所以好的书法家，写的那个字是真正的书法，那是由心而书，书为心画，写出来的东西有气象。你看弘一法师的字后来没有多高的技巧，叫"孩儿体"，还有谢无量的字，就是返璞归真。那是脱离开一切技法，是一种心境的表达，那些书法是真正有价值的。我们现

在奉为经典、奉为楷模的那些字帖，早先没有太多笔法讲究，没有章法这回事，拿什么去做笔法？书法家是通过书写表露他的心迹，表露他的修养，这些反倒是伟大的书法作品。大家看看颜真卿的《祭侄文稿》、米芾的《蜀素帖》、黄庭坚的《松风阁诗帖》等，都是有一股气在内，这是远超笔法技巧之上的东西。王羲之《兰亭序》怎么来的？徜徉在自然当中的一种人文享受，那也是一种气。号称天下第二行书的《祭侄文稿》，颜真卿写的，满篇气机激荡，信手而书，率性而做，不加束缚，淋漓挥洒。颜真卿是楷书四大家，颜体是他创立的，但是他的行书也是非常了得。《祭侄文稿》什么情况下写的？你看满篇勾勾点点，毛笔一挥，什么章法什么笔法不去讲究。《祭侄文稿》是颜真卿追祭他的侄子颜季明的草稿，在平定安禄山叛乱时，其兄常山太守颜杲卿父子挺身而出，坚决抵抗，以致"父陷子死，巢倾卵覆"，取义成仁。颜真卿激愤交加，书写文稿，通篇用笔之间情如潮涌，气势磅礴，纵笔豪放，一气呵成。我跟很多练武术的人说过，我说你要练气，你一定要去看《祭侄文稿》书法，那才叫气

脉贯穿。一套拳就应该打成这样，没有丝毫的阻碍，脱离形式羁绊。所以武术到高级境界招法是次要的，最重要是要养气，就是养浩然之气，也就是文化。

要练气，核心有三点。一个是你首先要有气，解决有没有的问题。第二，解决气的质量问题，纯不纯的问题，气要纯。第三，解决气怎么用的问题，你不会用，再纯也是死水一潭。只有会用，它才能不断气生气，不断周而复始、循环不尽，这样练拳才能生生不息，所以练拳的气很重要。民国时期有很多优秀的武术家，都是练气的高手。

另外我再讲一下关于功夫的传承与传播的问题。现在武术有一种非常严酷的现状，就是在传统武术功夫上，在很多拳种中，存在着一代功夫不如一代的现象，这个有多种原因。所以我们也面临着真正的武术精髓失传的问题。长期以来，我们的武打电影很盛行，在国际上都是一个类型片。但是作为武术来说，跟武术片繁荣的表象形成一个巨大的反差，武术的很多功夫在逐渐地失传，很多武术的理法在失传。社会生存环境在发生巨大变化，讲究快餐文化，短的视频手机上看，超过3分钟阅读量就不行了。武术也是这样，过去要用它谋生，或者是有那种需求。现在人的这种需求少了，另外练功的这种积极性和条件也少了。我碰到很多老武术家跟我抱怨，说有悟性、能吃苦的好徒弟不好找。功夫是练出来的，说不出来。北大武协虽然都是学生练习，我们那时候是很吃苦的，周末在五四操场很多人都在练武，平时晚自习结束后，也有很多人

在世界太极文化宣言石前留影

锻炼。研究是一方面，同时你一定要练，练到那种程度你才能体会。所以我说为什么功夫现在在逐渐地退化，因为传承者下不到功夫，这也是我们一个忧心忡忡的地方。

武术流传是两个层面，一个叫传播层面，另一个叫传承。传播，人越多越好，你练3天也好，练3个小时也好，来的都是客，你通过练，知道这个好处，你练3年也好，30年更好，这个是传播。电影也好，武侠小说也好，各种方法都是传播手段。有人说简化太极拳不好，把传统的东西给削弱了。简化太极拳其实也有很大的优势，它让更多的人先入门了解太极拳，这个就是传播。传播就是要敢于创新，当然是在依据传统的基础上，你不能糟蹋老祖宗的东西，核心原则不能变，形式可以变。传播要用各种方式方法来广泛地传播，让更多人了解。同时要抓好传承，传承就是精英文化，一个师傅一辈子可能只能精心传授少数几个弟子，但是很深很精。传播现在我们一点儿不担心，我们现在做的很多都是传播的事，让更多人知道。但是传承是要静下心来，关起门来，身体力行，真正地下功夫。传承目前存在很大的问题。

我很愿意在高校里跟大家交流，希望有文化的人会武，这对推动武术的发展有很大的帮助。北大武协从1982年开始到现在，培养了很多人。我们走了全世界各地，几乎都能碰到在北大习武的人，甚至现在有很多都是世界知名的企业家、文化学者。在北大武协那时候学武的经历，对塑造他们的意志品质和对他们人生的轨迹有巨大的帮助作用。也有很多人对武术的发展作出了贡献。现在的大学生将来都是社会的栋梁，能够在中国功夫的传承这个层面做更多的工作。现在多下功夫，深入中国功夫体系最核心的地方，就是能够从武术的精神、武术的修养、武术的境界这些方面入手，当然基础是武术的技术和功夫要提升。传承是一个文化的核心，把中国真正的武术文化发扬光大，这是可以影响全世界的。

太极拳的「高」与「广」
——在太极「T30峰会」上的主持演讲

2016年12月28-30日，中国·白山首届"T30太极峰会"在长白山隆重举行。本次活动由吉林省旅游局、白山市人民政府、世界太极拳网、世界太极文化节组委会联合主办，"长白山杯"太极拳表演赛也同时举行。"T30太极峰会"以"引领、驱动、融合、拓展"为理念，致力于推动太极文化与旅游康养的深入、全面发展。参加者为当今最具影响力和成就、最富思想性、最具前瞻性与开拓精神的各流派太极名家、太极研究专家、太极文化推广人，核心内容为研讨太极文化内涵，探索太极拳推广、发展模式，交流太极拳理法功技与教学传播心得，共享太极文化发展社会资源。本次活动以"太极康体养生旅游休闲度假"为宗旨，以太极拳为载体，充分展现白山市独特的自然资源与健康旅游文化理念。活动在白山市著名景区内举行，太极名家在景区内演练、教学太极拳，实现天人合一的生命健康意境。通过开展以太极文化和太极养生为主题的高端旅游项目，引领和带动白山旅游资源的全面发展。本次活动包括开幕式、太极康养高峰论坛、太极名家走进白山景区、太极拳名家讲座与表演等内容。

极享——余功保太极演讲录

（2016年12月28日 吉林长白山景区）

太极拳的「高」与「广」

今天是首届"T30太极峰会",这次峰会汇集了国内外30位优秀的太极名家、传承人、推广人、学者,大家一起研讨、交流,是一次名副其实的太极高端论坛活动。"T30太极"是一种研讨交流模式,立足于高端人物、高端话题,高水平交流,高动能推进。这里的"T",一个意思是表示太极,是"Taiji"的第一个字母,另一个含义表示高端,是"TOP"的意思,还有就是推动、推进,是"推"汉语拼音的第一个字母,表示务实、行动力。

虽然我们强调高端,但主题是接地气的,不能好高骛远、虚无缥缈。太极拳是一种文化形态,一种健康方法,运动方式,我们需要传承真功夫、高功夫,但要扎扎实实为人民大众的健康服务,为社会的发展服务。研究可以向"高",传播要向"广",面向群众,面向基础。这两者不矛盾,还相辅相成,只有高水平的研究,才能让太极拳的理论、方法更加科学,更加系统,更有利于太极拳的科学发展,从这一点来说,高水平的研究又是发展的基础。

咱们这次峰会以"引领、驱动、融合、拓展"为理念,符合我们当前太极拳发展的需要,也能应对解决一些实际问题。

引领,应是引领太极拳健康的发展趋势,补齐太极拳发展的短板,比如科研的不足,优秀人才的缺乏等。引导太极拳的正确锻炼观,完整准确理解太极拳的功能作用等。太极拳普及面虽然很广,但这些课题还有很多人没有解决。

驱动,就是整合各领域社会资源,特别是文化界、科学界的资源,来驱动太极拳的前进,增进前进动能。太极拳不仅属于中国,还属于全世界。

融合,就是促进太极拳各流派之间的融合,促进太极拳和其他健康领域的交流融合,促进太极拳国内外发展资源的融合,不能关起门来发展太极,借鉴现今的观念、人才,才能真正实现太极拳高水平的发展。

拓展,就是拓展太极拳多形态、多层次的发展渠道和发展空间。特别是运用现代信息技术的发展,这是将来太极拳发展的重要生态环境。太极拳技术、理法的核心是传统的,要坚持,不能随意改变,但太极拳的发展方式要根据社会的形态特点不断拓展。

非常感谢大家的与会,特别感谢白山市人民政府的大力支持。现在虽然室外气温是零下几十摄氏度,但大家的热情非常高。我昨天看到各位名家在室外白雪皑皑中拍摄拳照,精神抖擞,展现出太极的活力和激情。

相信本次峰会一定会取得丰硕成果。

人生极有价值的一场相遇

——在柒壹会太极俱乐部的演讲

2017年1月,柒壹会太极俱乐部首期学员结业典礼在北京西郊美丽的颐和府举行。余功保应邀出席典礼,并做了"人生一场最有价值的相遇"的太极文化演讲。柒壹会为众多优秀企业家,文化、艺术、科技等行业精英组成的资本联盟,包括上百位上市公司领导者,倡导健康文化、国学传统,并组织了专门的太极俱乐部进行太极研习。优秀青年太极拳家刘彦英担任太极导师,元海太极负责太极拳教学工作。

极享——余功保太极演讲录

（2017年1月22日 北京柒壹会太极俱乐部）

在柒壹会太极俱乐部演讲

刚才看了大家的学习成果展示，大家通过这段时间跟随刘彦英老师的学习，有很多收获、很大提高。看得出，大家脸上洋溢着欢快，这是太极之乐，其乐无穷，祝愿这种欢乐能伴随大家一生。

刚才和一些学员朋友聊天，大家说对太极拳有一种情怀，我觉得这就是练出了趣味。有了情怀肯定是割舍不下的，就很乐意下功夫。

大家都是企业家，很懂得成本。大家现在学太极，我认为是一个成本很低的事。一位僧人说，很多现代人很奇怪，开始损害健康来获得金钱，然后又消耗金钱去恢复健康。但这个过程不是完全可逆的，往往要消耗掉很多倍的时间、金钱成本，并且不一定能完全恢复。所以说大家是智者，现在学太极、练太极成本极低，这个成本不是简单的经济成本，是复合成本。

最近著名太极拳家陈小旺先生出了一本书，我主编的《陈小旺太极手册》。陈老师很有名，获得了中华文化推广奖。《陈小旺太极手册》是近年来他在国内出的第一本书。我也写了一篇序，这本书扉页要写一句关于太极拳的宣传语，我想了半天，就写了一句话：太极是人生中最有价值的一场相遇。这句话我也送给在座的各位。

我去年在美国做了一次演讲，听讲座的有一些美国的科学家，还有一些研究中国文化的专家，我想我也不能过多地讲技术，就简单讲讲站桩、云手吧。以前有国外的大学校长问过我，要请你在我们学校开太极拳课，你看多长时间合适，是半学期、一学期还是两学年？我说可长可短。真讲细致、讲透彻了，一个云手讲两年也没问题，因为其中关联的内涵、知识很丰富，是真正的博大精深。那么两个小时讲座讲什么？讲一些具体的要领那讲不完。我说我就讲太极是什么，太极就是培养中国式精神贵族的有效方式，当时就是这个题目。

我跟他们说现代人总讲究自由，讲究民主，讲究尊严。什么是自由？什么是尊严？你没有健康就没有真正的尊严，没有健康就没有真正的自由。你病恹恹的连这个屋子都出不去，还有自由吗？健康一旦失去了，特别是彻底失去的时候，你任何自由都没有了，你也谈不上尊严。你有多高的地位，有多少财富，没有用，有健康才可能有真正的尊严。

所以我当时给他们讲，他们一下听明白了。我觉得中国太极拳的核心从每个角度有不同的认识，太极拳是练什么的呢？我觉得可以概括为三句话，第一句话叫"内圣外王"，这是中国文化的核心。要研究中国的国学，要深入理解中国的哲学，最好要研究一下太极。研究太极一个最有效的方式是练太极拳。太极拳是太极的一个形象载体，太极是中国文化最核心、最精髓的东西，儒、释、道都有太极，太极不仅仅是道家的，儒家讲中正，什么叫"中"？就是太极，太极图一边是阳，一边是阴，中间一个"S"线，这个S线就是一个中。这个中最核心的东西就是动态平衡，世界上最高级的平衡就是动态平衡。如果你是一个固定的平衡，这边半斤，那边八两，用不了多久，空间、时间条件一变，这个平衡一定会被打破，系统就会被破坏掉。只有动态平衡，它是在运动当中的，就像我们走钢丝，它一定是在动的，这种平衡具有很大的抗干扰性和变化性，是在"中"里面随应着"易"。太极图中间这条S线讲究的就是动态平衡，所以练太极拳是认识中国太极的最核心、最有效的一种方法。

中国古代的很多大学问家，都是进行生命修持实践的。这是由于中国古代哲学的特征和本质所决定的。只读书，不实践，除极少数天赋奇才又异常勤奋的人之外，很难达到中国哲学的最高境界。为什么？中国的哲学讲究知行合一，讲究生命体悟。大家都知道王阳明，王阳明也是进行实践修持的。很多东西，你知道了是一回事，你练了又是一回事。比如"天人合一"，比如"独立守神"，比如"虚心实腹"，你有了身心体证后，理解马上不一样了。这就是"书上得来终觉浅，绝知此事要躬行"。

中国古人认识世界，有一条叫"反观内视"，中医中很多知识的来源就是这样。"近取诸身，远取诸物"，用有限的自我感受无限的宇宙、无限的自然，这是中国学问的一种认知方法和思维方式。中国哲学最核心的一点就是关于人的生命的哲学，所以中国哲学其实是个很实用的哲学，它有很高的境界。由人的自身荡开去，荡开去无穷，远到宇宙，近到思考自己的生命，关于自己的人生、社会。太极拳就是关于这种思维和方法的实践。

20世纪80年代的时候，我曾给太极拳下过一个定义——太极拳是中国文化的形践方式。就是形体实践方式，你练了以后你才能知道它，现在我仍然这么认为。所以太极拳对中国人来说，不是说你可练可不练的问题，我觉得中国人都应该练一练，你不练就是人生当中一个损失，所以我说它是人生当中一场最有价值的相遇。人一生当中有很多种"相遇"，有很多的选择，很多东西你只有遇见了以后你才能知道。但是遇见以后，它可以有很多个优化的选择。

太极拳从健康角度来说，对哪个国家的人都适合，但是从文化、从生命体验这个角度来说，对中国人特别适合。它不仅是一种运动，还是一种生命体验形态。人一辈子分三个层次，第一个叫生存，第二个叫生活，第三个叫生命。生存解决的是你能不能活下去的问题，没得吃没得穿，要冻死要饿死，你就谈不上其他，所以生存是基础。第二就是生活，生活就是活得更好，讲究质量。最高层次叫生命，生命讲究境界。太极拳是横贯这三个层次，就是让你把人生来一次完整的体验，这个体验不是简单的运动所能概括的。所以我说太极拳对中国人来说，是培养中国人的身体素质、心理素质、文化素质、国学素质的一个很有效的方法。你不一定练多少套或者练多少器械，只练一招一式，练了就跟不练不一样。

当然，前提是你要练得对、练得会、练得好。很多人练太极拳也出现一些问题，如膝盖疼，或者是练得憋气等，这是需要科学习练，这是后面要解决的问题。当然首先是练的问题。练太极拳的人都是值得祝贺的，此生与太极结缘，便是幸运的人。豪车有钱就可以买，大房子有钱也可以买，谁都可以买。太极你没缘你就练不了，你想练，还要有好的老师指导。我在第一届三亚南山世界太极文化节开幕式致辞中就说"祝贺大家此生跟太极结缘"。

中国文化中的"内圣外王"是个很深刻的东西，它先解决的就是把你自己变强大。

你要想征服世界，你首先要征服自己。人一生下来是一个圆融的状态，是一个混元的状态，婴幼儿状态。《道德经》中讲"载营魄抱一，能无离乎？专气致柔，能如婴儿乎？"就是指这个状态。所以在生命修持中讲究要返婴儿状态，后天返先天，那个状态是你最纯净的状态。人在生长过程中，不断长知识，学本领，也受到很多干扰，社会开始给你掺杂，给你很多压力。所受的来自方方面面的教育里边有一些还是有偏差的。你一生下来，父母的教育就不一定完全科学。我上次跟一个教育学家探讨问题的时候他说了一个例子，说很多的孩子一生下来挺不幸的，首先就接受两个没有"执照"的老师——父母。父母有的是很明白的，有的不一定明白，特别是中国现在的教育体制和这种氛围——望子成龙，给你施加很多不良的教育。到学校，到社会，特别是我们现在的社会，经济高速发展，人的心力逐渐减弱，所以它让你的内心很虚弱。

"内圣外王"，就是你要解决世界首先解决你自己。太极拳解决的就是你自己的问题，它强调的一种生命观是"我命在我不在天"。你自己足够强大，你才能够面对一切纷扰，面对一切变化。中国哲学在应对上的经典是《易经》，《易经》讲的是变化的东西。应对变化的高境界是"不动之动"。不动之动不是说你内心一点不动，静止不发，而是你内心足够强大，能够在变化中保持平衡。所以练太极拳第一点要把自身做到足够强大。内心足够强大是两个方面，身体和心性都足够强大。有的人身体很强大，心性却很脆弱，经个事就焦虑、就忧郁，总出问题，这就是心性不够强大。所以练太极一定要练内。

第二句话就是我刚才说的"天人合一"。"内圣外王"是一种原则，"天人合一"是一种方法，就是内和外要相通，所以练的是一种"通"。我早些年写的一本书叫《随曲就伸》，随曲就伸就是变通。按照物理来说，运动的时候把一个球放在这儿，它是按照阻力最小的方式来变化，这是一个原则，自然界的原则。人也是这样，人际关系、商业都是这样，按照阻力最小的方向变化，形成趋势。关键是你找不找得着这种阻力最小的变化。我有一次跟证券公司的老总聊天，他说炒股很复杂，其实也很简单，全世界的股票市场都是向着阻力最小的方向运动。但是怎么样判断阻力最小，就是你要把各种的阻力因素考虑在内。有的时候你没有考虑全面，就不准确，这就是一个系统性。

中国哲学就是把人、天放在一个大系统里边，就是你的人的生命要向阻力最小的方向来变化发展。练太极拳就是帮助你感知这个状态，让你明白这个状态。比如说你现在想吃辣椒，可能是你身体里边需要辣椒，有的时候则是你的欲望，你要判断出你是真需要还是你的欲望来驱使。练太极拳就是让你自己通透，所以"天人合一"练的是一种返自然的能力。人对自然最合的状态就是你的婴儿状态，就是先天状态。练太极有个"后天要返先天"的方法，所以练太极拳就是要练这种"天人合一"，通过练太极拳你能够知道这种天人合一的状态。当然天人合一这个"天"包括我们一般所说的自然的天，也包括地，还包括社会，我们的社会也是人之外的天。它是一个系统的宏观的东西，只有到天人合一的境界，你才能知己知彼，这是太极拳重点练的第二个内容。

第三句话叫"固本培元"，这是技术的层次。刚才一个是原则，一个是方法，现在说的是操作。你怎么样让自己变"内圣"？内圣在有意识、有灵感、有体悟、有境界、有认识以外，它有一个具体的基础性的东西。人生而为物质，它必须以物质做基础，人身体就是一种物质。所以固本培元关键在于"固"，练太极拳你一定要固。练太极拳当中怎么练气？首先你得有气，没有气就是花架子。练气第一个要练鼓荡，练拳练半天，如果你手上没气，身上没气，那就不行，要找这个气练鼓荡。第二个，气要充盈、要充实、要充沛。鼓荡起来以后，你的气很弱也不行，要把它练充沛。充沛就是要培养你这个元，然后整个人像气球一样鼓荡起来，鼓荡起来以后要把它练得充沛起来，这样人的精气神就旺了。当然还有一个要固住，就是不散。你气鼓荡，你也很充沛，但都散出去了，练多少散出去多少，你这个人会越来越虚，越来越弱，也不行，所以练气要练这几个方面。

现在的人出现健康问题，出现精神问题，最大的问题它不断地在失去，不断地在削弱。其实我们每天都在消耗很多，都在失去很多东西。失去健康，失去亲情，失去道德价值，失去很多我们人的自然的传统。传统是经过几千年积累下来的，精华凝聚下来，它有个自然淘汰。文化也有一个自然淘汰法则，就是咱们一般所说的丛林法则，文化的丛林法则更厉害。所以它凝聚下来的基本都是精华，但是有些我们现在正在失去。我们绝大多数人只会做加法，不会做减法，这是个很要命的事。其实生意做到最高境界也是做减法，最简单来说你十个项目都去做，不如选择一个项目，最适合你的，将效益最大化。到了一定的程度你赚十个亿跟你赚十万付出的努力和所耗精力都差不多，我是说到一定的程度，不是说从头开始。所以很多人不管在哪个层次，从初级阶段到中级、高级都在不断地天天做加法，这是不对的。太极拳讲究是做减法，艺术也一样，到了最高境界就是删繁就简，绚烂之极归于平淡，达到至简，一定是这样。我们做减法，就是减少不必要的能量损耗。太极拳就是教你怎么做减法，做减法就是固本培元，因为你的本就一个，必须要培要固，练太极就是让你了解你的自身，了解自然，然后来固你的本，达到一种"圣"且"盛"的状态。

很多优秀的政治家，也是太极高手，企业家也一样，东方艺术更不用说了。你看中国的艺术不管是建筑、书画、书法各个方面都有太极元素，中医学不用说了，本身就是太极，它们在操作过程中一定是了解和深入符合太极原则的。到最后，它一定是一个简单的东西，简单就是一个本源的东西，你能固住自己，就是你认识自己。今年春节在写太极致辞的时候，我就想写什么呢？后来我写"回归"，回归生命的喜悦。当你自己真正地了解自己，你很清楚自己干什么，你很清楚自己需要什么，你也明白你怎么样实现这种需要，你人生该怎么过的时候，你会发自一种内心的、由衷的欢喜。那种欢喜不同于你达到一个具体的什么目标以后得到的欢喜，那种欢喜过后是一种寂寞，又是一种失落，而回归生命的这种欢喜是很悠长的、很自然的、很会心的那种欢喜。通过练太极以后，你能够体验到这种东西，所以我说太极练的是这种心性的东西。

当然太极拳也不是说你练了就好，一定要在科学的指导下进行。练太极的人很多，现在中国有数千万人在练，全球有上亿人练。那么多人练拳，目的不同，有的人是自己健健身，解决一个具体的问题，每种身体问题都有太极相应的有效练习办法。有的人想强身健体提高综合素质，有没有？也有。不同的要求，不同的层次，你会获得不同的效果，但都是要以科学习练为前提的。太极拳不是万能的，你如果练不对的话，可能还会有一些副作用。

我刚才聊的这几点不是在谈玄，我想大家是能够理解这个层次的。太极它是一项运动，它也是一种文化形态，最主要它是生命的一种存在方式。通过练太极，我觉得能够对你个人、对你家庭、对事业、对社会各方面带来真正的特别有益的帮助。我觉得几十年生命一场，确实是一场极有价值的相遇。有的朋友刚开始练，这是人生当中一场刚开始的价值旅行，将来它还会不断地升级，不断地获得各种意料之中和意料之外的收获，我觉得太极一定会给大家带来很多的这种悠远的惊喜和享受。

名家集体演练

变化气质——让太极文化改变你的『相』

——在大理『海峡两岸及港澳太极文化交流研讨会』上的演讲

2017年2月，"三亚南山"第二届世界太极文化节发布会暨"海峡两岸及港澳太极文化交流研讨会"在大理罗荃旅游景区隆重举行。来自海峡两岸及香港、澳门的太极拳名家、文化学者、媒体人及太极拳爱好者近百人参加了活动。本次研讨会，以"生命智慧、健康旅游、传承发展、太极文化"为主题，介绍和推介第二届世界太极文化节的重点活动和专题设置。同时以"海峡两岸及港澳太极文化交流研讨会"为契机，以"中华太极是一家"为主题，研究探讨太极拳在过去百年如何作为一种文化和认同纽带，连接了海峡两岸及港澳太极人的情感和文化传承。

极享——余功保太极演讲录

（2017年2月25日　云南大理罗荃半岛景区）

文化是一个民族的记忆和印记。

今天在座的都是海峡两岸及港澳的太极名家和文化学者。我们有同根的文化，并且研修中华文化的精华结晶——太极拳。太极拳就是中华文化之"象"，也是中国人的"相"。古人说"相由心生"，太极拳的一项重要文化价值就是修心，变化气质，让人雅致、精致以及懂得控制。

我在美国大学演讲的时候，曾重点提了两个观点。因为当时听讲的大都是自然

大理国际培训基地揭牌

科学家，如果讲过于专业化的太极拳知识他们不一定能马上完全听懂，我就没有讲具体技术，而是讲了两点核心的思想，讲他们所理解的思路。我说，第一，太极拳就是培养中国式的精神贵族，练了太极拳的人就能够对中国传统文化有所了解，这种文化是培养人心的平和、坚强。贵族不是看你有没有钱，是要看你的内在气质。中国的太极拳练的是什么？是稳如泰山，不动如山，动如脱兔，静如处子，这就是一种贵族气质，这需要有文化的底蕴。他们就问练太极拳如何培养中国的精神贵族？我说，首先要练太极拳，但不仅要练，还要理解它的文化含义。我们现在很多企业家，很多政商界的人，都练太极，喜欢它，包括一些学问家。为什么？因为他接触太极拳以后，觉得里边确实有内涵。第二，就是培养真正的强者。为什么？就是我刚才讲的练太极拳的一个要则，就是把握、控制，太极拳就是平衡控制之道，是系统化的控制论。练拳的过程就是把握自己的过程，能够把握自己，能够控制自己内心的人才是真正强大的人。所以练太极拳能够培养真正的强者，这是太极拳精神方面的东西。太极拳讲究练气，是跟你的气质变化相关。练太极拳有三个要点，第一能够流畅，第二能够鼓荡，第三能够固守。固守就是能够营养，这个气是你的，练成你自己内心的一部分，三者齐备，太极拳的"气"才算练到了。

世界太极文化巡展大理站展览

嘉宾代表合影

太极拳国际化的话语权

——在北京市高校『武术文化传承发展研讨会』上的演讲

为打造和建设高校武术文化传承与发展的平台，北京市"特色武术创新成果展示和高校武术文化传承发展研讨会"等系列活动于2017年3月5日在对外经贸大学隆重推出。本次活动由对外经贸大学体育部、对外经贸大学武术协会、武协校友联谊会联合主办。著名武术文化学者、世界太极拳网主编余功保先生应邀出席研讨会并发表了主题演讲。对外经贸大学校领导、体育部领导、北京市各流派著名武术家、对外经贸大学校友200多人出席活动。活动中展示了大量丰富的纪实图片、大学生研武文集、教学视频，记录了北京市各高校特色武术教学的系列成果。

极享——余功保太极演讲录

（2017年3月5日 对外经贸大学诚信楼）

在对外经贸大学举办太极文化讲座

高校武术发展是当代武术体系中非常重要的一部分。自1982年北京大学武协成立以来，中国高等学校武术文化工作始终持续不断发展。武术文化的健康蓬勃发展，研究是基础，这也是我们国际化推广的根本立足点。推广发展武术文化要从国家文化发展战略的高度来认识，要从国民基础教育的意义上来认识。高等学校是重要的研究、

参观高校武术成果展

交流、活动、人才阵地，搞好高等学校武术文化的普及和提高，具有特殊的意义。武术文化的国际化发展要讲究科学、讲究系统。这次看到的北京市高校武术发展成果令人鼓舞，特别是看到对外经贸大学很多武术教学成果，独具特色，比如"五行连环剑"还入选了国家体育总局首批"中国体育非物质文化遗产保护与推广项目"。值得祝贺。

我们常说一句话"武术源于中国，属于世界"，这是指它的功能和价值，以及对世界文明的贡献度。在实现这一目标的过程中，有许多工作要做，也有许多方法要讲。

太极拳的国际化推广，首先要有技术规范，这个技术规范要由中国来制定，这样才能保证太极拳技术的统一、准确和权威，也容易得到共识。

太极拳推广中，文化因素也非常重要，世界各国的朋友们学习太极拳，他们了解太极文化的需求性和必要性比我们丝毫不减弱。所以如何在太极拳推广中很协调、很有效地融合文化元素，这也是一个课题，而且这部分内容不能放慢了。在开始推广技术的同时，同步就要有文化的内容，不能说先推技术，文化的内容以后再说，那就慢了、就晚了，就会大大影响推广的效果和层次。文化和技术的内容融合不能简单化、随意化，一定要专业化，要由真正的中国文化专家和太极拳专家来联合研究确定。

主编英文版《中国武术丛书》

太极拳国际化推广中还有一个十分重要的内容，就是太极拳专业词语的制定与规范化。语言是工具也是基础，太极拳中的外文词语如何翻译？一要准确，二要生动，三要权威。在20世纪80年代末，我曾经和外文出版社合作，主持编定了一套《中国武术丛书》，其中遇到的一个最困难的问题就是武术词语的翻译和确定，编写每一册的都是武术的权威人士，技术上没有任何问题，就是武术专业词如何确定很犯难。当时也有一些武术外文图书和杂志，但词语上各说一式，同一词语有很多说法，我们花了很大气力去研究这件事。语言必须规范统一，不规范统一就可能造成传播过程中的歧义，特别是在内涵和文化这个层面上，理解偏差会很大。比如一些关键词"丹田""云手""拳架"等，应该定型规范。还包括太极拳技术的解说，既要考虑教学的量化，不量化就无法大面积推广，但又不能破坏它的内涵、意蕴，这也是一个科研课题。

以上种种，应该建立一套中国人为主导的太极拳话语体系，掌握太极拳国际推广的话语权。这不仅是一个技术标准问题，还是一个文化发展与传播的问题。在这些方面，高校的人才优势和资源优势在未来会发挥出更大的作用，令人期待。

太极拳国际化的话语权

世界太极明星联队表演

山高拳为峰
——在孙式太极拳峰会上的演讲

2017年3月29日，世界孙式太极拳峰会在天津宁河举行，来自世界各地的孙式太极拳名家、传人汇集一堂，展现中国传统太极拳的丰富内涵。孙式太极拳峰会为当代孙式太极拳高层次、高水平的研究、交流、发展平台，是三亚南山第二届世界太极文化节系列活动之一。峰会集中了世界各地当代孙式太极拳最优秀的人才，从传承、理法、功技、文化等方面系统展示孙式太极拳的丰富内涵，对于孙式太极拳以及当代太极文化的国际发展具有重要推动作用。

孙式太极拳峰会由天津市宁河区政府、世界太极拳网、天津市武术运动协会、"三亚南山"第二届世界太极文化节组委会主办，天津市宁河区体育局、天津市宁河区武术协会、天津市孙氏拳研究会承办。

武术界领导和嘉宾李杰、关鹏、杨其元、李美玲、刘洪耀、何任道，孙式太极拳名家张茂清、孙婉容、刘树春、霍培林、童旭东、戴建英、李斌、沈宝发、胡俭雷、王振清、高建设、党雪田等近百人参加了峰会，著名太极拳家李德印、张全亮、杨志芳、田秋信、马广禄、梅墨生、方汝楫、陈骊珠、田春阳、庄海、刘彦英、柯文、方弥寿，世界太极拳冠军高佳敏等作为特邀嘉宾出席峰会。天津市武术界领导刘伟、苏常来、刘宝玉等出席了峰会。

峰会上众多太极拳名家结合自身数十年的研究成果，进行主题演讲和专题研讨。峰会包括"讲武堂"和"演武堂"等环节，"讲武堂"上，孙式太极拳主要代表人物细致讲解孙式太极拳要领和原则、技击和养生原理等，讲练结合，亲身示范。"演武堂"为太极功技大展示，孙式太极传人和其他太极流派的代表人物表演传统太极拳的核心拳、械套路。

峰会开始前，参会代表和嘉宾还参观了"世界太极文化巡展——天津站"，并在孙式太极拳峰会嘉宾代表墙上签名留念。

极享——余功保太极演讲录

（2017年3月29日 天津宁河宾馆）

来自世界各地的孙式太极拳名家、传人，以及各流派太极拳、武术名家们：

大家好。

刚才张茂清老师致辞中介绍这次孙式峰会筹备的过程和想法，十分感谢他对活动成功举行做出的努力，也感谢各位的大力支持。

太极是一座山，不同的习拳者会看到不同的风景，每个人的不同阶段看到的风景也不一样。山高无限，拳永远在上，登山的过程就是一种巨大享受，太极拳是我们攀登人生高峰的一个有力工具。今天我们在天津宁河，饱览了"孙式太极"这座山峰，奥妙无穷，风光无限。

孙禄堂先生是中国武学的一座高山，他创立的"孙式太极拳"和"孙氏武学"卓然而立于武林，影响巨大。孙存周先生、孙剑云先生继承家学，并传之于社会。在座的很多人都是孙剑云老师的弟子，都深刻地感受到她对于武学的一片赤诚之情，剑云先生生前我和她有很多次接触，她的无欲则刚、刚柔并济、胸怀大众的人生态度与从容风范，正是太极拳理法的楷模实践。我去过她的家中，非常简朴，我曾经写会议文章说她家中"简单得只剩下必须"，但她留下的孙式太极拳却是价值无限的宝藏。我们今天举行这个峰会，就是进一步开发这个宝藏，让它更加造福广大的人民。

今天参会的代表，集中了当今孙氏武学一大批优秀传承人，大家在各个地方皆为独具影响的名家、专家，传播、带动了各地群众广泛习练孙式太极拳。这几年孙式太极拳发展很快，是大家共同努力的结果。通过和大家的深入接触，我还感觉到咱们孙式太极拳的传人们非常团结，在拳学理法功技上大家互相讨论、印证，在发展上互相支持。

孙式太极拳是一个开放的结构，从产生起就这样。孙禄堂先生就是吸收了很多武术拳法的精华创立的孙式太极拳，之后也面向社会进行传授，在中央国术馆等很多地方教学，广泛开展交流。正是基于这种思路，这次峰会也邀请了众多太极、武术流派的名家参会。孙氏武学也滋养了很多的优秀武术家，比如我们在座的李德印老师与孙门也有很深的渊源，在很多场合都宣传、介绍孙式武学功夫；世界冠军高佳敏女士也长期习练孙式太极拳，还曾经获得孙式太极拳全国冠军，这次专程从美国回来参加峰会。

这次峰会还有一个特点，就是孙门几代优秀传人同时亮相。第三代、第四代，还有第五代，这种"功夫接力"薪火相传是孙式太极拳兴旺发展的长久大计。在这两天的活动中，我们将充分聆听他们的武学研修成果，目睹他们长期研修的精湛功夫。

在孙式太极拳峰会演讲

【附】出席本次孙式太极拳峰会的孙式武学传人代表：

孙婉蓉　张茂清　霍培林	崔云伏　霍永俊　张惠珠
刘树春　沈宝发　童旭东	顾红芬　江晓辉　周立华
戴建英　王振清　胡俭雷	张国琴　李　婷　毛剑峰
高建设　党雪田　张金香	刘纪荣　朱宝印　贺少东
李铁明　赵俊生　周宝田	纪春香　胡凤玉　王振龙
李　斌　蒋　舟　刘连发	葛晓飞　张春光　郑启明
孙　琦　马凤山　蔡春明	刘树清　王卫博

孙式太极拳峰会会场

孙禄堂先生拳照

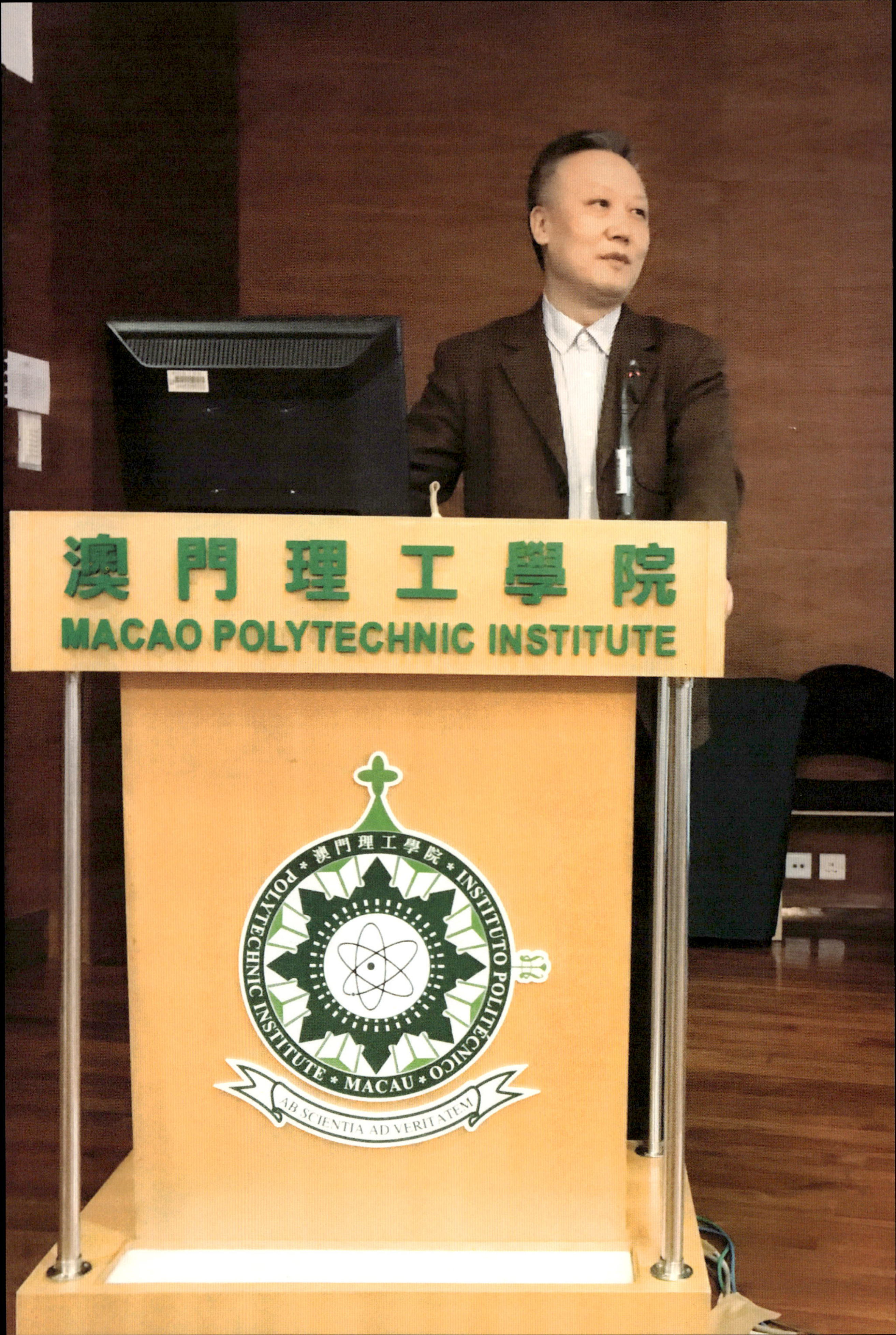
澳門理工學院
MACAO POLYTECHNIC INSTITUTE
澳門理工學院
POLYTECHNIC INSTITUTE
INSTITUTO POLITECNICO
MACAU
AB SCIENTIA AD VERITATEM

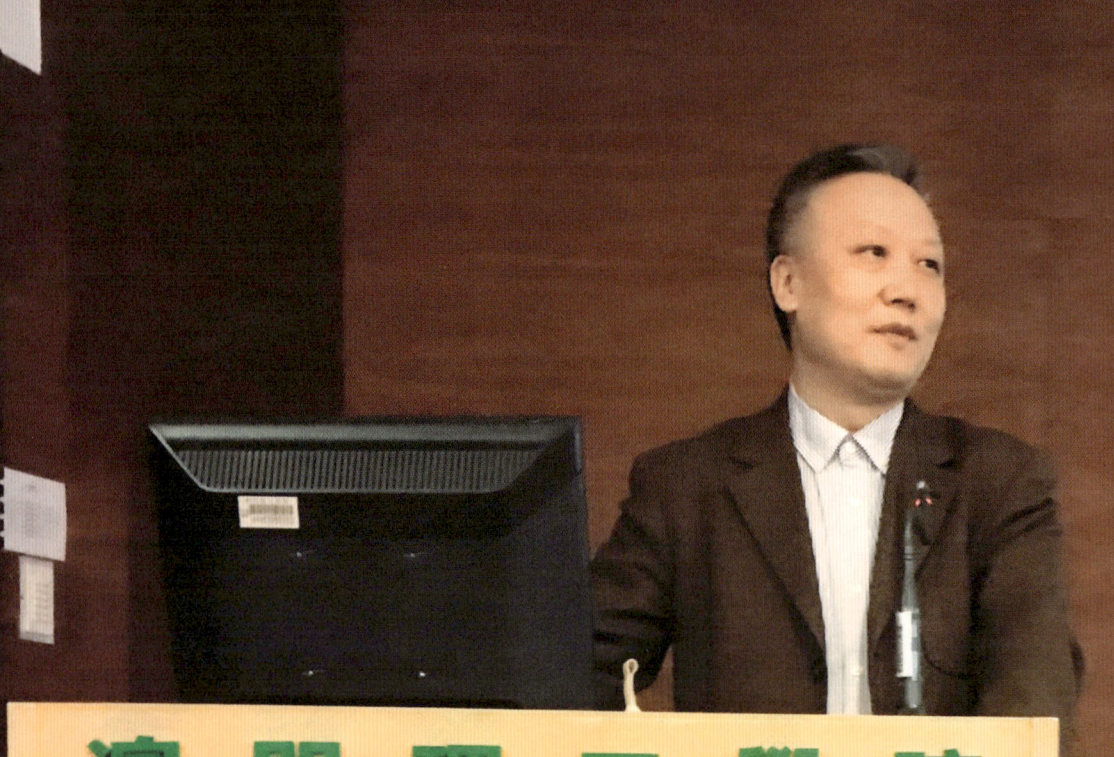

太极休闲，身心自在

——在澳门世界休闲体育高峰论坛上的演讲

2017年4月，由世界休闲体育协会主办，世界休闲体育协会澳门分会、中国文体旅游产业（澳门）投资策划有限公司承办的世界休闲体育经济（澳门）高峰论坛在澳门隆重召开。本次论坛主题是"休闲时代，健康世界"。来自美国、加拿大、法国、英国、俄罗斯、澳大利亚、日本以及中国等20多个国家和地区的300余名休闲体育专家学者和企业家参加了论坛。

极享——余功保太极演讲录

（2017年4月12日 澳门理工学院）

感谢论坛组委会的邀请，感谢田春阳先生和他的相关团队为本次论坛举办所作出的努力和贡献。这次论坛来了很多大学的校长，以及世界各地从事体育休闲方面的研究专家。大家这两天的交流很有益处，使我受到不少启发。

大会让我谈一下有关太极拳与体育休闲方面的内容。我觉得太极拳与休闲还是很契合的。

太极拳，从某个角度来说，它就是一种休闲的方式。太极拳能让身松下来，让心闲下来，沉静下来。把身体闲下来是一件很容易的事，但也是一件很难的事。我们的身体现在负荷太大，总是处在不停的奔波、劳作当中。一方面我们的心里长满了草，比较杂乱；另一方面我们的心逐渐荒芜，缺少文化和精神的滋养。单就阅读而言，现在是一种碎片化的阅读，把传统的阅读丢掉了，把传统的获取精神心灵家园的一种滋养渠道丢掉了。练太极拳的一个作用就是把身心状态先静下来、闲下来，这里的"闲"不是无所事事，而是把紧绷的弦缓冲一下，腾出一个空间来。休闲是一个空间感，比如我们去旅游，是打开我们视觉身心感受的空间，让我们的心静下来，能够驰骋在自然当中更广阔的一个空间里。现在很多人，几十天、几个月甚至几年把自己关在一个狭小的思维空间、物理空间和利益空间当中，长时间突破不了。太极拳那种休闲，是让我们的精神和身体都能够休闲下来，同时，跟一些运动、跟一些娱乐、跟一些社会活动、跟一些旅游、跟一些优美的自然山水、跟城市的人文、跟各地的民俗结合起来，能够实现紧张身心的解放。实现这些结合，需要我们有一个很安静的心态，一种开放的心态，去接

太极体育休闲大别山健康旅游

纳相应的元素。要逐渐把我们重新放回到自然、放回到社会，到一个和谐的氛围和环境中去感受，感受生命的自在，从而产生愉悦感，这就是太极拳休闲的功能和意义所在。自在，对当代许多人来说，已经是一种很奢侈的享受。练太极拳能让人和自然、社会产生更好的沟通，这也就是太极的思维。太极拳不仅仅是技术上的事情，不仅仅局限在"练"，还在于"修"，随时随地可"修"。

还有一点，我要纠正一个误区，有人认为，休闲是有钱人的事情，有了钱才有条件、有心情去休闲。其实，太极拳的休闲，与金钱无关，你疲惫、繁忙的身心，更需要以"太极"的方式休闲，每个人都完全有这个条件来实现太极拳的休闲。

太极拳的传承与传播
——在陈式太极拳峰会上的演讲

2017年4月27—29日，为期三天的全国陈式太极拳峰会在河南温县陈家沟隆重举行。来自全国各地的陈式太极拳名家、传人汇集一堂，交流陈式太极拳功夫、技法与理法，探讨陈式太极拳发展方向与理念。陈式太极名家及传人陈小旺、王西安、陈小星、张福旺、阎素杰、李恩久、田秋信、马广禄、吕德和、梅墨生、刘彦英、王洪恩、阎海峰、李新、刘永强、王文国、王大昭、史晓明、窦汉东、陈西立、杨合发、陈二虎等参加了本次峰会。他们就陈式太极拳发展、文化、理法中的核心问题，以及太极拳的一些重点问题，如太极拳与旅游、太极拳家的素质塑造、如何打造高效能、高质量的太极拳活动等进行了深入讨论。在陈式太极拳峰会召开的同时，还举行了2017陈家沟太极拳家乡赛，近2000名运动员参加了比赛。 峰会期间，还举行了"世界太极文化巡展——陈家沟站"展览活动。陈式太极拳和其他各流派名家、太极文化研究专家还应邀在温县中国太极拳职业教育中心进行了讲座授课。

本次活动由世界太极拳网、"三亚南山"第二届世界太极文化节组委会主办，温县太极拳武术文化管理中心、温县体育局、温县武术协会承办。

极享——余功保太极演讲录

（2017年4月27日　河南温县陈家沟）

今天云集了当代陈式太极拳优秀的名家和传人，在温县陈家沟举行这个峰会。这是一个陈式太极拳的"高光时刻"，我们来研讨、交流、展示当代陈式太极拳的最高水平和最完整的传承体系。这是第一次，所有陈式太极拳的传承支脉代表性人物都汇

在陈式太极拳峰会上演讲

陈式太极拳峰会对话会

焦作市、温县领导参加峰会论坛

聚在一起，并且这次峰会和陈家沟太极拳家乡赛结合在一起，非常有意义。昨天参加了"陈式太极拳峰会暨陈家沟太极拳家乡赛"的开幕式，非常精彩，展现了陈家沟和国内外陈式太极拳发展的兴旺局面。

我们这次峰会的内容和一般的陈式太极拳的交流会不同，主要是研讨传承问题。传承是我们提倡的一种太极拳的精英文化。太极拳的发展分为两个层次，一个是传播，一个是传承。传播就是让更多的人来接触它、理解它。传播面越广越好，传播方式越简便越好，甚至某些传播的概念越新越有效。但传承不同，它是少数人掌握的太极拳尖端的东西，包括传统的理论，传统的功法、技法，传统的传承方式等。

太极拳传播过程中，有一些改造、变化，但传承不能轻易变。太极拳的传统，太极拳中精华的东西一定要有一部分人掌握它的内核的精神、内核的理论、内核的方法和内核的功技。不是说传播的内容不精，而是说在传播中为了让大家便于接触、学习，可以用很多灵活的方法，可以往兴趣上靠一靠。但传承一定要下苦功夫，要严格训练程序，要有更多的付出，才能获得更多的真功夫。

拳的精英人物，陈式太极拳的现在和未来需要靠我们这些人继往开来。传播没有传承做一个基础和内涵，它是没法传播的，它没有这种辐射力。所以说我们这些精英人物是引领太极文化发展的一种核心的力量、核心的价值。现在流行一种说法叫"正能量"，我把太极拳的社会价值叫作"优能量"，优能量是更优化的东西，是一种纯粹的、浑厚的正能量，我们太极拳就是中华民族的一种优能量。我们传承太极拳就是要发扬这种东西，"武"的意义在于要培养人强大的心性、正气。我们峰会的举办，就是要推动太极拳在全社会发挥更大的现代价值。

中国武术的生命观与人文精神
——在北京体育大学的讲座

由北京体育大学科学技术处、北京体育大学武术学院主办,武学讲坛组委会、武术学院研究生会承办的北京体育大学《武学讲坛》,于2017年5月8日晚邀请余功保先生在校学术报告厅举办主题为"中国武术的生命观与人文精神"的讲座。北京体育大学学生、进修老师以及武术学院领导和部分教师参加了讲座活动。讲座最后,余功保先生回答了听众们的提问。

极享——余功保太极演讲录

（2017年5月8日　北京体育大学学术报告厅）

在北京体育大学进行武学讲座

感谢北京体育大学武术学院的邀请。今天张强强院长以及咱们武术学院的这么多师生都来到这里，一起研讨中国武术文化，我感到非常高兴。我听说在座的有很多硕士生、博士生，还有全国各地一些进修的老师和一些正在这里参加全国比赛的教练员、裁判员，我对大家钻研传统武术文化的热情很感动。

今天我先分享一点体会，然后我们可以做开放式讨论，大家提出一些问题，我来尽量回答我的看法。

我觉得学习武术首先要对武术有正确的理解。我们大学培养的是高级武术专业人才，在这方面尤其要清晰，这是根本出发点。很多人说，我们练了很多年、研究了很多年，还不了解武术吗？其实人人心中都有一个自己理解的武术，不同时期的人对武术的理解也有不同"侧重"。我说的"侧重"，是因为武术本身就是个立体的概念，不同的人、不同时期，都可以按需所需地去理解它。这里的"按需所需"是指社会的需要，不是某个人的个体需求。但是，几千年来，武术又有一以贯之不变的核心定位，就是它体现了中国人的"生命观"。武术所理解的生命是勃发的、昂扬的，所以武术所有的锻炼方法都是以激发人的内在生命能量、生命动力为出发点，构建了"内功外技"相融合的技术理论体系。武术的训练重在突破常规化的运动能力表达，以"有限"来实现"无限"的能量蓄发。所以，不能有效改善自身的武术功夫不是上层功夫。

另外一点，武术还是一种生命个体间互相关联和影响的方式。所以武术的文化内涵中构建了一套道德和价值体系。包括中国文化中的伦理观、侠义思想、家国情怀等。武术技术中包含了很多精神因素在内，精神因素不仅是运用的需要，也是训练方法的重要组成部分。这一点尤其需要深刻理解。

目前，社会上关于武术的技击功能讨论得比较多，此次讲座前也接到咱们这里听众的一些反馈意见，希望我谈一点关于传统武术的技击问题。技击是武术文化的重要内容，也是武术的灵魂。技击是个十分专业的问题，不是凭空想象和理解的。技击是分种类的，有古代的战场厮杀，有过去江湖的生死相搏，有街巷的格斗，还有现代搏击项目的比赛，这些都是有所区分的。就搏击项目而言，技击三要素是最关键的，分别是体能、技术和意识，三者缺一不可。没有体能，上场坚持不了几分钟，比赛场上的消耗和平时练习是不同的感受，没有充沛的体能就不能胜任搏击比赛，在这方面，现在很多传统武术的传授方式不能形成高强度的体能训练。如果要参加比赛，必须进行专项训练。技术是核心，在这方面，中国传统武术大有用武之地，每个流派的传统武术都积累了丰富的搏击技术和功夫。我认识很多全国搏击冠军，他们从传统武术中汲取很多技击养料。意识就是你得有实战经验，这是需要在搏击实践中不断积累的。中国武术的技击技术，十分强调以柔克刚、以弱胜强、以静制动，这也是它的技击文化体现。

中国武术十分注重养生，这是它的生命观和人文精神的体现。不是以战胜对方为终极目标，而是以强大自我身心状态为要旨。武术追求的健康包括生理健康、心理健康和人格健康，而人格健康在中国武术中有着独一无二的价值，一个人的包容性有多大，功夫就有多大，长寿的人都能做到动静相生、内外兼修和性命双修。中国武术的本质是人性的反映，在锻炼中能不断修炼人性，实现自我完善和提高。中国武术的生命观就是中国文化的生命观。要贵生，即尊重生命；要自强，即自我强大。天人合一，道法自然，这些都是武术的生命观所包含的。

理解中国武术的人文精神，有几个字是要特别关注和理解的，一个字是"侠"，即有责任感，奋不顾身去做自己认为高兴的事。真正的"侠"不是自我表现，而是生命价值的社会实现。另外几个字还包括"和""中""本"，研究中国文化要知行合一，并且以生命为本、以内敛为本。

当然，所有这些都是以技术为基础的。真正理解中国武术的生命观和人文精神，是需要去练一练的。

游于艺，合于道

——在全国吴式太极拳峰会上的主持演讲

2017年5月17—19日，全国各地的吴式太极拳名家云集于北戴河，举行全国吴式太极拳峰会。来自全国各地、各支脉的吴式太极拳名家代表、优秀传人200多人参加了峰会。历时3天的峰会，举办了多场丰富多彩的活动，包括太极拳传承、理法、功技、文化等各个方面，系统展示吴式太极拳的丰富内涵。对于吴式太极拳以及当代太极文化的发展具有重要推动作用。吴式太极拳峰会由北戴河区人民政府、世界太极拳网、"三亚南山"世界太极文化节组委会联合主办，北戴河区体育局承办，河北省武术协会、北戴河区政府有关领导出席了峰会。吴式太极拳名家张全亮、王大勇、吕德和、梅墨生、冯志明、战波、修占、高壮飞、关振军等数十位太极名家，以及其他流派的太极名家张茂清、霍培林、胡凤鸣、李德润等参加了峰会，峰会包括"海滨晨练""讲武堂""演武堂""研讨会"等环节。峰会期间，参会代表和嘉宾还参观了"世界太极文化巡展——北戴河站"。

（2017年5月17日　北戴河工人疗养院）

全国吴式太极拳峰会今天在北戴河开幕了，这次吴式太极拳峰会可以说云集了海内外的吴式太极拳名家，人员很齐。峰会内容也很丰富，既有太极文化的研讨，也有太极拳的修炼和基本理论方面的讲解交流。今天上午我们邀请了全国各地的几位名家，跟我们分享他们的练习、研究心得。几位老师重点讲的是太极拳如何科学习练的问题，这是一个非常核心的要点。太极拳发展中存在着许多矛盾，其中一个重要的问题就是太极拳真正的高级的师资力量很缺乏，和太极拳快速发展的局面产生了矛盾，这就给太极拳科学习练带来一定的隐患。

吴式太极峰会演武活动

游于艺，合于道

峰会演讲

太极拳是一门综合性的科学，一种运动形态，我们说太极拳是一种武术，也是一种文化之拳，它是融合中国很多文化内容的一种哲学之拳，它把中国传统关于生命、关于天地与自然的哲学理念通过形体的方式表达出来，有一种智慧的光芒。通过太极拳的习练和研究，体现中国人关于生命、关于科学的认识。这就是我们说的"游于艺，合于道"，"拳道"暨"人道"。

这种智慧的浓缩，通过拳脚来体现，通过太极拳的演习，能够帮我们对于生命、生活的理解提高更大一步。

吴式太极拳长寿的名家很多，很多拳家习练注重"养"。有的人很会打拳，但不会养。究其原因，是并没有真正理解太极拳的"柔"。我觉得太极拳的"柔"有三大特性，第一是"去僵化柔"。就是把"僵劲"去掉，把死力去掉，把全身的紧张点去掉。所以这一步练拳的关键就是解放自己，把自己从紧张的束缚中解放出来，获得身心的自由。紧张点是能量的消耗点，消除了紧张点，全身就更加协调，减少能量的损耗。第二是"由松入柔"。这里的柔是整体性、协调性，这个阶段练拳重点是释放自己，挖掘、发挥自己的能量。由松入柔方可贯通，贯通四肢、贯通经脉。第三是

极享——余功保太极演讲录

吴式太极名家北戴河海滨演武

"刚柔相济"。以柔的协调，形成刚的强盛，内脏的刚强、精神的刚强。拳势虽绵绵若存，然气韵生动，气势浩荡。无论是养生还是技击，必须"刚柔相济"方为上乘功夫，"刚柔相济"是太极的一种"道"。

峰会期间举行了世界太极文化巡展活动

历史上的吴式太极拳大家都是达到了这种"刚柔相济"的状态的，比如吴鉴泉先生、杨禹廷先生、刘晚仓先生、王培生先生等，这也是对我们当代拳家的一种要求。这几天，当代最优秀的各支脉的吴式太极拳传人、名家汇聚在一起，相信会把吴式太极拳的理法功技和发展推向一个新的高度和境界。

这次来参会的很多老师都是八九十岁的年龄，为什么还要来参加这个会，奉献出很多的精力，我想就是对民族、对太极拳、对传统文化有一份强烈的责任感，我觉得每个人心里边都有一种对太极拳的自豪感，这种责任感、自豪感是中华民族几千年的人文精神的一种光辉的体现。这份责任感有人理解，有人不理解，但是我们自己理解，我们自己来坚守这份责任，让太极拳的光辉照耀我们，也照耀更多的人。优秀太极拳传人对传统文化的这份尊敬、这份执着都是值得尊敬的，将来历史会给我们一个非常高的评价。一个人一辈子的生活和生命都很短暂，但是能够给自己一种巨大的享受、给后世一种传承的力量，这个我觉得是非常有价值的。

以开放的胸怀拥抱世界
——在杨式太极拳峰会上的主持演讲

2017年5月19—22日，为期4天的全国杨式太极拳峰会系列活动在杨式太极拳发源地邯郸举行，众多杨式太极名家汇聚一堂，切磋技艺。当代杨式太极拳的代表人物杨振铎、杨志芳、赵幼斌、傅清泉、杨军、李剑方、崔仲三、路迪民、邓时海、苏清标、陈骊珠、赵亮、王嘉林、庄海、肖承东等众多太极拳名家代表参加了杨式太极拳峰会活动，海南三亚南山景区总裁关鹏、"三亚南山"世界太极文化节组委会执行主任杨其元、邯郸太极拳办公室主任杨宗杰、武术主要媒体负责人刘洪耀、赵江峰、张欣，其他流派的太极拳名家代表胡俭雷等出席活动。

峰会分别举行了演武、论坛、对话等环节，与会嘉宾就杨式太极拳的格局、发展，太极拳的教育，太极拳发展中存在的问题，太极拳传人的理论和文化素养，邯郸太极拳的发展等进行了热烈讨论。峰会还特邀几位优秀太极拳名家进行了主题演讲，赵幼斌、杨军、傅清泉、邓时海等分别就传统太极拳的练习方法与原则、太极拳国际发展的若干思考、太极拳的健康价值、杨式老架太极拳理法等内容发言。

会议期间，还举行了"世界太极文化巡展——邯郸站"的展览，邯郸学院太极学院的师生和来自世界各地的杨式太极拳代表300多人参加了峰会论坛并参观了展览。峰会论坛后，来自世界各地的杨式太极拳爱好者分别在邯郸、永年广府等地进行了游览、学习和交流活动。

极享——余功保太极演讲录

（2017年5月20日 邯郸学院）

我们这次全国杨式太极拳峰会是"三亚南山"第二届世界太极文化节的系列内容之一，目的在于促进全球杨式太极拳的研究、交流与发展。

非常感谢邯郸学院院长马计斌先生刚才的致辞，邯郸学院为本次峰会论坛的举办提供了大力支持。我们昨天和学院领导们也进行了深入讨论和交流,就今后世界太极拳网和邯郸学院太极学院的一些合作,特别是共同推进太极拳教育的发展达成了许多共识。太极拳教育是一项大的工程,也具有很大的意义,太极拳能否得到长久的、

在邯郸学院太极学院主持全国杨式太极拳峰会

可持续性的发展,教育是否科学化是一个特别关键的问题。

还要特别感谢杨振铎老师出席今天的峰会活动,并宣布峰会论坛开幕。杨老师已经90多岁高龄了,是当代太极拳家的一个楷模。我们认识20多年,他对于太极拳的深厚感情,高度的责任感,对太极拳教学一丝不苟的态度,对太极拳发展开放的思维和胸怀都使我深受感动。

可以说,杨式太极拳,乃至整个太极拳的发展,就是在打破藩篱、开放思维和胸怀中不断扩大规模和影响力的。

杨式太极拳发源于邯郸永年,它真正的推广传播,在全社会产生广泛的影响力,是从北京开始的。杨式太极拳的产生和发展,显示了开放思维的巨大作用。太极拳发展到今天,我们仍然需要这种思维和胸怀。

我们要用更加广阔的胸怀去拥抱世界,太极拳不是空中楼阁,不是理论模板,它甚至不是阳春白雪,它是需要接地气的,接不同地域的"气"以及不同文化背景的"气"。太极拳本身就是"圆",它练习的技术要领上处处都是圆,圆就是一种开放结构,能够以有限体现无限,能够以有限容纳无限。所以太极拳的要领、理论和发展应该是三位一体的思维模式。开放思维需要勇气,而破除故步自封、破除唯我独尊、破除山头主义更需要勇气。太极拳不属于哪一个人、哪一个机构,他是属于全人类的共同财富。无数的优秀太极拳前辈们,为我们做出了杰出的表率。杨露禅融会贯通,继往开来;杨澄甫广传弟子,破除界限。董英杰、郑曼青、崔毅士、傅钟文、李雅轩、牛春

杨振铎先生宣布杨式太极拳峰会开幕

明、赵斌、杨振铭等，还有我们在座的很多老师，在这方面都做出了表率。可以说，谁故步自封、以我为尊，他就不是真理解了太极拳的要义，不是真正懂太极拳，也不可能得到真正的广阔的发展。

刚才听了几位杨式太极拳名家的发言，深受启发，学习了很多东西。赵幼斌老师、杨军老师、傅清泉老师、苏清标老师、李剑方老师等都介绍、讲解了自己多年来研究、推广太极拳的心得和成果，还和学生们进行了答疑互动。他们的讲座，我想对于今天在座的很多邯郸太极学院的同学们来说，是一次非常宝贵的开放式的教学课。今天的这些讲座，有可能对他们今后从事太极拳事业产生深远的影响。有的时候，一个真正好的讲座，甚至是一堂课，都会产生巨大的影响。我到现在还经常回忆起几十年前在北大上学的时候听的一些讲座，各个领域优秀的人物把他们的心得精华介绍给大家，这也是一种重要的文化传承方式。真正好的讲座，一定是具有深刻的思想、充实的内容和毫不保守的开放心态。我经常听一些太极拳名家的讲座，这也成为我汲取太极拳的知识和力量的一种重要方式。

杨式太极拳的国际化推广工作做得非常好，从早期的董英杰先生、郑曼青先生，杨守中先生做的开拓性的推广工作，到后来傅钟文先生、杨振铎先生等一批优秀拳家都做了很多的工作。我们今天发言的几位专家，还有在座的很多名家也都付出了许多努力，培养了众多的太极拳学员。比如杨军先生成立的国际杨氏太极拳协会，全世界现在有几十个分会。比如赵幼斌先生，包括张亮先生，他们都经常在国外进行教学。

我记得我在写作《随曲就伸——中国太极拳名家对话录》系列书时和赵幼斌老师谈话，他当时就是在国外和我通过电话完成的。还有傅清泉先生，都是常年在各国飞行，非常勤奋地从事太极拳的国际化教学。我们这次举办的全球杨式太极拳文化节，就是杨志芳老师辛勤努力的结果，把全球杨式太极拳爱好者汇聚一起。很多年前，我们杨式太极拳就组织进行了第五代的太极拳家联谊会，把海内外的各个支脉的杨式太极拳的传人聚拢在一起，共同研讨拳理拳法，共同演练、观摩交流拳功拳技，联动太极拳机构，共同合作、呼应，来推动世界各地的杨式太极拳的发展。如今杨式太极拳学员遍布世界各地，成为习练人数最多的太极拳的流派。当然，当年简化24式太极拳以杨式太极拳为基础编定，也发挥了重要的作用。但是，我始终认为，我们现在太极拳的发展，包括杨式太极拳在内，它的规模和影响力还远远没有达到它应该有的高度、广度和深度，这就需要我们共同努力。

我们沐浴在一个伟大时代的光辉、数千年中华文化的光辉、世界文明伟大成果太极拳的光辉之中，这是我们的幸运，也是我们的责任。太极拳峰会就是要研讨、交流和推介精华的内容、精髓的功夫和精英人物，让太极拳更好地服务于全世界人民。

杨振铎先生出席杨式太极拳峰会活动

优秀太极拳家的素质
——在国际杨式太极拳协会中国总部成立会上的演讲

2017年5月26日，国际杨式太极拳协会中国总部的开业庆典在北京隆重举行。来自世界各地的众多太极名家、传人云集，数十家媒体到场。出席庆典的太极拳名家有杨振铎、陈正雷、马海龙、孙永田、钟振山、和有禄、杨志芳、李剑方、田秋信、傅清泉、陈骊珠、田秋信、丁水德、冯秀芳、丁尔、李正等。国际杨式太极拳协会主席杨军致辞，介绍了多年来推广杨式太极拳的情况和理念。著名太极文化学者、世界太极拳网总编余功保应邀参加活动并讲话。开业庆典前，播放了纪录短片《百城同练太极拳》，展示了国际杨式太极拳协会所做的大量推广工作。

极享——余功保太极演讲录

（2017年5月26日　北京世纪金源酒店）

尊敬的杨振铎先生及太极拳各个流派的名家们：

大家上午好。

今天非常高兴来参加国际杨式太极拳协会中国总部的开业庆典。两个月前在昆明我也参加了杨军先生的昆明总部的开业活动，时隔两个月北京总部又在大家的支持下开始运行。几天前我们在河北邯郸，也就是杨式太极拳的故乡，召开了全国杨式太极拳峰会，在座的一些杨式太极拳的代表人物和其他流派的名家也参加了。对于杨式太极拳在全球蓬勃的发展，我也由衷地感到高兴。跟杨军先生第一次见面是2004年，现在也是10多年了。在这些年当中，我也始终关注着杨军先生他们的发展。在过去的多年里，他们在海外很多个国家进行了卓有成效的工作，为推动太极拳在全球化的发展作出了重要贡献。现在杨军先生把自己的精力很大一部分放回国内，在国内推广杨式太极拳，应该说这是对国内太极拳的一大利好。

今天这么多的各个流派的老师来参加这个活动，也充分地说明了就像我们标题写的"天下太极是一家"。太极拳是中国文化的优秀遗产，它是中国文化核心精神的具体生命体现，对于培养中国人的文化自信心，培养中国人独立的人格、创新性、创造力具有重要的作用。近来有很多人问太极拳能不能打，太极拳当然能打，也必须要能打，不能打它就不是武术，太极拳的发展史充分说明了这一点。但是太极拳如果仅仅局限于打，甚至把打当成是衡量太极拳功夫高低的唯一指标，那是对太极拳一种不完整甚至是一种非常肤浅的认识。太极拳的高层次、高境界是对生命力强大的培养和心性的修炼。

太极拳在当今全球有这么多人喜欢,体现了它巨大的价值。我相信国际杨式太极拳协会中国总部的成立和运行将会对太极拳的发展发挥积极的作用,在这里也要特别感谢张欣音先生和他领导的太极团队,为国际杨式太极拳协会中国总部的成立和运行作出的重要贡献。今天到场的还有很多全国各地的太极拳的机构、媒体,大家共同努力才使得当代太极拳形成了如此辉煌的局面。我前一段在太极拳峰会演讲中说,中华民族处在一个伟大的时代,我们的太极拳同样也处在一个伟大的时代。这个时代给了我们太极拳人施展才华抱负的巨大空间。

谈到太极拳,大家通常说你的老师功夫有多高有多深,你的弟子有多少,你的影响力有多大。我今天重点说的是另外三个问题,就是关于太极拳的修养、责任和情怀,这是优秀太极拳家必备的素质。

太极拳本身就是一种文化,这一点太极人要真正认识到。前段时间在北大的一个聚会上,一位太极拳老师自谦,说北大教授们都是文化人,不像我们拳师没文化。我当场就开玩笑地纠正,我说太极拳家当然是文化人,是高级文化人,真正优秀的太极拳家就是真正的国学大家。所以练太极拳的人一定是有很高的修养,修养就是你的文

国际杨式太极拳协会中国总部成立会上的演讲

参加典礼的名家嘉宾

杨振铎、杨军推手照

化加上你的素质,练太极拳对于提高我们的修养有巨大的作用,修养就是你通过研修太极拳获得了多少文化的感悟,这种感悟又以何种程度融汇到了你的思维和言行之中。

第二点是责任,在座的很多人都是我们各个流派的老师、优秀的传人,他们把推广太极拳始终作为自己的一种责任。比如杨家从杨露禅开始,一代一代到杨振铎先生,到杨军先生,都把推广太极拳作为自己的责任,这种巨大的社会责任感已经超越了家庭、家族,是民族、国家、全球化的责任。传承太极拳是需要很强的责任感的,否则就会拘泥于或者沉溺于一些利益的纠葛,就容易眼界不高,视野不宽广。

第三点是情怀,情怀就是把太极拳跟自己生命密不可分地水乳交融在一起,有机地融合在一起。如果说责任是你自己感受到我应该这么做,具有理性化的成分,那么情怀就是不得不这么做,我一定要这么做,我只能这么做。情怀能够超越很多困难,超越得失的羁绊,也能够激发自身的巨大能量,超越功夫修为上的障碍,产生功技的提升和境界的飞跃。

所以修养、责任和情怀对于一个优秀的太极拳家、一个优秀的太极拳传人是非常重要的。杨军先生作为当今年轻一代太极拳家的优秀代表,在这几个方面都做了很好的表率。这也表明了我们这个时代青年太极拳家一种努力的方向,一种实践的方向。也希望未来中青年太极拳传人中涌现出越来越多的优秀太极拳家。

振铎先生拳照

《道德经》石壁墙 灵宝函谷关

太极拳与《道德经》
——『三亚南山』太极大讲堂讲座

2017年5月28日,"三亚南山"第二届世界太极文化节系列活动之"世界太极名家大讲堂——三亚站"在三亚湾红树林度假酒店举行。世界太极文化节组委会主任余功保,孙式太极拳名家李斌,太极拳名家、北京大学教授黄康辉,吴式太极拳名家战波,杨式太极拳名家崔仲三5位优秀的太极拳文化学者和太极拳名家现场"传道授业解惑",分别从太极拳与《道德经》、孙式太极拳的养生与技击、太极推手的方法与训练、吴式太极拳实战与养生、传统杨式太极拳法要传真等方面深入浅出地为现场及观看网络直播的太极拳爱好者们讲解了习练太极的方法和常见问题,并通过图文结合、现场演练的方式加以诠释,使学员们听得更加透彻。老师们的慷慨分享和精彩讲解赢得了现场观众的热烈掌声和广大网友的点赞评论。

世界太极名家巡讲活动自2017年3月18日在三亚南山首讲以来,已经在全国多个地方进行,获得广泛好评。巡讲活动以原味求真、高端精品、传统经典为特点,由各流派太极拳名家、太极拳研究专家、教授、学者结合太极拳最核心问题进行演讲,并通过网络直播,与全球广大太极拳爱好者进行互动,累计有数百万人收看、参与了巡讲活动。

（2017年5月28日 海南三亚湾红树林酒店）

三亚南山太极大讲堂名家对话

　　这个"世界太极名家大讲堂"是我们搭建的一个公益平台，通过这个平台，邀请一些优秀的太极拳名家跟全世界的太极拳爱好者进行交流、互动。我这个开始是抛砖引玉，后面还有几位老师给大家进行精彩的讲解分享。

世界太极名家大讲堂从 3 月 18 号在南山开始，当时是第一讲。作为三亚南山第二届世界太极文化节系列活动的重要组成部分，已经在好多个地方开展，比如云南的大理、河北的北戴河、温县中国太极拳职业教育中心等都做了演讲，受到世界各地太极拳爱好者的热烈欢迎。网上的直播互动也很热烈，美洲的、亚洲的很多地方的朋友都在直播过程中跟我们的名家咨询，提了很多问题，我们的老师也做了解答。

我今天跟大家分享一点心得，就是关于太极拳和《道德经》。中国的太极拳本身是一种文化，它有健身性、有竞技性、有表演性，还有技击性。现在很多人问太极拳能不能打，我说这个问题是不需要拿出来讨论的。太极拳作为一种武术，当然有很强的技击性，这是无须多问的，太极拳它必须是一种武术，技击是它的本质属性。在现代社会里它的养生价值已经上升到第一位，它有巨大的养生的作用。另外太极拳作为一种文化，是能够作用在精神层面的。我在国外演讲的时候曾经讲过一句话，太极拳是培养东方式精神贵族的一种有效方式，这个就是指文化层面而言的。学习太极拳要是不懂技击，就没有掌握它的一个本质属性；不懂养生，就没有把握它的主流的价值；不懂文化，就是没有上升到最高的层次。

当然文化有很多方面，我今天讲的《道德经》和太极拳，是体现太极拳文化的一个方面，因为时间的关系，只能讲一个提纲。《道德经》是中国古代著名的哲学著作，它浓缩了很多中国人的智慧在里边。

要学习研究太极拳，提高文化素养，读一读古代的典籍是一个很有必要的事情，不仅读《太极拳论》，一些基石性的典籍也是要读的，《道德经》应该是必不可少的。

在《道德经》中，很多内容和太极拳的理法有巨大的相同性，或者更准确地说，太极拳在发展中，吸收、融汇了很多《道德经》所阐述的精华内容。《道德经》谈天地自然之道、人的存世之道、立世之道。读《道德经》是让人更加自知、自信和自强，这是和太极拳完全一致的。

我觉得不读《道德经》对于研究太极拳是一种缺憾。另外，从太极拳角度来研究《道德经》又是一种视角，对深入理解《道德经》也是很有帮助的。当然，太极拳和《道德经》的关系是一个很大的课题，我今天在这几十分钟里也不可能都讲完，所以我选取其中的几个点，举几个例子来说明一下。

我觉得太极拳跟《道德经》的关系在几个方面是值得高度关注的，一个是思维方法，太极拳的很多思维方法跟《道德经》有密切的关联。另外一个是生命观，太极拳的生命观和《道德经》有高度的契合。还有它的知行观，中国文化讲究知行合一，要知还能行，它的知行观是跟《道德经》有很密切的关联。再一个，它的自然观、自然之道，它的应对方法、应对的思维方式都有密切的关联。当然这个密切的关联不是一种简单的对应关系，它是内在的一种沟通。

　　《道德经》在结构上分为两个方面，道经和德经，是两大概念。从太极拳的角度来说，"道"就是指太极的方法、套路、技术，"德"就是指太极拳的状态，它的涵养、它的包容。所以研究太极拳和《道德经》的关系，我们也可以从"道"和"德"这两个方面来研究。第一点就是自然之道，《道德经》讲究的就是一种自然之道，太极拳其实也是讲究自然之道。《道德经》里大家都很熟悉"人法地，地法天，天法道，道法自然"这句话，所以在《道德经》里强调的是一种自然之道，这是贯穿全篇的一个特别核心的东西。我们讲中国文化"天人合一"，天人合一也是在《道德经》里面始终贯穿着，虽然每个章节表述的角度不一样，表述方法不一样，我们的太极拳的天人合一和讲究自然之道也是贯穿在拳理、拳法中的。太极拳在中国武术拳种中的产生应该说是比较晚的，它也有一些特别优势。它借鉴和吸收学习了很多其他流派武术的长处，它把中国文化关于武术实践当中的一个最核心的原则，就是要顺乎自然的这个原则，在它的拳理、拳论、拳法当中发挥得淋漓尽致。比如早期的很多武术以攻防为主、为核心，还有很多硬碰硬的东西，那么太极拳发展到后来，它就把练养结合在一块，这是它一个特别突出的特征。

　　为什么要练养结合？这就是顺乎自然之道。人的生命本身是一种自然状态，练功夫是要消耗能量的，它是发散性的一种东西，一定要配合养，才能使生命保持一种自然平衡。在过去的太极拳里面有一些讲究的顺逆练法、先天后天结合的练法等，很多都是跟道法自然相融合在一块的。所以自然之道里它最核心的一个点，就是太极拳强调的和谐练习原则，和谐就是自然之道的一个重要法则，可以说太极拳是和谐之拳。从自然角度来说，太极拳也是自然之拳。如果你练太极拳时觉得违反自然了，一定是练得不对。或者觉得违反了和谐的原则，也一定练的不对。太极拳在开始练的时候、学原则的时候，肯定是要有些感觉别扭的，因为需要克服原来的一些不良的习性和不良的运动方法，老师来教时要有一定的矫正。但是当你练准确了以后，你练的时间越长，应该是越练越舒服、越练越自然、越练越和谐。

　　《道德经》里面讲"万物负阴而抱阳，冲气以为和"，拳"和"了以后，它一定

三亚南山太极大讲堂会场

是带动内气的。所以我们老说练太极拳有的时候是花架子,要练内功。我跟很多老师请教过,他们不一定专门教给你不外传的内功方法去练,其实你把架子练对了、练准了就是内功,把架子练好了,自然而然就有精气神,这就是内功。为什么说"万物负阴而抱阳",就是把阴阳练和谐了,你的动作不管是云手还是单鞭、开合等,练和谐了,动作对了,它的内气一定是油然而生的,所以叫"冲气以为和",和了以后一定是萌生"气"的。我们碰到一些爱好者问,说为什么有的老师强调练内功有一套完整的内功方法,有的老师就说没有,甚至我们很多名家正宗传下来,说我们的先人没教给我们,就这一套拳,没教过我们什么其他的内功的密法。内功没有密法,很简单,就是"负阴抱阳",这四个字就是内功的大秘法。你把拳架子练对了,就是内功。你拳架子练得不对,要领不对,你单纯地去追求内功,是没有任何意义的。内功是什么?是内在的,油然、悠然、自然而然生成的,练好了它就是自然,没有秘密。你读懂《道德经》,你读懂《黄庭经》,读懂其他的如《庄子》等,也是练内功,这些重要典籍本身就是内功。

所以你看金庸的武侠小说,金庸虽然不懂太极拳,不懂武功,但是他研究文化,这个境界到哪都是通的。他书中很多高级的武功秘籍并不是写怎么怎么练,而是说的一种心法。所以我有时候跟朋友开玩笑说，《道德经》是很高级的太极内功秘籍，慢慢去读吧。这是从大的原则上而言的，我们练太极拳一定是这样，这关于自然之道。

另外一点要说的是《道德经》里边阐述的，跟太极拳密切相关的叫"简朴之道"，简单的简，朴实的朴。这个"简"特别重要，你要懂了这个简朴之道，太极拳才有可能达到它的上层境界，你就开了一扇窗户，你不懂简朴之道一定是越来越麻烦。《道德经》并非鸿篇巨制，为什么《道德经》字词没有写那么多，它从形式上就是一个简朴的东西。你看很多传统的太极拳论也不是那么长篇大论的厚厚几大本书，比如王宗岳的《太极拳论》、陈王廷的拳论等，都是很简单的，但是里面蕴含的道理很深刻。太极拳虽然丰富多彩，套路千变万化，但是每个流派的核心的拳式就是几十个式子，不重复的更少一些。太极拳练习一定要把复杂的东西简单地练，这就是《道德经》所阐述的一种简朴之道，"简"到极致就是"无"。

《道德经》说："五色令人目盲；五音令人耳聋；五味令人口爽；驰骋畋猎，令人心发狂；难得之货，令人行妨。是以圣人为腹不为目，故去彼取此。"就是通过修炼，让你的自身环境简朴，让你应对周围环境也以简朴之道适之。

一些老一辈的拳家，他们就讲太极拳是练习减法的艺术，就是越练东西越少，越练东西越简单，不是越练越复杂。所以说"太极拳是一种减法运动的拳术"。

我们现代人最大的一个问题是什么？社会发展了，经济发达了，吃饭不用愁，住的也不用愁，无非是说你住多少平米，大还是小的问题。现在我们城市化发展非常快，现代社会经济越发达，社会结构越复杂，人的心理疾病、人的状态越混乱。太极拳是养心，就是把这种复杂混乱变简单。从心理学角度来说，现代人有一个很大的病，叫作"依赖"，什么都依赖。依赖工具、依赖环境、依赖外界的物质、依赖信息网络、依赖他人。特别是现在的独生子女，很多人有孤独感，内心越孤独，对外界的依赖感越强。为什么要依赖？因为缺少支撑——心灵的支撑。这是现代人产生各种疾病的一个重要原因，这个东西是很可怕的。

病态依赖的产生，是由于缺少两种东西，一种是支撑，人在这坐着，你看他穿的衣服很好，吃的很好。但是他内心里面、他的性情上缺乏支撑，遇到一点挫折就躁动、就不安。过去中国人修为讲究宠辱不惊，现在很多人缺乏这种东西，计较得失，患得患失，这是缺乏支撑的表现。病态依赖的产生还有一个原因是缺乏圆融和充盈。人像一个球，气吹起来或者支架支撑起来，这个球才是圆的。但是这个支撑如果你没有充盈，没有圆融的东西，它还是瘪的，很容易塌陷下去，所以太极拳在这两大方面很好地解决了这个问题。《道德经》里面有很重要的四个字，很多人经常说，但有的人没有真正理解它的含义，叫"复归于朴"，朴实的朴。就是要把很复杂的东西、很复合的东西，最后复归于朴，这个就是要归于简单。只有简单了以后，把很多的干扰和杂质去掉，剩下独立性、支撑性，你独立的人格才能树立起来，对外界的依赖就会减少，找回人的朴素的天性，这样能树立自己强大的内心的理念和心性。只有简单以后才能充盈起来。

我们经常说练气，练气有四个原则，首先第一个一定要纯净，都是杂质不行。第二个就是要贯通，纯净了以后不贯通不行，它还是乱七八糟的。第三个就是要充盈、要充沛，贯通了以后，如果气不充沛，你的贯通弱弱地在那里，这样不行。第四个是混元要守住，如果你的气很纯净，贯通得很好，又很充盈，但你的气往外散，那你越充盈，散的越多，你这个人就像抽空了一样。所以练太极拳的"气"，这四点缺一不可。怎样做到这四点呢？有一个核心原则就是《道德经》讲的"复归于朴"，这个很重要。所以练太极拳练到最后，很简单的一个动作如"白鹤亮翅"，全身的气都起来，用的时候可以外发，不用的时候可以收，做不到复归于朴，做不到简洁，你一定是消耗结构。所以越高级的结构它越简单，这就是《道德经》告诉我们的。

练太极拳我们可以作为表演、作为交流，可以有很多种形态。但是它的核心原则应该是一个不断地往简单练的拳，所以太极拳是一种极简运动。这也是《道德经》告诉我们的。

另外一个就是"综合之道"。《道德经》里面讲的这个综合也是它的一个核心。我们知道太极拳是讲阴阳相合、阴阳相生、阴阳相映、阴阳互化，说的也都是综合。当然，综合最生动的一种体现是它的太极图，太极拳具体的一些原则都贯彻在其中。《道德经》从开始到最后，全篇也都讲综合，处处都是，语言表述不一样，但是意思一样。比如《道德经》里讲"虚而不屈，动而愈出，多言数穷，不如守中"，这是比较典型的。"守中"是一个很重要的原则，能懂守中你才能懂太极拳。为什么守中？守中的一个前提就是你懂阴阳变化，然后你能守阴阳变化。"综合"的核心实际上是一种动态平衡，动态平衡是首先你在动，阴阳一直在动。你死水一潭的守中，往那插一个杠子，这个不叫"守中"，守中的前提都是在动。所以《道德经》讲"动而愈出"，它一定是动的，然后"虚而不屈"，它是虚的，但是它是一种充盈的，它首先是动态平衡的。动态平衡里有个平衡点，这个平衡点就是它的"中"，所以一个是动，一个是守中，这其实就是太极拳的练习特色。

能够守中的一个核心原则，我们翻译成白话就是要懂得拿捏分寸，守中就是拿捏分寸。你做事要懂得拿捏分寸，知道哪些该做，哪些不该做，做企业上也应该知道拿捏分寸，知道进退，叫"知止可以不殆"。后来这句话在《孙子兵法》上也得到了很大的发挥，其实出于《道德经》，你能够知道进退、知道取舍，这就是中。太极拳就是一种舍，太极推手当中，它的一个核心原则跟别的拳种不一样的地方就是我知道我自己可以舍，舍己从人，随曲就伸，这就是舍，你懂得"舍"，才能懂得"得"。所以守中不是一个简单的我待在这守住这个点的问题，它一定是动的，一个是把握这个空间平衡点，一个是要知晓分寸。这几点我觉得在练习太极拳里边，或者深刻地领会《道德经》的内涵都非常重要，不是简单地从字面上来讲的。

还有一点比较重要，就是"虚实之道"，最早、最系统、最完整讲"虚实"的是《道德经》。后来这个虚实在太极拳里面发挥得最淋漓尽致，与《道德经》相对应，一理一技，把虚实的事弄得很透彻。从外形上我们看太极拳动作处处有虚实，步伐、进退、转换、手法、开合、起落都是这样。呼吸也有虚实，气机上也有虚实，特别是我们很多思维方式上也有虚实。懂得虚实才能真正懂得太极拳，可以说太极拳的阴阳关系，开始练太极拳最直接最明显的体会是从虚实上来的。所以有很多老师讲，你不知道虚实，是不懂太极拳的。

《道德经》里面有两句非常重要的话，大家也要重点理解，就是"有之以为利，无之以为用"。有就是实，无就是虚，这两句话深刻地阐述了"无"的这个状态，"无"就是用，最大的用。李小龙曾经在他的著作中举过一个例子，他说一个杯子只有空了以后，才能装更多的东西。一杯水叫有之以为利，无之以为用。我这杯水装满了矿泉水，我喝的就是矿泉水，装了啤酒，喝的就是啤酒。所以它是有之以为利，它有利在里边，有东西。虚实之道就是无之以为用，没有的时候才是最大的用。你里边装的茅台酒，你再好也就是茅台酒。但是这个杯子什么都没有，它就什么都可以装，可以装天下万物。这就是它的一个道理，所以"无"所带来的空间是最大的，是最有用的。"有"的状态，它的价值一定是有限的，哪怕你的价值再高，你装黄金也就是那么一杯子而已，但是没有就什么都可以装。

所以《道德经》里面阐述"无"的这个概念，很玄妙。它叫"无之以为用"，你要会用这个"无"。太极拳的练习也是这样，我们在太极拳推手中你要先把自己放空，

"三亚南山"太极大讲堂名家嘉宾

所以《道德经》里面阐述"无"的这个概念，很玄妙。它叫"无之以为用"，你要会用这个"无"。太极拳的练习也是这样，我们在太极拳推手中你要先把自己放空，叫"一羽不能加"，放空了以后，对方的力度来了，我这儿空了，对方无从着落。养生也是一样的，你要会把自己的身体放空，要会用无用之用，气就自然萌动，不阻塞。所以练太极拳中虚实之道很重要，我们重点要体会《道德经》所阐述的"无之以为用"，包括练拳的过程，你到大自然当中去练，在各种不同的环境去练，用不同的拳式去练，体会到那个拳式的"无"。每个拳式都有一个"有"，都有一个"无"，比如"开合手"，这个"无"是什么，"有"是什么。"金刚捣碓"的"无"是什么，"有"是什么。很多人练金刚捣碓，看外形很威猛，这是功力一方面，还有更深刻的意思。"金刚捣碓"为什么叫"金刚捣碓"？在佛教中金刚被作为般若空慧的象征，能够击破一切邪见，是护法的神，太极拳中"金刚捣碓"练习时阴阳相合、上下相合、左右相合，做到混元一气，达到你的"无"。对我们身体来说就是有之以为利，做到"无"的境界，就是金刚捣碓"无"的境界，无之以为用。

每个拳式你都要会练它的"有"，更要会练它的"无"，得到了拳的"无"，你的功夫才能高。不是说所有人一开始都有这个境界，你练每个式子，练到能掌握了它的"无"这个东西，你才能达到太极拳真正的高度，这是一个过程，也不可能一蹴而就。

太极拳跟《道德经》的关系不是虚无缥缈的，两者有很密切的关系，是一种纲要性的东西，要具体地结合。其实我们看很多好的古典拳论，大量的语言、意态都是吸收古典文化的哲学经典，这是中国式的"技"和"道"的特殊模式。

"战太极"唐山盛宴

唯『战』不破

——在『战太极』赛事发布会上的演讲

为推动中华传统武术向现代体育产业化发展转型，促进武术文化产业的快速发展，"战太极"功夫王争霸赛赛事启动发布会，于2017年6月6日在北京方圆大厦优客工场召开。赛事旨在将中国传统武术和现代竞技相结合，搭建大众化武术文化交流展示平台，助推全民健身的国家战略。众多搏击界精英、体育院校教授、传统武术名家参加发布会。"战太极"由北京华武乾坤文化发展有限公司承办，世界太极拳网为"战太极"战略合作机构，余功保先生应邀担任顾问。发布会上众多武术名家、名人讨论了对传统武术实战性的赛事操作以及赛事推广等相关问题。

极享——余功保太极演讲录

（2017年6月6日 北京方圆大厦）

发布会现场

太极拳的搏击现在是一个社会热点，今天"战太极"赛事发布会来了很多媒体，还有几位国内顶级搏击赛事的创办人，包括一些传统武术名家都出席。主办者特地在发布会上举办一场名家、推广人、投资人参加的对话研讨会，这也符合太极拳搏击赛

"战太极"创办人柏山讲话

唯"战"不破

余功保

世界太极拳网总编,世界太极峰会创始人,创办北京大学武术协会,并担任主席。

致力于国际文化交流,积极推进并开展中国武术文化研究,为多家媒体特约撰稿人。

发表各类武术文章近百万字,出版有数十种武术、太极拳著作,被翻译成外文广泛流行全世界。

事的发展现状,边研究、边实践、边推广。太极拳技击是一个老话题,但太极拳搏击赛事是一个新事物,可以说是"应运而生"。

"战太极"赛事以传统太极拳训练、搏击技术为核心,结合现代的搏击技术,依照体育比赛的形态,构建一种新型的搏击赛事模式。既有传统,又有创新。说它是传统的,就是提倡、推广运用传统太极拳的训练方法、搏击技法,当然不是照搬,不可能简单地把太极拳套路和训练中的动作应用到实战中。说它创新,就是它在赛事规则、赛事形式,包括擂台、流程、裁判等一系列专业问题上有新的呈现。

太极拳搏击赛事还有很多问题需要研究,以前我们搞了很长时间的"太极推手"比赛,也在不断地总结经验、总结规律。因为体育赛事,特别是完备的赛事,和简单的打斗是不一样的,它要符合几个基本的条件,一是通用性,比赛可以推广,可以重复,可以在不同地域通用。二是精彩性,要激烈对抗,有很强的可视性、可看性。三是安全,体育比赛特别是搏击比赛,具有一定的风险性,运动员、裁判员等在比赛中的安全要得到充分保障,训练中的安全也要注意保护。四是有项目特点,有特点才有生命力,太极搏击比赛不能跟拳击、摔跤、综合格斗(MMA)一样,也不应该跟其他的散打比赛趋同性太强,应力争打出太极的特点来。当然这需要一个过程,我们的散打项目从20世纪80年代开始,也是一个逐渐成熟的过程。以前的太极推手比赛为什么起起伏伏,中间还停过几次,就是没有鲜明的特点。特点是需要规则来引导、需要训练来实现,这是一个系统工程,需要整个太极拳界来共同支持。

太极拳是一个"圆融体",这个圆融体中包括文化、养生、技击,都全面了,这个体才不是破损的。太极只有"战"起来,才能坚强、坚定地站立在世界武术之林。

313

一眼千年太极韵

——在西津渡『世界太极名家大讲堂』上的主持演讲

2017年6月9日,"三亚南山"第二届世界太极文化节世界太极名家巡讲活动,在镇江西津渡盛大举行,同时"世界太极文化巡展——中国镇江西津渡站"也隆重开展。本次巡讲和巡展活动,由世界太极拳网、世界太极文化节和镇江体育局联合主办,得到了镇江市体育总会、江苏创联体育服务公司、镇江西津渡文化旅游公司的大力支持。镇江市体育局领导、来自全国各地的众多太极拳、武术名家和太极拳传承者、爱好者参加了活动。

（2017年6月9日 镇江西津渡）

镇江我来过很多次，这是一个历史感、文化感很强的地方。在西津渡街上有个地方叫"一眼千年"，底下铺陈着不同历史时期的古渡口遗迹，横跨千年。江风拂过，让人觉得千年一瞬，仿佛听见江上前人吟诵"逝者如斯"。

时光不停，但文化可以永驻。

今天我们在镇江西津渡举办的这场"世界太极名家大讲堂"和"世界太极文化巡展"，就是上承千年历史，展现文化的恒久魅力，展现太极拳的神韵。

由第二届"三亚南山世界太极文化节"组委会主办的"世界太极名家大讲堂"已经在多个地方巡讲，反响热烈。这次来到镇江，在西津渡举办名家讲座，也是沟通历史和现代的一场文化盛会。

镇江是历史名城，也是武术重镇。自古以来有山有水有故事，金焦山英雄辈出，西津渡豪杰多多。一代武学大家孙禄堂先生就曾经就职于江苏国术馆，以镇江为重要基地，将孙氏武学向全国传播开来。孙氏武学名家霍培林先生创办孙氏武学研究院，

主持西津渡太极大讲堂

为发展传统武术做了很多工作,也为本次"世界太极名家大讲堂"的成功举办付出了许多努力。

本次大讲堂共有4位名家演讲,他们是霍培林先生、梅墨生先生、游玄德先生、童旭东先生,4位名家分别就孙氏武学的精华、太极内功理法、太极拳与道家文化、太极拳的核心要领等方面进行讲解。

这几位老师讲的内容有一个共同点,就是从不同角度对太极拳"内"的涵义进行阐释。太极拳的"内"是很多希望深入了解和研修太极拳的朋友很关注的一个内容,相对于"形"而言,更抽象,更难感知,不能量化,标准也不完全一致,但又是必须把握的要素。太极拳的"内"大体说来主要包括四个方面:一是劲力,要练内劲,内劲与"力"又不一样,不是简单的有大小、方向、作用点,还有复合的结构,太极拳内劲种类很多,每一种劲有一种结构。二是内意,运用意念的方法。太极拳讲"用意不用力"就是强调用意是一种常态,整体上有用意的原则,每个拳势也有具体的用意方法。意和劲是相合的,所以在一些要领上不能完全区分,比如"轻灵""圆活",既是指劲,也指意的运用方法。 三是内气,通过肢体的运动、导引,通过意念的引导,在拳势运转中,体内产生内气的运行和鼓荡,运气法就是高级行拳法。四是拳学修养,这就和文化相关联。学习、研究传统文化,可以深入了解太极拳学境界,体悟太极拳对人心性的修养。

今天演讲的老师在这几个方面都会有所涉及,相信会对大家研习太极带来帮助。

极享——余功保太极演讲录

西津渡太极大讲堂会场

一眼千年太极韵

在镇江举办的"太极文化传承大会"

太极拳全国万人联赛镇江站活动

太极国学的概念与内容
——在『长安太极大讲堂』的演讲

历史名城，武术强省，太极重镇。曾经的十三朝古都长安，闻名遐迩的"丝绸之路"起点，在这里举办"世界太极名家巡讲活动之长安大讲堂"，更凸显出传统文化的厚重感与悠久历史渊源。

2017年6月11日，世界太极名家巡讲走进西安，"长安大讲堂"在西安开元名都大酒店隆重开讲，世界太极文化巡展·西安站展览同时举行。本次活动由世界太极拳网主办，陕西梦想靠岸文化产业发展有限公司、西北武术院联合承办，并得到了陕西省武术协会的大力支持。本次世界太极名家大讲堂活动受到陕西太极拳界的高度重视和热烈欢迎，来自全省各个地区的太极拳骨干数百人参加了活动。太极拳研究家、太极名家余功保、王大勇、张世昌、傅清泉、张茂清分别就太极国学的体系构成、传统太极拳的习练原则、太极拳文化、习练太极拳的误区、孙式太极拳的养生和技击原理等进行了演讲。每位专家演讲结束后，都回答了多个网友提出的问题，线上线下互动热烈。

极享——余功保太极演讲录

（2017年6月11日 西安）

今天我们在古都长安举办"长安太极大讲堂"，感谢张世昌、张同昌先生为本次讲堂所做的工作，也感谢陕西省武术协会给予的大力支持。陕西是武术大省，也是武术强省，在传统武术、竞技武术等方面都取得了很好的成绩，是武术协调发展的一个

参加长安太极大讲堂的领导嘉宾

张世昌先生讲课

张同昌先生出席长安大讲堂活动

很好的典型。西安有很丰厚的历史文化底蕴，在武术文化方面也有很深的内涵。

今天和大家一起分享一下"太极国学"。我们的武术推广一定得有文化内涵，况且太极拳本身就蕴含着文化的元素。前些年我就专门提出了一个词，近年来也在很多场合强化论述这个概念，就是"太极国学"。太极国学不仅仅是指中国传统国术的一个重要的门类，还是包括太极拳、太极文化在内的一个庞大、丰富的国学体系。

我在很多场合重点讲了几句相关的话，一些武术刊物也刊登过。第一句话是"真正优秀的太极拳大家就是国学大家"。这个话第一次讲是在北大做讲座的时候。我说数十年寒窗，精心研究书本可以成为国学大家，以身心去实践体悟国学的精髓，也是领悟国学高境界的一个途径。就是提倡我们的文化学者、国学研究者去练一练太极拳，去实践一下以中国传统文化为土壤孕育出来的生命修持的功夫。我们的武术家、太极拳家，用毕生精力实践生命体验，验证中国传统的国学理论，用生命体验中国文化的精髓。什么是天人合一？什么是知行合一？他们有切身感受。当然能达到这个层次的人不多，需要文武兼修。中国历代的大学问家都是很注重生命修持实践的，从古至今都如此，比如孔子、朱熹，到现在很多人推崇的王阳明，都进行生命的自我修炼。宋明理学中提倡静坐，以心合理，以身合理。通过修持能把中国文化、中国哲学中的关键点在自身找到对应，"其小无内，其大无外"，自身与宇宙合而为一，就是在"理"上的合，在"象"上的合。不知行合一，国学中的一些点很难透彻理解。所以太极国学首先是一门实践的学问。

第二句话是"研习中国的传统武术是直达中国传统文化核心部分的一个有效途径"。中国人习武，强调"至武为文"，文武并重，你去"知行合一"地修炼一下，

极享——余功保太极演讲录

除了练之外还要研究文化。太极国学的要旨是文化落地，国学在这里不是一个抽象的概念，还有意象的、具象的呈现方式。所以过去有人问我，你接触那么多的武术家，你是怎么样判断一个武术家功夫的高低？我说可以有很多的标准，我们有各种衡量、考察的方式，但是我的标准很简单，就是看两个字——气度。你练了武之后，气度、胸怀是可以感知的，往这儿一站，你看这种感觉形式，为人处事，本身就是一种气度，这种气度是什么，就是修养，这个就是中国的国学。

我们现在提到太极拳家、武术家，大家都关注、谈论的是这个人功夫有多高，这个人教的弟子有多少，这个人影响力多大。这些固然重要，但是更重要的就是他的修养如何。修养就是文化加素养，这个是跟功夫相关。太极拳家功夫越高，修养就应该越高，修养本身是一种文化。我认为练好太极拳、练好武术的人就是文化人。一些武术家有时候开玩笑，说自己是一个没有文化的粗人，我说不对，武术、太极拳真正练好了，你就是文化人。练好武术文化的自信和修养，这也涉及如何修炼武术的问题。

太极拳不仅仅是练体能，也要练智能，练心力，不仅是"国术"，更是"国学"。

今天在这里我把我所理解的"太极国学"的构成讲一下，供大家指正。这是太极文化的重要体系。

我觉得太极国学包括四个方面，第一个是"太极经学"。我们的经史子集，都是构成太极国学的丰富的土壤和强大的精神财富。太极经学包括很多的传统典籍，如《易经》《道德经》《论语》《黄帝内经》《孙子兵法》等，这些都是我们的必读内容。我曾经在太极拳讲座中专门讲过太极拳与《道德经》、太极拳与《论语》、太极拳与《黄帝内经》，分析太极拳和这些经典之间的关系。那不是简单的注解关系，是有很深刻的应和的。比如《道德经》《论语》中的一些具体词语、话语，在太极拳里面是有具体的练法来体现的。

第二个是"太极理学"。包括太极拳理法、理论，历代的著作，也包括我们当代的一些优秀的著作，比如说我们的太极拳论，传统的、经典的拳论，涉及各个流派，当代也有一些优秀的拳论。我们在座的很多人，包括我们在网络观看直播的很多朋友都练习很多年，有很深的造诣，也有的朋友刚开始学，有的准备学，不管太极拳练到什么水平，不仅要练，还一定要研究太极拳。懂不懂理法练习起来是不一样的。当然这个理法在不同的阶段有不同的理解，初学的时候跟练了两年之后、十年之后，同样一句拳理感受会不一样。举个例子，比如"练气"，不同时候练习就不一样，开始练气的时候，气没有那么充盈，你对"饱满"的体验就不深，练了几年之后体会就不一样了，才能有"鼓荡"的感觉。所以在初级阶段，练气的饱满，重点是"守"，等你气充盈到一定程度，重点要练"通"，通了之后要"虚"，不要散出去，能量多了之后要解决不要散出去的问题。还要解决一个"蓄发相生"的问题。所以气在不同功夫阶段强度不一样，感受和练法也是不一样的。如果你没有太极拳理法的结合指导，练太极拳肯定受影响。

上面说的"太极经学""太极理学"这两大部分是"知"的层次。第三个部分是"太极拳学"，也就是"太极功技学"。这跟别的国学门类不一样，我们有太极拳扎扎实实的形态，这是"太极国学"的一个基础。太极拳学里面四大形态，缺一不可。第一个形态是"套路"，这个是继承武术、传承武术的一个最基本、最重要的形式，这也是我们中国武术的特点。套路不可少，有些人说武术套路不行，是花架子，说这个不能跟内功相比，贬低了套路的作用。我说这种认识是片面的、不对的。套路是中国武术的显著形态，也是高级形态，很多功夫是通过套路实现的，套路练习是能够衡量太极拳水平高低的重要指标，很多功夫通过套路能够充分练习、激发出来。太极拳具有极强的观赏性，这是我们中国武术的一大特点，是我们的一大优势，是全世界其他的武术所没有的、所缺少的，或者说没有我们这么充分。所以套路是武术最基本的发展形态，无论从保存还是继承角度来说，套路是太极拳的基石。第二个形态是技击的方法。因为武术本身必须有技击，所以我们讨论武术能不能技击，这是一个很肤浅的问题，是不值得讨论的问题，我们几千年来的发展，包括我们当代的武术发展证明了这一点，我们有这个元素。技击是跟套路融合在一起的，那些说套路跟技击相矛盾的观点，是对中国武术没有深刻的理解，对技击格斗的本质也是一知半解的。练武术一定要有技击的意识。第三个形态就是内功。太极拳一定得有内功，得练习内功，无论是养生还是技击，才能达到很好的效果。你看所有的传统武术流派，都有这方面的内容。第四个形态就是文化。太极拳技术本身就是文化，没有文化，就不是太极拳真正的本体，就跟其他的运动没有什么区别。我们中国武术高于其他很多的竞技体育，就是因为具有很强的文化性。这四大形态构成了"太极拳学"的内容。

太极国学的第四个部分是"太极科学"。练习太极拳要进行科学的研究、科学的习练。如果不科学练习，任何方法都没有效果，甚至有些副作用。有些人说练习太极拳出现了膝盖疼的现象，这就是练习不当造成的。太极拳不是一练就万事大吉，你

极享——余功保太极演讲录

练的如果不科学，就会出现问题。太极科学包括传统的科学，比如我们的中医学的一大部分，也包括现代科学，包括心理学、物理学、化学、生物学等，用这些科学去研究它、印证它、发展它。太极拳从我们古代的文化土壤中孕育出来，今后也会不断发展，它是一个开放的体系，太极科学既有古今成果的熔铸，也有未来科学发展的不断吸收，这就是太极思维。

以上就是我认为的太极国学的四大基本构成内容。虽然我在过去一些场合也提到

长安太极大讲堂现场

过,但是今天在长安太极大讲堂是比较系统地提出整个太极国学的体系构成。以后有机会再把每一部分系统地讲一讲,和大家交流分享。现在也有一些大学邀请我开设"太极国学"的课程,我想这也是将来要做的一项非常有意义的工作。我们现在经常讲要扩大中国文化的国际影响力,让更多人了解、认识中国传统文化,要推广传统优秀文化,一定要有附着点,不能空对空地说,那样效果肯定不好,别人也难以接受。我们的太极拳是一个非常好的载体,通过太极拳,可以让世界人民生动地了解中国文化。

长安太极大讲堂各举办方负责人及部分嘉宾合影

产业价值是太极拳社会价值的重要体现

——在首届世界太极产业博览会新闻发布会上的讲话

2017年6月,"2017世界太极产业博览会新闻发布会"在北京颐和府元海太极学堂隆重召开。本次博览会以展览展示、投资洽谈、公益拍卖、项目推荐和高端会晤等为内容,汇聚国际组织、政府部门、金融机构、企业实体等主体,集聚资本、项目、产品、信息等要素,蕴涵诸多融资机会和合作信息,旨在推动太极文化产业的整体实力和竞争力,促进太极产业的国际交流与投资合作。2017太极产业博览会由世界太极拳网和海南南山旅游开发有限公司主办,北京元海太极拳文化有限公司承办。

（2017年6月17日　北京颐和府）

太极产业博览会启动仪式

　　谢谢各位的光临。各位的与会是对太极产业的巨大支持。在这里也特别感谢李杰主席光临本次发布会。李主席在负责武术领导工作的时候，就大力倡导武术的产业化，应该说那个时候中国武术协会在武术产业化方面也是做了一个很大的布局，我当时就担任中国武术协会产业委员会主任，也努力通过各种方式实践着有关的一系列构想。当时开展了"散打王"的搏击产业项目，还有武术用品、武术演出、武术培训等

在世界太极产业博览会发布会

方面的内容。

今年9月在三亚南山第二届世界太极文化节期间将举行首届世界太极产业博览会，博览会举办地三亚南山景区的关鹏总裁昨天专门从三亚飞到北京来参加这个活动表示支持。

三亚南山首届世界太极文化节成功举办以后，第二届太极文化节从去年的11月9日第一次新闻发布会在北京举行以来，有关系列活动已经获得了巨大的成功，产生了很大的影响。我们的文化节在设置上、在结构上跟其他的活动有很大的不同，80%是原创性的活动和内容。其中有两个最突出的特点，一个是"互联网+"，就是我们大量的活动通过互联网的传播、互联网的结合来推进。还有一个特点就是它是一个跨年度的，从去年11月9日开始到今年的9月22日至26日在南山形成一个文化节的高潮，前期有十几项活动已经陆续展开。我们前两天统计了一下，从去年11月到现在，已经完成

极享——余功保太极演讲录

了16项活动，包括几大流派的太极峰会，T30太极峰会、当代中青年优秀太极拳传人的中青年太极领袖峰会等一系列的活动。

我们这次太极文化节还有一个重要的活动就是今天的这个发布会——太极产业博览会。

中华人民共和国成立以后，在党和政府的关怀支持下，在武术界几代人的共同努力下，太极的事业、太极的文化取得了巨大的成就，这是有目共睹的。现在全世界100多个国家都在习练、研究、传播我们的太极文化，它已经成为中国文化的一个突出符号。但从另一个方面来看，我们的发展现状和我们的要求还存在着一些差距，也存在着一些不足。最主要有四个方面的不足，第一个是人才，特别是高层次的人才、有文化的人才不足。因为我们的太极拳发展非常快，快速发展必然要求要有优秀的师资及传播、推广各方面的人才，我们的优秀人才严重不足。第二个是太极文化发展还很缺失。太极本身是一种文化，但是由于历史的发展，太极文化的层次如果上不去，太极的传播就受影响，你就到不了高层次，特别是国际化的发展受到影响，所以我们要在更高的文化层次上来发展。第三个就是研究方面。太极拳为什么能健身？什么原理？我们可以讲老祖宗的阴阳八卦五行等。但是我们也要讲现代科学、现代生物学、现代医学等，从科学原理上解释它为什么这样健身。包括我们的推广也要讲究科学化，不

世界太极产业博览会开幕式

能总是照搬老的不断循环的方式，要运用现代化的推广方式。研究如果跟不上，将来会严重制约太极拳发展。第四个就是产业化不足，是与我们今天这个主题相关的。过去我们常讲太极拳是一个金饭碗，但我们也不能总端着金饭碗去要饭吃，如果它的产业价值长时间得不到发挥，这就会对它的发展产生制约，产业价值是太极拳社会价值的重要体现。

太极拳产业容量很大，这些年来我们国家的综合国力显著提高，社会各个方面的产业化的发展规模越来越大，也给太极文化产业提供了一个很好的环境。加上太极文化产业本身有着巨大的潜力，在培训、用品等方面有巨大的拓展空间。随着社会的发展，健康成为一种生活消费的刚需，如何打造优质的具有影响力的太极教育品牌，如何设计、生产符合大众审美、使用需求的太极拳用品，都是需要努力的。多年来，已经出现了一批优秀的太极拳用品企业、机构，但现在我们还缺少具有全社会乃至全球化广泛影响力的武术用品品牌，进一步做大做强是我们共同的愿景。

客观地说，目前我们太极拳产业规模还非常小，但潜力巨大，太极产业对于我们现在社会上各个产业结构的顶层领域都有涉及，我们现在的发展架构、规模、产业化层次都有巨大的改进空间。为了推动太极文化产业的发展，我们专门设立这个太极文化产业博览会。特别感谢太极拳产业的众多优秀开拓者、运营者来参与这个活动。

众多名家出席世界太极产业博览会

颁发项目专家聘书

掌握太极拳的两种语言体系

——在北京体育大学太极拳科研专家会上的讲话

为贯彻"健康中国"国家战略，发挥中国传统文化太极拳在全民健康中的独特作用。北京体育大学武术学院、北体科技中心、龙象天和体育文化产业有限公司共同成立了"中国太极拳标准教学及养生康复功用"研究项目，成立了由北京体育大学武术、体育养生、运动医学与康复等专业的教授和社会太极拳各派名家组成的项目专家研究组。2017年6月19日上午，第一次专家研讨会议在北京体育大学举行。

会议由北京体育大学武术学院武冬教授主持，北京体育大学武术学院张强强院长与龙象天和刘加巍董事长分别就此次双方共同设立研究组的立意和目标作了介绍。专家们就中国太极拳教学如何标准化、如何运用现代化科学手段将太极拳的养生康复功用"直观"体现等议题展开了热烈的讨论。本项目着力研究和推进中国太极拳的教育培训、竞技竞赛、健身养生、运动康复等功用及产业发展。研讨会上为专家组成员颁发了聘书。

极享——余功保太极演讲录

（2017年6月19日　北京体育大学武术学院）

今天启动由龙象天和太极机构和北京体育大学武术学院联合进行太极拳的专项课题研究，刘加巍先生前两天向我介绍了有关课题的情况，我觉得很有意义。

刚才张强强院长也介绍了，我们几位北体大优秀的武术老师和其他学科的老师参加这个课题，还有咱们各个太极拳流派的这几位名家，阵容很强。课题选择也不错，关于太极拳的健身康复，有实际应用价值。

长期以来，我们在太极拳领域的研究工作做得还很不够，这跟我们的重视程度、投入大小、组织力量有关系，跟我们的思路和方法也有关系。

传统的太极拳在长期的发展中，形成了独特的体系，包括技法、功法、理法和发展方法。现代科学也有自身完备的体系，每个学科都是如此。跨学科的合作从来都不是知识的重叠，都是思路的激荡和创新。

太极拳的科研看起来简单，其实是个很复杂的事情。比如教学科研，从民国时期太极拳社会化推广教学开始，多年以来，太极拳的教法、教材、教师这几方面的思路还一直得不到完全的规范，而太极拳运动原理性的研究一直没有大的突破，也没有形成系统化，甚至操作思路都没有完备。

每一种成熟的学术思想，都有一套独特的语言体系，掌握了它的语言体系，理解起来就方便得多，相反，如果不了解、不熟悉其语言体系，对理解它的思想、内涵都会有障碍。研究太极拳必须要了解它的语言体系，所以我反复强调，研究太极拳最好要去练一练，否则，思路上就可能出偏差，或者进不去它的体系。这也是我们很多年

掌握太极拳的两种语言体系

北体大太极拳科研会

337

来不少人研究太极拳却难以取得进展的一个因素所在。

从另一个方面来说，太极拳要发展、要推广，要现代化、科学化，太极人也要了解现代科学的语言体系，西方文化的语言体系。这样我们和科研工作者、文化工作者合作的时候，也容易"对"得上，沟通也更顺畅，把研究的课题、方向、思路容易调整到正确的，或者是高效的轨道上来。

所以我觉得我们现在开展的这个研究课题很重要。比较可喜的是，我们北体大已经有了既懂太极拳又懂现代科研的老师，这对我们的研究非常有利。

更加重要的是，我觉得通过我们的研究，包括将来发布的研究成果，要进一步在广大太极拳爱好者中提倡学一点、懂一点现代科学的语言体系，并将其转化为太极拳的另一种语言。这不仅具有科研意义，对我们正确练拳也很有帮助。但应该注意的是，这两种语言体系不能简单地相加或者类比，因为毕竟有不同的生长环境，不同的衍化结构。

每个太极人掌握了传统太极和现代科学这两套语言体系，也是"阴""阳"互生的太极状态吧。

颁发项目顾问聘书

专家研讨

【附】中国太极拳标准教学及养生康复功用研究专家组名单

组　　长：张强强　北京体育大学武术学院院长
执行组长：刘加巍　龙象天和创始人
副组长：苏争　龙象天和联合创始人
顾　　问：余功保　中国太极文化研究专家

专家组成员：（排名不分先后）
武　冬　北京体育大学武术学院教授
宗维洁　北京体育大学武术学院副教授、太极拳世界冠军、吴式太极拳传人
杨玉冰　北京体育大学武术学院副教授
李红娟　北京体育大学运动人体科学学院教授
陈正雷　陈式太极名家
崔仲三　杨式太极名家
张全亮　吴式太极名家
钟振山　武式太极名家
张茂清　孙式太极名家
蒋家骏　陈式太极名家
钟云龙　武当武术名家
刘绥滨　青城武术名家

太极拳的根与魂

——在北京大学『水木博雅太极大讲堂』上的演讲

2017年7月9日下午，在北京大学举行了一场具有国际高水平的太极文化论坛对话、讲座活动，四位特邀嘉宾成中英、余功保、乔凤杰、李朝斌汇坐一堂，谈古说今，精彩纷呈，妙语不断，对太极拳和太极哲学、太极文化进行了深入解析。本次讲堂是由水木博雅国学堂策划推动，世界太极拳网携手清华大学、北京大学相关机构共同举办。对话以"太极拳的根与魂——太极拳与太极哲学诠释"为主题，理论结合实际，既有高水平的理论阐述，也有生动的技术展现。

极享——余功保太极演讲录

（2017年7月9日 北京大学）

今天在北大这里举行"水木博雅太极大讲堂"，是弘扬太极文化的一个很好的举措。今天演讲、对话的几位嘉宾都很杰出，成中英先生是国际著名的中国哲学家，乔凤杰教授、李朝斌教授都是清华、北大研究武术文化的优秀学者，刚才大家从各自的角度阐述太极拳和中国文化，是一次很好的研究、交流。

今天的主题是太极拳的"根"与"魂"，我觉得太极拳的"根"就是中国的传统

专家、学者对话交流

在北大水木博雅讲堂上发言

文化、太极文化,太极拳的"魂"就是一个字"武",这两者构成了太极拳。有人说太极拳现在最大的价值是养生,这是对的,但养生是太极拳的功能,技击是它的魂。这个丝毫不贬低养生的价值,什么都能养生,健身气功能养生,中医也能养生,但是太极拳的魂还是在"武"上面,当然武跟养生是相结合的。我们静下来也是养生,动也是养生,你去跑步也是养生,但武术的养生不一样,它更强调精神的陶冶。太极是守中用中,不偏不倚,过了就不行了,这是技击原则,也是养生法则,练养是统一的,不认识这一点,就没有真正理解太极,这就是养生文化。

"武"的养生重要方面是我们的情志,"武"讲究一种激情,要有强健、强壮、强大的东西在里面,还是有些跟别的养生不一样的东西。所以到任何时候,太极拳都不能丢掉它的技击,技击也是它文化属性的一个方面。

我们现在的武术,特别是传统武术,包括太极拳,在技击发展上是有问题的,是日渐式微。长期这样下去还是有问题的,我们不能丢掉"武",这个魂要抓住。

中医和武术,是中华民族几千年保命的东西,中医是救命,武术是强身、激励精神。我前一段时间参加了一个研讨会,有一位武术家讲的一句话很有道理,他说"没有武术精神就没有民族精神",因为我们的武术精神不是简单的打架,不是简单的对抗、搏杀,武术精神首先有一种气节在里面,有一种气势在里面。

很多人问我,你怎么判断一个武术家练的功夫高低?是不是要打一打、比一比,练练套路？我说不用，往这一坐，10分钟就可以看出来，你的中气有没有，气度、气质有没有。一个武术家一定是有气度的，不是张扬在外的，一定是蕴于内的，精华内涵，气派宏大，畏畏缩缩的人一定没练好功夫。

我有一次在国外讲学，人家问我能不能用一句话概括什么是太极拳，我说太极拳的概念我可以在大学里开课讲半年，但是我也可以用一句话告诉你什么是太极拳。我说太极拳是培养中国式精神贵族的有效修炼方式，说的就是这种气度，一种强大的气场。很多老一辈武术家，都有他自己的气场在里面，所以武术家若练的功夫高，就一定有气度在里面。这是魂的问题。

再说"根"，中国文化，我们要分清几个概念，太极、太极哲学、太极文化、太极拳，这几个内容是不一样的，但又是一脉贯穿，又是一回事的。中国文化一定是融会贯通的，你只要在一个地方通了，其他的也是通的。中国哲学通了，练太极拳就很容易达到高层次，因为你由根而上，抓住了根本。同样，太极拳练"通"了，对中国哲学的理解、认识也自然透彻了，这是没有体会的人不好理解的。所以太极拳是实践科学，要亲身试一试，才有发言权。说太极拳是文化拳不要停留表面、停留在概念上，要真正了解拳里面的文化，没有太极文化就不可能产生中国的太极拳。

早些年我在一篇论文中提了一句话，我说太极拳是中国传统文化的形践方式，通过太极拳这一活生生的例证，用肢体为语言、为铺陈方式，展现了中国文化的高境界。中国太极讲阴阳，阴阳里面有动

活动组织者刘高升先生讲话

静、虚实、刚柔等，这些东西是抽象的概念，可以有很多表现方式。书法也是一种，虽然是软的毫，但是里面有激情、有刚柔，看颜真卿的楷书，大气磅礴，王羲之的曲水流觞也是有一种精神，是用运动表达一种情怀。

太极拳之所以产生在中国，就是因为有太极哲学、太极文化。《易经》讲"近取诸身，远取诸物""其大无外，其小无内"，就是把人体作为一个全息点，通过有限来感悟无限的方式。通过修炼，通过反观自身，来体悟浩瀚宇宙的运动和变化。正因为有了中国文化、中国哲学，才有了太极拳，不可能产生在其他的文化环境当中。所以太极拳的"根"就是中国的太极文化、太极哲学。

练太极拳，我的观点是，如果你不懂中国哲学，能不能练？也能练。能不能练出高功夫？也能练出高功夫，但是达不到最高境界。功夫和境界是不一样的，你练，功夫就一定有，但是境界是需要悟性、功夫、学识甚至机遇等各方面在一块的。大家练书法，写字匠遍天下，但是真正的书法家没几个，真正的书法家是需要境界的。但是没有境界也可以练太极拳，我们不能要求所有练太极拳的人都很有境界，要各取所需。

中国文化就是一个开放式的无限结构，所以在这点上练太极拳我们要寻根，要寻文化之根。你练太极拳可以不懂文化，但是如果要上升到很高的境界，还是要懂文化。能够把文化的东西落地、落实，那我们太极拳就是得天独厚的。很多外国人若想要了解太极文化，可以先从太极拳入手。

谈到中国文化，不能不谈的一个概念是"气"，这也是练太极拳经常遇到的一个问题。气是什么意思？如何练气？我们经常说这个那个练拳是花架子，无非一是说他不能技击，二是说他没有内气。技击不仅是要练套路，还要练体能，还要去实践，要有打的实践。没有实战经验上手感觉会不一样。练气，最重要的是三个方面，一是气要纯净。二是气要饱满，要强盛。三是气要贯通。不纯净，有杂质，就不利于健康，不利于功夫提高。气不强盛，虚弱，不是不得法，就是没练到火候。气不贯通，就会出问题，气塞、气淤会造成身体、精神的损伤。"气"是文化概念，在太极拳这里具体化了。

太极思维与国学养生
——在九华山太极文化与健身气功国际论坛上的演讲

为进一步弘扬民族优秀文化，深入挖掘、研究传统养生文化的内涵与价值，促进中西文化的进一步交流，有效地推进中国文化的国际化传播，与世界共同分享多年来中外跨文化交流的成果与经验，2017年7月27日，第二届太极文化与健身气功国际论坛在中国佛教圣地九华山隆重开幕。此次论坛由国际健身气功联合会、国家体育总局健身气功管理中心作为特别指导单位，由中国健身气功协会、法国巴黎东方文化传播中心（LES TEMPS DU CORPS）、世界太极拳网联合主办，由九华山投资开发集团有限公司、安徽省社会体育指导中心、安徽省健身气功协会、安徽九华山旅游发展股份有限公司承办。是一次将太极文化和健身气功相融合的大健康、高层次活动，以搭建国际平台加强交流打造品牌为目的，突出特色，彰显国际水准，推进大健康与养生产业国际化、产业化发展。

论坛为期4天，共有来自中国、法国、英国、美国、德国、西班牙、意大利等国家和地区的近400名太极文化和健身气功专家、学者及爱好者参加。围绕太极文化，健身气功的内涵、现代社会价值，太极与健身气功的科学锻炼方法，太极、健身气功与禅，中国传统文化的养生原理等进行多场次、多形态的对话、报告，中外专家、爱好者进行了充分的交流和研究。中国奥委会名誉主席、国家体育总局原局长袁伟民，国家体育总局健身气功管理中心主任常建平，中外著名专家学者楼宇烈、虞定海、柯文、多米尼克、曲黎敏、杨柏龙、梅墨生、傅清泉、刘绥滨、张尧珍、张明亮、宗学法师、敬善媛，以及功夫明星赵文卓等出席了论坛活动并进行演讲。

余功保先生主持开幕式和学者、名家对话活动。世界太极拳网对本届论坛开幕式、名家讲堂等重要活动进了行现场网络直播，世界各地的太极拳、健身气功爱好者通过网络观看、分享了活动的精彩内容。

极享——余功保太极演讲录

（2017年7月28日 安徽九华山）

主持名家对话

今天的论坛分享活动我们现在就开始了。昨天上午有一个非常成功的开幕式，昨天下午和晚上的对话、讲座也非常精彩。本次活动的重点大家也感受到了，是文化、理法、智慧的交流，同时也是一个知行合一的活动。今天的侧重点就是进入一些功法、技法的交流和传授，我们特邀了一些优秀的专家、学者、名家，今天会给我们进行充分的讲解、示范和分享。他们会对太极拳、健身气功中的一些核心要点以及一些具体的练法进行讲解和示范。

在他们几位讲解之前，我先抛砖引玉，简单地做一个讲解。

主持在北京召开的九华山太极文化与健身气功国际论坛新闻发布会

什么是国学养生？国学的核心是对生命的养护，不了解这一点就难以对国学有透彻的理解。太极拳和健身气功都是国学养生的重要内容。

中国的太极思维和养生，一个核心点就是这个太极图。对于太极图的解说中国历代有很多的学派，不同的解读。单独解析这个太极图也是一门学问，在这里我就不细说了。但是从我们练习太极拳、健身气功的角度，我觉得要把它最简化，大而化之。简单来说其实就四个字——"动态平衡"，这四个字学问很大，内涵很深。要讲阴阳之间相互的关系，这种关系就是一种平衡的关系，这个平衡的关系一定是一种动态的平衡关系，是不断地调节、转化的，在相互的矛盾当中取得共融、共处与和谐。一个系统大到宇宙、地球，小到人体的某一种脏腑器官，要保持一种健康的状态，就一定是一种平衡状态。我们练习太极拳、健身气功就是强化、优化已有的平衡，调节失去的平衡，并建立未来平衡的趋势。

要实现这种平衡，在具体练法上我觉得应该遵循下面这几个原则，这几个原则体现的就是太极思维，就是几对矛盾的处理，通过练习来调节矛盾的方式和状态。

第一个是"动静相生"，第二个是"收放曲伸"，第三个是"快慢相间"，第四个是"内外相合"，第五个是"蓄放相连"，第六个是"完整如一"，第七个是"意形并重"，第八个是"性命双修"。前三个都是形体形态上的，这八个原则都贯穿在各种练习方法之中。

简单解释一下这些原则。比如"动静相生"，所有的养生练习方法，一定是动静相生的，只有静没有动不行，只有动没有静也不行，静是养，动是通，一定是养和练结合在一起的。太极拳是一种均匀的动，在动中要感受到静的状态，一种均匀的动就是静，不是我们简单理解的那种静止不动。

以"云手"为例，一个云手就是你进入一种很静的状态，安安静静地练，进入那种状态，腰的旋转、手的旋转，以及步子的移动，都感觉不到形和意的"跳跃"，如同你在水中练云手，激不起水花，静水缓流，静水匀流。

我们练五禽戏、八段锦、易筋经也都是如此，你必须进入一种神安的状态，神安神舒就是一种静。否则你一边比划着动作，一边思维上很混乱，或者形体上没有完全的安静下来，觉得躁动，这就不是"动静相生"，而是动静相扰。所以我们在练拳、练功的过程中，要检查自己是不是做到了体松神安，做没做到效果大不一样。练太极拳的动是一种静态的运动，我们要求这个静态是一种充满活力的动。比如站桩，有人说站桩是静，没有动。不对，站桩也是动，站桩是外形在那儿静，但是你体内有生生不息的动。同样，通过练拳也要达到静和动的深层次协调。

"收放曲伸"就是我们所有的动作有放有收，放出去一定收得回来，否则气都散出去了。同样，你如果放不出去气，就憋在心里了。

论坛演讲

"快慢相间"就是我们所有的健身气功也好，太极拳也好，它都是有速度感和韵律感的。生命是有节奏的，练深了就能体会到外部速度变化所引起内在的节奏变化，节奏跟生命功能有关联。

"内外相合"就是我们练着外部的动作，还要牵动内脏，否则你就达不到内外的相合，只是通常大家说的花架子。

"蓄放相连"就是所有的拳势运行，在传统的练习方法中，它有蓄有放。如果没有蓄，就没有能量的储存，生命活动是要消耗能量的，后续接不上，就不断衰弱下去。没有放就无法把这种能量充分地运用，能量就会产生变质和内损。懂得了这个"蓄放"，就懂得了太极拳练习中非常核心的要点。

"完整如一"就是通过练习，让我们身体内外形成一个整体，是自然而然形成的一个整体，而不是硬性组合、组装，是有机应和的。

"意形并重"有两个含义。第一个含义是首先动作要练准确，规范性要做到，没有架子的准确，动作就不到位，就没有基础。第二个含义是所有的动作不能停留在"花架子"阶段，要练习每个动作背后的意态意念。

"性命双修"就高深一些了，首先要准确理解这里说的"性""命"含义。总的来说没有命功，就没有一个很好的身体基础，没有性功就没有生命良好的运转性能，它是"命"的营养环境，性、命的锻炼要结合在一起。

我们不仅要有一个良好的锻炼习惯，还要有健康的练习方法，这些原则就体现了国学养生的智慧。太极思维是贯穿于国学的各个宏细部分中的。我们读历代国学经典，都是关于生命的养护和生命境界的提升，着眼点不管是生命个体，还是宇宙自然，或者是社会群体，都是在寻找动态的平衡之道。

各流派传人在泰山山顶演练太极

展现太极拳的活力、热情与创造力
——在『首届世界太极中青年领袖峰会』上的演讲

主题为"传承与发展"的首届世界太极中青年领袖峰会，2017年8月5—7日在山东泰安举行。来自世界各地各流派的太极拳中青年优秀传人、世界太极拳冠军、太极拳研究专家、太极拳推广者代表50多人，以及来自全国各地的太极拳爱好者1000多人参加了峰会活动。本次活动由世界太极拳网、"三亚南山"世界太极文化节组委会主办，泰安地下龙宫景区、泰山景区管委会、泰安市太极拳发展研究会承办，并得到了泰安市人民政府的大力支持。

峰会内容包括论坛、表演、对话等，代表们畅谈了在世界各地开展太极拳研究、推广的体会，以及各自的思考、研究成果，对太极文化产业的格局、体系、运营模式进行了充分交流。

峰会活动期间，在泰安地下龙宫景区举行了中青年太极名家见面会，50多位太极名家和上千名太极拳爱好者一起进行了太极演练，并做了太极辅导和展演。

参加峰会的代表们登上泰山，在泰山之巅举行了一场名为"泰·极"的对话活动，以泰山的历史与文化为背景，结合太极拳对于生命健康、平安的意义，太极拳的理法与习练，就太极拳的未来、传统太极拳理法与太极文化、太极拳与健康旅游、太极拳的继承与发展、太极文化产业的理论与实践活动等多方面内容进行了充分研讨。参会的各流派太极代表还在泰山山顶集体演练了太极功夫，呈现了天人合一、道法自然的壮观景象。

极享——余功保太极演讲录

（2017年8月5日　泰山）

各位老师、各位朋友：

　　大家好。

　　这次峰会不同于以往的太极活动，具有鲜明的特点，年轻、有活力、有朝气，洋溢着激情，充满了创造力。

在世界太极中青年领袖峰会上演讲

太极代有才人出，各领风骚数十年。真正杰出的太极人才，远不止于领数十年的风骚，会影响数百年，甚至更长。真正的太极拳家，其影响力也不应该仅仅局限于太极拳界，而是全社会，因为太极拳所承载的是中华文明的精华内容，是影响人们观念、行为与思维的智慧光芒。

从历史上看，很多太极大家都是从中青年开始就显示出不凡的修为、抱负与气度，也广泛影响着武林和社会。我们这一代的中青年太极拳家，更应有条件发挥自身的优势，为太极文化的传承多做一些事。

举办一个优秀中青年太极拳家的论坛活动，在我心中已经酝酿、考虑了多年，我觉得它有着特别的价值和作用。今天在大家的共同努力和支持下，终于隆重召开，这是当代太极拳发展中一个具有标志性的事情。

我们从去年开始，相继举办了各个主要太极拳流派的峰会活动，为什么还要搞这个中青年的太极峰会？我认为，这个峰会的意义丝毫不亚于几大太极拳流派的峰会。

展现太极拳的活力、热情与创造力

峰会论坛会场

极享——余功保太极演讲录

世界太极中青年领袖峰会合影

 极享——余功保太极演讲录

举办这个峰会的目的,是为了太极的未来,为了太极的历史,为了太极的层次。我们需要对太极历史有力地承接,需要太极发展在高层次人员的推动下前行。

本次活动的目的在于,发现人才、推举人才、交流经验、共享资源。打造以太极文化和太极健康为核心的合作体系,促进太极文化和产业的进一步发展。这是首次以中青年优秀太极人才为主体的太极拳文化活动,对于培养太极文化优秀后继人才具有重要意义。

参会代表均为当代中青年太极拳杰出人物,他们在世界各地从事着太极拳的教学、研究和推广工作。这次参会代表有几个特点。一是结构立体化。有太极名门传

峰会中的太极拳名家在泰安地下龙宫景区与上千太极拳爱好者集体演练

人，有太极媒体运营者，还有太极推广人。二是开放。主题就是团结合作，无门户之见，拳不分南北，人不分地域。三是精英。集中了这么多国内外各流派太极中青年精英，应该是历史上最全的一次。四是高度，立意高、眼光高、责任感高。大家生逢其时，恰逢其时，有做事的担当。我们在泰山之巅论拳，有一种独特感受。研习、传播太极如同登山，不断向上，不断看无限风光。

作为一次承前启后的太极盛会，全面展现了当今年轻一代太极文化传播者的传统太极功技、前锐性的文化思维、澎湃的生命激情、强大的行动力。他们是中国传统文化的优秀承传者，他们是中国太极拳的希望与栋梁，他们已经或必将撑起中国太极文化的宏伟大厦，他们中的许多人将来会是享誉世界的中国太极名家。

今天上午的论坛演讲非常的丰富，从早晨开始，热烈交流。上午开幕式的几个主题演讲非常精彩，我们邀请的几位老师进行的一些主题发言，讲到了当前太极拳发展的一些特点和难点，既有思辨的高度，又切合实际。

我们这个峰会的研讨内容核心是三个方面：第一个是继承；第二个是传播；第三个是产业。刚才大家讲了很多，这三个方面都有涉及。

从传承的角度来说，主题关键词我认为就是"经典"。传承就是要经典。传承经典怎么做？就是原封不动地继承。在传承这一点上，有些经典的东西我们可能穷极一生也不能领会，但要把它传下去，不能走样。传播的关键词就是"活力"。传播要有活力，充满激情才能传播好，传播要实现广阔的范围，具有活力才能传播开，所以传播要有活力，有活力才有张力，才能有更多创造性的思维方式。从太极产业上来说，我觉得目前太极文化产业是比较薄弱的，但也不能不发展，太极文化产业不仅仅是赚钱的问题，它是现代社会价值的一种体现，是太极文化良性循环发展的需要。

我觉得，对当前来说，太极产业的关键词就是"拓展"，首先是拓展我们的思维，刚才几位老师也说到了，太极产业发展要跨界，人才跨界、资源跨界。还要拓展我们的内部结构，要引入很多别的东西进来，如资本、人力、自然环境、文化等。拓展最重要的是拓展我们的太极拳概念，对太极拳概念的理解，决定了你的发展格局和方向。

所以我在很多地方讲学的时候，都要讲一讲关于太极拳的概念。太极拳家不仅仅是舞弄几下拳脚，这些人是以生命元素实践着中国文化的理念。近些年国学比较热，我曾经跟一些国学家讲过，不练太极拳，至少缺少一种有效地、快速地了解中国最核心的文化精神的方式；不练太极拳，就少了一种研究中国文化传统高层境界的有效工具。一开始有的人不了解，但是在认真练了之后，有了体会，觉得确实如此。练了以后，对于什么是"阴阳平衡"，什么是"道法自然"，会有不一样的理解和感受。太极产业是需要"文化"的，文化可以大大增加产品的附加值。很多在中国加工的产品，我们获得的生产利润很低，贴上世界名牌，出去转转卖价增加几十倍甚至更多，这就是文化的附加值，就是品牌文化，太极产业也是这样。太极文化是对我们日常生命体验的一种总结和提高，太极拳跟生活是密切相关的，只有从单纯的技术升华到文化，才能大大拓展太极拳习练的层次和范围。太极拳修为的是一种独特的气质，沉着、宽厚、洪广的气质。这就是拓展思维，太极拳概念、价值、功能的拓展。

第二个拓展就是拓展我们的合作领域，拓展产业的方式。我现在有一个基本的观点或者说认识，就是太极文化产业，现在包括未来若干年内，主要是做大蛋糕，远远

在泰山之巅举行太极对话

没有到分蛋糕的阶段，所以共同合作是主基调。我们有些专家到美国去考察瑜伽，据说2016年美国的瑜伽课程培训，产值就达到了56亿美元，我们的太极拳远远没有到这个规模。其实我们太极拳的习练人数、品牌认知度并不亚于瑜伽，产业规模却相差很大，这一方面说明我们还有很大增长空间，另一方面说明我们还有很多问题要解决。我们要科学研究我们的需求痛点、我们的品牌传播方式。只有清楚我们的产业状况，才能做好准确判断。水涨船高，我们现在应广泛合作，共同发力，把太极拳这个平台做高，把蛋糕做大。我们这次活动，就是要聚集当今社会太极拳最具活力和能量的一群人，为太极拳的发展碰撞出更多智慧的火花，把太极拳传播的热度大大提升。

我们是承先启后的一群人，未来太极拳的发展，我们在座的人会发挥相当大的影响力。这就要求我们要具备卓越的素质。

优秀的中青年太极拳家应具备的卓越素质是什么？我觉得有几点很关键。其一，发自内心深处的太极情怀，甚至说，你血管里流淌的是不是太极的血脉。只有发自内心地热爱太极，才能激发你从事太极事业的巨大的创造力。其二，兼容广纳的胸怀。太极就是一个开放的结构和开放的发展趋势。"圆"是什么？圆就是包容、圆融，不偏激、不折断，具有强大的穿透力，穿越隔阂和障碍。有了这种修为，才能成为大家，不会为自己的一方功技所囿，而能广纳天下技，这是提高自身功夫境界的重要方面。封闭的功夫思维，越练越僵，开放的眼界和胸怀，才能练就大功夫，形成大格局。其三，有现代化的知识结构和理念。太极拳的功夫是经典的、传统的，太极拳的发展是现代的、崭新的，崭新的方式、崭新的渠道、崭新的平台，并且在发展中不断丰富太极拳的技术体系和理法体系。一部太极拳的发展史，也是它不断吸收各个时期先进知识、文化科技成果的历史。

相信大家在未来的几天峰会中，一定能结识新朋友，激发新灵感，搭建新架构，开拓新道路。祝愿本次世界太极中青年领袖峰会为未来太极拳的国际化发展注入"优能量"。

太极拳与《黄帝内经》
——世界太极名家『维景太极大讲堂』讲座

2017年8月20日，作为三亚南山第二届世界太极文化节系列活动之一，"世界太极名家大讲堂"在三亚维景国际度假酒店举行，太极文化学者和太极名家向三亚市民及广大太极爱好者奉献了一场精彩的讲座。该活动还通过网络直播的方式，与现场和网上太极拳友互动，将自己长年积累的太极智慧与体悟的太极心得分享给各位拳友。本次讲座的名家还包括山东尚武洪派太极拳推广中心主任李恩久、杨式太极拳名家赵幼斌、陈式太极拳名家陈西立等。他们分别从太极拳的习练原则与常见的错误分析、传统太极拳的养生与竞技、陈式太极拳的要领等方面进行了阐述，与现场的观众和网友进行了互动答疑，并在现场进行了签名赠书活动。

极享——余功保太极演讲录

（2017年8月20日 三亚维景国际度假酒店）

太极拳和《黄帝内经》是一个很大的题目，这里时间有限，我先简单地说一说，抛砖引玉，后面还有几位老师做精彩的讲课。

为什么要讲《黄帝内经》？我觉得练习太极拳的人要了解我们的太极文化，如果要将太极拳练得深入全面，除了我们各个流派太极拳先哲们留下来的经典太极拳论以外，几个重要的中华文化的典籍必须要深入读一读。至少要了解的就是《易经》《道德经》和《黄帝内经》。前面两个我以前讲过，这里提纲性地讲一下太极拳和《黄帝内经》，以后有机会还可以专门来做这方面的研讨。

首先谈一下从太极拳角度对《黄帝内经》的认识。《黄帝内经》现在大家说它是医学的经典，实际上《黄帝内经》不仅仅是医书，还在很多方面有应用。《黄帝内经》包括《素问》《灵枢》两部分，它最早提出了阴阳学说、脉象学说、藏象学说，解析了病因、病理、病机，包括我们的针刺等各个方面，这个大家可以去详细阅读有关内容。我觉得《黄帝内经》是中国人关于生命控制的一部典籍，它是中国人关于生命的系统论、控制论、方法论。正因为如此，它讲述的是中国的生命"知行合一"的学问。我们很多人在读王阳明，说"知行合一"，那是后来的事情，很早前，《黄帝内经》倡导的就是生命的一种知行合一。

所以，从太极拳的角度来研究《黄帝内经》，第一它是系统论，关于生命的系统论。第二它是控制论，第三它是方法论。在其中可以领悟到关于太极拳的一些具体的练习方法。中国所有的关于生命的修持技术，包括传统武术、太极拳、气功、导引

发布三亚南山第二届世界太极文化节内容

三亚南山第二届世界太极文化节启动

等,都能够在《黄帝内经》找到它的指导原则和理论。练习太极拳,《黄帝内经》不是说你可读可不读的事,或者是浮光掠影知道一下的事,我觉得应该比较深入地去读一读的。开始可以找一些通俗的注解读本,逐渐可以看古代的一些注释,可更接近于原始的一些风貌。

我主要从四个方面来简单地谈一下关于《黄帝内经》和太极拳。

第一个方面就是《黄帝内经》的整体观,它最早提出了关于生命的整体观,包括认知和修持整体观。它是把自然、生物、心理、社会当作完整的一体,作为一种整体的医学模式和整体的养生学模式。倡导在养生上、在生命的修持上紧紧地围绕整体观来进行。在我们太极拳的锻炼当中,经常讲道法自然、"一动无有不动",从宏观到

做太极拳和《黄帝内经》讲座

微观，都在强调一种整体观，在太极拳的练习中，处处都有体现。我们练"云手"，虽然说的是云手，但不仅是在手，它的核心在腰，要以腰带动，还有脚，其根在脚，上下一动无有不动，这样锻炼得很全面。如果你站在那儿，就是手在比划，这叫"不随"，气是断的，更形成不了气势。当然也可以开始练习时做一些原地云手，但是真正练起来的时候你还是要上下左右一起动，原地练也可以有"完整一气"。我们练发劲的时候要讲究完整。怎么完整？发劲在最后是一个爆发，只有前边运动的完整性、协调性，才能造就后边的集中爆发这种瞬间的完整性，也就是趋同性，或者叫有序性。只有身体达到这种有序性，从气机来说，才可以最大程度地发挥人的本能力量。从养生来说，可以激发人体的内在潜能。从生命的认知观来说，你只有这种整体性，才能够体悟到作为完整的身体的本身，才能够更好地和自然相合。太极拳中，你看各个流派的太极拳论，几乎处处都贯穿了这种整体性。

　　第二个方面就是它的形神相合的摄生思想，我们古代讲摄生、养生，就是形神合一。在《黄帝内经》中的《素问·上古天真论》里有一个提纲性的话，这个话是要反复揣摩的，叫"上古之人，其知道者，法于阴阳，和于术数，饮食有节，起居有常，不妄作劳，故能形与神俱，而尽终其天年，度百岁乃去"。这是《黄帝内经》很关键的一段话，这段话也是练太极拳的一个纲领性的原则。它告诉我们，练太极拳要形和神具，法于阴阳。怎么"法"？就是每个动作都要有阴阳，要合于阴阳的变化规律，同时在变化当中要有一个阴阳的平衡。"和"于规律是一个静态变化，还要有动态的"阴阳相合"。"和于术数"就是我们练太极拳时有四大层次——道、法、术、功，"术"是其中的一个层次。术是什么？就是你练习的具体招数，要有定量的东西，但是这个定量不是一个简单的数字。比如我们练拳举手高多少、低多少、左多少、右多少，离身体多远，有一个参考的标准。但每个人的身高、体重、体质、体能是不一样的，你又不能做硬性的规定，要有个相对的，这个就叫"和于术数"。这个术数的关键是"和"，不是死板教条的。"不妄作劳"虽然讲的是起居，但练拳上也一样，练拳叫过犹不及。我们每天要保持一定的练功的量，但是在身体极度疲劳的状态下，你还练是不科学的，这就叫"作劳"了。身体很疲劳的时候，你的动作走型，形成了错误的记忆、错误的定型，久而久之会打乱你身体里的内气，太极拳不是说苦练功夫就解决了，傻练不行。所以"形神合一"这是《黄帝内经》里一个根本性、也是练太极拳一个根本性的东西。我们总说谁谁练的是花架子、某某有没有内功，实际上就是从他的内在精气神来说的。"形"要练好了，跟内在的"神"要相吻合。

"和于术数"的一个重要内容，是关于阴阳衍生出来的系统，比如五行、八卦等。《黄帝内经》里的一个重点，是对"五行"的论述，五行配五脏，如何用五行属性调理脏腑。中国武术在练法上也很注重五行理论的应用，比如典型的形意拳的五行拳，把劈、崩、钻、炮、横五拳和五行相联系，侧重锻炼内容，这方面太极拳上也有很多体现。在传统练法上，有许多老师专门把拳势、太极劲法和五行对应，来锻炼脏腑功能。

在"形神相合"的理法体系中，"心"和"神"是两个有关键性意义的概念。"心神"是《黄帝内经》的核心概念，太极拳理论中大量引用了这个概念，并应用到拳论和拳学实践中。这里的"心"不是简单地显现意识，而是"真如心"，最本质的、纯净的原始生命力萌动。中国古代对"心"的概念有多重的结构，比如中医学上除了把"心"作为人体器官之外，还把心作为意识主体，主导气血运行。而在哲学家那里，"心"又具有了很多的定位。汉代董仲舒把"心"与"天"结合起来，说"以人心副天心，人心因天心而生"，"心"便超出了人的本体之外。魏晋的玄学家认为

"心"为"无",宋明理学认为"心"即"理"。而在当代心理学中,把心与意识活动,与情、意、知相结合起来。在太极拳的修炼中,更多的是运用了中医的概念与延伸体系,所以除"心"之外,还有另一个重要概念就是"神",心、神如一,与形、气相结合,综合锻炼,全面改善生命功能。

《黄帝内经》认为,人的精神、情绪、心智对身体、脏腑健康具有很大的影响作用,"人有五脏化五气,以生喜怒悲忧恐",情绪的调节与内脏健康有直接关系。"神"是维持生命所必须的,所以对心、神的维护保养非常关键。《灵枢·天年》中说"失神者死,得神者生也",太极拳的心、神练习方法就是秉承了这种理论观点。《黄帝内经》认为,心神的不稳定会造成生命功能的紊乱。太极拳锻炼首先要有一个平和的心境,要入静,要松柔,在太极拳练习中就要注重对情绪有一个把控、调节,通过练太极,把情绪的波动控制住,而且是自然控制住,不是强行压制。根本点在于,练拳的过程中始终处于一个"太极态",练一遍拳就是做一次心理调节疏导,久而久之,日常生活中也可以保持这种"太极态"。

第三个方面就是虚静观。《黄帝内经》的八个字"恬淡虚无,真气从之",就是说练拳不能努气,要保持恬淡虚无的状态,这实际上也是无极状态。大家说"无极生太极",不是说由"无极"到"太极"之后"无极"就没有了,正好相反,"无极"的状态时时要保持,"太极"是在运动,"无极"是运动保持的状态。这是我们太极内功修炼"太极态"所应遵循的原则,或者说要达到并保持的状态。练拳的整个过程中,不管是哪种流派、哪个拳势,都应是在"恬淡虚无""精神内守"的状态下练拳,每一个拳势也是依照这个原则进行调理的。很多练拳的人气浮着,这就是没有静下来。"恬淡虚无"是《黄帝内经》里一个特别核心的原则。我觉得很多练太极拳的人对它重视得不够,或者对虚静理解得不透。过去也有传统的太极拳论说"无形无象,全身透空"。为什么?就是你身上不能挂劲,你推手一挂劲,人家就找到你的死点了,打你那个死点,你就失控了。养生里边出现死点就出现气滞,气滞则不通,时间长了那个地方就会紊乱。那怎么办?可以先虚起来,把自己的紧张点、紊乱点虚掉。"恬淡"就是你能够把那些妄念、妄作去掉,把那些累赘、挂件去掉,就恬淡虚无了,使得真气自然地萌动,不是你努气逼出来的。真气运行是一个类似于酿酒的过程,酿酒的原料你自己身上都有,酿到一定程度,通过发酵时间慢慢起来,不硬性去勾兑,勾兑的东西是一种不自然的东西。所以我们的真气到恬淡虚无了以后,自然酝酿。为什么道生一,一生二,二生

发布会和讲座会场

三,三生万物,道本身就是个零,就无了,真正做到虚无,才能有真气,才能从之。精神怎么内守?它不是守一点,或者守身体的某一部分,守一点则滞。所以注解精神内守有一句话叫"抱元守一",只有抱住元气不散,这个"一"才能守住,这两句话要结合在一块理解。把身体抱成一团。这时候"守一"守的是你的"一",这个"一"就是真我,真正守的是真我真气。要是不能"抱元",身上散着很多点,一百个点、一千个点,甚至上万个点,是对身体真气的一种散乱性的破坏,你去守哪个点都不行。所以练太极拳讲究混元,讲究整体,强调气不外泄,打拳的时候不能东张西望,身体涣散,否则守不住。练拳是在一个很安静、很祥和的状态下,让元气能够自动地萌发,这样守住整体。你练拳,如果神气散乱,气外泄,那就别练了,否则练的时间越长,内气越虚。你遇到练拳的人,如果精神面貌涣散,这一定是没有抱元守一。《黄帝内经》里这一条对我们练太极拳很要紧。

第四个方面就是关于太极拳内功锻炼的一个原则。很多人问太极内功怎么练,有的人把内功说得很高深,我说太极内功非常简单,最早在《黄帝内经》里说得很清楚了。在《黄帝内经·素问》里有一段话叫"上古有真人者,提挈天地,把握阴阳,

三亚维景太极大讲堂主讲老师

呼吸精气,独立守神,肌肉若一,故能寿敝天地,无有终时,此其道生"。这一段话就是太极内功的最高原则,所以你东看西看太极内功的法门,不如把这一部理解清楚,把这段话抄下来贴在墙上,反复地读、反复地揣摩。这段话展开了讲三天三夜也讲不完,这里边每一句话都需要深刻地理解。比如"提挈天地",怎么提挈?太极拳里讲"虚灵顶劲",怎么顶?你使劲往上顶肯定不行,或者有的人说拿线提起来,松松悬挂的感觉,这也对,也是一个方面。"提挈天地"最主要的是天在上,地在下,上下要通,所以在虚灵顶劲的时候上边虚起来,下颌内收,颈部这个关键的地方要松,任督二脉要通,会阴穴要松,两个脚底涌泉穴要松。只有松下边了,上边才能顶起来,所以单纯你只讲上边,不去讲中间、下边,任督二脉就通不了,你的小周天也通不了。涌泉穴不松,跟百会穴不相应,大周天就通不了,就达不到"提挈天地"的作用。那么"把握阴阳"怎么把握?就是你掌握它的阴阳变化规律,结合到太极拳里,是一个具体的练习方法。太极拳有拳、掌、钩,拳就是一种握,掌是一种开,比如掌是阳,拳是阴,钩是阴,掌就是阳。"单鞭"就有阴阳,一阴一阳、一收一放、一把一握,这里就有开合各方面的关系。所以每个动作它都有把握阴阳的办法,如果你练得不对，阴阳把握就会不平衡。比如"单鞭"中钩手松了，没握住，你的气就散了，不用再看你的动作，你这么一摆，气一定是散的，如果你有了内功基础，自己就会感觉到没有把握住这个阴阳，阴阳是散乱的，是不和谐的。每个拳势动作都可以解析"把握阴阳"，怎么把握都很细致，可以写一本书。"呼吸精气"，你首先要有精气，然后用呼吸调解。太极拳的呼吸也有很多种方法，有的老师讲要结合拳势呼吸，有的老师要求自然呼吸等。"独立守神"，有的人讲究站桩，有的人说我们不站桩，我们就是"行桩"。不管行桩、动桩、静桩，都要一个"独立守神"的状态。"独立守神"也不一定非要静止不动，太极拳的静是一种均匀的、在思想很安静的状态下的运动。均匀的运动，它就是一种静。所以"独立守神"说的是"由静生动"的这种关系。"肌肉若一"就是内外合一，我们有骨、有血、有脉、有精，它是组成人体生命的元素。"若一"跟刚才我说的"抱元守一"是一样的。你要练到"肌肉若一"，就是你每一个太极拳动作，随便动都做到了内外合一，随便动都符合太极拳的要领。至于你说我们可以创36式、72式、100多式，没关系，那只是一个形态，你要真正把握它内在的协调一致性。"肌肉若一"就是你的内外要浑然一体，浑然天成，这时候一动皆是太极。所以太极拳家练到高级水平，他随便动都是拳架子，都是功，这样就能达到一个很高的内功水平。

　　因为时间关系，我通过以上几点来强调《黄帝内经》对习练太极拳的人很重要，要真正地从思想上高度重视，而且要钻研进去，悟透它，并且落实到咱们的练拳实践和理论当中去。

世界百城千万人太极拳展演活动 北京鸟巢

太极拳的体育精神

——在『世界百城千万人太极拳展演』北京站活动上的演讲

2017年9月1—17日，由河南温县陈家沟开始，以太极为纽带，联通世界的"世界百城千万人太极拳展演"活动盛大举行。活动环球传递至26个国家195个城市，参演人数达1000万人。本次活动以"共享太极·共享健康"为主题，向全世界集中展示太极拳的独特魅力，为太极拳申遗助力造势。9月2日，在鸟巢体育场举行了北京站的活动，河南温县领导、众多太极拳名家、奥运冠军邓亚萍等嘉宾参加了活动。

极享——余功保太极演讲录

（2017年9月2日　北京鸟巢）

昨天，在河南温县陈家沟启动了"世界百城千万人太极拳展演"活动，焦作市各地有5万名太极拳爱好者汇聚温县，开启太极拳全球传递活动。今天，北京站的活动在鸟巢举行，这项活动还要延伸到全国各地、世界各地，会对太极拳的发展起到强有力的宣传和推动作用。

北京站太极展演活动选在鸟巢体育场来举行，具有特殊意义。鸟巢是我国第一次

主持在鸟巢举行的"世界百城千万人太极拳展演"北京站活动

举办奥运会的主场地，是现代竞技体育在中国兴旺发展的一个标志，也是体育精神的一个象征。它展示了中国人的能量、文化、包容、开放和格局，向全世界展现了"精彩绝伦""无与伦比"的体育风范。太极拳是中国传统体育文化的代表，它的技术、理论体系包含了中国的历史、文化、哲学、医学等内涵。竞技体育所达到的是人类体能、技能的量化极限高度，太极拳所呈现和追求的是人类生命健康的优质化状态。太极拳作为一种运动方式，也饱含了体育的精神，就是追求生命的强大和内在潜能的激发。

鸟巢和太极拳有着密切的关系。在2008年北京奥运会开幕式上，就举行了气势恢宏、浩荡震撼的太极拳集体表演。在北京奥运会一周年纪念的群众活动中，也在鸟巢举行了近4万人的太极拳合练，场面十分壮观，打破了此类活动的吉尼斯世界纪录。今天我们在这里举行"世界百城千万人太极拳展演"北京站活动，是一次贯通历史和现代、兼融东方和西方、交汇健身和竞技的体育文化活动，必将成为本次环球太极拳传递的一大亮点，由我们构建的一个独特的景象，向全世界展现中国的优秀文化和时代风采。

鸟巢太极展演活动

太极人的秉立风范
——在第二届世界太极文化节开幕式上的致词

第二届世界太极文化节于2017年9月23—26日，在海南省三亚市南山景区盛大开幕，来自全球40多个国家和地区的数千名运动员参加了比赛，上万名观众与会，云集了200多名来自世界各地的各流派太极拳名家、重要传承人以及拳友与会，问道竞技。本次太极文化节以"生命智慧、健康旅游、传承发展、大美太极"为主题，主要活动包括开幕式与世界太极大巡游、世界太极导师大讲堂、世界太极名家精英演武会、世界太极文化论坛、世界太极产业博览会、世界太极交流赛、闭幕式与颁奖盛典等10余项，推出"互联网+太极文化""体育+旅游"等特色精品文化活动。

第二届世界太极文化节自2016年11月在三亚启动，先后在北京、河北、云南、吉林、河南等地举办了多项系列活动，展现中国传统太极拳的丰富内涵，宣传了中国优质旅游资源和良好形象。

极享——余功保太极演讲录

（2017年9月23日　三亚南山观音广场）

今天在中国三亚，太极名家云集，巨星闪耀。在这里，我们交流太极理法，感受太极文化，展示生命活力，彰显文明风采。

太极的盛事，从一个特殊角度展现了时代的盛世辉煌。太极人以一种独特风范秉立，他们热情而从容，光烁而内蕴。太极拳作为人类文明的精华之作，锻造了无数个

在第二届世界太极文化节开幕式上致词

生命和生活的奇迹。世界太极文化节就是展现这种奇迹的一个大舞台。第二届世界太极文化节在首届成功举办的基础上，延续我们的梦想与奇迹。自2016年11月开始，30多个系列活动精彩呈现，在当代太极拳史上，写下了30多个生动的篇章。

一部太极交响曲，由当代最优秀的一批太极拳家和无数位太极人共同谱写。在2017年9月23—26日，创造出最华美的篇章。

我们处在一个伟大的历史节点，我们正在书写历史。在场的每一位太极人都是这段历史的创造者。今天我们能够充分享受太极，因此我们是真正的幸运者。

谢谢大家。

主持世界太极文化论坛

极享——余功保太极演讲录

开幕式上各国代表队表演

第二届世界太极文化节上的"太极名家见面

太极人的秉立风范

第二届世界太极文化节颁奖典礼

内容编辑　何　佳
责任编辑　孔令良
内文设计　刘艾兰
美术设计　李　照

建议上架类别：体育、武术

ISBN 978-7-5009-6115-4

关注更多图书请扫码　　定价：286.00元

余功保 著

极言

余功保太极演讲录
JIXIANG YUGONGBAO TAIJI YANJIANGLU

下册

人民体育出版社

太极拳家的修为

——在『马虹杯』陈式太极拳联谊赛上的演讲

2017年10月5—7日，"马虹杯"传统陈式太极拳联谊赛在河北石家庄隆重举行。来自全国24个省、市、自治区103支代表队共1690余名运动员参加了本次联谊赛太极拳、太极器械、太极推手等项目的比赛。大会主要内容包括开幕式、著名太极拳家马虹先生诞辰90周年座谈会、闭幕式等。来自全国各地的陈式太极拳优秀传人进行了精彩的太极拳和太极器械的表演。5日上午，在石家庄市鹿泉区龙凤陵园还专门举行了马虹纪念碑落成典礼。余功保先生应邀出席活动并分别在开幕式和马虹纪念碑落成典礼上发表演讲。

极享——余功保太极演讲录

（2017年10月5日　河北石家庄）

在开幕式上演讲

今天在石家庄召开的"马虹杯"陈式太极拳联谊赛是马虹陈式太极拳传承系统的一次展示，这么多人一起来交流、比赛，并且纪念马虹先生的太极拳业绩、研讨马虹先生的太极学术思想，也是一次生动的传统文化教育活动。

太极拳是中华传统文化的生动载体，能够以拳健身，以拳悟道，以武扬文，发挥太极拳巨大的文化价值和社会价值，乃是真正太极拳家的修为和责任，马虹先生就是当代一位优秀的、文武兼修的太极拳家。我与马虹先生生前有过多次交往，还时有书信往来，探讨太极拳的各类问题。深深感受到他对太极拳的深情与执着，以及他身上所蕴含的澎湃的太极力量。他以自己深厚的文化修养，熔铸在武学的研修当中，相得益彰，相合相养，是文武兼备的典范。

马虹先生是一位传统武学忠实的继承者和捍卫者，他处处讲究传统的规矩、传统的法度。他又是一位武学文化的大力倡行者。在他的拳学实践中，洋溢着浓郁的文化韵味，他不仅出版了众多的太极拳著作和文章，并且将这些体悟融汇在他的行拳走架

"马虹杯"陈式太极拳联谊赛开幕式

当中，是太极拳知行合一的楷模。

马虹先生注重太极拳的教育研究与传播，培养了众多的优秀弟子和传人。这些传人继承了马虹先生为时代服务的太极精神，在各个地方成为太极传承的重要力量，这次的大会充分展现了马虹传承体系的规模和影响力。是他传播太极文化成果的一次系统、生动的展现，体现了马虹太极拳学实践、理法的强烈感染力。马虹纪念碑的落成，也表达了后学晚辈们继承太极精神、精修太极功法、理法的志向与决心。也祝愿大家不断努力，为促进当代太极拳的发展发挥更大作用。

马虹纪念碑筹委会主任杨合发讲话

太极拳家的修为

马虹先生拳照

体用兼备 品质相合
——在第三届洪派太极拳国际交流大赛开幕式上的讲话

2017年10月6—7日,"名客来"杯第三届洪派太极拳国际交流大赛在济钢体育馆隆重举行。来自全球10余个国家的50多支代表队共400余名选手齐聚山东济南,进行切磋比武、研讨交流。本届赛事由山东尚武洪派太极拳推广中心主办,国际贸易平台名客来(Makeronly.com)承办。山东尚武洪派太极拳推广中心理事长李恩久,著名武术家张山、于海、虞定海、徐学礼、梅墨生以及众多武术名流出席。

（2017年10月6日　山东济南济钢体育馆）

山东是中国的武术大省，有很多著名的传统武术拳种，拥有许多在国内外有广泛影响的武术家，在座的就有好几位。在现代武术竞赛方面，山东也取得了突出成绩，拥有女子全能武术冠军，有超级散打王，也出现了不少的武术影视明星。

山东的太极拳也独具风采，洪均生先生就是其中杰出的代表，他不仅自己在传统陈式太极拳的技术、理法上具有精深的修为，作出了独特的贡献，并且培养了一批优秀太极拳人才，比如李恩久老师等，成为当代太极拳的一支重要生力军。

山东太极拳给我最突出的感受是"体用兼备"。不仅是从理论上强调，还是身体力行。洪均生先生就特别倡导"体用兼备"，他出版的太极拳图书《陈式太极拳实用拳法》，强调拳之功用。李恩久老师也培养了黄康辉、张千秋等多位优秀的太极推手冠军、套路冠军。今天开幕的这个活动，也是洪均生先生传承体系的一次成果展示。

"体用兼备"是太极拳发展的正道，完备

出席开幕式

之道，不如此，太极拳就是有"凹凸处"。可惜的是，当今太极拳发展中，体用分离、体用残缺的现象在很多地方都存在。"体用兼备"，首先要对太极拳之"体"有正确理解，它包括拳架、拳功、拳技，还包括太极拳的法则、要领。对"用"也要有完整的理解，既包括技击之用，也包括养生之用，还包括修养之用。

在修养方面，洪均生先生也有特别的贡献。他十分强调"拳品"的作用，专门提出了"拳品十三篇"，阐释拳品与功夫的关系。这些"拳品"内容既是修养，也是技术，如果说太极拳动作的运行是人体这台高级精密仪器运转的"质"，那么"品"就是其中的营养剂。只有品质相合，拳功才能练得好、练得高。拳不可无品，这是习拳者的"起势"平台。

祝本次活动圆满成功。谢谢大家。

来自全国各地的参赛队伍

体用兼备 品质相合

洪均生先生拳照

日本熊本中日武术交流大会

太极拳练气的原理和方法

——在日本熊本中日武术交流大会上的演讲

2017年11月6—8日，第四届中日武术交流大会在日本熊本隆重举行。中国代表团10多人参加了交流大会。大会上，上千名日本武术爱好者表演了丰富多彩的中国武术节目，包括24式太极拳、42式太极拳、传统太极拳、太极剑、太极棍、太极扇等套路。中国武术家们表演了太极拳和传统武术等精彩的功夫。中日双方嘉宾李杰、孙德玉、浜田和幸、池田艳华、小栗阳子、宝蓓、钟玲、刘玉屏、肖彪、龚崇光、庞世杰、卢英友、杨传坚、陈春艳等参加了交流会，旅日著名武术家郭良、陈晓怡等也参加了活动。余功保先生应邀在大会上进行太极文化讲座。

极享——余功保太极演讲录

（2017年11月6日　日本熊本体育馆）

今天看到这么多日本太极拳爱好者一起交流、学习太极拳，感到非常高兴。特别是刚才演练有一个小方阵，都是90多岁的老人打太极，据说都习练了很多年，身体状态都很好，这充分展现了太极拳的魅力、价值。听荒木瞳会长介绍说，在熊本有数万人经常习练太极拳，这里的武术爱好者也经常去中国进行交流。这次从中国也来了不少的武术传人参加交流大会。借着这个机会，大会组委会想让我讲一讲关于太极拳内

参加熊本中日武术交流大会的嘉宾

在开幕式上应邀做《太极拳练气》专题讲座

练的问题，这也反映了大家对太极拳习练追求不断提高的需求。

内练包括哪几方面呢？内练就是在形体动作标准的同时，锻炼人生生命构成的内在的部分，这些部分虽然肉眼看不到，但的确存在，它们是中国古人对生命认识的智慧结晶。有一些我们专门进行了特别的称谓，比如"心""神""意""气"等。内练相对于形体的规范难度更大，因为看不见，但练对了你是可以感觉到的。所以有句话叫作"只可意会，不可言传"，就是言语的描述是一种相对的、近似的。所以必须要亲身练，结合听讲，才能逐渐掌握内练。有经验的老师会一步步带领你进入内练的境界。进入内练层次的人就会更加深刻体会，甚至说才能真正体会太极拳的奥妙。太极拳内练的理论基础来源于中医，来源于对人体生命结构的认识，中国的医学古籍《黄帝内经》中做过系统阐述。

练内中非常重要的一点就是"练气"。什么是"气"？你翻开中国太极拳的各种论述，到处都有关于"气"的观点，对于"气"的解释也很多，跟太极拳练习相关的，

李杰先生在开幕式上讲话

我们可以理解为"气"是一种生命能量。生命的各种功能是需要能量维护、支持的，练太极拳就是让这种能量强大，我们的生命力就旺盛，所以要练"气"。太极拳中有很多练气的动作、要领，这个需要我们在练好外形的同时要加以注意。

练气的第一步，要产生气感。练每一个动作，手上、身上都要有气感才行。什么样的感觉是气感？简单来说，开始有了胀、麻、热、流动等感觉，都是初步的气感。要练出气感来，首先，动作要慢，太极拳的慢练有很深刻的道理，其中之一就是让你尽快出气感。其次，每个动作都要有掤劲，有张力，圆润、饱满，就像水龙头，撑满了，气感才能产生。最后，不要过于追求局部的感觉，气感是整体性的，手上有，同时身上也有，是充满全身的，整个身体如同一个气球。

练气的第二步，让气在周身流转起来。中国古话叫作"流水不腐，户枢不蠹"，流动起来才有活力。并且"气"这个东西，越运转能量越强，在运动中增值，不动起来反而会逐步衰减。没有周流起来，叫作"死气沉沉"，太极拳语言叫作"不轻灵""迟重"。太极拳动作就是让"气"周身流传起来，动作练对了，气的流转路径、方向、方式就对了，所以外形动作也很要紧。

练气的第三步，让气积蓄起来。我们经常听到大家说"丹田"，太极拳中的"丹田"是什么意思？形象地说，丹田就是储蓄"气"的银行。气积蓄得充盈、饱满，生命的能量就旺盛，对各个脏腑、器官的生命支持作用就大。所以太极功夫越深，内气越充沛，精神状态越好，不会萎靡不振的。

太极拳可以说就是练"气"的拳，它的每一个动势都和练气有关，开合、进退，都有气的运行在内。太极拳为什么强调"动静相生",动就是运气,静就是养气。练太极拳时"动中有静,静中有动"就是练养结合,既懂得运气,又懂得养生,这样才是把太极拳练明白了。

熊本太极拳协会会长荒木瞳带领会员练太极

为太极击鼓

太极拳与『气』文化
——在亚太中华武术太极文化论坛上的演讲

2017年11月18—20日，首届亚太中华武术太极精英大汇演活动在马来西亚沙巴举行。活动期间，举办了"亚太中华武术太极文化论坛"，余功保先生应邀出席活动，并作了主题为《太极拳与太极文化》《太极文化产业的国际化发展》的演讲。

极享——余功保太极演讲录

（2017年11月19日　马来西亚沙巴）

昨天刚到沙巴，有朋友告诉我，这里被旅行家推举为地球上落日最美的海岸之一。我昨天傍晚就到海边看了落日，的确非常美，我想到一句诗——"落日熔金"，很符合其中的景象。

沙巴海边落日

在沙巴亚太中华武术太极文化论坛上演讲

这是大自然的"气象",我当时也联想到太极拳的"气象"。

练太极拳、谈太极拳都离不开"气"。"气"是中国哲学中的一个概念,也是中国文化中的一门学问,在太极拳这里,它是一种实践的状态。

很多时候,一些研究家在谈"气"的时候,只是一种思维的方式,只有到了太极拳等生命修持方法,"气"才有了扎实的着落,"气文化"也就有了更鲜明、鲜活的呈现和理解。所以我认为,练习太极拳是使我们真正透彻理解包括"气文化"在内的中国传统文化内涵的一种有效途径。

太极拳练好了的人,是真正的"文化人",从太极拳中悟出的文化,有"知行合一"的特征。当然,你如果有意识学些中国传统文化,结合去练太极拳,能起到事半功倍的效果。

在中国传统文化中,谈到"气",有很多种解说注释,概括起来大致分为两类:一类是把"气"作为生命活动的一种精微物质;另一类是把"气"作为联系世界万物,包括生命、自然等各个大小体系的一种介质。在太极拳中也有这两类含义,首先,它是生命物质,太极拳内练的核心目标之一,就是"气";其次,它也是人体各器官、脏腑、系统的功能纽带,练拳讲究"完整一气",练气的混元就是这个意思。

那么,太极拳应该如何练"气"?重点在以下三个方面。

一、要练气的纯净

气不纯就会导致生命功能的紊乱、混乱。只有纯净的气,才能对人体起到滋养的作用。人体之所以生理上和心理上出现问题,都是跟气的不纯净有关。身体内"杂质"太多,会不断消耗能量,不断产生负能量。所以练气,首先要练"纯净"的功夫。练拳时要静下来,要不断减少身体中气的杂质。

论坛开幕式上的嘉宾和代表

二、要练气的充沛

气纯净了,但很虚弱,还是不行。就像一瓶水,虽然纯净,但量很少,不够滋养生命之用。太极拳练"功夫",就是要练培元固本的功夫,就是把气养得强盛、充盈。所以练太极要会"养"。会练是"练家",会养才是"行家"。有了充沛的内气,生命才有活力。当然,这种充沛的"气"必须是"纯净"的,否则,杂质丛生的"气"越充沛,对生命的损害就越大,就像一个人发脾气,声音越大对人的损伤越大。

三、要练气的贯通

气纯净了,充沛了,这还是"体"的范畴,只有贯通一气,才有了"用",体用兼备,拳功才是完整的。气若不通,强盛的内气会造成人体的局部和整体的不平衡,带来阴阳失调。"不通"会造成淤塞,形成了自己跟自己"较劲"的局面,所以有很多人练拳一辈子,劲、气憋在身上,不能达到自然,更做不到与外界的有效贯通,这样练拳就是"僵"的,不能做到真正的松,这样气再强盛也是无用的,甚至反伤自身。

论坛期间举行了武术太极精英汇演

练气的这三方面缺一不可,互为一体,只有同时做到,才是真正的内功拳,达到了这种效果、效能,就实现了中国太极拳所追求的"道法自然""天人合一"的境界。当然,这其中有很多具体的、系统的练法,是要准确、科学掌握的。

太极拳医疗康复值得深耕细作

——在『太极疗』两周年纪念活动上的讲话

"太极疗"为当代太极拳研究发展专业机构，2015年11月28日，"太极疗"品牌发布会在北京召开。他们以北京为大本营，与多家太极拳、医疗机构合作，在全国实施了一系列太极健康工程，包括太极进社区、名家讲堂等，产生了广泛影响。

（2017年11月28日　北京太极疗中心）

感谢张欣先生和"太极疗"诸位同仁的邀请，很高兴今天来参加"太极疗"成立两周年的纪念活动。我觉得"太极疗"这个项目、这个机构是一个很有价值的体系，我过去总说太极拳要呈现它的现代价值，我觉得在"太极疗"这里得到了一定程度的体现。它承载了一群具有现代思维、开放理念和传统文化认同认知的青年人的情怀。

大家都知道太极拳有康复保健，甚至一定程度的治疗作用，特别是作为很多慢性病、心理疾病的辅助治疗手段，无疑有巨大价值和前景。但长期以来缺乏深耕细作，缺乏沉进去、搞透彻、系统化发展。比如分类对症治疗康复，比如太极拳运动处方，比如社区太极健身活动如何有效开展，比如如何实现当代人对太极拳健身由

在太极疗成立两周年纪念活动上讲话

"知"到"行"的落地，如何实现太极健身的刚性化需求等，这都是需要对太极拳功能、原理本身做细致、系统研究，并结合现代的医疗手段和医疗体系开展一系列工作。只有这样，太极拳的医疗康复作用才能渗透到健身、医疗各个环节，发挥出太极拳主动性的健康服务效

"太极疗"负责人张欣在两周年纪念活动上讲话

能。这方面还有很多工作要做，我们可喜地看到，"太极疗"在这方面做了很多有益的探索和努力。

刚才张总也介绍了，我们"太极疗"在太极健康细分领域重点耕作的同时，开展立体化的拓展，也取得了很多成效。太极拳本身就是开放性的结构，它的健身性和文化性是密切结合的，理法性和功技性也密切结合。开展太极健康事业、健康产业有一个广阔的视角和全新化的思维模式也非常重要。

祝愿"太极疗"越办越好，为当代中国太极拳的发展发挥独特的积极作用。

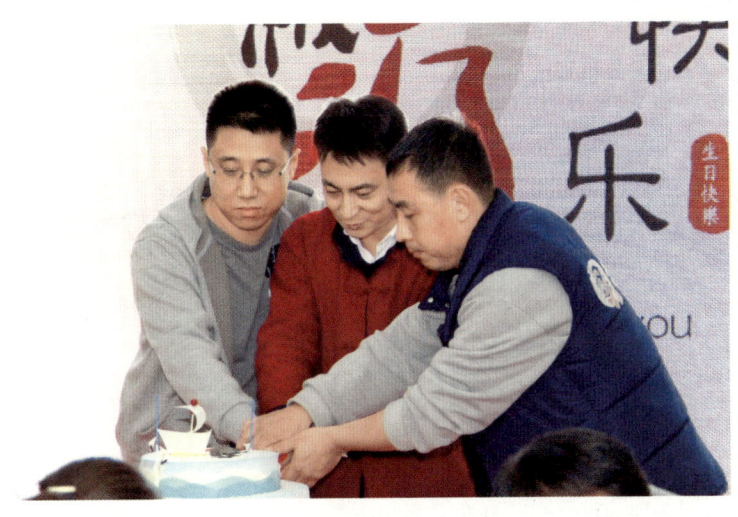

"太极疗"几位核心创办人

以武载道　以信立修

纪念姚继祖宗师百年诞辰暨武式太极拳峰会

以顺达而臻宏张
——在全国武式太极拳峰会上的演讲

2017年12月4—5日，来自全国各地的武式太极拳名家云集邯郸，隆重举行纪念太极大家姚继祖先生诞辰一百周年活动，同时举行"全国武式太极拳峰会"。国内外武术爱好者，武式太极拳众弟子，武式太极主要机构代表，邯郸学院师生，以及各流派太极拳、武术名家1000多人参与了此次峰会。活动包括武式太极拳峰会拳艺展演，武式太极拳高峰论坛，李逊之、魏佩林、姚继祖塑像落成及祭拜仪式，武式太极交流赛等内容。此次峰会以"以拳载道 以仁立德"为宗旨，旨在汇集当代太极拳名流互相观摩，加强对武式太极拳的研究与弘扬、共商武式太极拳发展大计。峰会分别在邯郸学院及邯郸永年广府古城两个场地举行。各地各支脉的武式太极拳名家、专家学者进行了深入研讨、交流，展现了武式太极拳独特的拳理拳法、器械、推手功夫。

本次活动由世界太极拳网、永年广府武式太极拳研究会联合主办，邯郸学院等机构协办。邯郸学院党委书记杨金廷，河北省武术协会名誉主席李剑方，著名武术家康戈武、李朝斌，邯郸学院太极学院原院长郭振兴，河北省太极拳健康学会主席段玉铭，原邯郸市政协副主席贾红军，太极拳研究家翟金禄，武式太极名家翟维传、钟振山、胡凤鸣、任智需，杨式太极名家杨志芳等参加了纪念会和峰会活动。纪念活动由邯郸市太极拳办公室主任杨宗杰先生主持。著名太极文化学者、世界太极拳网总编余功保先生出席了活动，应邀在纪念大会上讲话，并主持全国武式太极峰会。

(2017年12月4日 邯郸学院)

各位老师、各位武式太极拳的名家：

大家好。今天活动的内容有两个，一个是纪念姚继祖先生诞辰一百周年，一个是全国武式太极拳峰会论坛。这两个内容又是合一的。感谢邯郸学院领导和广大师生对本次活动的支持，我看各地各支脉的武式名家、传人基本都来了，这也是武式太极拳的一次大交流，本次活动对武式太极拳发展也必然会起到很好的促进作用。

在全国武式太极拳峰会演讲

武式太极拳峰会名家对话

姚继祖先生是当代一位文武兼备的太极杰出人物，他一生执着于太极拳的研究推广，践行"知行合一"的传统文化。他师从李逊之先生，勤学苦练，并且深入钻研，深得太极之精髓。其功夫有"静和之心，顺达之气，宏张之势"，为后世武式太极研习的楷模。他在1984年作为传统太极拳优秀名家代表应邀出席武汉国际太极拳、剑观摩会，在会上进行了表演和讲学活动，受到高度评价。他在讲学发言中对武式太极拳的源流发展、技术特点、健身作用和原理进行了系统阐述，让国内外广大太极拳研习者对武式太极拳有了生动直观而又深入的了解。他还根据自己一生所练、所学、所思，整理出版了一本著作《武氏太极拳全书》，成为学练武式太极拳的经典读本。继祖先生是一位杰出的太极拳教育家，培养了很多优秀弟子，像今天在座的翟维传老师、钟振山老师、胡凤鸣老师、李剑方老师、翟金禄老师等，还有很多位啊，都是姚先生的弟子，他们我也都很熟悉，为太极拳的传播发挥了重要作用。可以说，武式太极拳今天的发展局面，姚继祖先生贡献很大，他是近百年来武式太极拳发展中的高峰之一。

武式太极拳是中国太极拳的重要流派之一，具有鲜明的特点，讲究工整，讲究气势，讲究内气的鼓荡。由于武式太极拳创立的背景和发展的历程，使得武式太极拳具有浓郁的文化气息，在拳脚行运中，洋溢着独特的书卷气，因此也具有修身养性的良好作用。武式太极拳创始人武禹襄生前最喜欢两副对联，现在也悬挂在武禹襄故居中。其中一幅是"立定脚跟竖起脊，拓开眼界放平心"，另一幅是"一等人忠臣孝子，两件事

武式太极拳峰会会场

杨宗杰主持纪念活动，校领导讲话

读书耕田"，这表现了他的习武境界和为人、为家、为国的情怀。这也成为历代武式太极拳传承人所秉承的风尚。

在武式太极拳的体系当中，它的理论成就是特别需要关注的。由李亦畬先生手书整理的传世拳谱《老三本》，在太极拳史上有着突出地位，对后世太极拳发展影响很大，《老三本》第一次系统地把传统拳谱拳论整理归纳，具有特殊的文献价值。武禹襄、李亦畬等的拳论微言大义，深入透彻，既具有精妙的思辨色彩，又有很强的实践作用。不仅对武式太极拳，也对各流派太极拳的内外修练具有非常重要的指导意义。比如武禹襄的《十三势行功要解》《十三势说略》，李亦畬的《五字诀》《走架打手行工要言》等，都是传统拳论中的精品，值得太极拳爱好者反复揣摩研读。

武式太极拳历代都出现了很多优秀拳家，在功技、研究、推广上都产生了重要影响。比如郝为真、李逊之、阎志高、李宝玉、郝月如、郝少如、李锦藩等，以及当代的许多名家传人。本次峰会的举办，进一步促进了武式太极拳的团结、融合，大家互学互进，为繁荣武式太极拳共同努力，以顺达之气，而呈宏张之势，相信武式太极拳必将会进一步发扬光大，受到越来越多世界各国人民的喜爱。

名家讲座

以顺达而臻宏张

姚继祖先生拳照

2018元旦网络致词

自由与自在，寻找真正的太极拳
——2018年元旦贺词网络演讲

每年1月1日，世界太极拳网都会刊登总编余功保先生撰写的《新年太极贺词》，并通过网络发表演讲，作为献给全世界太极人及将要成为太极人的朋友们的新年礼物，这已经成为世界太极拳网的一个传统，每份贺词也都被广大网友广泛转发，作为祝贺新年的独特"文化礼品"。

极享——余功保太极演讲录

（2018年1月1日　北京世界太极拳网）

2018世界太极红毯大道　三亚南山

2017年，地球的信息量很大。各种事件频出，各种观念庞杂，各种思路纷繁，生活更加便捷的同时也更加无序。现代社会中的人们，越来越多地迷惘、迷失在"信息流"中，失去了对真正生命"自由"和"自在"的了解和把握。

有人说，钱只有花出去才能实现它的价值，健康只有失去才让人体会到它的价值。我们经常遇到的情况是，当健康失去，无论花多少钱也买不回它的价值。中国古代养生学十分推崇"治未病"，这不仅是一种科学方法，更是一种"悲天悯人"的宏大哲学思维，体现了中国古代文化"重生"的核心本质，太极拳正是这种文化环境中产生出来的"价值基因"。

对于很多现代人来说，一个突出

的问题，不是没有自由，而是不了解自由、不会享受自由。

身体被疾病所困，你就没有真正的身体自由；精神被心魔所扰，你就没有真正的精神自由，没有真正的身心自由，就没有生命的自由。

我们的生命被束缚，我们找不到生命本体，就失去了对自己的真正了解。

心若在，梦就在。但往往我们找不到心之所在。

太极拳的功夫是让你心性强大，让你知道"你是你"，让你逐渐体悟到你之所需，得"自在"就要了解心之所在、所往。

太极拳的首要功夫是解放身心束缚，让你成为真正的"自己"，能够充分感受到自己、享受自己。

太极拳的要领解析起来有很多，相关理法也体系完备、内容丰富。但其最核心的理念就是"自由"和"自在"，这也是中国太极拳真正的本质所在。

人的生命过程，是"现实"和"浪漫"的综合体，有了"自由"，生命才具有巨大的享受和想象空间，才会快乐，才有条件快乐；有了"自在"，精神才有了家园，才能长久感受到生命的真实存在。

中国文化把对生命的基本理解概括为"安身立命"，安者，平安、安放、安稳之意，身不能安，何谈立命？遗憾的是，现代社会中，很多人并不知"身在何处"，更遑论安之。

中国太极拳的两大基本功能就是通过练拳，知内、知外、知自己；通过练拳，让内外合一，身安而心归。

太极拳在当代社会中，比以往任何时候更能发挥它的巨大价值和作用。我们处在一个民族的盛世、一个文化的盛世，也是一个太极的盛世。

2017年，我们也有过彷徨、疑惑，但之后是更加的坚定。

真正的传统是不会被颠覆的，它可能会引起审视、引起讨论，在质疑、审视和讨论中不断丰富、发展。传统不会一成不变，但其核心精神却是一脉相传。太极拳作为一种传统，历来就是这样砥砺发展的。

我们的身体需要不断地救护，我们的心灵有时也需要救赎。忙碌、焦虑甚至陷落，社会、自然有时会用尖锐的东西刺痛、刺伤我们，需要冷静去看待，需要理性去认识，需要圆融去化解，需要纯净去滤化。太极拳是实现生命救护和生命救赎的有效方法。它教给我们一套建立自动、长久生命保护机制的方法，教给我们建立人、社会、自然动态平衡的思维和认知态度。消除精神枷锁，解除身心负担，让人更加轻松、放松，如此，也就更加自由、自如。

本性长在，便知所往。太极是一道禅，不需文字，直指人心。了解自心，也就更能了解他心，心心相印。无极而生，一举手，物我两忘，物我两知。如封似闭，在有限中感受无限，沧海一粟，卓然不穷。

太极拳是一门科学，只有科学地习练，才能收到良好的效果。作为一门科学，它同样需要破除迷信和虚妄。作为一种文化形态，太极拳也正在全球范围内发挥着巨大的影响力。"太极力量"是一种从容、自信、沉雄、浩荡、广袤和持久的"正能量"，这也就要求我们以更加开放、自信和科学的态度来认知和发展太极拳。

真正的太极拳，必然是体用兼备的，拳为体，经世为用，太极拳之用，是让人更加智慧。优秀的太极拳人应当是生活的智者。

真正的太极拳，不仅锻炼强健的体魄，也能修炼强大的心性，这是无论养生还是技击都必须具备的要素。既有坚定的意志，又有变通的思维，执着而不拘泥。

真正的太极拳，是要练气的，拳练好了，拳架气脉贯通，拳势气韵生动，拳功气象万千。优秀太极拳家是具备大气象的人。

真正的太极拳，必然是具有人文情怀的。合格的太极拳传承者是真正的"文化人"，脱离了粗鄙和低俗，他们以自身的生命符号诠释、注解了中国文化的精髓内蕴。

如果你热爱自己、热爱生命，就好好练太极吧；如果你珍爱你的亲朋，也推荐他（她）们练太极吧。

2018，我们一起"太极"。

自由与自在，寻找真正的太极拳

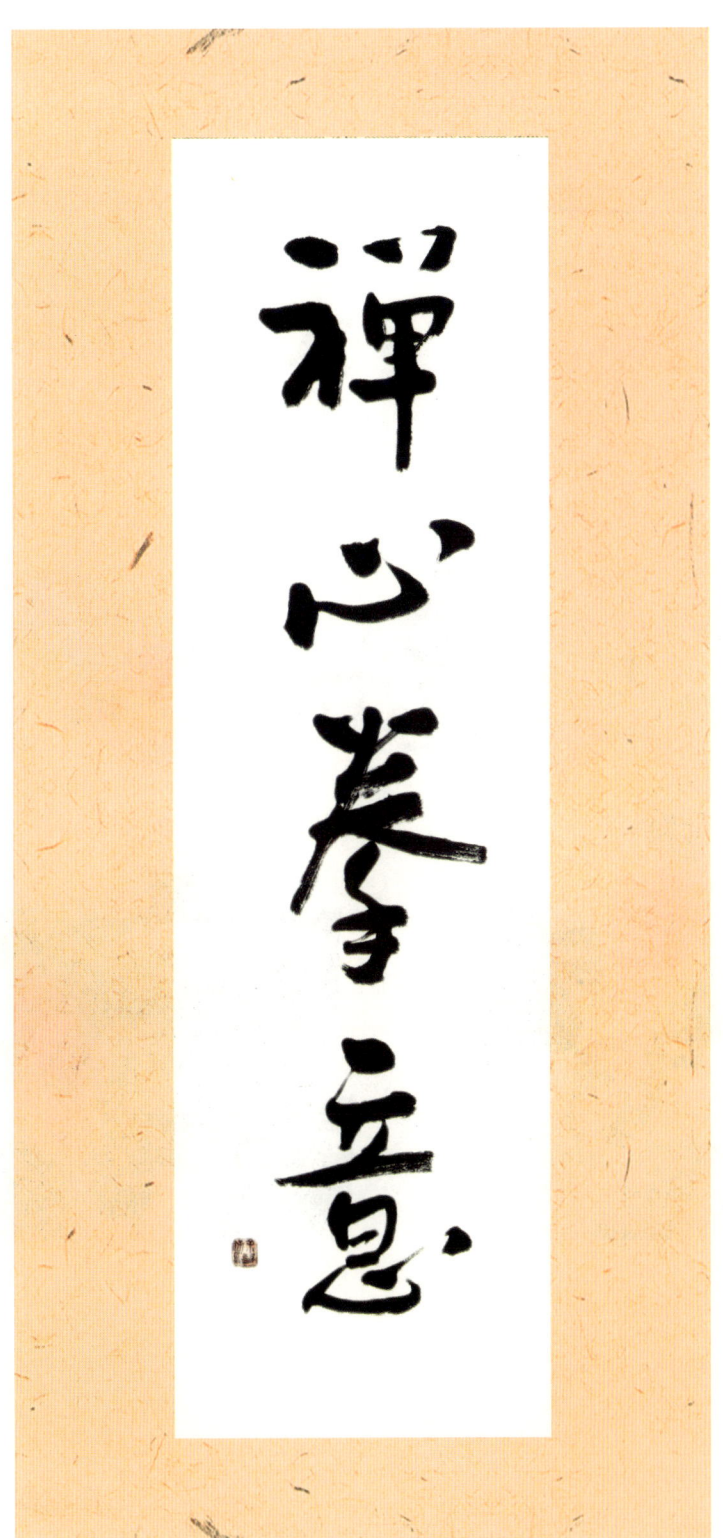

"一带一路"太极论坛 深圳

太极的纯真之境

——在深圳『一带一路太极论坛』上的演讲

为深入挖掘太极拳的潜在空间与内在价值，构建高层次、高水平的太极文化交流、研究、发展平台，2018年1月7日，深圳职业技术学院、深圳弘武太极研究院等机构联合主办"一带一路太极论坛"活动。深港澳等地的武术、太极拳传人、代表，来自全国各地的太极拳研究专家，部分海外太极拳推广机构代表，深圳职业技术学院广大师生参加论坛。论坛以中、英、法三种语言进行，深入探讨了中国太极理法、太极文化的内涵与境界。来自中国的世界武术冠军和参会的武术家进行了精彩的表演。

极享——余功保太极演讲录

（2018年1月7日 深圳职业技术学院礼堂）

今天很高兴来参加这个活动，感谢这次论坛的主要发起者弘武太极研究院、深圳职业技术研究院等机构，感谢李斌先生、贾兴东院长为论坛成功举行所做的工作。

"一带一路"有经济的元素，也需要有文化的元素。今天这个论坛很有意义，文化兴亡，匹夫有责，这个"匹夫"可以是个人，也可以是机构。太极机构对太极文化的兴旺应该有责任感。

这次论坛有五个显著特点，也体现了现在太极文化发展的几个要点。

第一个特点是有青春朝气。刚才李杰主任也介绍了，论坛主要组织者李斌先生是我们当代太极拳中青年的优秀代表人物之一，论坛的内容设置、形式等方面洋溢着活力。今天参加论坛的有很多青年学生，太极文化就应该是这样，让更多的年轻人领悟它、实践它，不能是老古董，古老的东西核心内容要保持住，发展形态及一些不断补充的东西要结合时代。太极文化传承者、太极拳的传承者需要一大批有思想、有胸怀、有行动力的年轻朋友。

第二个特点就是自主性。这个论坛是由弘武太极机构来主办，由社会专业机构来办论坛，具有很强的责任心和专业性。弘武作为一个具有领先思维的现代都市太极的理念和实践的推广者、践行者，在这个事情上又做了一个很好的例子。过去我们说国家兴亡匹夫有责，我们现在要讲文化兴亡，匹夫有责。这个"匹夫"可以是个人，也可以是机构，由学术机构来推动，有更多的自主性，是一种内生的激情和动能。

第三个特点是论坛的举办地在高校。深圳职业技术学院这里我来过几次，他们

很重视传统武术文化，有关活动搞得也是有声有色。我参加过这里举办的国际武术交流会，他们以前也邀请我做过太极文化讲座。高校的太极文化活动应高度重视、大力支持，因为这是一个标杆。如果没有高校的推动，太极在文化的进程上会缓慢得多。1982年我们成立北大武协，当时也是基于这个理念，在全国高等院校高层次进行推广。刚才听了咱们学院院长的讲话，说明校领导这个层面非常重视，这是一个具有远见的行为。"一带一路太极论坛"在高校召开，有利于高校倡导并且身体力行地实践太极文化。

第四个特点是国际化。刚才我们也介绍了，今天有一些从国外来的嘉宾，我们台上坐的嘉宾中柯文女士就是从法国来的，还有不少港澳台来的同胞。我们"一带一路"就是在新时代下,一个伟大的国际化的发展模式,它是融合了政治、经济和文化的一种综合性发展理念。我们这次论坛内容方面,也体现了国际化。

第五个特点就是开放性。我们现在举行的论坛,包括启动仪式,还有晚上的太极联盟的启航仪式,都体现了这种开放性。研究、推广太极文化要有胸怀,这样才能广泛整合社会资源,不仅仅是武术、太极拳的资源,还要联合文化界、经济界、科技界等一起来办,武术文化、太极文化需要全社会的资源来推动。

刚才主办方让我发个言,我琢磨了一下,本次"一带一路太极论坛"如果用一个关键词来概括,是什么词呢?我刚才听了大家的发言,我就感觉到了一个词——纯真。"一带一路"不仅仅包含政治的元素,它是各国共同打造政治互信、经济融合、文化包容的共同体,所以文化也是一种非常重要的元素。我觉得没有中国文化的参与,"一带一路"这个平台就不算完整。那么我们的文化往外输出什么?应该是最典型的内容,既要有特色,又能为全世界所共享。而我们向外介绍文化的时候,这个文化首先应该是"纯真"的。

当今中国各种文化形态很多,有些是有杂质的。为什么想到这个词?因为我看这两天有一个热点,就是某歌手在歌曲中传播了一些低俗的社会价值观,对很多青少年

论坛会场

参加论坛部分嘉宾、代表

产生了误导作用。而"纯真"是社会进步所需要的品格环境。

我们要向世界展现我们的文明,展现中国的价值、中国的文化,展现太极拳,我就想到"纯真"这个关键词。"纯"就是要纯净,我们太极拳的技术要纯净。有人说太极技术一代不如一代了,其中一方面就是我们真正的"纯"的东西丢失了,掺入了很多杂质,技术不那么纯了,花哨了,飘浮了。还有思想境界要"纯"。这是我们真正太极文化的东西,真正要继承的东西。太极拳中也有一些虚假的东西,我们往国外推广,包括结合"一带一路",如果不是真正的中国太极拳的技术功法,不是真正的传统文化,不能够代表我们民族文化精髓的东西,那你这个东西就是失败的。文化的推广对整个国家形象有重要作用。文化有魅力是因为它有"纯真"的东西,太极拳保持"纯真"是现代对古代的责任。

我有一个习惯,就是每年元旦都写一篇"太极元旦贺词"。今年的元旦贺词题目就是"自由与自在——寻找真正的太极拳",就是寻找太极拳的"纯"和"真",这两个字是太极拳研究和推广当中不可忽视的"点"。祝愿每一位练习太极拳的人,在"云手"中、在"野马分鬃"中,在一个一个太极拳势中,找到生命的真实感受,找到更加纯净的精神家园。

临练拳照是学好太极的重要方式

——在《崔毅士太极经典传真》首发式上的演讲

2018年，为纪念杨式太极拳名家崔毅士先生诞辰126周年，崔毅士先生之孙崔仲三老师首次面向社会整理出版了《崔毅士太极经典传真》一书。书中首次系统展示了拍摄于20世纪30年代的崔毅士先生拳照，以及崔毅士先生手书的传统太极拳秘谱。1月20日，《崔毅士太极经典传真》在北京举行全球首发仪式。武术界嘉宾李杰、张山、昌沧、门惠丰、阚桂香等出席了首发式。首发式上，崔仲三先生介绍了图书有关内容和资料，并进行了太极拳讲座。

极享——余功保太极演讲录

（2018年1月20日　北京百纳烟台山酒店）

今天举行《崔毅士太极经典传真》一书的全球首发式，这是当代太极拳文化工程的重要一步。图书出版之前，崔仲三先生邀请我写序，我也就先期拜读了图书内容。这本书主要由两部分组成，一是崔毅士先生的几十幅拳照，二是他手书的传统太极拳谱。我们现在讲"原生态"，这本书就是传统太极拳的"原生态"。

我很早以前就非常喜欢看好的太极拳照，给人以从里到外的陶冶和享受。好的拳照气韵生动，气势饱满，光华内蕴，张力十足。学习太极拳如同学书法，对好的拳照进行临摹，是重要的"临帖"，是迅速"入道"的便捷途径之一。真正好的拳照不多，所以能获得，便是"至宝"。

启动图书全球首发

临练拳照是学好太极的重要方式

临摹拳照对学好太极拳非常有帮助。临摹拳照有几个要点。首先要会看形，看动作的上下左右，虚实结构。第二要会看变化，拳照是静止的，但它又是蕴含动态的，会看每个拳照静态一瞬间的前因后果，来龙去脉。善于把一幅幅静止的画面，在脑子中看成动态的视频，这就要求你对拳架子很熟悉，又有深入的理解。第三要会看气，气韵生动，气势构成，气脉走向，这是太极的内功层次。一幅拳照中藏着很多的信息，需要反复揣摩。临摹是个长期、反复的过程。

太极拳在当今世界受到普遍的欢迎和爱好，这显示出传统文化实实在在的宏大价值和影响力。作为一种文化形态，太极拳的传统特征无处不在。太极拳是一种形象化的生命符号和语言，它所讲述的内涵，需要我们用眼看、用耳听、用心悟。

两年前，仲三先生拿来他珍藏多年的关于其祖父崔毅士先生的手迹拳谱，以及崔毅士先生的老拳照，十分珍贵，计划公开出版。我认为，这是一件造福广大太极拳研习者的好事，这将是一次太极拳传统的精彩展示，值得我们去看、去悟。

这是崔毅士先生珍贵手迹拳谱首次面世，也是崔毅士先生拳照最为全面、清晰的一次呈现。崔毅士先生是杨澄甫先生的重要弟子之一，是北京杨式太极拳的开拓性传承人物。据仲三先生介绍，这些拳照都是在杨澄甫先生亲自督察下拍摄的，具有典型性意义。而崔老先生手书的拳谱老本，更是心血之倾注，功夫之凝聚，意境之衍陈。太极拳就是生命的艺术，到了高层境界，便是举重若轻，怡然通化，研读拳谱和拳照是习拳十分重要和有效的两大方式，本书合二为一，更是太极功夫与艺术的精品，光影之间，辉映生命，太极之魅力，从这本书中，闪耀辐射。

我与仲三先生相识数十年，深切感受到他对于太极的深情、豪情，他植根传统，又具有现代的开放性思维，使得他在当代太极拳体系中独树一帜，是一位具有现代感的传承人。本次他将祖父的文、图资料编汇出版，是一次以心传心的重要传承实践，我们期待有更多的人从中受益，并更加全面深入地懂得认识崔毅士先生和太极拳。

极享——余功保太极演讲录

首发式会场

王其和太极传人集体演练

练武习文从来是
——在河北省王其和太极拳协会总部座谈会上的讲话

2018年3月27—28日，全国部分武术界领导、嘉宾应邀访问、参观河北省王其和太极拳协会邢台总部和第一分部，举行研讨座谈会。参加访问、座谈的武术界、太极拳界知名人士有国家体育总局武术运动管理中心原主任李杰，著名太极文化学者余功保，中国旅游景区协会副会长关鹏，中国《武当》杂志总编刘洪耀。邯郸太极拳办公室主任杨宗杰，《太极》杂志总编张磊，太极拳名家杨志芳、张茂清、庄海等。

（2018年3月27日 河北邢台）

这次应剑方先生和杏敏老师的邀请，我们一行人来到河北省王其和太极拳协会总部参观学习。刚才听了杏敏老师的介绍，看了王其和太极拳宣传片，对协会几年来的努力和发展表示钦佩。刚才李杰主任也充分肯定了大家的成绩，王其和太极拳在全国现在有很多的研习者，人数、规模和影响力都在不断增加。

我和剑方先生相识多年了，他对传统武术文化有很深的情感，并且将这种情感融注到太极拳的研修和传承上，取得了显著成就。最早对剑方先生的了解是徐才先生向我做的推荐。一次在徐才先生家中，谈起当代太极拳的发展，需要立意高、眼光远并且行动力强的优秀传承人，他向我介绍了李剑方先生，说他文武兼修，是徐才院长非常推重的一位优秀人物。

多年来，檀杏敏老师一直在扎扎实实

在河北省王其和太极拳协会研讨座谈讲话

共祝太极发展

地进行王其和太极拳的传承发展工作，温婉而不张扬，以太极的心境做太极的事业。

作为国家级非物质文化遗产代表性项目，王其和太极拳在发展上做了一系列的规划，刚才系统了解了这些内容，觉得很受鼓舞。其中有几个亮点，对当代太极拳的发展显得十分重要。比如对文化的突出强调，太极拳作为非物质文化遗产，具有独特的形态和价值，它在文化上信息量大、层次丰富，并且有强烈的实践性，就是所有的文化含义都可以通过太极拳的技术来展现，是精神、视觉、感觉高度融合的文化形态。如何继承、挖掘、研究、推广这些文化内容，在现代社会中将这些文化的价值发挥出来，是一项重要的课题。练武习文是中华民族的优秀传统，是中国式人才标准的尺度，提高全民素质，文武两方面不可偏废，当然这里的"文"和"武"都有比较全面、深刻的内涵。再比如对师资队伍的培养计划，显示出行稳致远的格局与卓见。我们有些项目的推广，开局不错，但后劲不够，以至于蹒跚不前，一个重要原因就是师资力量的不足，这也是现在一些太极拳发展的短板之一，高素质教师队伍的培养，对王其和太极拳发展会起到十分给力的助推。

传统太极拳的发展，是一个大课题，不仅是太极拳界的事，也是整个社会的事。应实现"坚守"和"融合"相协调，坚守传统太极拳核心精华内核，不忘初心，不失"原生"，还要具有开放的胸怀，广阔的胸襟。要实现太极拳界和社会各界的相互融合，实现各流派之间的沟通、交流、融合，打破壁垒，还要实现古今的融合，真正有效地服务现代社会。

记得在2016年三亚南山首届世界太极文化节上，剑方先生和杏敏老师带领王其和太极拳代表队精彩亮相，架势淳厚，风格独特，引起国内外太极拳界的广泛关注，剑方先生在文化节的论坛上还做了精彩演讲，使大家对太极拳的了解认识更深一步。相信在河北省王其和太极拳协会的组织协调下，王其和太极拳一定会为我们国家的非物质文化遗产的传扬书写闪光的一笔。

太极拳文化传承发展研讨会会场

太极文化的价值与发展
——在『太极拳文化传承发展研讨会』上的演讲

为进一步传承和发展太极拳文化，大力发展太极拳文化产业，服务健康中国战略和"一带一路"倡议，推动"世界太极城"研究、规划和建设，2018年4月24日上午，由中智科学技术评价研究中心、河南省政府发展研究中心、中国（河南）创新发展研究院主办，郑州大学体育学院承办，以"中华太极文化传承与'世界太极城'建设"为主题的太极拳文化传承发展研讨会在北京举行。第十届全国人大常委会副委员长、中国关心下一代工作委员会主任、全国妇联原主席顾秀莲，国务院发展研究中心原主任王梦奎，中国社会科学院原副院长、第十二届全国人大常委会内务司法委员会副主任委员李慎明，国务院发展研究中心原副主任、全国政协委员卢中原，河南省社科院原院长、中国(河南)创新发展研究院院长喻新安，河南省人民政府发展研究中心主任、研究员谷建全以及焦作市领导、太极拳研究专家等出席研讨会。

会议播放了《映像焦作》《太极拳——人类共同的财富》宣传片。与会领导和专家围绕太极拳文化的研究、太极拳的传承与发展、提升太极拳品牌影响力、增强文化自信、加快中华文化走出去、焦作发展太极拳文化产业的发展等专题进行演讲。与会嘉宾还重点就"打造'世界太极城'专题研究工作方案""河南省太极文化研究院成立方案"进行了讨论。焦作市直及温县相关部门负责人，太极拳优秀传承人陈小旺、王西安、朱天才参加了当天的活动。

极享——余功保太极演讲录

（2018年4月24日 北京中国职工之家）

今天很高兴来参加这个太极拳文化传承发展研讨会。

我们相聚恰逢春季的最后一个节气谷雨刚过，季节已经迈向一年之中生命力最旺盛、最繁盛，蓬勃发展的夏季。生物界无时无刻不在显示生命的意志生生不息，永远向前，这是自然界"顺动"的特征。而人文界数千年的演化则以"主动"为特征，中华民族生生不息，其中中华传统文化是孕育这种生机的养料。中华民族始终秉承昂扬向上、奋发有为的"主动性"精神特质，并且在时时刻刻争取"主动"中间不违背"顺动"之特征，显示天人合一、平衡和谐的理念。这是中华文化的伟大智慧，其中最核心的部分之一就是太极文化。

所以，今天我们召开这个研讨会，正是应时应景。应自然之时，应我们新时代中华民族伟大腾飞的壮阔蓝图，壮美景象。

太极拳所提倡的生命的整体观、生命的动态平衡观、人天和谐的自然观，都凝聚了中华民族的伟大智慧。太极拳，是中华文明的重要成果，是太极文化的一种具体的形践方式。

太极文化是中国传统文化典型性、精华性的代表，它融合了儒、释、道各家学说的精髓，形成有机、圆融的一体。

太极拳是太极文化生动、鲜活的体现。它以人的形体、意气等生命元素为表现形态，展现了中国人对于生存方式、生活思维，生命境界的感悟和实践，是中华文明的伟大成果。它把高深的哲学原理用简洁、直接的方式呈现出来，让文化可感、可知，

太极文化的价值与发展

研讨会上名家表演

在"太极拳文化传承发展研讨会"上演讲

让文化落地、生根。比如我们太极拳的"云手",它就包含了阴阳转换、表里相应、经脉运转、气遍周身、盈虚有象等理法与人文景象。

太极拳作为一种传统的文化形态,对现代社会具有巨大的、崭新的时代价值。

太极拳除了作为武术具有技击的属性外,它还具有娱乐性,比如它的社交功能、健身性,还有成就感、自我价值的实现等。对于心性的修养,对于紧张的消除,对于身体和心里的放松具有独特的显著作用,对现代人的身心健康具有巨大的价值,这在很多领域都能发挥积极作用。我认为,太极拳、太极文化对人类所应发挥的巨大价值,还远远没有达到应有的水平和程度,还有巨大的发展空间。

太极文化是中国传统文化的重要代表性形态,它全方位、生动体现了中国古人对生命、自然的深刻认识和理解,是中华民族重要的文明成果。它既具有鲜明的传统文化特色,又具有崭新的现代价值。太极文化在多方面对现代人的生活、对现代社会中中华民族传统价值观的构成具有积极作用。太极文化的发展对树立文化自信、建设社会主义文化强国具有独特的价值作用。太极文化国际化发展有着巨大空间和意义。目前，我们虽然已经有上亿的人在习练太极拳，但还有很大上升空间。因为太极拳对世界人民生活具有改善和促进作用，对提升中国文化国际影响力具有重要作用。

太极拳国际化发展的重要基础在国内的建设，先要办好我们自己的事情。中华人民共和国成立以后，在党和政府的高度重视和积极推动下，太极拳在技术发展、理论研究、教育传播、国际化发展等方面，取得了重大的成果，培养产生了一大批优秀的太极拳家，已经形成了非常完备的、丰富的太极拳技术、理论和文化体系。这是我们太极拳和太极文化发展的重要基础，但我们还有很多工作要做。

几年前，我曾经说过，如果要排列出在世界上知名度最高的10个中国乡镇村庄，陈家沟一定位列其中。这两年我发现了一个很有意思也很有意味的事情，中国有两个乡镇在世界上名气最大、影响力最大，一个是乌镇，国家打造的互联网国际高端交流平台；一个是陈家沟，以太极影响世界。从两个不同角度展现了当今中国的状态和影响力，它们恰好一个是传统，一个是现代，这也是中国当今社会状态的一个精妙缩影。

乌镇是一种非常现代化的符号，是互联网的标志；温县陈家沟是中国传统文化的标志，以太极拳、太极文化影响着全世界。一个是传统的，一个是现代的，正体现了中国当今社会发展的一种结构和理念，我们就是要继承、弘扬传统文化的精髓。同时，我们以开放的胸怀、开放的思维、开放的政策去发展，以传统文化为丰厚的基础，建设我们伟大的现代化的强国之路。它们之间互相融合，这也是太极，是阴阳互补、互生、共兴共荣。我想将来也可以衍生出一个非常有意思的课题——当乌镇遇上陈家沟，就是网络时代下传统文化发展的课题。我们正在抓紧构建"世界太极网络学院"，也正进行这方面的研究和实践。

温县在太极文化发展中具有独特作用与地位，温县的太极发展，特别是以政府为主导的太极拳发展在全国具有龙头示范作用，做好温县太极拳的事，也是全省、全国的事情。应该充分发挥温县太极文化的历史优势、资源优势、人才优势，构建世界级文化重镇。

规划是个很重要的事情，不仅要做好顶层设计，还要做好细节化落实。结合新时代经济、文化、社会发展特点，构建多层次、高水平的太极文化传播平台。我对太极文化发展有三个基本认识和判断。

（1）我们处在历史上太极文化发展的最好时期。

（2）当今世界对太极拳、太极文化具有巨大的刚性需求。

（3）太极文化未来发展的关键在于以传统为内核，以现代思维为方法，以开放式的结构来进行。

我们欣喜地看到，这几年来，在河南省焦作市各级党委、政府的领导下，温县县委县政府开展了卓有成效的工作，在太极文化发展上有了长足的发展。

我也非常高兴、很自豪多次参与了温县太极文化的活动和发展、建设，切身感受到了温县人民、各级政府的这种决心、眼光和行动力。

我们相信，温县陈家沟必然以它独特的作用，在实现中华民族伟大复兴的中国梦中，发挥它应有的独特的巨大的价值和作用。

昨天晚上我看电视，中央电视台举行的2017年好书评选，节目中，97岁的著名翻译家许渊冲先生一生从事的工作是把中国古诗词翻译成英文、法文，把莎士比亚全集翻译成中文。他说了一句话，很令人感悟和敬佩，他说："一个国家创造的美，要把它变成全世界的美。"他一生都是在做这一件事。我想，太极拳是中华民族创造的伟大文明成果，它既美，形态之美、运动之美、哲学之美，还很科学，很有精神内涵，我们应该把这一伟大的文化形态介绍到世界各国，成为全人类共享的文明成果，这是我们的责任和荣耀。

研讨会会场

山海流转 太极刚柔
——日照『山海之光太极对话』主持演讲

为深入研讨太极文化内涵，进一步促进太极拳价值体系的构建，交流太极文化产业发展的经验，"日照太极文化论坛"于2018年4月28—30日在山东省日照市五莲县举行。来自全国各地的数十位各流派的太极拳名家、太极文化研究学者、太极拳推广专家参加了论坛。与此同时，"日照大青山国际太极拳大赛"也在日照大青山举行。

本次论坛由日照市人民政府和世界太极拳网联合主办，以"健康、文化、融合、拓展"为理念，以"弘扬传统文化，服务现代生活"为主题，致力于推动太极文化和健康运动的深入、全面发展。论坛的核心主题为"传统文化服务于现代生活"。参加者为当今具有影响力和成就、富于思想性、前瞻性和开拓精神的太极拳界人士和从事太极拳研究的各界专家。

与会专家对太极文化的属性进行了全方位的论说，对太极健康旅游的发展模式、太极拳理法功技与教学传播心得进行了热烈讨论，就如何共享太极文化发展的社会资源进行了广泛沟通。

论坛期间，太极拳名家们还专门来到五莲县著名风景区九仙山，进行了一场独具特色的名为"山海之光"的名家对话演武会。各位太极拳名家在九仙山"孙膑书院"前论拳演武，以"太极拳与回归心灵家园"为主题展开对话，并分别表演了各流派的太极拳功夫，体现了太极拳"天人合一"的境界，倡导构建人类心灵的"绿水青山"。

极享——余功保太极演讲录

（2018年4月29日 山东日照九仙山）

　　日照是一座阴阳相济的城市，有活力、有山、有海。今天我们在壮美的九仙山举行太极名家对话演武会，很有气势。

　　山海是具有生命力的。九仙山并不很高，也不是奇险的一类，很平实、雄浑，但

山海流转 太极刚柔

气势非凡，让你觉得天地之间的这座山，从宇宙的视角、从生命的视角看，是活的，稳定且始终在不停流转，这就是天地刚柔，这也是太极的风范，在这里论太极，很合。

太极拳的"道法自然"，就是随时善于从自然中感受刚柔相济的力量。昨天我参观了日照的五莲山，看到一个景象，苍茫群山环绕为一圈，中间一座山柱耸立而起，我说这有点"自然丹田"的意思。"丹田"是什么？就是一个生命体系中气机萌动的那一个关键点。练太极有一种境界叫"处处皆丹田"，就是身体中处处皆能触发生机，自然界中处处有机缘，能与我们的生命相应，可以给我们补充能量。

太极拳是"方便法门"，随处可练，家里、办公室方寸之间皆可为拳。但我一直主张，如果有时间、有条件，可以到自然中走走，在自然中练练拳，必能获得不一样的感受。在山水之间，练拳时能感受到自然造化、自然流转对身心的运化作用。

日照这个地方本身自带阴阳刚柔。近年来，日照政府十分重视太极文化，五莲县政府也做了大量工作，举办了多届"大青山国际太极拳大赛"和多场太极智慧论坛、太极文化论坛，使得这片富于内涵的山海景象挖掘出独特的太极文化、太极健康和太极旅游价值。我们这场"山海之光太极对话"活动，也是对太极拳"道法自然"内涵的一次生动诠释。

(正阳)全国太极拳精英赛

让太极成为青少年喜爱的项目
——在（正阳）全国太极拳精英赛上的演讲

2018年5月，第四届（正阳）全国太极拳精英赛在河南省驻马店市正阳县隆重举行。来自全国32个省、自治区、直辖市的86支代表队，1500多名武术运动员参加了比赛交流。本次精英赛由河南省太极拳协会、陈家沟太极拳功夫协会、正阳县教育体育局主办，正阳县大春文武学校、正阳县大春太极山庄承办，中原资产中原股权有限公司、温县体育局、陈家沟太极拳功夫学校、正阳花生国际城协办。竞赛项目分为个人、对练、集体、推手四大项目。中国武术协会原主席张耀庭，武术名家韩建中、王大春、陈斌、张东武、陈照森、刘绥滨、陈有刚、陈冠军、郑彩霞、丁富强、周银行、丁文顺等参加活动并进行了展演。

极享——余功保太极演讲录

（2018年5月3日　河南正阳大春太极山庄）

　　正阳举办的太极拳比赛在全国太极拳界很有影响，已经连续举办了四届，成为一个太极交流的品牌。王大春先生多年来为推广太极拳付出许多，也取得了许多成果。我参观了大春文武学校，这个学校是目前全国最大的太极拳学校，以培养青少年习练太极拳为主，把文武教育相结合，很有特色。我听介绍说，从2008年开始，正阳县将普及太极拳作为一项利民惠民工程打造，通过习练太极拳提高正阳人的品位和身体素质，并且把太极拳的学习、交流作为全县各学校丰富校园文化的一项重要工程来抓，在全县师生中推广太极拳，还把太极拳纳入中招体育考试。现在正阳县共有10多万习练太极拳者，这么大的规模在全国并不多见。

　　青少年练太极拳是一项重要的课题，有重要意义，应当把太极拳作为青少年基本素质训练的内容。但是如何推广是要讲究方法、讲究科学的，特别是在教材、教法等方面，要采用适合青少年学习、练习的方式。真正让青少年喜爱太极拳、认识太极拳。这项工作做起来也不容易，从全国范围来看，路还很长，甚至有些曲折艰巨。

　　前段时间我参加了一个座谈会，一位太极名家谈了对太极拳进入中小学的看法。他说，开始他是很积极支持这项工作的，但现在他产生了一些疑虑。他说，我们现在的有些做法，搞不好可能使得太极拳进入中小学这件事会带来太极拳发展的一些问题，本来让青少年练太极，是培养他们对太极拳的爱好，将来太极拳的人口越来越多，但现在中小学的一些太极拳的教学方法，不能够让学生们产生兴趣，甚至抵触。

　　现在的中小学对太极拳还有一种憧憬，听老师介绍，觉得它有很丰富的文化性。

在（正阳）全国太极拳精英赛开幕式上讲话

但是当他自己一练，就抵触了。到体育课选课，很少学生去选太极拳，最后老师处罚犯规的学生，说你去练太极拳，不喜欢就罚你去练这个。这种状况时间长了以后，就把这些青少年习练太极拳的兴趣消磨掉了，现在好多中小学生一听到太极拳就皱眉。久而久之，在心理上形成早期记忆，他长大以后也不会练太极拳了，这样实际上减少了未来太极人口，就把一批未来潜在的练太极拳的大军，从中小学的时候就给扼杀了。他的观点你乍一听不对，当时他刚一说出来，就受到了在场很多人的激烈反对，但是当他把理由讲完了以后，大家觉得可能还是有一点道理。这说明太极拳的定位和教法问题，过去强调太极拳的"柔"性，而忽视了它的刚性，忽视了它活泼的生命属性。其实教学方法得当，定位得当，还是可以让青少年喜爱太极拳的。

太极拳有多重属性，最根本的是"刚""柔"两个方面，应该深刻认识到这一点，根据青少年的特点，有的放矢地研发适合青少年练习的太极拳课程。小孩子好动，就不要强行让他慢下来。太极拳的"柔"是刚中有柔，"刚"也是柔中有刚。所以问题不在于中小学应不应该练太极拳，而在于你拿什么东西教他的问题。你不能拿着成人的东西，甚至不能拿着我们对太极拳的固有的观念、误解的观念，去教中小学。所以对刚柔的深入理解，是关乎太极拳发展的一件大事。

我常说当代太极拳的发展取得了巨大的成就，但是也存在着几点严重不足。其中一个严重不足就是优秀师资力量的不足，还包括科研的不足。给中小学讲太极，必须要有优秀的老师，就是对太极拳真正理解、了解、掌握的优秀老师，同时用科研研制出中小学生喜闻乐见、喜欢练、愿意练的内容，我觉得是可以做到的。

与会嘉宾

要研究青少年喜闻乐见的那种形式来练，比如可以先让他练单式，也可以先练一点"刚"的东西。这涉及一个误区，对于太极拳的理解，很多人就觉得它就是柔弱的、柔软的，没有刚性的东西。我们要敢于认识到太极拳"刚"的一面，把这方面提炼出来，作为开始的训练方法，那小孩就喜欢练了。因为小孩是有活力的，你非要让其软绵绵地柔下去，就有问题了。所以我觉得我们练太极拳的人一定要从本质上理直气壮地去理解、去发挥太极拳的活力，太极拳不是上了年纪的人才能练的，小时候就可以练，中青年也可以练，并不是体弱多病的人练的，你身体越强壮越要练。

今天看到这么多青少年练习、交流太极功夫，我觉得推广得很有成效，应当把这些好的经验总结出来，进行更广泛的介绍推广，让太极拳成为青少年喜爱的项目，优选的项目。

让太极成为青少年喜爱的项目

王大春先生带领太极学校学员练习

古栈道

太极文化与太极拳修炼

——在汉中吴式太极拳海内外联谊会上的讲座

汉中是陕西一个充满了人文气息的神奇地方，许多英雄豪杰在此建功立业，使得汉中名扬天下。2018年5月19—22日，来自世界各地的吴式太极拳精英汇集在此，隆重举行"海内外吴式太极拳同门拳友联谊会第二届交流大会"。本次交流会汇集了吴式太极拳各地名家数十位，吴式太极拳传人、爱好者近千人，为近年来规模最大的吴式太极交流活动。大会由汉中市体育总会、汉中市老年体协、世界太极拳网、陕西省武术协会等机构联合主办；汉中市武术协会、汉中吴式太极拳研究会、汉中市老体协太极拳协会承办。

陕西省、汉中市有关方面领导，以及张耀庭、余功保、田苏辉、马海龙、张全亮、邱毅、关振军、张茂清、马文钊、李树模、刘国军、马江麟、战波、休占、王乃昭、单颖、晏慎余、李树龙、陈新民、尉阔立、金满良、刘庆奎、王洪鄂、李红东、谢守忠、田德文、殷方、朱方泰、苗素芳、吴福东、贾秀芬、张志红、王红鄂、朱方源、孙瑜、郭丽梅、田志屏、李如波、李秀人、张世昌、闫海峰、邵守俊、赵晓玲、杨文学等嘉宾、名家参加了交流会。

在两天的交流活动中，吴式太极拳传人各自展现了精彩的拳功拳学，数十位吴式太极拳的名家，举行了专场太极汇演，呈现了吴式太极拳精妙的功夫。还举行了吴式太极拳学术交流会及太极文化专题讲座。吴式太极拳的名家传人们进行了全面深入的太极拳理法和推手交流。各地太极拳名家分别演讲演示了数十年研习太极拳的心得体会和独家感悟，10多位名家上场讲解太极推手的精要，并亲身演示示范，使得本次大会呈现出高层次的文化特色和求实求真的传承精神。

活动期间，与会代表们还参观游览了汉中的文化胜迹，感悟中华传统文化的巨大魅力。

（2018年5月20日　陕西理工大学）

　　今天在座的汇集了海内外吴式太极拳的名家、精英，还有一些其他太极拳流派的优秀代表。很高兴和大家一起讨论一些太极拳的文化和修炼的问题。

　　很多人会有一个疑问，就是太极文化是一个抽象的东西，它跟太极拳的具体修炼有关系吗？我们讲太极文化和太极拳，是一种牵强附会的说法吗？文化是比较抽象的，但是具体的修炼是在要领和理法的指导下进行的，是比较实的。

　　其实这种疑惑也有它的道理。因为很多文化形态，是一种理论性比较强的东西，但是在太极拳这个领域里边，太极文化它是一种实实在在的、落地的东西。

　　我们经常遇到给太极拳下定义的咨询，这是一个既简单又复杂的问题。给太极拳下一个没毛病的定义容易，而要下一个能准确反映其核心内涵的定义却不那么简单。可以从运动角度来下定义，也可以从文化角度来下定义。我曾经在1987年全国首届武术科学论文研讨会上的论文里，给太极拳下过一个定义，就是"太极拳是中国传统有文化的形践方式"，这个说法我现在依然觉得可行，但它比较宏观。

　　太极拳代表了中国文化的一种精髓，它把太极文化给具体化了，在太极拳的一动一静当中，都有文化要素的体现。很多人通过太极拳的锻炼，具有了文化的气质，我们通常说"气场"，比如今天大家在一起研讨太极，就形成了一个太极的"气场"，在座的很多人都有太极文化的气质，我有时称为中国式的贵族气质。这种气质跟你有钱没钱、有权没权没有关系。中国文化讲究"变化气质"，怎么变化？就跟你的练习相关，就是把中国文化的一些修养方法，生动地融合在太极拳当中。练了太极拳的

讲座会场

人,一定更洋溢着生命的活力,练太极拳的人也一定是更充满着爱意的人,爱家庭、爱事业、爱生命、爱自然,一定是这样的。因为中国的太极拳就是关于天人合一、道法自然的生命观,并且以之实现生命内修的一种境界。这是我要说的第一个问题,就是中国文化跟太极拳的修炼是密切相关的,不是一个空中楼阁。

第二个问题就是我想简单解释一下三个概念,一个是太极,一个是太极文化,一个是太极拳。因为很多时候我们把它们是混在一起的,或者是含糊不清的。第一个概念是"太极"。"太极"是中国的一个哲学概念,最早系统地阐述的是孔子在儒家学说中,后来道家进行了很大的发挥,在佛家里边也有太极的圆融思想,在儒、释、道里边都有这个概念的相应内涵,都发挥了这个概念,运用了这个概念。第二个概念"太极文化"是以太极概念为基础衍生的一个文化体系。太极文化既有儒家的文化,比如儒家的中正、礼、仁等,也有道家的文化,讲阴阳,也有佛家的文化。太极文化不是一个独立的学派,而是一种文化体系,这个体系与儒、释、道是相融相生的。 第三个概念就是太极拳。太极拳从小了说它是一种武术,是一个拳种,但是中国武术跟别的武术是不一样的,是以对生命的尊重为前提的,所以就有了一种"奇怪"的现象,武术作为一种杀伐之术、征战之术、搏击之术、应对之术,却具有了很强的养生作用,一种维护生命的作

极享——余功保太极演讲录

参会代表合影

用。所以我们说中国武术一要能练，二要会养。只会练不会养是不行的。这是中国武术的一个重要的特点，跟别的武术不一样，太极拳把这种特性发挥到了极致。再往大了说，中国所有的武术都是"太极"拳，就是每个拳种都讲阴阳，都讲刚柔。少林拳讲不讲刚柔？也讲。有人认为少林拳刚猛，不全对，刚猛是它的第一个练习阶段，到了高级阶段一定也是讲刚柔的，是有吞吐的、有盈虚的。但是我们现在讲的太极拳，是指具体的这个拳种，以太极这个哲学概念为基础，以太极文化为滋养的土壤而发展起来的一个独立的拳学体系。就像一个人，骨骼结构是太极拳的技术，肌肉是太极拳理法，血脉精气是太极文化。如果你没有这些血脉精气，就没有神，就是练太极拳没有文化，就不是最高级的拳。

作为武术，必须要研究它的技击，太极拳一定是要能打的，一定也要发展打。但是太极拳搏击不是它的最高层次。就像我们讲战争，它是人类社会存在的一种不可避免的形态，但是它一定不是高级形态。战争是国家、政治摩擦产生的不得已的形态，虽然很遗憾它是一种常见的形态，甚至是一种回避不了的形态，但它不是最高级的形态。太极拳也是这样，我们一定要有技击，但是对于生命的修持和维护才是我们练太极拳追求的更高级的效能。

第三个问题，我就讲文化。太极文化和太极拳是什么关系呢？首先我认为真正的优秀的太极拳人一定是文化人。我曾经在北大做讲座的时候讲过，作为一个国学家，如果不研究太极拳，至少失去了一个非常高效的、便捷的直达中国文化最深内核和最高境界的有效途径。中国文化是关于知行合一的文化，关于生命要知还要行，当然不一定都要练太极拳，你可以练导引，可以练静坐等。王阳明讲究格物致知，他对着竹子去"格竹"，也是修行。我们中国古代中医经络穴位到现在西方还研究不清楚，解剖学上找不到，为什么？那是我们中国古人在格自己，叫"反观内视"，在这种练内功的过程中体察到的，然后记录下来。读万卷书，行万里路，缺一不可。孔子也是到处周游，积累了很多的实践，做大学问一定要有这个"行"。

只说、只知，不行，很难达到中国文化的高境界。中国哲学最核心的是研究人的学问，太极拳就是研究生命的存在状态和变化规律的一门学问。一个国学家，你练一下，就能生动体会到什么叫"盈虚有象"、什么叫"阴阳相生"、什么叫"阴阳变化"？一个云手，很简单，它里面就包含了阴阳的转换、相应在里面。我给外国朋友讲课的时候，他们说你能不能别那么复杂，用一种简单方式告诉我太极理论，不要说那么玄乎。我说可以，很简单，我让他们铺上宣纸，拿着毛笔蘸上，一个逆锋起笔，一横再回锋、藏锋，我说这就是太极阴阳，你看得明白吗？他说又明白，又不明白。我说那再给你解释一下，入笔的时候不是直接下去的，先回锋逆锋起笔，起中有收，放中有藏，这就是阴阳。然后入笔中锋运笔。运笔的过程中有精气神、有意念的灌注，笔墨为形，呈现在外为阳，意念精神在内为阴，阴阳要相合，所以中国书法是以线条表达精神情感。我手这么动，跟咱们练拳一样，它是全身一体带动的，不仅仅是手，有臂、腰，整体性的运笔，所以这一笔当中是整个生命体的参与，最后顿收住，不是一下子刷出去的，刷出去了就散了，那不叫太极，还要收得回来，首尾还是相应的。这么一说，他们明白了，这一笔，简单并且复杂。我再举一个太极拳的例子，一个云手，开始的时候，左掌向外为阳，右掌向内为阴，随着身体旋动，左掌变向内为阴，右掌变向外为阳，两手的圆转就是走一个太极图的"S"线，身体圆转变化但中轴不变，此为"守中"。双掌在外运转相对于我的意念，两只手又是阳，这两个"手阳"当中分一对阴阳。一个简单的动作中阴阳是立体的、分内外的，阴阳当中又有阴阳，阴阳又是守恒的，阴和阳的变化当中总量是不变的，它是一种动态的平衡。这么一讲，一体会，他们说，这一个云手当中我们感到了中国五千年的文化精髓，有一种直观感受。

最后我讲一下中国文化和太极拳修炼比

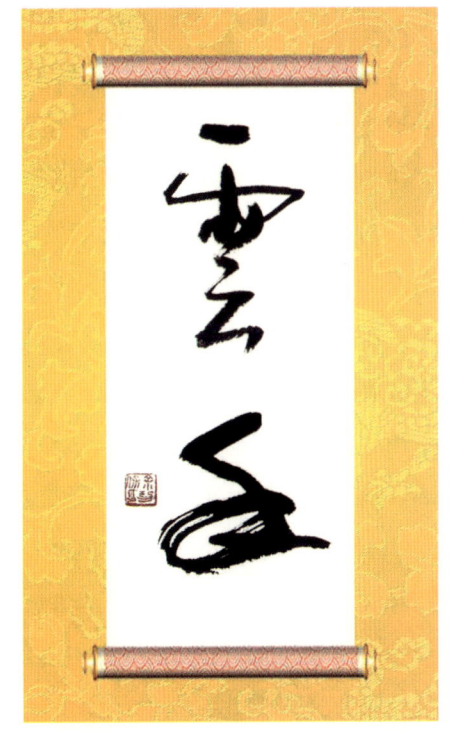

较紧密结合的三个字。第一个字是"中"。什么叫中？就是不偏不倚。这个"中"包括了阴阳的变化，阴阳相合谓之"中"，这个"中"又包括内在的东西。中国的太极拳讲究内敛，没有内敛的东西，基本就不是一个高级的东西。要达到这个"中"，还必须是一种动态平衡，阴阳就是调节平衡的"砝码"。太极拳有静有动，这就是"中"，体现不出太极拳动旺盛的生命力，就没有练好。就任何一个动作来说，你闭着眼睛去感受，如果没有感受到动态当中的静，说明你练错了。有这种平衡的存在，至于手脚高点低点，扩展点收点，那是次要的东西。每个人的身高不一样，体质不一样，思维性格不一样，你凭什么让他一定要高到这儿、低到那儿。当然，入门的时候要有标尺，必须要有高低左右的参考数据范围。太极拳初级是算术，加减法，到了高级是函数的思维，不一定是线性的，也就是说不是一种简单的对应关系。所以"中"的概念是什么？就是练好了你舒服了，你在天地之"中"，练对了，你就在自然之"中"。你虽然在地球上，但没在太极态"中"。就是你没归位，太极就是各归其位，什么叫"归位"？就是安放你的身，安放你的心。做一个比喻，就如"纵虎归山"，老虎在山里，你把它放到城市里就失去生命力了，它的"位"在森林高山之中，练太极拳就是让我们"纵虎归山"，返回自然。就是庄子讲的返回婴儿的状态。婴儿在母体是最"中"的，那是他最合适、最恰当的位置，是一种混元的状态。等他一出生，接受了各种信息的污染、环境的污染、不良行为的影响，"中"就会产生偏离、震荡。所以，练太极拳你要处处保持这个"中"的东西，练拳就是"找中"。

第二个字是"度"，尺度的度。无过不及就是"度"。太极图就是"度"的图示描述。圆的周围就是一个范围，你一定要在这个圆融的范围里边。中间这个"S"线也是"度"，这个"S"线左边是阴，右边是阳，阴阳各自有度。"S"线又是阴，又是阳，还能变化，这也是度。阴阳的变化在"度"的范围内获得最大的自由度，超过这个"度"很快就会衰减，以至于消亡。练太极拳就是养成"度"的变化运动习惯。练拳有一个要诀叫"气不破体，力不出尖"，这就是度，气弱的时候，还不太容易散出去，等气练强了，气就容易散，守不住，散得更快。如果你练了有气，但这个气散出去了，就更麻烦了，那你是越练越虚弱。为什么会散气？一个重要原因就是没有把握好练拳的"度"，没有形成存气的模式。气在一个范围内充分鼓荡没有问题，一旦破出这个范围，就如同气球出现漏洞，造成真气泄露。从"度"的角度来说，太极拳就是练一种控制的能力，有度就有圆融。比如在劲力运用上，太极拳讲究"力不出尖"，出了尖就会被人家拿住点了，拿破绽了，陷入被动。从养生的角度，失了"度"就不圆融了，不混元了，精气神就不能够固气、固精、固本。"度"贯穿在每个拳势当中，一个推掌，推不够不行，太窝，推得太过也不行，太直。练完了一套拳，身体内部没有反应不行，出很多汗也不对。如果拳练完了感觉很疲劳，就想倒头就睡，食欲也不振，那就是没有掌握好"度"。当然"度"很宽泛，不是简单的量的事，还有要领，要领之度，原则之度。练拳不能过度，运动量要适合，量过了以后产生肌肉疲劳、心理疲劳、记忆疲劳。人体有个弹性系数，过了以后回不来了。当然也不是说你偷懒不练，你一定要下功夫练才行。练拳还有个法度问题，每个式子都有它的法度，杨式有杨式的法度，吴式有吴式的法度。有了度才有纯粹，比如太极拳的手型、手法以及它的变化，都跟很多别的要领是相关的。你把吴式的手型和手法，结合陈式的步型和步法就不科学了，因为它不光是一个单纯的手的问题，与之相联系的还有一系列意念的运作方法，这对于当今有很多同时练多种流派的太极拳爱好者来说是尤其要注意的一点。度不是一个单一的指标，要全面综合理解。

第三个字是"随"。我以前写过一本书，现场的很多朋友都看过，书名叫《随曲就伸》。这个词中"随"字很核心。随就是能够合于规律，合于大势，能够借用能量，能够减少自己的能量损耗。太极拳也可以叫"随拳"，第一要随自己的身体，你身体最舒服的状态、感觉就是你要随的。要随自己的身体，还要随你自己的心，还要随自然，如何把你自己跟自然融到一起，道法自然关键在"随"。因为自然你是很难在短时间内改变的，可以调节自己。从随的角度说，练太极拳不是你自己的事，练到一定的程度，要把你的经脉关窍打通，打通以后就跟自然沟通了，就是我们所说的"天人合一"，这个时候你就能够借自然的能量，达到一种随的状态。从基础来说，"随"就是不能较劲，不能跟自己较劲。太极拳不是一个较劲的拳，前提还要做到松。怎么松那是一些要领的问题。"随"在中国文化里边是个很有特色的概念，在中国很多传统艺术中都有体现，我们的很多园林、塔、民宅的建筑都有"随"的观念在内。"随"的更本质是"无我"，只有"无我"了才能彻底"随"，佛家讲"人我空"，就是没有了自我的执着、执念，清空了自己，才能真"随"。自然和人心都有一个场子，练太极是安放我们自然的灵魂，自然的身体，跟自然界完全融合在一起。

上面我说的几个字虽然常见，但在太极拳中微言大义，大家要体会、理解它们的精妙之处。

太极拳的"有来有网"
——在"鸣生亮"武学交流会暨网络课堂启动仪式上的讲话

2018年5月26—27日,"鸣生亮"武学研究会交流表彰及互联网全球直播大课堂启动仪式在北京大兴举行。众多武术界新老领导、武术名家、武术媒体、北京武术院、当地各拳种代表、大兴区相关委办局及热爱、追随传统武术文化的弟子传人们齐聚一堂,共同见证北京大兴鸣生亮武学研究会在传承弘扬传统武术文化方面的探索和努力,共同见证传统武术文化插上互联网的翅膀,造福更多太极拳爱好者。

参加大会的嘉宾包括中国武术院原院长张耀庭,著名太极文化学者余功保,著名武术家、太极拳家、推广人邵志勇、刘国军、赵大元、张玉林、张茂清、李秀仁、陈敬东、蔡明刚、康伟、康谊、徐崇武、关振军、王乃昭、李富华、周毕文、付志强、张永忠、郭志善、罗福庆、戴合明、贾秀芬等。鸣生亮武学研究会下属27个分会及近百个辅导站的会长、副会长、业务骨干代表参加了会议。大会期间,还进行了丰富多彩的鸣生拳法交流展示。

极享——余功保太极演讲录

（2018年5月26日　北京大兴）

刚才听了张全亮老师的讲话介绍，以及近年来鸣生亮武学发展的丰硕成果展现，深受感动和鼓舞。鸣生亮武学已经发展成为一种体系，不仅在全国很多地方成立了鸣生亮的研究推广点，有很多传承人，还具有自己鲜明的特点。

出席鸣生亮交流会并讲话

特点之一，深耕传统。以传统为根基，以传统为纽带，抓住传统功夫不放，依照传统方法传授、练习。大兴鸣生亮武学研究会被授予国家级非物质文化遗产项目吴式太极拳保护单位，就是这一特点的典型体现和对其发展成果的高度肯定。这是太极拳等武学的"来"，即来源、来历、身份，就是中华文化，就是非物质文化遗产。抓不住这个来源，或者偏离了这个"来"，太极拳、武术的发展就是无根之木。

特点之二，全面完整。张全亮老师自身的武学传承和研修就很丰富，师承李子鸣、王培生两位大家，他多年来在太极拳、武术的外技、内功各方面均深入钻研修持，技术、理法造诣精深全面。在他的传播教学中也坚持了这一特性。这使得大家学得广、学得透，学得有兴趣，学得有效果。

我记得鸣生亮武学研究会是在2005年12月成立的，当时成立会我也参加了。当时张全亮老师对研究会名字进行了释义，"鸣"取自李子鸣先生名字，"生"取自王培生先生名字，表示了传承有序和尊师重道的涵义。从最初的十几个人到现在的蔚为大观，我觉得"鸣生亮"这个名字也还可以有另外的涵义，"鸣"就是大力发展、推广传统太极、武术，鸣亮、鸣响，号召大家参与；"生"就是弘扬健康的主题，体现科学健康的理念；"亮"就是取得了突出的成绩。

特点之三，就是今天刚刚介绍的，发展网络教学，进行网络传播，实现了"有来有网"。以"网"助"往"，"往"就是向更广的空间、更大的范围传播。有了这个"网"，就给传统的非物质文化遗产插上了翅膀，装上了现代化、信息化的引擎，无论是传播的速度还是程度都大幅提升。太极拳、武术的网络课堂是一种新形态、新事物，还需要不断研究、不断优化、不断升级。传统武术的内核不能变，要坚守，但其发展形态要不断吸收社会发展的成果，不断创新，这就是武术的"质"与"器"的关系。我们需要始终有一种不变的定力，以及应变的智慧，这也是太极的智慧。

鸣生亮机构表彰

大极思享会名家演武 上川

学而时享之
——在首届『太极思享会』上的演讲

2018年6月16—18日，首届"太极思享会"在云南昆明举行。其主题为"以文化引领太极"，通过"思考、感悟、体验、分享、交流、研讨"，思太极之真，享太极之妙。思享会期间，还进行了首届"世界太极文化知识大赛"发布活动。这两项活动均为三亚南山第3届世界太极文化节的重要系列活动内容。

来自世界各地的近30位太极拳名家、研究专家、著名传承人和推广人，如李学友（杨式太极名家）、丁水德（杨式太极名家）、戈春艳（著名太极拳冠军、武术影视明星）、田秋信（陈式太极名家）、崔仲三（杨式太极名家）、张茂清（孙式太极拳名家、天津市武术协会副主席）、黄建成（马来西亚，著名太极拳传人、推广人）、肖承东（太极拳名家）、郭良（日本，国际太极拳专家、推广人）、杨合发（陈式太极名家）、丁新民（太极拳名家）、霍培林（孙式太极拳名家）、陈晓怡（日本，国际太极拳专家、推广人）、杨大卫（感恩大学堂创办人）、仇学琴（太极文化研究专家）、刘火财（金陵太极会馆创办人）、赵晓玲（太极文化研究专家）、阎海峰（武式太极名家）、孙德玉（著名国际武术推广人）、贾静（静心太极创办人）、张国祥（杨式太极拳名家）等参加了"太极思享会"。

"太极思享会"开幕式上举行了名家大讲堂。研讨会中与会的每位嘉宾、代表都进行了分享发言。发言中充满了真性情、真知灼见、真才实学，坦诚、率真，不回避矛盾、不回避问题，切实体现了高水平的太极思维碰撞。活动期间还举行了演武会和太极国学雅集。

（2018年6月17日　昆明莲花池）

经过几个月的筹备，首届"太极思享会"今天在美丽的昆明召开了。开会的这个地方很雅致，有传统文化的特色。非常感谢李学友老师给我们提供了非常适宜的环境和条件，李老师的很多学生也为这次太极思享会作出了很多贡献，在此特别表示感谢。

"太极思享会"是一种新的太极文化活动平台，不仅形式上与一般的太极活动不

思享会开幕式

大一样，内容上也别具一格。核心就是它名称上所讲的两个字"思"和"享"，通过这个活动，我们来大力倡导太极生活的品质和品味。

太极分享

孔子说："学而时习之，不亦说乎！"我们研习太极拳，不仅要勤学、勤习，还要善思、多享，这样使我们的生命充满健康，充满快乐。

这里所说的"思"就是静悟，以拳明心，以拳见性。没有这个思，只顾埋头练拳，容易把自己圈在拳中出不来。记得刚上大学的时候，物理系的老师给我们讲了一则著名物理学家卢瑟福的故事。他是诺贝尔奖的获得者，他发现他的一位学生非常刻苦，每次走进实验室，这位学生都在那里工作。一天深夜，他见学生还在实验室，于是问道："这么晚了，你还在做什么呢？"学生回答："我在工作。"他又问"那你白天干什么呢？""在工作。"卢瑟福再问："你早晨也在工作吗？"学生得意地回答："是的，老师，也在工作。"这位学生满心以为老师会表扬他，谁知，卢瑟福却皱着眉头，又摇了摇头，问道："那么，你用什么时间进行思考呢？"这个故事给我

极享——余功保太极演讲录

莲花池演武

雅集笔会

留下了很深的印象。物理学是一门智慧科学，它的突破和飞跃需要灵感的迸发，需要灵性的支撑。太极拳的习练也是如此，没有"思"，没有"悟"，只会傻练，难登堂奥，也不会真正享受其中的"乐"。

"思"要能实现"悟"，实行心智的飞跃，达到"慧"，则要静。就是老子所说的"见素抱朴，少私寡欲"，少"私"才能深"思"。平时大家都很忙，我们也希望在这几天里，在这幽静的环境中，大家一起静静地思一下。

练太极不能蛮练，不能傻练。要在练习中体验、思索、感悟，乃至反思，达到以灵性入拳，这便是太极之"思"。

练太极，为的是什么？简单来说，就是更好地享受生命。但不是练了太极的人，就一定会享受太极。懂得了享受太极，才真正进入了"太极之境"。

享受太极，一方面，是自己真实的愉悦享受；另一方面，是懂得太极的分享。懂得分享是练习太极的一部分，分享太极理念，分享太极的科学习练方法，分享太极文化，分享太极人生。什么样的人生是太极人生？这是一种平衡的人生，是一种充满了健康的、快乐的人生。学会享受太极，对习练者十分重要。

这次参加太极思享会的几十位代表，人不多，但层次很高，来自世界各地。大家在太极拳功夫、文化、研究、推广方面都有精深造诣、体会。还有一些其他传统文化界的有识之士、有为之士参会。本次活动有一个重要内容，就是"太极国学雅集"荟萃了中华传统优秀文化的几大典型形态，包括书画、茶道、花道、香道、导引、禅武、音乐等，深刻、生动展现了中国文化"知行合一""内圣外王"的理念和生命实践过程，这两项活动自首届开始，将会在世界各地不断举办下去，为传播中华优秀文化发挥积极作用。

在这几天里大家充分交流，思想互相碰撞、感应，必将激荡生命智慧的火花。

灵光一闪，香火流转。

无心练拳拳成功
——在中华内家功夫名家讲堂开班仪式上的演讲

由武当山武当拳法研究会、《武当》杂志社举办的2018"中华内家功夫名家讲堂",于2018年7月15—20日在武当山景区内举行。杨式太极拳名家傅清泉讲习班于16日上午在武当山琼台宾馆举行开班仪式。著名太极文化学者余功保、《武当》杂志社社长刘洪耀等出席开班典礼。

极享——余功保太极演讲录

（2018年7月16日 武当山琼台）

今天非常高兴来参加这个讲习班开班典礼。刚才刘洪耀社长跟我介绍了，咱们这个大讲堂连续举办17期了。傅清泉老师也说了，他和父亲傅声远先生在这里办了6期培训班，今年这是第7期。傅声远先生虽然辞世了，但傅家传承太极的传统不能丢，也不会丢。清泉出身于太极世家，有更多责任。他是个性情中人，有很豪放的一面，但是拳练得非常的细腻柔和。杨式太极拳讲究绵里藏针，刚柔并济。这也是太极的一种体现吧。

傅家是一个太极教育的品牌，在太极拳界非常有影响力，很有价值。每个行业都有"老字号"，傅家太极教育品牌也是武术界的"老字号"，从傅钟文先生，到傅声远先生，再到傅清泉老师，三代传承下来，是当之无愧的太极"老字号"。这三个字说起来简单，真正能名副其实不容易。现在各行业假大空的伪劣产品很多，太极拳也有。"老字号"最重要的是口碑，不仅是时间的积累，还有无数人的实践积累和检验，里边凝聚了不少的精神、心血和智慧。太极拳的"老字号"越多，发展就越稳固、越扎实，也才能越快。否则光求快，容易出问题。《武当》杂志也是"老字号"，不仅办刊，还举办了很多活动，推出了不少人物。今天我们这武林两家"老字号"汇聚在武当山，为文化的传承做点事情，琼台玉宇，做的是"但愿人长久"的事，咱们学员们也是千里共太极。

昨天我跟清泉聊天时候说，傅家是"太极世家"，"太极世家"这几个字也不是随便说说的。不是简单地说有几代人练拳教拳，不光是一个数量的概念，它一定是有一种承传的家学精神在里边的。"世家"要有一股气，一股贯穿的气，这股气是兼具

在中华内家功夫名家讲堂上演讲

文化和生活属性的。我觉得，太极拳提供的是文化产品，所以要有传统的精神要素在里面，是与大家生活相伴的东西。这股气不能丢、不能弱。

太极拳讲究风骨，是贯穿在拳理拳法中的，坚定不移的、坚守的东西。拳练得有风骨才能出来真正的味道。太极拳的风骨就四个字：刚柔并济。

大家在这里学拳，不仅要学技术、功夫，还要感受和传承这股"气"，气脉流传，才能气韵生动。琼台这里风景很好，适合练拳，烟云缭绕，群山绵延，这也是一

极享——余功保太极演讲录

培训班合影

股"气"。天人合一,在这里容易体会一些。大家在山中待几日,真正放下心头杂事、杂念,道法自然,拳心拳意,做几天"仙人"。

中国文化的高境界叫"知行合一",很多道理都懂,落实起来很难。最难的"行"是"放下",很多时候、很多方面我们知道应该放下,但放不下。练太极是我们一生的福缘,练起来还不完全算"行","用心练"才是真正的"行",而"无心练"则是更高境界的"行"。"无心练"就是无杂念练,一种空明、纯净的状态练,是一种"放下便自如"的状态,体内真气才能油然而生,得到真正的太极功夫。

祝大家功夫精进,心境提升。

开学典礼

太极拳的道、法、术、功
——在『太学堂』深圳培训班上的讲座

"太学堂"为世界太极拳网所属的太极文化教育品牌。2018年7月在深圳举行了"太学堂"名家课程——吴阿敏太极培训班,由吴阿敏老师主讲太极拳、太极扇等课程。培训班由深圳市武术协会、深圳前海万方内家功夫研究院承办,来自全国各地的太极拳研习者近50人参加了为期5天的培训课程。7月25日,在深圳前海万方内家功夫研究院内举行了结业典礼。

极享——余功保太极演讲录

（2018年7月25日 深圳前海）

  这次培训班办得很成功，刚才我跟一些学员进行了交流，大家觉得通过几天的学习收获很大。吴阿敏老师有很丰富的教学经验，更富于责任感。这是世界太极拳网"太学堂"第一次在北京之外办班，大家准备也很充分，阿敏老师提前几个月在美国就着手备课了。深圳市武术协会、深圳前海万方内家功夫研究院也做了很多工作。在此也对大家的努力表示感谢。

  今天是结业典礼，我听说咱们这次培训班的学员不少都是练了多年太极拳，有很多切身体会，所以我就不讲入门的知识了，就讲一下太极拳的道、法、术、功几个方面。

  太极拳的道，包括拳道、人道和天道。

  拳道，就是拳的运动规律，拳的练习规律；人道就是关于生命的规律，关于人的生命的产生、发展、变化、改善，以及衰败的这种规律，是生命之道；另外一个道就是天道，也就是自然之道，就是自然规律，包括四季的运转变化，春生、夏长、秋收、冬藏，自然环境的变化规律，宇宙的运行变化等综合规律。

  法就是太极拳的练习原则，是抽象的原则和方法，是关于大的宏观的原则。术，就是它的技术要领，比较具体的技术要领，相对于法来说，它更具体。法讲的是拳是什么样的，术讲的是如何实现的。比如说缠丝劲的练习，就是一种术。功就是内功和心法。内功一定有心法，但心法不一定都是内功方面的，还有人文的、修为的武学修养等。

  要练好太极拳，修好太极拳，用好太极拳，深入领会这几个方面很关键。

杨澄甫示范的搂膝拗步

杨澄甫示范的手挥琵琶

真正在练拳中，这几个方面是合在一起的。任何理论、概念、方法都是要落实在练拳实践中的，否则就是空中楼阁。

拳道就是你练拳要能够领会脱离开拳的形式之上，是有规律性的东西。我举一个例子，比如说我们练拳，其中要领之一要求"整"，就是你练的这个拳整不整，这是一个衡量指标。练拳不能散，要"完整一气"。练拳的过程中，你必须时时做到完整一气。

一个"搂膝拗步"，不光是在手上、在胯上、在腿上、在百会穴上，甚至与你的内脏都有关联。练个"搂膝拗步"，你只有手、膝上有动静、有感觉不行，你感觉不对也不行。你这一个搂膝推过去了，你内脏不能收缩得很紧张，否则造成憋气，你推出去的时候试试一口气呼出去，同时一松百会，再一松内脏，一下内外整体性松下来，这叫各安其位。这样练习时间长了以后，你每一个外边的动作就都带来你内脏的锻炼，形成"完整一气"的状态，这是"拳道"的具体表现之一，是超越动作的东西。你没有这个内在的东西，光是动作的比画，就叫没有入道，没有入道就没有掌握这个规律。

每一个拳式动作的练习，都要有这样整体性的联动。再比如手挥琵琶，手挥出去以后，前手后手它是一个什么关系？要从整体对应明了，一个阴一个阳，合抱成阴阳鱼，混元的状态，同时暗含了阴阳的下一步变化。两只手合抱的"阴阳鱼"又和内脏相合，身体里边的周天也要相合的，这样就是涉及内功了。可能大家有的还没练到这个程度，听不太明白，没关系，你就先有这个印象，以后练到了就会豁然明了。很多传统拳论就是写给练到功夫的人看的，没练到，先当作指引，暂时不那么透彻也无妨，但你要知道。

太学堂大别山游学活动

这样的动作相合就带来了你的内外完整一气，就是你的形体、你的内气、你的意念，乃至你和自然的关系，都是完整一气的，这就是道，练拳一定要入道。

太极拳的入道，就是通过练习太极拳，体悟到人的生命规律，即使你不练拳的时候，你达到这种思维状态，用这种思维去生活、去行事，都会符合规律。我们生命里边有很多规律，中国古人总结了一个体系，这个体系中包含五行、八卦、阴阳，这些元素要调和。比如在金、木、水、火、土中，心属火，肾属水，水火在一起时，火为阳，水为阴。练内功要达到心肾相交，水火既济，行拳就要符合阴阳五行的相和、相应、生克的理法和原则。当然，我们讲这些是要从实践出发的，要把这些理论落地，不是故弄玄虚，把练拳复杂化。

传统的阴阳、五行、八卦理论跟太极拳要领是有一定的映照关系，但不是生硬的对应和套用，是一种内在的感应式关联，或者从物理学角度来说，是一种"场""势"的关联，并且这种对应的关系在很多行家那里得到切实印证，通过练拳来构建起人体有序化的、优化的五行、八卦系统，达到阴阳和谐、平衡。所以太极拳练到一定的程度，有了一定的功夫，你即使不练拳，身心也能呈现这种优化状态。有的人说"24小时都在练拳"，就指的这个状态，所谓"行走坐卧，不离这个"。阴阳、五行、八卦实际上是一套系统，每一个五行，每个八卦都有阴阳属性，但这些东西不一定每一个练太极拳的人都去了解、都去掌握，不需要掌握那么细，但是你要掌握一些太极拳的基本要义。

功夫在拳外。通过练拳，体悟到人的生命运动变化发展的规律，把太极拳这种平衡的规律引入到你的生命当中去，通过拳道达到人道。当然最终它要达到一种自然之道，自然之道就是你的人跟自然怎么样去和谐，人的生命和地球上万物都有一种内在的联系。这个自然之道最核心的一点就叫"顺应"，就是要"顺"，要"应"。因为自然的变化，是有它自身的规律，人要跟其顺应、应合。四时变化和练拳也有关联，有升发、有收藏，这就是练拳、练功的过程跟时间、空间发生对应，通过练拳使我们生命跟随自然变化的灵敏度和适应度都得到提高。当然对一些极端的变化，包括自然环境变化、身心环境变化、社会环境变化的适应力也得到提高。这里面有生理的内容，也有心性的内容。

"法"是太极拳练习的原则，这些原则体现在具体的练习方法上。我再举几个例子，大家常讲的一个要领叫"中正安舒"，练习太极拳一定要中正，这个中正不仅是你形体的端正，你的百会松畅，下颌微收，脊柱松直，松裆、圆胯等，这些都是必要的。更重要的是"气"要正，气正才能够鼓荡起来。还有就是心境要正，不能偏。所以儒家讲究中正为天下宗，只有达到中正，才能够心气相通，气如果不正你练着练着就憋了。我们的身体就像一个拨浪鼓，中轴正了，无论怎么旋动，四周的小珠子都会围绕中轴转动。"中正"不要简单去理解，不能机械化，太极拳练习中，可以有各种身形的变化，有时候身体中线暂时是斜的，但它的变化趋势依然不离中正，所以"中正"是一种动态的中正。在身形变化当中，俯仰啊、屈身啊，这些都没有关系，它始终可以处于变化中，但中正的"向心力"一直在。

太极拳还有一个原则叫"动静相生"。我们要真正理解"动"和"静"的概念。太极拳本身作为一种运动，它始终是在动的。但是这个动态的拳又讲究"静"，就是这个"动"一定是均匀的动，真正的静就是均匀的动，不是说你静止状态不变了。

太极拳的"静"有两个核心要点，第一个是你的心要静，练习当中你始终是一种平和的心境，不起波澜，避免大起大伏。有些妙处是你静了以后才能感受到的。第二个是始终把握一个动态平衡，均匀的动就是静，在动中找到平衡点，那个平衡点就是动的一泓湖水。大家开车有这个体会，如果你开车在城市里边，不停地遇到红灯，一会儿启动一会儿刹车，最耗能量也最耗你的神；如果在高速公路上，你即使很高速地开，但它是很均匀的速度，这个是最省能量的。练太极拳可以有各种变化，比如陈式太极拳快慢相间、刚柔相济，但它也讲究一种"静"，就是你始终把握这种动态的平衡状态。"动静"的概念在中国的传统养生术里边是个非常重要的概念。在20世纪90年代中国的气功热中，一些人练

太学堂线下课堂

功出现了偏差，我们曾经一段时间组织很多专家专题解决这些偏差问题，发现相当一部分人是在"动""静"关系上出现了问题。我在很多场合提倡一个观点，就是太极拳是一种高级的气功。为什么？因为太极拳是一种动静相生的练习方法。真正的养生是一定要动静相生的，你单纯的动，单纯的静都不全面。我曾经访问过全国不少90岁以上的练太极拳的老师，比如说钱育才先生、杨德厚先生等，他们几乎所有人都和我强调一个观点，就是一定要"动静结合"。因为你不动，你的机体就会固化、僵化，但是你动得过了就是损耗能量，要掌握好这个尺度。太极拳也是一种导引术，练习的要领就是性命双修、动静相生。有些人对太极拳的认识有一种误区，觉得是老年人练的、体弱者练的，这就是因为他们不了解太极拳真正的动。真正的动不是只有外形动作的动，真正的动是内动，是外部肢体带动你的内脏，由"静"而产生的深刻的动。

太极拳还有一个原则要领"刚柔相济"。完全"刚"不行，没有转折，没有圆润；完全是"柔"也不行，没有力度，没有气势，所以要"刚柔并济"。每种太极拳都有刚柔关系问题。还有一个"法"很重要，就是"内外相合"。当然"内外相合"有很多拳里边谈得也很多，比如"内三合，外三合"等。其实你还可以说"内六合，外六合""内九合，外九合""内N合，外N合"，但最根本的就是"合一"。"合

一"就是你自己内部相合、外部相合，内部和外部相通，就是"内外如一"。拳练到最后不分内外，架子就是内功，内功就是架子。我们的传统太极拳有很多个套路，每个套路几十式，甚至上百式不等，太极名家杨禹廷先生曾经说，太极拳其实只有两式，一式为"阴"，一式为"阳"。这就是从"内外如一"这个层次上来讲的。动作可以随便编，练到一定的程度，有经验的老师说编一个套路，关起门来一个星期就能编一个，还能变化出很多的招式，招式可以千变万化，但是最终你编出来这个套路的招式合不合乎太极拳的规律很重要。比较遗憾的是，我们看到现在有些人自身拳学造诣还不太高，就编了一些套路在社会上推广，容易混淆视听。

太极拳的道、法、术、功是什么？就是太极拳的"度"。练拳是有尺度的，这个尺度最核心的一个原则就是一个字"中"。刚才我说"动静相生"也好，"中正安舒"也好，"刚柔并济"也好，"内外相合"也好，都离不开这个"中"字。

太极拳的"术"就是一些具体的练习方法，练好动作是"术"的第一层次，这个层次虽然基础，但十分要紧。动作练不好，基础打歪了，后面很难深造。动作练好的一个关键点就是"到位"。一举一动一定要到位，从开始到一个动作的介绍，再到动作的相互转换，都必须"到位"。你身形歪了，不叫到位，你动作大了、过了也不叫到位，动作做得不充分也不叫到位。"到位"就是形成正确规范的动作定型。动作到位了以后，要追求内在练习方法，要懂得"行气"，每一个动作的变化都会带动着内气的变化。比如我们手上有手三阴、三阳经，脚上有足三阴、三阳经，你的手足移动，就会带来全身经脉的变化。比如你这个手往外一推，中指稍稍地一领一竖，脚下微微一抓地，心、肺、肾等系统就会有动静变化。"搂膝拗步"中，如果你这个食指推出去一竖，百会穴稍稍往上一领，下颌内收，舌抵上腭，这个过程中外形就能够带动小周天的运转，任脉和督脉就有升降周流。但是你的要领如果不对，就带不动这个行气的过程。

太极拳的"功"是关于修持的部分。对于生命本体的修持，对于生命状态的改善，是对生命的一种自我完善和提高。太极拳倡导的是建立的功夫。你衡量什么叫太极功夫，它有几个方面，包括它的内气、内功和内感。

太极拳的功包括八个字，叫"涵养道德，变化气质"。你练了这个拳功以后，你的境界、你生命的状态都得到很大的改善，叫"涵养道德"。你的功练得越好，你的道德容量越大。"德"是什么？我们通常讲"武德"，武德大家一般的解释是伦理道德、社会公德，不打人、帮助人，这是其中的一个方面，当然这也很重要。但是"武德"还有更广的含义，老子的《道德经》，这个道德指的是对自然、社会、生命的把握、理解。"道"一方面是规律，"德"是指你的容量和涵养，所以我们叫涵养道德。你的容量有多大，你涵养有多大，你对于生命的能量容纳多少，对社会、对生命的体验这种愉悦感就有多少。所以这个"涵养道德"就是你生命的张力和维度。练太极拳提高你生命的容量，比如原来不能容纳的一个事，练了太极拳以后，你能够容纳了，比如别人对你的批评，你原来不能容纳，你现在能思考、能平静对待了。当然，容纳不是说他怎么批评我都接受，你能容纳，就是你能仔细地去听、去分析，能够去感受这个对还是不对，有则改之，无则加勉，能很平和地对待。你还可以容纳别人的一些不足，也能容纳环境的变化。我们现在一些小孩的教育有问题，就是他容纳的程度低，抗干扰能力差。比如有些小孩他不能失败，不能面对失败，可能越是好学生，他这个"容纳"的程度越低，每门考95分以上，就一直要95分，他不能容纳失败，不敢面对失败。有一次突然考了70分，他心理上就受不了了，甚至很长时间都会郁郁寡欢。当然，我们需要每次都力争好成绩，但各种因素很复杂的，出现了意外，就要能够很好地面对，这样才能不断进步。用一种平和心境去勇敢面对，这就是关于"涵养"的东西。这就是太极拳可以解决的问题。

"变化气质"是太极内功修为的另一大功用，能够培养一种贵族气象，一种沉雄的气象。你练了太极拳以后，整个人的气质就变了，气质变了，就带来很多方面的变化。中国古代相学中一句很核心的话叫做"相由心生"，人的相基本要素有基因、遗传方面的原因，还有后天变化，每个人都是在不断的变化中的，细微的变化就是相由心生，这个相跟你的心境是有关系的。气质变化了，"相"自然也变化，"相"不仅是骨骼、结构这些表象的，还包括气色、气势、气度等方面。

太极拳"功"的锻炼主要围绕三个方面进行。第一个叫"增强体能"，使自己更加强壮，包括提高各个方面的控制力、平衡力。第二个叫"增进体质"，增进体质跟增强体能是不一样的。比如一些运动员，他的体能增加了，体质不一定得到增进。练拳的过程除了增强体能，更重要的是增进体质，一个是"强"的问题，一个是"好"的问题。第三个叫"优化结构"，建立一种良性的、趋向性的生命优化结构。每一天人的生命状态都是在不断变化的，不可能停滞，这个变化往哪个方向走很重要，甚至比你现在的状态更加重要，因为你现在的状态是可变的，你现在的状态向好的方向变,那你就不断向好;如果你向坏的方向变,身心状态就越来越糟。所以练太极拳的"功"就是要建立生命的一种优化变化的趋向结构,把这个结构建立好,生命就有了一种"保险",一个"稳定器"。就像做一件事,有资源、有能力很重要,但走对方向更重要,方向对了,能力越强,资源越多,成功越快;如果方向错了,能力越强,资源越多,垮掉就越快。走错了方向,越用劲走越错。练拳也是这样,建立起一个生命的优化结构。

对我们身体而言,功能性的病变可以慢慢调,结构性的病变一旦形成以后,困难很大。从医学上讲,中医在功能性的调节上比较有它自己独特的优势,调理也更快、更有效,但一旦形成结构性的病变就比较麻烦。太极拳就是把健康防御线前移,也就是中医说的"治未病",即在你这个疾病形成之前,先建立起一套优化性发展的结构。

太极拳道、法、术、功几个方面,我们是分开来说的,但实际上是融合在一起的。能够正确、完整地理解、习练太极拳,就会使我们生命更加健康、愉悦。大家此生能够和太极结缘,并充分享受太极,我觉得是一个特别幸福的事。

太学堂深圳讲堂

太极拳家的六种特质

——在『陕西首届太极文化节』上的演讲

2018年7月27—29日，"陕西首届太极文化节"在铜川隆重举行。文化节由陕西省武术协会、铜川市体育局、铜川市新区管委会联合主办，由西安太极拳总会、铜川市武术协会承办。这是陕西省首次包括陈、杨、吴、武、孙、赵堡等各大太极流派全面、系统化的综合亮相，名家荟萃，高手云集，演绎了一场陕西省太极拳的大聚会。开幕式与比赛活动在铜川体育馆举行，各流派的太极拳习练者近2000人以及各流派太极拳名家参加了开幕式。国际武联执委、国家散打队总领队田苏辉等领导出席，铜川武术协会主席王建民主持开幕式，文化节组委会执行主任、太极名家赵幼斌在开幕式讲话。大会开幕式上陕西太极拳各流派传承人进行了精彩表演。本届文化节参会队伍125支，共进行了106个集体项目、2158个个人项目的比赛，参赛队员最大年龄83岁，最小年龄5岁。活动内容还包括太极名家走进革命根据地照金等活动。比赛期间布置了太极文化走廊，让参会人员了解陕西太极拳各流派的代表人物以及为陕西太极拳传承作出突出贡献的知名人士。

本次文化节上举行了"太极养生高峰论坛"，来自陕西省各大太极拳流派的主要代表性名家及优秀传人参加了论坛活动。余功保先生应邀主持论坛活动并演讲。杨式太极拳名家赵幼斌、陈式太极拳名家王胜利、赵堡太极拳名家吴忍堂、吴式太极拳名家铁君谦、武式太极拳名家闫海峰、太极拳研究专家路迪民、陈式太极拳名家王联会、著名武术家周润生、孙式太极拳名家丁爱刚、陈式太极拳名家刘永强、陈式太极拳名家王建民等先后发言，大家分别阐述陕西省太极拳的发展、文化，各流派太极拳的练法、功法，太极拳的养生、技击理论和实践等。

极享——余功保太极演讲录

（2018年7月28日 陕西铜川正阳国际饭店）

陕西是武术大省，也是武术强省，竞技武术、群众武术双峰并立，这次文化节活动就是一个生动说明。

这次陕西太极文化节作为第1届，无论是传承面还是普及面都很广，陕西各主要太极拳流派传承人都来了，100多支队伍，我听说还有一些外省的，是咱们陕西老师去教

陕西首届太极文化节会场

学带领来的，说明陕西的太极拳走出省了，影响遍及全国。咱们在座的好多太极名家也是蜚声海内外的，在当代太极拳体系中占有重要地位，有些太极拳的传承支脉已经成为全国的中心点。陕西省太极拳流派体系完备，优秀人才众多，又具有深厚的文化底蕴，在太极文化方面具有得天独厚的发展优势和广阔的发展空间。多年来为太极拳发展作出了全方位的贡献，也是今后太极拳国际化、科学化发展的一支重要力量。

优秀太极拳家是太极拳发展中具有举足轻重作用的因素，是太极拳最珍贵的财富。我们当代太极拳的发展需要更多、更优秀的太极拳人才，这是我们今后太极拳发展中需要大力加强培养、加强自我锻造、加强自我完善的重要内容。

我觉得优秀太极拳家应该具备以下几方面的特质和修养。

一、多练拳

太极拳是一种武术，武术不外乎养生和技击。养生，只要是练拳，便可随之而有。但是技击便又不同了。技击是在练拳养生上的一种升华，它需要通过练拳来改变身上的筋骨、内脏的强弱，这其中需要习拳者付出巨大的努力。如果要达到这种效果，首先是要令身体产生肌肉记忆，就是俗称的"化脑子"、自我反应能力。达到这种效果，需要每天反复地操练拳架子、单式、成套，达到千遍万遍以上，在人体内形

陕西首届太极文化节论坛演讲

成了一定的循环模式，就可以作用于体外了，也就是我们常说的实战技击。当年太极拳大师陈发科来北京之后，每天早晨练习一路二路拳，达到40遍以上，数十年如一日，也难怪为什么前辈的功夫如此之高了。

现在一些拳家，嘴上的功夫多了些，拳上下的功夫少了些。长久下去，支撑不了"太极拳家"这几个字。

二、有自己独特的感悟

太极拳套是一种形式，就好像做数学题一样，有自己的公式，需要熟悉这套公式之后，再把公式运用到各个题目中。练太极拳也是这样，练习拳架子，第一是为了守规矩，第二是为了长功夫，此后的各个阶级，则是由自身的修为来感受每一招每一式背后的内涵所在。所以说，练拳的时候一定得要收住心猿和意马，用自己的心和意，来感悟太极拳的行云流水、连绵不断，最后达到"手舞足蹈随心意，至此功夫方为成"的境界。

练太极拳不是用手和脚去练，而是来自于自己的心和意。有了这种本事，你才可能成为太极拳家。否则，苦练一辈子，终究艺不高。

三、研究和借鉴其他拳种的精华

说到底，天下武术最后都是殊途同归。虽然走的道路不一样，但是终点都是一样的。无论哪个拳种，都要刚柔并济。太极拳也是如此，溯本还原，功夫是大同的。作为一个武术家，不光要精通本门的功夫，更要放眼武林，去吸收和借鉴其他拳种的优点，才不会在武术界落后。眼光有多开阔，你的拳的修为才能有多大。那些总是自认天下第一，看不起别的流派、别的拳种的人，难成大家。

四、背一些太极拳论

作为一个练太极拳的爱好者、一个武术家，一定要读理论，并且要深入读，要能脑记口诵。起码王宗岳《太极拳论》能出口成章，还要心领神会，这样才可以称得上是真正的太极拳爱好者和武术家。因为王宗岳著的《太极拳论》，将太极拳武学之理论推至高峰。太极拳论之所以能够将明清武学推向新的高度，概因其上承中国国学之根脉，超越宋元武学之尚力拙技也。从《太极拳论》的理论与技术高度而言，《拳论》之武学精华主要在于：一是阐明了武术之核心；二是继承上古武学精华，实现了对"力量与速度"的超越；三是包涵了诸多上乘武学技法，科学揭示了修炼武学的基本方法和路径。如进一步研读，相信会有更多体会与收获。其他诸如武禹襄、李亦畲、陈鑫等的拳论，该熟读的一定要熟读，该背的一定要背。

五、有自己的传承队伍

太极拳需要继承，更需要发展，所以要有自己的传承队伍。师父是主体，徒弟和学生与粉丝是个体。主体与个体之间相互协作，才能形成一个团体。所以说团队合作的力量是无穷尽的，当今社会，随着知识经济时代的到来，各种知识、技术不断推陈出新，竞争日趋紧张激烈，社会需求越来越多样化，使人们在工作学习中所面临的情况和环境极其复杂。在很多情况下，文化的传承与发展，单靠个人能力已很难完全处理各种错综复杂的问题并采取切实高效的行动，所有这些都需要人们组成团体，并要与外界媒体之间进一步相互依赖、相互关联、共同合作，才能创造奇迹。

六、有拳外的功夫

一个太极拳家，不光要有超人的功夫，更要加强自我修养。古语云："道德不倡，天下不宁。为物生贪欲，贪欲生妄念，妄念即祸根，祸根必大乱。"所以，道德修养历来成为人们修身养性、完善自我乃至治国安邦的重要工具，武术家更要如此。加强自我的道德修养，一是能够改变自私自利的道德境界，二是能够产生良好的社会贡献道德境界。此外，太极是国学，没有一定的国学修养难以成为真正的太极拳家。

祝愿我们这个时代涌现出越来越多的优秀太极拳家，为当今以及之后的太极拳事业发挥更大作用，影响更加久远。

见拳、见友、见天地

——在『三亚南山』第三届世界太极文化节开幕式上的致词

2018年9月14—18日，"三亚南山"第三届世界太极文化节在海南三亚隆重举行。来自中国、美国、法国、俄罗斯等33个国家和地区的300位各流派太极名家及2000多名太极爱好者齐聚三亚，以拳会友，参加为期5天的系列活动。世界太极文化节以"生命智慧、继承发扬、健康旅游、产业发展"为主题，以"弘扬中华太极文化、促进人类身心健康"为宗旨。本届活动包括开幕式、世界太极文化论坛、世界太极导师大讲堂、世界太极交流大赛、太极功夫精英大奖赛、太极名家纪念研讨会、太极明星见面会、闭幕式与颁奖盛典、太极健康旅游等20余项。本次文化节组委会联合多家太极业界权威媒体联合主办并评选出"世界太极文化杰出传播奖""世界太极影响力排行榜"等多个奖项。文化节期间举行了孙剑云、傅钟文、陈发科等一代武学大师的纪念研讨活动，引起强烈反响。文化节举行过程中，主办方面向广大市民和游客推出以"游三亚，品太极"为主题的"太极文化周"活动，充分展示了海南建省办经济特区30年以来的绿色生态、全域旅游和健康养生资源，展现海南人民积极向上的精神风貌，营造"奋进新时代，建设美好新海南"的良好氛围，掀起了全民健身和健康旅游的热潮。

"三亚南山"世界太极文化节旨在打造具有世界影响力的中国太极文化品牌，促进太极拳在世界范围的发展，扩大中华优秀文化的国际影响力，增进世界各国太极拳爱好者之间的友谊和交流。本届太极文化节自2018年4月启动后，秉承"以太极文化为魂，以太极拳为形，推动中华优秀文化走出去"的主旨精神，推出了一系列的太极文化传承与交流活动，如千人太极舞南山、昆明太极思享会、中日太极名家对话交流会等，深化了太极文化的现代价值内容，促进了太极文化国际化发展的道路。

开幕式别具特色的"世界太极红毯仪式"上，来自世界各国的代表们，身穿本国、本民族服装，激情洋溢地行进在南山观音大道的红毯上，展现太极健康风采。山海之间，南山景区内成为太极欢乐的海洋。

极享——余功保太极演讲录

（2018年9月15日 三亚南山景区观音广场）

第三届世界太极文化节开幕式

见拳、见友、见天地

在三亚南山第三届世界太极文化节开幕式上致辞

今天,在三亚南山景区的百米红毯上,展现了一幅精妙的太极山海画卷。来自30多个国家和地区的200多个太极机构,数百名太极名家、传人从容漫步,穿行于历史和现代、文化和科学之间,圆梦太极,健康人生。

太极梦,实际上是数千年来中国人对生命极致与极享体验的一种不懈追求。太极拳以文化为滋养,以生命修持为基本方式,不断实现着身心两方面最大自由度的突破与构建,带来生命的愉悦与激情。习练太极的每个人不断获得和凝聚的是一种"优能量",优化生命,也优化人生。

生而习拳,不亦悦乎。山海之间,拳我两知,拳我两忘,是此生一大享受、一大境界,也是一大缘分。太极缘结的是欢喜果,圆的是健康梦。三亚南山世界太极文化节由无极而太极,由一而二再生三,见拳、见友、见天地。在场的每一位太极名家、太极拳爱好者,都是太极文化的生动彰显和具体呈现,都是东方文明精神的勃发与激扬。我们在这场典范性太极文化活动中,实践着典型性的健康人生,在这里,生命光辉被太极的能量激发而闪耀,我们每个人都是这场生命奇迹的创造者和见证者。

研习太极让我们与自然更加亲近,与朋友更加融合,与时空更加顺遂,让我们更加懂得了宽容、平衡、尊重与共享,让我们更加懂得自己,更加充分感受和绽放生命的价值与意义。我们正处在一个伟大的时代,我们结缘于一个伟大的文明成果,这是我们的庆幸和自豪。

南山为福寿之地,在此祝福每一位太极人。天地悠悠,生命永辉。

谢谢大家。

世界太极红毯仪式

陈发科纪念研讨会会场

刚柔乾坤

——在『陈发科先生进京传拳九十周年』纪念研讨会上的演讲

2018年9月,"三亚南山"第三届世界太极文化节期间,隆重举行了"刚柔乾坤——'陈发科先生进京传拳九十周年'纪念研讨会"。研讨会名流荟萃,来自世界各地的陈式太极拳传人和其他流派的太极拳代表数百人参加了纪念研讨活动。中国武术协会原主席张耀庭、李杰,国际武术联合会执委田苏辉,南山旅游景区总裁关鹏,河南温县人民政府副县长李美玲等出席活动并讲话。中国武术协会原副主席杨其元主持纪念研讨会。参会的陈式太极拳名家包括著名太极拳家、陈发科之孙陈小旺,著名太极拳家陈正雷,陈发科弟子洪均生传人李恩久、张联恩,陈发科之子陈照奎传人张志俊,陈发科弟子冯志强传人冯秀芳、马广禄,陈发科弟子雷慕尼传人戈春燕,陈发科弟子田秀臣传人田秋信,陈发科弟子李鹤年传人闫海峰、李速腾,陈式太极拳传人、北京市武术协会主席杜德平,陈正雷之子陈斌、陈正雷之女陈娟,陈发科之孙陈瑜夫人思雨,陈瑜之子陈世武,马虹弟子杨合发等上百位太极名流,为有史以来陈发科传承人汇聚最全的一次盛会。20多个省、市陈式太极拳机构负责人,各流派代表性太极拳名家,以及来自世界各地的武术、太极拳冠军等参加了活动。陈小旺先生在会上细致、生动讲解了陈发科先生往事,回顾其练拳、生活的细节,使大家对陈发科先生有了更加全面、真实的了解。陈正雷先生发表讲话,充满感情地回忆起少年时学拳经历,表达了陈家沟人独特、浓郁的太极情怀,对陈发科的历史贡献给予了高度赞扬。与会代表高度评价纪念研讨活动的意义和价值,缅怀陈发科太极功绩,研讨陈式太极拳发展规律,从历史和现实的角度分析了陈发科对推动太极发展发挥的不可替代的贡献。部分陈式太极拳传人还表演了精彩的太极功夫,展现了陈式太极代代相传的兴旺格局。

极享——余功保太极演讲录

（2018年9月16日 三亚南山）

今天隆重举办"陈发科先生进京传拳九十周年"纪念研讨会，是倡导一种尊重先贤、尊重太极、尊重文化和尊重历史的风尚。"吃水不忘挖井人"，我们今天能够畅饮太极生命健康之水，得益于很多先人。

几个月以前，一些太极拳界的朋友就跟我商量，要不要搞一个纪念陈发科先生进京九十周年传拳的纪念活动，我说应该搞。纪念他们，一方面是了解太极拳发展的脉络历史，另一方面是在心里树立起对太极拳的敬重之意，所谓尊重"传统"，不是形式上的继承，而是在心灵最深处的感应、应合。在筹备这个纪念研讨会的过程中，得到了温县人民政府，陈发科先生的嫡孙陈小旺先生、陈瑜先生及家人，北京陈式太极拳研究会，以及陈发科先生众多的弟子、学生、历代后辈传人们的大力支持。今天他们很多人都来参会了，可以说，这是陈发科传承太极拳体系有史以来参加的优秀传人人数最多、代表面最广的一次聚会。发科公看到他所

在陈发科先生纪念研讨会上演讲

刚柔乾坤

传播的太极事业如此人才济济、兴旺发展，当含笑九泉。

我一直在研究太极拳的发展史，在梳理太极拳发展历程中，我觉得，如果要把中国太极拳历史从古到今列出来若干件大事件，那么陈发科先生进京传拳这件事肯定是要列入前十位。因为它对于陈式太极拳的发展产生了重要的影响，而且对于整个太极拳的发展都有着重要意义。陈发科先生传拳的经历也显示了文化的强大生命力。一种文化的发展程度，根本上来说，取决于它的核心内生动能。

他作为一个从中原河南农村走出来的普普通通的农民，一个练拳者，不仅把一种健身术带到了当时的北平，也把一个小村庄推上了世界的舞台。2016年，在"世界太极名家走进陈家沟"活动中，我当时在温县进行演讲时讲到，如果要排名对世界产生重要影响的中国乡镇，那么陈家沟一定名列前茅，它从文化的角度，影响了全世界无数人的生活和观念。陈发科先生对此作出了历史性的贡献。中国的一个普通的中原村庄，用一种拳术运化凝聚了中国文化的精髓，生动展现了太极文化的刚柔乾坤，影响了世界人民的生活，这是了不起的贡献。放眼全球，一个村庄，能够对世界人民的生活产生这么重大影响

陈发科拳照

陈小旺先生在纪念研讨会上介绍陈发科往事

陈正雷先生在纪念研讨会上讲话

的,也不多。这是中国文化的自豪。

　　陈发科初到京城,能够迅速站住脚,打开局面,扩大影响,具有多方面因素。其中,其本人有着精湛的功夫及陈式太极拳特殊的文化魅力是很重要的因素。

　　在纪念陈发科先生进京传拳九十周年活动中,我个人体会到三点重要启示。第一点启示就是文化的价值体现。我们现在经常讲文化,什么是文化?张耀庭院长刚才讲得非常好,文化就是我们人类生活的一种印记记录,这个记录一定是有我们生活的形态,特别是我们的思维在里边,太极拳就是中华文化的一种印记,是深入骨髓的对于生命的价值和对于自然关系的深刻体悟和呈现。我觉得太极拳确实是凝聚了中国文化的精髓,它体现了中国人关于生存、生活、生命的各种理解,以及应对方法、方式和境界。我在很多场合讲过,真正优秀的太极拳家,他一定是文化大家,这跟他有多少知识没有绝对的关联。比如陈发科先生他的文化知识可能不多,按照今天的话说他的学历不高,但是他掌握了中国传统太极拳的精髓,他用身心实践着中国文化的理念。

所以他到京城授拳以后，虽然他是从河南农村来的、但是很多文化人、有社会地位的人，通过一段时间跟他学拳接触以后都很钦佩他，发展到后来从学者华冠云集，很多有文化、有身份、有地位的人都来跟他学拳，带动了很多的弟子，这就是文化。我们现在都说手机有朋友圈，我觉得也有一个太极圈，太极圈应该是洋溢着文化氛围的。所以我常说太极拳是一种生活方式，它影响到我们中国人衣食住行的各个方面，我们生活、生存的各个方面，这就是文化的魅力。所以，对于文化的理解不仅仅是从很厚的书本上去找，虽然那是非常重要的一方面，但是文化更重要的是你对于人、自然、社会发展规律的一种透彻的理解，这其中对于生命的理解是非常本质、非常核心的。还要从我们自身去找，中国文化叫作"心照万物"，太极拳方法上叫作"内向修持"。

第二点启示就是一种文化形态的发展程度取决于它核心的价值和内生性驱动力。

河南温县政府代表李美玲女士在纪念研讨会上讲话

参加纪念研讨会部分代表、嘉宾

陈发科先生来到北京传拳，当时并没有强大的政府的政策支持，也没有强大的资金支持，完全是靠民间的发展，当然后来有了各种各样的条件。它的延伸传播取决于它的内生性驱动力。太极拳就因为有这种内生的动力，才实现了我们今天说的"源于中国，属于世界"的这种蓬勃发展的局面。太极拳的发展，我们不用去担心它将来会不会淹没、会不会消亡，因为它已经奠定了深厚的核心价值体系和它的这种内生性驱动力。不管在任何条件下，只要有人类生存，一定会需要太极拳，所以也一定会发展。但是如何发展、如何更好地发展、如何科学发展，这要有方法、要有方式，需要大家共同的努力。

第三点非常重要的启示就是太极拳的发展需要高水平的、高端的人才教育，人才教育是非常重要的。陈发科先生一个巨大的贡献，就是他培养了一大批的优秀弟子，这些优秀弟子不断传承，又培养了一批弟子学生，这样一批批不断地繁衍下去，才有今天陈发科传承人兴旺发达的局面。人才是所有发展体系当中最核心、最重要的一部分。太极拳哪一支优秀人才多，其就会发展得兴旺。所以我们在进行广泛传播的同时，还要特别注意高端的传承。

作为陈发科先生的故乡，河南温县涌现出了一大批优秀太极拳人物。温县县委、县政府也为此做了大量工作，比如现在推进的"太极拳大师回归工程"等，都是人才建设的重要战略性步骤。今天在场的也有很多陈家沟的优秀拳家，陈小旺老师、陈正雷老师大家都很熟悉了，年轻一辈的也很多。我刚才说了，我们这次三亚南山世界太

极文化节期间举行的"陈发科先生进京传拳九十周年"纪念研讨会，汇聚了自发科公以后这个体系最全的陈式太极拳的优秀人才。在此我也祝愿我们的陈式太极拳，祝愿我们各个流派的太极拳不断地发扬光大，为中华民族优秀文化的进一步发展，实现民族的伟大复兴，作出我们独特的不可替代的贡献。

傅钟文武学思想研讨会现场

文成知中 武诚致恒

——在傅钟文武学思想研讨会上的演讲

2018年9月16日，在"三亚南山"第三届世界太极文化节期间，隆重举行了"傅钟文武学思想研讨会"，武术界群贤毕至，名流云集。太极名家傅清泉以及傅钟文、傅声远的弟子传人、海内外学生，各流派太极代表性名家，中国武术协会原主席张耀庭、李杰，国际武术联合会执委田苏辉等出席并讲话，众多傅钟文先生、傅声远先生的生前友好，来自世界各地的武术、太极拳冠军、明星纷纷到会，共同缅怀、纪念傅钟文先生，深入研讨傅钟文先生的武学思想。傅钟文之孙傅清泉充满感情地回顾、介绍了爷爷太极生涯往事，引起全体与会代表、嘉宾的强烈共鸣。研讨会发言踊跃、感情充沛、精彩纷呈，作为一次高层次的纪念交流活动，对于武术、太极文化的发展具有积极的推动作用。

(2018年9月16日 三亚南山）

刚才听了几位领导、老师的讲话，特别是开头清泉用浑厚、平缓、充满激情的声音讲述他爷爷的往事，声音中充满了澎湃的、内蕴的激情，我听着很感动。这种亲身经历的讲述，不同于一般的描述讲解，声情并茂，有他自己切身的体会感受。这就是为什么我们纪录片现在要做一个口述历史，亲历者讲述不仅真实，而且是有活力的历史，这是无论多优美的文字和很多精美画面代替不了的真实情感，这就是人文的东西，它一定是人类生活当中精神层面最高级的东西。这也是我们举行这个纪念研讨会的意义，无论信息如何发达，面对面的交流永远有不可替代的价值。

对傅钟文先生的生平和他的武学思想的研究，对我们整个太极拳界，对武术界都有重要的启发意义。我觉得今天这个题目很贴切，傅钟文武学思想研讨会，就是在武学的高层次上，太极拳和其他的武术拳种都是相通的，就整个武学体系来说，最简约的、纲领性的一些原则是具有很大的共性特征的。我个人的观点，只要是中国的传统武术，任何武术拳种，都讲阴阳相合，都讲刚柔相应，都讲快慢相间，都讲动静相生，所以都符合太极之理。

真正的太极拳，高级的太极拳，它的拳理拳法和其他的传统武术是完全相合的。或者说一句大而化之的话，中国的传统武术都是符合太极理法的拳术。我们通常讲的"太极拳"属于一个拳种流派，而符合太极之理是中国传统武术的共性。所以深入研究傅钟文武学思想是能够映照整个传统武学体系的，傅钟文先生武学生涯的丰富积淀为此提供了坚实的基础。

文成知中　武诚致恒

傅钟文先生拳照

在傅钟文武学思想研讨会上演讲

在筹备这个活动的时候，清泉给我打电话，让我给这个活动想一句主题词。我就仔细想了一下，就是现在这八个字——"文成知中，武诚致恒"，后来清泉又请李剑方先生书写了一下，就是背景板上的这个书法。我觉得这几个字比较贴切地反映了傅钟文先生的武学特点和思想，因为傅钟文先生是一位文武兼备的大家。

中国武术练到高境界，一定是文武兼备，"中"是中国文化的高境界，"中"的核心是阴阳相合相生的动态平衡状态，任何一门中国学问都是"知中"的过程，围棋是这样，建筑、书法、绘画、医学、军事也是这样。老子的《道德经》重点讲的也是"中"，在阴阳变化中知道进退、知道取舍、知道盈虚。儒家的学问即为中庸之学，不偏不倚。佛家讲究"圆融"，圆融的灵性体现就是"中"。所以中国文化达到一个很高的境界的时候，一定是实现了这个"中"字。

"武诚致恒"，是中国武术的一种独特态度和致用之道。中国武术是世界上具有独特结构的一个武学方式。武术本来是讲究兵击杀伐之道，是"毁坏"性的，但是中国的武学是讲究"建立"的，构建一种生存环境。所以掌握击伐之道的人，一定要讲究内"诚"，如此才能用好"武"这个利器。在理想的生命模式上，中国文化讲究"内圣外王"，你只有"内圣"了才能"外王"，"内圣"包括你的生命本体、你的精神修为、你的价值标准等。武学到了高境界，一定要有这个"诚"字，有了"诚"，你才能不废江河万古流，你这个武学体系、武学思想才能永远地发展下去，这就是"恒"。没有这个"诚",就是一介武夫。所以文武兼备是中国武学的高境界。我觉得傅钟文先生就是一位文武兼备的大家,"文成知中,武诚致恒",符合傅钟文先生的性情与理念。

武术家一定要有"文"的修为与特质,"武极而文"是通途大道。

中国的武术家,我认为有三个境界。第一个境界叫气质,第二个境界叫气度,第三个境界叫气象。"气质",就是武术家掌握了很好的技术,技术带来你身心的一种武

傅钟文拳式

术属性状态,你才能有武术这种气质,所以练武的功能有"变化气质"。拳练不到一定程度,你就没有武术家的气质。但是光有技术不够,你还要有内功修为。有了内功修为才能进入到"气度"的层面。武术家一出来,大家说很有气质,气度非凡,舞蹈家也一样,也就是我们通常所说的那个所谓的"范儿"。到了"气度"的层次,一定要有内功,内功产生由里及外、内外合一的生命整体状态的提升。武术家最高境界叫"气象"。由功夫入道,由道而化通万物,形成气

傅清泉在研讨会上发言

杨式太极拳名家杨志方在研讨会上发言

南山景区总裁关鹏在研讨会讲话

傅钟文弟子王志远在研讨会上发言

象万千，天地相合，天人合一，触类旁通。武术这时候就不是单纯的"武"，它就一定是有"文"的特质。文武相合你才能有气象。你不练到"文"的程度，没有文的结合，就没有气象。傅钟文先生具有深厚的武学修为，同时又有很高的文修之道，是文武合一优秀武术家的典范，这也是我们研讨傅钟文先生武学思想的意义所在。

傅家一门三代矢志不渝致力于太极拳的国际化推广，在此过程中将中国文化介绍到世界上去，以"勤""礼""诚"而成就杨式太极拳傅传体系的恒大、恒久气象。从今天研讨活动人才济济可以深切感受到这一点，在此也表示热烈祝贺。

孙剑云纪念研讨会会场

云泽鉴映 太极芳华
——在孙剑云先生纪念研讨会上的演讲

一代武学大家孙剑云先生逝世十五周年纪念研讨会于2018年9月16日上午在"三亚南山"第三届世界太极文化节期间召开。来自全国各地的孙式拳门人代表、太极拳各门派嘉宾代表250余人共同参加了纪念活动。活动由中国武术协会原副主席杨其元先生主持。纪念活动中播放了孙剑云先生专题纪录片，孙剑云弟子、纪念活动倡导者张茂清，三亚南山景区总裁关鹏，世界太极拳网总编余功保，中国武术协会原主席李杰、张耀庭分别讲话；孙剑云先生的弟子童旭东介绍孙剑云生平，武术界嘉宾代表及孙氏武学门人代表李德印、陈正雷、霍培林、胡俭雷、田苏辉、翟金录、李斌、戴建英、刘树春、沈宝发、孙大刚、丁新民、程爱萍、戈春燕等和孙剑云家人代表孙琦分别进行了发言。各位代表分别从不同角度介绍、怀念孙剑云，在发言的字里行间充满了对孙剑云先生"武者如斯，传承不息；逝者如斯，武德长存"的高度评价和敬佩之情。大会组委会还特别设计并制作了"一代武学大家孙剑云先生逝世十五周年"纪念章和纪念册，并在此次研讨会上举行了纪念章、纪念册发行仪式。

极享——余功保太极演讲录

（2018年9月16日　三亚南山）

今天我们汇聚在一起来隆重地纪念孙剑云先生。今天在座的老师中，有很多都和孙剑云先生接触过，对她有着发自内心的敬佩和崇敬。

我跟孙剑云先生在她生前也有过很多次的接触，不仅是在一些武术活动中经常见面，还专门去过她家里，对太极拳、武术以及其他一些问题进行深入详细的探讨。

我后来仔细回想起，我们在一起谈太极拳、谈武术的具体内容反而相对比较少，

孙剑云纪念册、纪念币发行揭幕

很多的时候我们都是在谈文化、谈书画,谈一些兴趣爱好以及其他的内容,比如家族,比如性情、待人处事的一些原则等。

我从她身上感受到一种特别浓郁的责任感,这是一

在孙剑云先生纪念研讨会上讲话

种对家族、对家国的责任感,这种责任感是和中国传统的伦理观、道德观结合在一起的。我强烈地感觉到孙剑云先生就是为拳而生的。她不是把武术、把太极拳作为她的一种工作,而是作为了她人生的全部,全部的精力、全部的心血和智慧,最后转化成一种浓浓的对武术的情怀。

"情怀"这个东西有的时候是很孤独的,你要能够敢于孤独,而且你要善于孤独。其实在孙剑云先生生前,太极拳并没有给她带来巨大的物质享受,相反,由于一心向武,使得经济状况十分拮据,很多人去过她的家,确实是斗室,陈设非常简朴。我曾经写过一篇文章叫《武者如斯》,就是她逝世时候的一篇纪念文章,文中我用了一句话,当时也是我脑子里边强烈的一种感受,就是她屋里边的陈设,简单到只可以浓缩成两个字叫"必需",其他的没有任何东西。这从刚才童旭东先生的介绍中大家也很清楚地了解了这种状况。即使太极拳没有带给过她过多的物质享受,但这丝毫没有减少她对武术的热情和投入,她自己甘于孤独,敢于孤独,善于孤独,并深深地沉浸在这种孤独的享受当中。太极拳带给她的是一种巨大的、精神的和生命的享受。

我曾经想过用一个什么词来概括孙剑云先生,当然今天的这个题目"云泽鉴映"是比较文言一些的,这是张茂清先生他们要组织这次纪念活动,让我想一个题目名称,我就想了这四个字,这四个字是从历史文化的角度来概括孙剑云先生一生的特点,我在这里就不做详细的解释了。但是我脑子里蹦出来另外一个词,我觉得非常地适合孙剑云先生,叫作"孤芳自赏"。"孤芳自赏"在一般情况来说,是一个略带贬义的词,但是我觉得用在孙剑云先生身上另有一种涵义,非常贴切,就是能够在孤独

极享——余功保太极演讲录

孙剑云纪念研讨会会场

孙剑云弟子张茂清发言

中保持独立的个性，高贵的品性，也就是敢于孤独，善于孤独。其实这是我们武术家需要的一种特别可贵的品质，在当下更是如此，就是你能不能抛开那些虚妄的荣誉名利，真正地沉浸在一个特别纯粹的武术世界当中。这种品性上、精神上的纯粹才能带来功夫上的精纯，才能实现对传统的真正感悟和继承，用生命去拥抱、去传承传统武术，这就是中华文明的传承脉象，清晰、有力，这就是中华文化的一种脊梁。所以我觉得"孤芳自赏"这几个字用在孙剑云先生身上非常贴切，只有沉下去了，才能真正实现让自己的芳华充分地绽放，能够让这种芬芳真正地散发到全国、全世界去，让更多人能够享受到。所以将来我准备写一篇长文纪念孙剑云先生，我想题目就用《太极芳华》。

剑云先生的芳华已经永远留在了太极历史的舞台上，我们今天这个隆重的场面也是她的芳华的一个历史节点的绽放。虽然孙剑云先生不在了，但我们依然能够感受到她的功夫、她的人品、她的文化、她的生命的境界。

孙剑云先生芳华永驻。

云泽鉴映　太极芳华

孙剑云先生拳照

531

世界太极拳网健康游学活动 黄神山

太极文旅产业的核心价值与体系

——在首届文旅产业全球联盟高峰论坛上的演讲

2018年9月27—29日,"洪门·和太极杯"首届文旅产业全球联盟高峰论坛暨中国太极文化国际旅游线项目投资洽谈会在邯郸隆重召开。本次会议得到了邯郸市人民政府的大力支持,由中国太极文化国际交流中心、邯郸市旅游发展委员会、中华全球洪门联盟、中国城市旅游研究院联合主办。众多国内外旅游界、金融界、武术界、传媒界的领导、专家学者以及邯郸政府部门负责人出席论坛活动。作为峰会重要内容之一,大型舞台秀《太极图》于27—29日晚亮相邯郸大剧院。

极享——余功保太极演讲录

（2018年9月28日　河北邯郸）

热烈祝贺"洪门·和太极杯"首届文旅产业全球联盟高峰论坛成功举行。

刚才大家通过何俊龙先生的详细介绍，以及各位领导的讲话，对这个论坛有了非常详尽的了解。这个论坛活动着眼于战略层次，并且有很多落实性的措施，所以它对于文旅产业的发展应该具有积极的意义。

中国的太极文化从本质上来说，它融合了中国儒、释、道各家，融汇在中国的政治、经济、文化、生活的各个方面，在武术当中更不例外。从狭义上来讲，太极拳充分体现了太极文化的精髓，其实中国武术的各个流派都贯穿着刚柔相济、动静相生、阴阳相合的哲理。从广义上来说，中国所有门派的武术都符合太极文化的原理。

太极文化对于当今人们的生活具有重要的影响和意义，它对于文旅产业更是不可或缺的一个要素。文旅产业它的一个本质是关于情感的享受和释放，旅游是关于生命的体验。所以文旅产业的核心是要抓住人。从全世界范围来说，旅游产业经历了几个阶段，从最初的观光，看一看，到体验式的旅游，再到深入体验更高层次的生命融合式的旅游。中国文旅产业是把中国文化的生命，中国文化自然山水的种种文化积淀、人文积淀融合在一起。从这方面来说，太极文化在文旅产业当中具有广阔的发挥空间，实现让旅游者"走遍天下，体验太极"，走出中国特色的健康旅游之路。

我们今天谈的以中国太极文化为一个依托的文旅产业，它应该包括动静两个方面，也就是中国太极文化的动静相生。旅游就是要走起来、动起来，各个线路、各个景点要打造一批真正能够体现出优美山川、体现深邃文化的生命体验的基地。让游人能留下来、静下来。这种基地包括软件的，也包括硬件的。刚才介绍的《太极图》演出，就是一种动静的结合，它是静下来的驻场演出，同时又融合了中国千年文明流动

的这种文化血脉的东西。还要打造一批具有中国特色的太极文化的发展基地，在这方面邯郸等地具有着巨大的优势。其实我们中国很多地方都有这种资源，应该说这些年来我们在各地政府的积极推进下取得了很大的成果，但是还有很多的资源远远没有被激发出来，这是需要我们不断努力去研究开发的。

我们这次论坛也是一次高端的资源整合，我们把世界各地的人才资源引入到邯郸来，把我们邯郸的旅游资源、太极资源整合在一起，形成一个开放式的结构，力争能够形成一个大的中国文旅产业的项目和体系。

文旅产业高峰论坛现场

我觉得中国太极文旅产业的核心价值其实就四个字，这四个字就是我们中国文化的一个最根本的东西，叫"天人合一"。它是一个很学术、很文化的词，解释这四个字的历代著作很多，在太极文旅产业这方面，这四个字其实是非常通俗的，我们搞太极文化的旅游产业，一定得紧紧地扣住这四个字，并且从本质上深入地理解这四个字。在我们太极文旅产业当中，"天人合一"就是要把我们自己内心的诉求、情感与自然景观和人文资源紧紧地结合在一块。"天"就是外部资源，它包括自然资源、山水资源，"人"就是我们的身心两方面，"合一"就是怎样通过我们的旅游产品，把它们很好地结合在一起。跟其他产业相通的地方，就是有它普遍的文化，有旅游的基本项目规律，同时更加注重人性化的东西。就是太极文旅产业里更加关注人性的特点和人性的需求，特别是关注我们现代人的情感诉求。我认为文旅产业最本质的一点，也是最普通的一点，也是最简单的一点，就是满足人的情感诉求。因为大家在旅游当中，我花钱去看景区景观，拿着相机、手机拍拍照留影，觉得是一种形式上的，这是最初级、最基本的一种。随着我们生活的发展，人类文明的不断进步，大家更应该关注人类的情感诉求，这是高级的生命体验。你如果把这种情感诉求的方式呈现得好，你这个文旅产业就具有巨大的经济价值和社会价值。

太极文旅产业我觉得有三个境界，这三个境界是跟我们的旅游产品相关联的。第一个境界是"以外触内"，观外景，触动内心。南怀瑾先生讲过一个故事，你一开始去看山修行，你看遍青山，叫用眼睛去看，看到最后的境界，应该是你闭上眼睛，再睁开眼睛，叫"满目青山入眼来"。一开始我们去看的时候站在山上，你看的是山山树树，但当你到了"满目青山入眼来"的时候，就不是你去看，是那景物往你眼里扑进来的。这个时候就是"以外触内"，就是外面的东西触发你内在的一种东西。那个时候会带来一种巨大的精神的享受。这是你很静、很客观地看，静心了，有一种修行的味道，就是"健康旅游"的意思了。

我们现在说健康一定是身心两方面的健康，你的身体健康，如果你的心理不健康，你一定不是一个健康的人，从太极的角度来说不是一个圆融的，你是缺阴或缺阳的。旅游带给你的愉悦，不光是你身体上、你眼睛里的，更重要是你的情感和你的灵魂的愉悦。你看中国古代优秀的游记、山水诗，它一定是有情感的诉求。

第二个境界是"以内感外"，内在的东西感发你。如何发掘能感发你的东西？你内心必须有积淀，有文化积淀。所以，我们文化旅游产业的前期的工作、前端的产品也要设计好。比如我们到邯郸来旅游，你到了广平府，你事先并不知道这是杨露禅的故居，这是武禹襄的故居，并不知道哪个地方发生了什么关于太极拳的事，到这来看，触发不了你内心的那种情怀。所以要以内感外，必须有一个文化的前期积淀，这是我们做太极文旅产业的前端的产品。这个产品不仅仅是一个文化的储备，它是可以产生巨大的经济价值的。也就是说前端产品的设计有巨大的经济价值。

第三个境界就是我们太极拳的高境界叫"内外合一"。太极文旅产业也是这样，你内和外走到这儿以后，能够合一呢，它就形成一种共振，就是旅游产品的一种共振，这种共振激发的是你"此生永驻"，情感在这个地方永驻。这个地方与你生命的某种情感联系在一起。那么留住以后也不是我们最成功的地方，最成功的是留住以后还不断地召唤你来，反复地来，还不是强行广告式的召唤，是他发自内心地过了一段时间以后，不由自主一遍一遍地来。比如邯郸，刚才傅清泉先生也讲了，我们这里有很好的太极资源，世界各地的太极人今年来了，明年还想来，明年来了，后年还想来，年年不见年年见，这时候就是内外相合的，这样就会形成一个巨大的太极旅游产业基地。

从旅游产品的运营设计上，应该做到三个结合。

第一个结合是自然景观和人文资源相结合。这个就属于旅游研发的内容，要有好的旅游产品，特别是文旅产品，一定要有强大的、高水平的研发因素和力量注入，没有这个是不行的。文旅产品的研发不仅仅是建几个设施、弄几座桥、搞几条索道，它更重要的是一定要做一些文化资源的研发，所以自然景观和人文资源的结合，必须要进行高端的、高水平的和大规模的旅游研发的投入工作。

第二个结合是游人情感和山水相结合。就是你怎么把游人的情感和你这里的山水、景观相结合，还是拿邯郸永年做例子，这里有很多太极的先辈名家，有故居、有陵园，他可能看过是看过，但看过能激发强烈的情感又是一回事情，所以要把游人的情感跟这些景物结合在一块，这里就涉及旅游产品的设计，包括它的各种形态的呈现、它的路线等，甚至细到某一件具体产品，某一句解说词、导游词。不要小看这些内容，它用恰当的旅游方式跟文化有机地融合，让游人看得自然、看得舒服、看得透彻，这样透彻还不觉得累。我们是来旅游，不是来上课。我觉得自然景观和人文资源相结合需要前期做大量的研发，游人情感和山水相结合，是一种自然景物注入人的内涵的东西。

第三个结合是旅游方式和内容相结合，就涉及大量的人造设施和旅游设施的建设。好的内容还要用一种好的旅游方式来呈现，同样的一个东西，呈现的方式不一样，效果也是不一样的。中国的书法，毛笔蘸着墨在宣纸上写，在生宣和熟宣上写，效果是不一样的。

我觉得中国太极文旅产业大有可为。有很多自然景观和人文景观可以匹配，中国太极的文旅产业，还处在一个基本的、起步的阶段，正因为如此，我们还有巨大的空间，包括巨大的文化影响空间、巨大的经济发展空间和巨大的社会价值空间。

太极文旅：世界太极拳网大别山"拳游纪"

归根复命：作为生命艺术的太极拳

——在陈小旺太极艺术馆奠基仪式中的演讲

2018年10月1日，陈小旺太极艺术馆在河南焦作温县陈家沟隆重举行奠基仪式。来自河南省、焦作市、温县的各级领导，以及国内外太极拳界、文化艺术界及其他社会各界的嘉宾、代表上千人参加了奠基仪式。奠基仪式结束后，在陈家沟太极拳祖祠举行了庄严的祭祖大典活动，陈小旺先生率众弟子焚香、敬酒，告慰太极先祖，表达传承、传播太极拳的宏大志愿。祭祖大典结束后，举行了千人太极拳演练，陈小旺先生亲自领练，场面生动、壮观。下午举行了陈小旺太极拳网络平台启动发布和公益辅导讲座，陈小旺现场辅导学员，解答问题，进行互动。陈小旺、陈小星、陈炳、陈自强等分别进行了精彩表演，来自世界各地的陈小旺太极拳传承人及重要弟子们也进行了功夫展示。

极享——余功保太极演讲录

（2018年10月1日　河南温县陈家沟）

今天上午，我们参加了隆重热烈的陈小旺太极艺术馆的奠基仪式。为了进一步推动太极拳的发展，特别是人才建设，温县人民政府推出的"太极拳大师回归工程"，为名师太极归根、筑基发展提供了有力的政策支持。陈小旺太极艺术馆就是响应"太极拳大师回归工程"，也是进一步完备、丰富太极文化体系的一项重要举

陈小旺太极艺术馆奠基仪式

陈小旺进行公益辅导讲座

措。

今天下午,又进行了一场生机勃勃的网络平台启动及公益讲座等活动,内容很丰富,也充分体现了艺术、寻根、文化的特色。

我们经常在思考,生命是什么?

简单来说,它就是一个过程,这个过程可以是平淡的,也可以是绚烂的。我们的一生始终处于对生命的探索中,探索它的内在结构。从科学的角度,探索它的衍进状态;从艺术的角度,探索它的呈现方式。

说生命是一种艺术,这是充满了乐观主义和人文思考的。

我赞同太极拳是一种生命艺术的观点,从这个角度来说,陈小旺老师把他的太极拳馆命名为"陈小旺太极艺术馆"是有着特殊意义的。

今天上午的奠基仪式上,孙冬侠女士介绍了有关的构想与设计,将中国传统的哲学理念和太极拳的理法功技,以及现代的建筑艺术元素相结合,呈现出传统、生命、文化、武术相结合的特点,也体现了太极生命艺术的理念和价值。对于陈小旺太极艺术馆的建设和将来的作用,我们是充满期待的。

艺术的本质,是艺术家对于世界的真实的感受,由此而产生的艺术作品,通过艺术形式的传递,能够使接受者得到身心两方面的巨大的愉悦。太极拳就具有艺术的这种天然的属性。健康是生命最美的一种状态,所以,注意感悟生命健康的元素,来构

陈小旺夫人、陈小旺世界太极总会执行会长孙冬侠女士介绍陈小旺艺术馆

建生命健康的状态，从这方面来说，太极拳是一门伟大的生命艺术，其中蕴含着深邃的科学和文化内涵。作为一种传统文化形态，带给人多层次的陶冶。一个优秀太极拳家的修养应该是全面、立体的，在功夫、文化与艺术各方面体现出人文气象。陈小旺太极艺术馆的建立，正是体现这一理念的一个生动例证。

今天的活动，还有一个主题，是"太极寻根"，这也很重要。中国文化讲"归根复命"，有根才有生命力。我觉得，太极文化的"根"有三个层面。第一个层面是国家，国家的兴盛强大，才给太极拳的发展带来了历史性的重大机遇，这是太极拳的核心根脉，没有这个"根"，就没有太极拳发展的高度。第二个层面就是中国文化，它给太极拳带来养料，滋润太极拳的成长。没有这个"根"，就没有太极拳发展的深度。第三个层面就是陈家沟，陈小旺先生刚才在致辞中说，太极拳的根、自己的根，是在陈家沟，走遍世界各地，也要归根落户。在这里产生了陈式太极拳，其后又衍生出各大流派的太极拳，形成今天根深叶茂的盛景。没有这个"根"，就没有太极拳的广度。

这次系列活动突出"寻根之旅"的意义和内涵，不断营造陈家沟太极拳良好的人文环境。来自世界各地的参会代表们，在陈家沟进行祭祖、拜师、学拳、交流，就是从根上汲取营养，来提高拳学修养。这不仅是一次身体之旅，也是一次"太极心灵之旅"。只有根壮，大树才能参天茂盛。陈小旺太极艺术馆总馆的建设，就是进一步体

在陈小旺太极艺术馆奠基系列活动中演讲

归根复命：作为生命艺术的太极拳

现太极文化的根在中国，进一步建造陈家沟连通世界的高端平台。

　　今天开通的陈小旺老师的太极网络平台，对于推广陈老师传承的太极拳功夫、太极文化也具有很重要的意义。传统文化的内核不变，但传播方式是不断随着社会发展进行更新的，不断吸收新的技术和观念来开展，这样，传统太极拳的生命力才能永葆旺盛的状态。

陈炳先生演示太极拳

陈小星先生演示太极拳

武之强者

——在冯志强先生诞辰九十周年纪念活动中的演讲

2018年10月5—7日,纪念冯志强先生诞辰九十周年暨第五届国际混元太极拳交流大会在北京九华山庄举行,来自俄罗斯、法国、德国、日本等国家及中国北京、天津等地的119支代表队,共1400余名太极拳爱好者参加了纪念、研讨、交流、比赛活动。

（2018年10月7日 北京九华山庄）

和冯志强先生在
地坛公园

  我和冯志强先生相识于20世纪80年代。当时北大武术协会举办活动，我们多次邀请冯老师进行指导，深受北大武协同学们的喜爱。在以后的多年当中，我们一直保持着不间断的交往。

  冯老师是一位传统太极拳家，对太极拳有着发自内心的情感与眷恋。太极拳曾经给他带来身心状态的巨大改善和生命的深层享受，他也非常乐意把这种习练太极拳的"幸福感"传递给更多的人。他对太极拳的教学，具有充沛的激情。在二十世纪八九十年代和21世纪初期，他多次担任中国武术协会举办的各类太极拳培训班教练，

21世纪初冯志强老师在博武网进行网络直播教学

培养了众多太极拳优秀人才。2001年5月，第一个"世界太极健康月"期间，我当时在中国武术协会主管国际武术培训中心工作，专门邀请冯老师在中国武协举办讲习班，连续10天左右，冯老师每天认真备课，细致讲解，每个动作反复示范。他说："拳要讲明白，还要看明白，这样才能练明白。"让来自全国各地的学生深切感受了太极拳"知行合一"的生动范本。我们当时还邀请冯老师首次通过博武国际武术网进行网络直播，那也是最早的太极拳家进行网络教学直播，当时还没有视频直播的条件，虽然只是图文直播，但冯老师风趣幽默地谈拳论武，给全国广大太极拳爱好者留下了深刻印象。网络互动热烈非常，成为早期网络太极教学的一个范例。

冯老师幽默的性格在他的太极拳上也产生了影响，他在研拳、练拳中，总是洋溢着一种乐观的心绪，所以他的拳有谨严的规矩，也有不拘泥的活力。这深深契合了太极拳自然天成、解脱束缚的生命原则，使得练拳步入一种洒脱、自如的状态，这是一种人文的高度，也使得太极拳真正成为一个人实现自强、自尊和自我价值彰显的有效方式。

真正的武者，是对生活充满着热情的人。冯老师是一个有着很强的"童心"的人，在谈天说地中经常妙语频频，这些平常言语带有浓郁的"冯氏特征"，往往在幽默、平易中显示出深刻。冯志强先生为人、为事，均体现了他对生活的热爱与豁达。我曾在中外武术交流活动中听到过冯先生唱的传统京剧，一板一眼，很有韵律，那一刻，他是一位有着强烈兴致的京剧票友，人在戏中，乐在戏中。中国传统文化在形态、在精神上是相通的。虚实相生的中国戏曲，对武者的全面修养也一定会有独特的营养作用。

冯老师的拳如同他的为人，平和中蕴含着博大。他的拳势大气磅礴，而火气尽褪。观之酣畅淋漓，纵横延拓。行拳不疾不徐，掩波浪于天高云淡之下，兴松风于万壑千峰之间，悠悠然入从容之境地。一些人很神往，下了许多功夫，模仿外形很像，

冯志强老师桩功照片

但很难得到"神韵"。一个重要的原因,是没有透彻理解冯老师的精神内涵,他的拳势构成与他的经历、心性修养、性情特质一脉贯通。所以要真正理解冯老师的太极功夫,还要深入理解冯老师的人,真正与他的精神世界相沟通。因为他的拳,不仅有"架"、有"势",还有"功"。"功"的东西,是一定要内外相合的。冯老师拳架看似随意,实则缜密,需用心体悟,才能得其真髓。真正的如意才能随意。随手捻来,尽得风流。

冯老师非常强调内功。我曾几次给他系统地拍摄拳照,他每次都特地交代,拍摄若干张太极桩功和单式练功图。他说,要好好宣传一下太极拳"内"的东西,要让更多人了解太极拳内练之法。

2001年3月,中国武术协会、三亚市人民政府和国家体育总局武术运动管理中心在海南三亚联合主办首届世界太极拳健康大会,冯老师作为我们特邀的代表性名家与会,进行名家辅导和演示。大会期间,我们在三亚海滨品茶论拳,那是一种非常惬意的享受,海天一色,物我两忘,唯拳而已。后来,我以这期间的谈拳为主,和其他几

武之强者

纪念活动

冯志强之女、北京混元太极武术文化发展中心主任冯秀芳女士在纪念活动闭幕典礼上表演太极功夫

次采访汇合在一起,写成了《气以直养而无害——与太极名家冯志强的对话》一文,收录在《随曲就伸》一书中。这也是我研究太极拳过程中一段非常难忘的经历。

　　冯老师立志以武强身、强民、强国,以武至强,且强而不骄、不妄,淡然以向、淡然以享,乃武学真正强者。

太极、功夫文化与城市精神

——在首届香港太极、养生、武术精英公开赛开幕典礼上的演讲

2018年10月13日,首届香港太极、养生、武术精英公开赛在香港高等教育科技学院体育馆举行。本次公开赛由宏武太极学会、宏武文化中心主办,元海太极、香港武术联合会等机构大力支持,著名世界冠军黑志宏为核心发起人。公开赛首次以香港本地各太极拳、武术流派的运动员为主体,汇集了全港武术精英,数十个拳种的优秀传承人到会同贺。共有600多人参加了1000多个小项的比赛。比赛内容包括各传统太极拳、武术拳种、流派代表性套路、主要竞赛套路、健身气功各代表性功法套路等,是香港武术风貌的一次全面展示。

香港立法会议员代表、港区全国人大代表、香港中联办有关负责人,以及香港各主要武术机构负责人和名家代表出席了开幕式。参会的部分名家进行了精彩的表演。本次公开赛立足本港,打造高端交流平台,深入挖掘香港本地的太极、武术文化内涵,充分整合香港各流派武术资源,受到香港武术界的大力支持,为推动香港武术的进一步交流发展起到了积极作用。

极享——余功保太极演讲录

（2018年10月13日 香港高等教育科技学院）

各位老师、师傅，女士们、先生们：

大家上午好。

很高兴来参加这个活动，首先热烈祝贺首届香港太极、养生、武术精英公开赛成

活动现场

出席开幕式并演讲

功举行。黑志宏先生、刘彦英先生几个月前就和我说，想举办这样一个活动，他们做了大量的工作。今天的热烈局面，表明了大家对他们组织工作的高度认可。

本次活动突出太极拳、健身气功以及各种传统武术、竞赛武术的交流、切磋，具有更广泛的容纳性。其实，中国的这些传统运动形态，在文化渊源上是同源的，在理法上也具有相通性，在功技上也互为印证。

这个活动很有特色，是以香港本地的武术精英为主。今天到场的有很多香港武术界非常有造诣、有影响的武术家，应该说今天是一次香港武术界的盛会。我觉得我们这些老师，不管从事哪个行业的工作，都在一生致力于中国优秀传统文化的继承和弘扬，是真正的香港社会的精英。

中国的传统武术，是中华文明的伟大成果。它凝聚了中华文化最精华的思想内容。习练中国的太极、传统武术不仅能领略到古老文化的魅力，而且还能获得巨大的应用价值。现代人通过习练太极等中华武术，具有强健身心、强大自我的显著作用。中国太极拳和传统武术在香港的蓬勃发展，显示了香港社会的远见卓识。咱们这些武术家，是为香港人的健康，为香港的奋斗精神注入了正能量，为香港社会作出了重要

极享——余功保太极演讲录

开幕式上的表演嘉宾：刘彦英

贡献的。

　　香港在中国武术和太极拳发展史上是具有独特地位的。在很早就有一大批优秀的传统武术家在香港发展，并且利用香港独特的自然环境、人文环境向全球传播我们的武术，传播我们的中华文化。我们的前辈，比如董英杰、杨振铭、吴公仪、叶问、李小龙等都是我们熟悉的典型人物。香港所衍生、创造的功夫电影文化，在全球也有着非凡的影响力，很多西方人认识中国的功夫、中国的功夫文化，就是从香港功夫电影开始的，这是我们香港人巨大的荣耀和尊严。中华传统武术文化，已经深深影响了众多香港人的思维和行为规范，中国武术所倡导的向上、进取、坚韧、顽强、拼搏等元素，成为香港城市精神的重要组成部分。

　　在香港，各种有影响力的武术活动也层出不穷，出现了一批在香港、在全中国乃至在世界上具有着重要影响力的太极拳、武术名家。今天又诞生了一个新的香港武术文化载体,一个交流平台,就是我们今天开幕的首届香港太极、养生、武术精英公开赛。我相信这个活动今后一届一届地办下去,必将成为香港武术的又一张闪亮名片。

这个活动的创办者黑志宏先生,是著名的世界太极拳冠军,他不仅具有精湛的太极拳、武术的功夫,而且对于发扬中国的太极、武术文化具有着浓郁的情怀,在香港推广传播太极、武术也作出了重要的贡献。在此对于他创办这个活动来丰富我们香港的武术、太极文化内容表示敬意。

中华文明是世界文明当中一个重要的组成部分,在中国文化土壤中孕育出来的太极文化、武术文化也必将为现代人的生活、为全人类的生活作出重要贡献,在这方面,香港具有不可替代、无可比拟的独特优势,已经也必将继续影响世界。

祝大家身体健康、家庭幸福、事业顺达。谢谢大家。

孙禄堂

内家功夫的一座高峰

——在《孙禄堂》纪录片开机暨铜像揭幕仪式上的演讲

2018年10月15日,《孙禄堂》电视纪录片开机暨孙禄堂先生铜像揭幕仪式在河北保定望都隆重举行。全国各地孙氏武学主要名家、传人,望都县政府各有关方面领导,媒体界人士数百人参会。

极享——余功保太极演讲录

（2018年10月15日　河北保定望都）

今天我们这个《孙禄堂》纪录片开机暨孙禄堂先生的铜像揭幕仪式，不仅是武术界一件的盛事，也是当代文化的一件盛事。

孙禄堂先生所创立的孙氏武学体系，在中国的武学发展史上，是一座丰碑，是内家功夫的一座高峰。孙氏武学在国内外具有广泛的影响，我想用一句话来概括今天的活动，就是"拳行天下，魂在故里"。拳行天下，就是孙禄堂先生所创立的孙氏武

在开机仪式上讲话

内家功夫的一座高峰

孙氏武学重要传人参加活动

孙婉容、赵其国为铜像揭幕

望都政协主席何任道主持，望都县长孙晨光讲话

为纪念碑揭幕

孙氏武学名家参会

学,经过若干年的发展,已经在全国、全世界武术界产生了巨大的影响。它在武术方面、在文化方面、在生活方面都具有影响力。魂在故里,就是孙禄堂先生、孙氏武学的根在故乡,在望都这里。刚才孙婉容老师也说了,孙禄堂先生出生在这里,最后走也在这里,他的魂是在这里。

孙氏武学的魂,我觉得它的核心就是"内外兼修,文武兼备",这是中国人生命修持的一个很高的境界。孙禄堂先生学历虽然不高,但他通过武学的修为,达到了国学的高境界,关键就是文武合一,在生命修炼上内外如一,这样才能实现"知行合一",在这一点上孙禄堂先生是一个杰出的典范。所以,学习研究孙氏武学,不仅要关注其武,也要十分关注其文,认真研读孙禄堂先生的武学著作。孙剑云先生也撰写有多本图书,从练法上、从要领上,领悟"文"味道,文也是"内"的一个方面。

对于孙氏武学,我这里想着重讲两点。第一点,要充分、高度地认识到孙氏武学的巨大价值,这种价值不仅是在武术上的,还体现在科学方面、文化方面,不仅对于现在,而且对将来人类的社会生活都有重要的价值。我这是第二次到望都来,能感受到望都县委、县政府对孙氏武学的远见卓识和强有力的支持,我想这将来对孙氏武学的全球化的发展也具有重要的意义。第二点,就是要保护好、传承好、发扬好。认识到它的价值,还要充分地挖掘、充分地保护、充分地传承。孙氏武学,孙禄堂先生是它的奠基者,孙剑云先生、孙存周先生是它的筑基者,我们现在的各代,包括第三代、第四代以及后面每一代孙氏武学传人,都是它的建设者,还包括我们的各级政府、各个方面的孙氏武学的研究者等,都是这个宏伟大厦的建设者。那么,我们今天开机拍摄的《孙禄堂》先生的纪录片,揭幕的孙禄堂先生铜像,包括现在建设中的"孙公园",也都是建设工程之一。我相信通过大家的共同努力,孙氏武学和其他的中国优秀传统武学形态一样,必将焕发出崭新的活力和价值。

全国孙式太极交流活动

中国功夫的内练之要

——在『武当内家拳传统门派峰会』上的演讲

2018年10月25—28日，第七届武当国际演武大会在丹江口市举行。演武大会有来自9个国家和地区的2300多位运动员、裁判员和数十位武术名家参加，主要内容包括套路、散打、推手比赛，以及武术摄影展、论坛峰会、《当代武林英杰》图书首发式、武术精英演武会等。余功保先生应邀参加演武大会活动，并主持了在此期间举行的"武当内家拳传统门派峰会"。

极享——余功保太极演讲录

（2018年10月26日　丹江口汉江国际酒店）

　　刚才刘洪耀社长讲话中介绍了本次峰会的有关情况和相关的理念、思路，我觉得这次峰会很有意义，中国武术的锻炼就是要大张旗鼓地强调"内修"之道。

　　中国功夫的核心，我认为就是一个"内"字。这是我们跟世界上其他武术的一个最为显著的区别。我们在这里研讨"内家拳"，其实中国所有的武术拳种都有练"内"的内容。从大的方面来讲，我觉得中国所有的武术门派都应该讲究"内"，这是中国武术的一个特性。你没有这个"内"的东西，你就少了中国武术灵魂性的内涵，它的本质特性就不彰显。当然有些拳种流派，像我们在座的绝大多数流派，我们本身就以"内家功夫""内家拳"来命名，就是更加强调练"内"的态度和方法。

　　那么，中国传统武术的这个"内"究竟是什么涵义？包括了哪些主要成分？大家肯定有各自独到的见解。我因为参加这个研讨会，也想了一下，我觉得从重点、核心上来说，它应该包括以下几点。

　　第一点，"内劲"。我们练太极拳、练各种传统武术，都要讲究有"内劲"。这个内劲跟其他武术不一样，它不是简单的力。"内劲"是复合化的、升级版的"力"，不仅仅以大小来衡量，更多的讲强弱、讲巧妙，富于变化，它是把人体的各种能量聚集在一起。所以练功夫应该首先有内劲，你没有这个内劲，只有拙力，你就没有达到中国功夫"登堂入室"的层次。内劲有"恒"和"易"两个属性，"恒"就是强调一种完整的、混元的特点，"易"是富于变化的，不死板不僵硬。两者统一，就是"内外如一"。

在武当内家拳峰会上演讲

第二点，"内气"。要练内，必须得练气，在我们所有的内家功夫拳论当中，一定是有论如何练"气"的。练拳要有内气的产生和运行，这样我们才能通过习练功夫来强壮身体、滋养身心，来产生一种巨大的质变。所以你习练功夫，没有这个"气"，就不能算是"内家功夫"。

第三点，"内质"。就是内在的精神气质的变化，练拳当然有健身、技击的功能，但是到了高层次，就具有变化气质的作用。所以真正优秀的武术家往那儿一站，他练的功夫是能够通过他的气质显现出来的。在这一点上，跟我们的书画、跟我们的很多国学形态是相通的。通过练拳来达到变化气质。所以内家功夫是能够培养出武术家一种独特的气质的。我觉得"练武的"这三个字有很高的价值在里面，是一个非常高的荣誉，我们应该特别自豪，它说的就是我们独有的气质。

第四点，"内在修为"。这是指文化方面、心性方面的，中国的武学跟中国的哲学是贯通的，习武者一定要将技术、理法和文化合一，有效实现一种内在的修为。这种修为是将拳法锻炼上升到一种人的品性、人的心性打磨的层次，包括他对于生活、对于生命、对于宇宙自然的认识方法和价值观等各个方面。我们通常说的"保家卫国""见义勇为""尊老爱幼""扶危济困"等也都是心性的修为。"武德"是习武者集中强调的一种心性状态，所以练武术功夫越高，他的修为越深，这个修为不仅仅是一种具体的功夫形态，更是一种生命状态。

第五点，"内向思维"。对练武者来说，技术要领、风格是外化的呈现，技术实际上是来源于他的一种思维。武术思维是植根于中国几千年来孕育的中华民族的智慧，是生活、生命实践中的具体体悟，又上升、总结出来的行为规范和取向，这种思维落实到拳法实践中就是武术的"知行合一"。中国武术是关于中国文化"知行合一"执行力最强的领域。我们讲知行合一不能停留在口头上，要把这种思维贯穿到你的日常生活行为中，包括行拳，也包括待人处事及各种规范上。有了这种内向思维，练拳就会不断实现自我强大、完善，它构成生命不断升华体系的坚实支撑点，是"拳练我"，而不仅仅是"我练拳"。

第六点，"内外合一的招法和技法"，也是就我们常说的"内功"。这是一个基础，离开这个基础，其他的无从谈起，没有这个就是纸上谈兵。今天会有很多老师讲解示范各流派的技术，包括一招一式、一点一滴的练法，这些一招一式的技法当中，就体现出内在、内练的要领，从呼吸到意念，从身形各个方面都要有"功"，功就不能是表面化的招式，而是内外合一的一种形，不是单纯的花架子。

武当演武大会开幕式颁奖

我觉得这几个方面是包括太极拳在内的中国传统武术"内练"应该重点把握和体验的东西。

在武当演武大会闭幕式上致辞

主持武当内家拳峰会

叔湛尚臻——纪念武学大师孙叔容诞辰一百周年

师道与学道

——在孙叔容诞辰一百周年纪念研讨会上的演讲

孙叔容先生为孙式太极拳创始人孙禄堂之孙女，孙存周之女，孙氏武学代表性人物之一，在孙氏武学的理论建设、教学育人、发展推动等方面发挥了重要作用。2018年11月15日为孙叔容百年诞辰纪念日，全国各地孙氏武学传人汇聚一堂，在北京二十一世纪饭店隆重举行名为"叔湛尚臻——武学大师孙叔容诞辰一百周年"的纪念研讨活动，缅怀孙叔容武学成就，研讨孙氏武学内涵，共谋传统武术发展，并进行了太极拳、形意拳、八卦掌等孙氏武学功技表演。武术界有关领导、嘉宾，其他各传统武术流派代表近两百人参加了纪念活动。

极享——余功保太极演讲录

（2018年11月15日　北京二十一世纪饭店）

在孙叔容纪念会上演讲

在半年多以前，李斌先生就跟我讲要举行这么一个活动。今年9月在三亚南山第三届世界太极文化节期间，我们也举行了孙剑云先生逝世十五周年的纪念研讨活动，活动举行的也很成功，孙门传人加上各流派太极名家有300多人，在海内外引起了巨大的

参加纪念活动嘉宾

反响。今天再次举办纪念孙叔容先生的纪念活动，这两次活动我觉得都体现了我们孙门传人尊师重道，团结一致，弘扬孙氏武学、弘扬传统武术的一种精神。

中国武术的师徒传承是武术发展的一种特殊关系模式，其他的中国传统文化形态有的也有这种方式，这是在中国文化土壤中孕育出来的，在全世界都比较罕见。这种关系对于中华文明的传承起到了至关重要、不可替代的作用。在这种关系中，我觉得弟子、学生对老师在三个方面要加以重点提倡，其实也是很多弟子、徒弟们所要具备和珍视的。

一是要有敬爱之心。这是感情层面的，学生们通过跟老师、跟师傅的学习，产生了深厚的感情，我们常说的"师徒如父子"，就体现了这种特殊的感情关系。从刚才李斌先生给师傅孙叔容先生的一封信当中，我们就能体会到这种感情，这种感情是熔铸在你的精神上、熔铸在你的情感上，又落实在你的行动上的。

二是要有敬重之心。敬重是对师傅、对老师的功夫、价值的高度的认可、认同、重视。通过跟老师学习，学习他的人品、学习他的功夫，在功夫当中感受到生活的价值、人生的价值，对社会、对自然的理解，所以产生敬重之心。这种敬重是充分反映我们优秀的武术家的社会价值的。我曾经在很多场合讲过,真正优秀的武术家,他是中华文明的承载者,是真正的中华民族精英,但是现在还远远没有发挥出应有的社会价值。除了我们学生、弟子对他的敬重以外,我们要让全社会更充分认识到它的价值。

　　三是要有敬畏之心。这个敬畏不是害怕,是一种状态,一种端正严肃的状态。我们练武,是一种人生体验,不是在那摸摸弄弄、耍耍玩玩,实际上它是我们的一种人生的状态,从生存的需求,到生活的方法,到生命的境界,我们体现出这种端严的感觉。学武一定要有这种敬畏之心,这种敬畏是对老师的尊重,也是对自己的尊重,是对武术的尊重,是对天地人乃至对我们整个宇宙和人类社会的尊重,练武者没有这种敬畏之心,就达不到中国武学的最高境界。

　　我觉得今天的这个纪念活动就体现了这种敬爱、敬重和敬畏之心,这是我们传统武术的"师道"与"学道"。

　　在这个活动举办之前,李斌先生跟我讲希望我能够为这个活动拟一个题目,我又很认真地查阅了孙叔容先生的资料,我就想了"叔湛尚臻"这四个字,我觉得它比较贴

李斌表演形意拳

切地反映了孙叔容先生的特质。这个"叔"在古文中通三点水的"淑",淑德、雅润之意,又含孙叔容先生名字,表示她的品德高尚圆融。刚才昌沧先生在讲话当中也介绍了孙叔容先生她能够继承家学,团结孙门的同仁来发扬孙氏武学,她不论在北京、还要在河南大学等地教学时,都体现了这种淑德。"湛"就是精湛、纯正之意,表示武功的精纯。我觉得孙氏武学是中国传统武学里边,理论和实践融合程度、一体化程度非常高的一个典型的代表,孙叔容先生继承家学,武功纯正。现在我们有的人学了几天的武术,随便就可以编套路,随便就可以传教,里边杂质很多。所以孙氏武学的精纯更加难能可贵。"尚"是传播、风尚、达到之意。"臻"就是一种美好的境地。所以我说这几个字能够比较典型的代表孙叔容先生的特质,也是我们应该提倡的武学境界。

孙氏武学这些年来得到了迅速的发展,在海内外具有广泛的影响力。孙门的几代人都付出了巨大的努力。不仅我们国内的传统武术界在努力推广,在国外的一些太极拳、武术冠军也在推广,这说明了孙氏武学的巨大价值。比如世界冠军高佳敏,参加中国国家武术代表团在联合国表演的时候就表演了孙式太极。当然还有一些人也在世界各地传播,我们相信未来孙氏武学一定能在世界范围内得到很好的弘扬。

初学孙式太极拳应注意的事项(节选)

孙叔容

孙式太极拳的特点是迈步必跟,退步必撤,每转身必以开合动作相承接,因此有人叫它开合活步太极拳。练习时要舒展圆活、进退相随、上下一致,无左右歪斜的形体,全套练之如行云流水,绵绵不断,全身放松,不僵不滞,进行中无起伏,要各式相连贯,要一气呵成。无论动作的虚实变化,速度要均匀,不可忽快忽慢,更不可有停顿的地方。

在练拳过程中始终要保持自然,要一动无不动,一静无不静,万不可努气(拙力),由于中正平稳,所以才能不前俯不后仰,不左歪不右斜,这些在练拳以前,从思想上就应该注意。

练拳时要注意以下几点。

1. 要集中精力,就是精神内受,不可心猿意马、左顾右盼,呼吸自然,即呼吸不要着意,舌顶上腭,口要虚合。

2. 要求精神与肢体放松、轻柔(柔与软不同,软疲塌无力,而柔中有刚),就是要用自然之力,不是用拙力而是要用活力。

极享——余功保太极演讲录

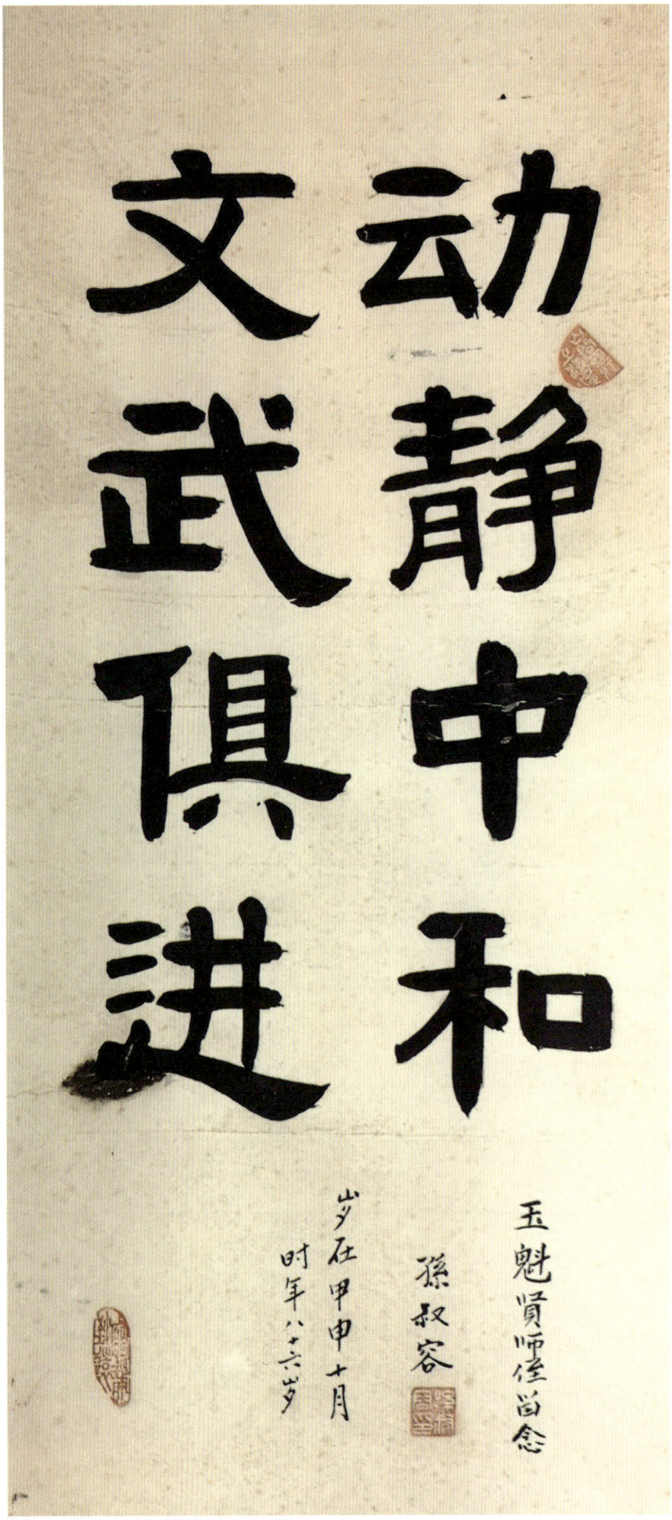

动静中和
文武俱进

玉魁贤师侄留念
孙叔容
岁在甲申十月
时年八十六岁

孙叔容武术墨迹

师道与学道

孙叔容三体式拳照

孙叔容表演太极拳

3. 孙氏太极拳要严格遵守规矩，古人云："不以规矩无以成方圆"。必须按照基础动作，循序渐进、按部就班的习练，等整套动作熟练日久，自然随心所欲了。

4. 要有毅力、有恒心，切不可"一日暴之，十日寒之"，要日日练习，要像古人说的那样终朝每日常缠手，更不可贪多求快，或躐等以进，要按步就班，一式不对不学下式。务求姿势正确。

5. 不可好高骛远，攀比先习者的进度或已取得的成绩。

前面说过练拳时要严格遵守拳中对各个部位的要领，现将主要部位的要求写于下面。

1. 头：练拳时，对头部的要求是很严格的，头要上顶，但不可用力，下颌自然回收，头也自然正直，精神贯注，即所谓虚领顶劲，不可自由晃动，东歪西斜，头颈动作应随顺身体转动方向的变换及上下要协调一致，神态自然。

2. 胸：要含胸，这一动作与拔背有一定的联系，在练拳时不要挺胸，但也不可着意内缩，应顺其自然，要有含的意思，但应注意不可作出驼背的体形。胸不可挺，挺胸气往上涌，含胸气可下沉至丹田，可避免上重下轻、足底无根、重心不稳的问题。

3. 肩：两肩要松开下沉，如此两肩才能向外伸展，切忌耸肩，以免气向上涌，同时两肘也往下坠住，这样两臂自然弯曲，即所谓蓄而后发。同时两腕塌住，但不可僵硬，腕部要活，五指自然张开，虎口撑圆，手心内含，不可外腆。坠肘时，两臂不可夹住两肋，但也不可乍开而离肋部太远，暴露两肋，而为敌人所乘。

4. 腰：腰为主宰，所以有"刻刻留意在腰际"的说法。因为人体的行止坐卧和正确姿势，腰要起主要作用。腰要直，便能防止身体晃动或前俯后仰，腰为车轴，气如车轮，腰似中军大旗，腰不直便有臀部突出的现象，所以拳经中有"命意源头在腰隙"。腰力运用得当，可以使用周身力量集中于一点，像肘、肩、胯、膝、脚等关节的劲，都要以腰中发。

5. 腿：在习练太极拳过程中，腿的动作是非常重要的，两腿要弯曲，但不可有死弯子，其形如半月。进退的移动、虚实的转换、发劲的根源等，主要在腿部，所谓根在脚、发于腿、主宰于腰、形于手指。因此腿部动作的正确与否，关系着全身的稳定，以及转动的轻灵皆赖两腿运动的得当。

其他如眼神的问题，练拳时，眼光应随着主要的动作转动。定式时，目光应视前方，但忌呆视。眼光要照顾上下左右，做到眼随手转，光兼四射。假如你意欲何方，则眼神先去，身手

孙叔容太极剑势

腿的动作也立即随之而去。

练拳时，要由松入柔、要化刚为柔，积柔成刚，刚复归柔，终至刚柔相济的最高境界。放松是消除拙力，不是目的，而是手段，刚柔相济才是目的。特别要精神集中，用意识来引导动作，方能做到姿势圆满无亏，才能做到动作轻缓、灵活，气敛神专，才能动作匀稳，不丢不散、不僵不滞。

以上的说明，凡是练过太极拳的人都能了解一些、似乎是老生常谈的话，但是对于初学的人，尤其对孙式太极拳练习的人较少，知道孙式太极拳特点的人并不多，所以依然有必要将这些基础的认识再叙述一遍，使初学的人有一些概念，再开始练习还是有帮助的。

太极之道与商道
——在2019年孔子儒商俱乐部年会上的讲话

2019年1月19日，孔子儒商俱乐部商界领袖年会在北京密云汇源农业基地举行。年会以"5G时代——智能·实业·资本"为主题，搭建新的医药、康养、能源、文旅、教育五大板块实业智能发展共同体平台，专门成立了"儒商企业家太极联盟"。

极享——余功保太极演讲录

（2019年1月19日　北京密云汇源基地）

这两天全国各地的很多优秀企业家在这里汇聚一堂，研究经济形势，交流企业运营经验。我刚才听了一些企业家们都在谈论成功的企业运营模式，在这里，我也就此问题谈一点自己的看法。

我们研究古今中外优秀的企业，就是它取得了很大的成功，有很好的效益，并且这种效益持续了相当长的一段有效时间。作为一个成功的企业运营模式，不同的行业，会有不同的特点、不同的模式，因为它有不同的思维和认知方法。但我觉得在所有行业中，无论中外，成功的企业运营模式当中，一个非常重要的、不可或缺的因素，就是企业领导人的健康模式，这是必然要具备的。

企业领导人的健康模式包括三个方面。第一个方面，就是健康的身心状态。他没有一个健康的身心状态，没有充沛的体能，没有充沛的精力去带领这个企业走向成功，他也不可能有效地发挥企业各种资源。第二个方面，就是健康的思维模式。他的思维必须是科学的，必须符合企业的发展规律。他必须有很强的洞察力、应变力，既有宏观的把握，又有微观的、精准的应对，还有具体的、能够落地的措施和方案。第三个方面，就是健康的性情。健康的性情也非常重要，领导人有一种阳光的、积极的、乐观的状态，他就能够团结、凝聚优秀的人才在他的周围，能够充分地发挥这些优秀人才的长处，他能够组织几十人、几百人、上千人共同为这个企业奋斗。企业领导人的性情，是能够影响一个企业的企业精神的重要因素。

这三个方面构建了一个优秀企业领导人的健康模式，没有这个因素，这个企业不

为儒商企业家太极联盟汇源太极馆揭牌

儒商企业家太极联盟活动中太极名家表演

可能取得很大的成功,即使偶然取得了成功,他也不可能带领这个企业走得更远,把这个成功延续下去,或者说如果没有这种健康模式,他甚至有可能以暂时的成功为代价,换来企业落入更大的陷阱。所以,我们企业家的健康模式,是畅通企业运营模式当中不可缺少的一环,这也是商道。

我认为,我们的太极拳,蕴含了中国的太极文化、太极智慧,从理论、思维到实践,有助于一个优秀企业家健康模式的形成,并能够将这种模式与企业的其他方面融合,可以有效提高身心健康水平,优化智慧思维,培养良好性情。

太极拳首先锻造你的身心,由外而内。太极思维是中华文化智慧积淀的灵性运用,是智慧型的思维模式,在练拳中,一举一动、一拳一脚,悟到的是阴阳的变化,阴阳的互根、互转、互生。所谓的阴阳,也是企业兴落盛衰的规律。太极拳在动静相生的状态当中,培养了定、舍、应、合的一系列核心理念、原则和练法,培养一个人良好的感觉和状态,是一种让你更加接近生命本质的状态,更加的安定沉静。所以,建议我们的企业家们,在繁忙的工作之余,多了解了解太极拳,研究研究太极文化、太极理法,不要浅尝辄止、浮在表面看看而已,要真正地沉下去,深入进去、领悟一些太极之道,不管是对个体生命还是对企业的生命健康,都会是有所裨益的。

癸酉孟夏太極同門師生合影

太极拳如何传承？

——在王茂斋纪念文集发行仪式上的讲话

2019年1月20日上午，北京吴式太极拳名家、传人及全国各地吴式传承人代表汇聚一堂，进行春节团拜活动，隆重庆祝、纪念吴式太极大家王茂斋先生文集《泰岳雄峰》出版，同时还举行了太极名家、北京吴式太极拳研究会原会长关振军先生的收徒仪式。《泰岳雄峰——纪念太极拳宗师王茂斋先生文集》由关振军先生主编，历时数年，收录了众多王茂斋支脉传人的研究、记录文章，系统展现了王茂斋的传承体系和风貌。

(2019年1月20日 北京)

今天很高兴来参加咱们这个活动。刚才主持人王乃昭先生介绍了,咱们这个活动包括三个重要内容,一个是《泰岳雄风——纪念王茂斋先生文集》的出版发行,一个是关振军老师的收徒仪式,还有一个就是吴式太极拳的春节团拜会。

刚才听了关振军老师、李杰主任,还有大家的讲话,我脑子里面蹦出来今天活动的一个主题词,就是"传承"。这三个活动都体现了太极拳的传承意义。

"传承"这两个字很普通,但是内涵很深。我们的武术过去说要形成一个系统,

太极拳如何传承？

就要符合一句话叫作"传承有序"。过去我们讲传承有序更多的是指技能上，其实传承有序如果完整来说，应该包括三个方面。

第一个方面是刚才说的功技要一代代传承下去。功技有序就是功夫的形成有一个过程，固化下来更是需要时间、实践的检验，你别学个三两天，自己凭空编，这是误人误己。

第二方面是指文化、理法的传承有序。我们的太极文化源于中华传统文化，这种文化有几千年的历史，包括儒释道，没有博大精深的中华传统文化，就不会诞生太极拳，而一些文化思想、哲学思想又转化、具化成了太极拳理法。这些都是有理有据的，文化、理法也不能凭空随意来说。我们今天出版发行的《泰岳雄风——纪念王茂斋先生文集》就是文化、理法传承体系建设的一个重要体现。刚才关振军先生也介绍了整部书的编写过程，是把全国各地的吴式太极传人的研究成果集中在一起，这本书具有历史的现实意义，对未来的发展也具有重要的借鉴作用。这就是文化、理法的传承。

第三个方面是人才的传承。武术、太极拳师徒一代一代传承下来，把本流派、本体系的精华内容继承好。我和关振军老师认识很多年了，他在太极拳实践和理法上面都有很深的造诣，他今天又收了10名弟子，也是在人才传承上的一种体现。刚才李主任也强调了尊师重道的意义，这里面既有对师长的尊重，也是体现对功夫的尊重，也是对你自己的尊重。你是这个体系当中的一员，将来你是整个功夫体系承上启下的一个环节，是万古流淌功夫大河中的一条小溪、一座岛屿、一泓清泉。所以我们尊师重道，是对自然、对生命、对社会的一种顺达，能够获得共振的能量。同样的，老师也应尊重弟子、学生，因为有人来传承、自己的功夫，这是一种缘分，是大家相互的福分，是你生命价值的一种延续。

所以我常讲，练习太极是一种福分，传习太极是一种缘分。

向健康高寿的拳家取『真经』
——在丁水德先生九十华诞庆典上的演讲

2019年3月22日，丁水德先生及夫人盛淑远女士共同的九十华诞庆典在杭州三立开元名都大酒店隆重举行。来自世界各地的丁水德一脉太极传人数百人汇聚一堂，共同为二老贺寿祝福，共同交流太极拳功夫，研讨太极拳健康的理论和实践。和全国各地众多的武术名家也参加了本次庆祝活动。

丁水德先生师从杨式太极拳大家牛春明，数十年潜心研究、修炼太极功夫，精悟勤练，功力深厚。年届九旬依然身体康健、思维敏捷，拳架工整顺达，劲力充沛、饱满。在庆祝晚会上，丁水德先生众多弟子、学生们表演了太极拳、剑、刀、对练等多种功夫，系统展示了杨式太极丁脉传承的兴旺局面。

极享——余功保太极演讲录

（2019年3月22日 杭州）

尊敬的丁水德、盛淑远二位老师，首先热烈祝贺二位的九十华诞。刚才听了丁一女士热情洋溢、充满感情的致辞，我和在场的所有来宾一样深受感染。我觉得今天这里洋溢着浓浓的中国特色的家的氛围、家的亲情、家的幸福。丁老师培养的众多弟

丁水德太极拳势

向丁水德老师祝寿并颁发"德艺双馨太极拳家"奖

子、学生从全国各地赶来为老师祝寿,包括我们在座的所有的太极爱好者,我们都是太极的一家人。二位老师年届九旬,依然行动矫健、思维敏捷,并且心怀高远,可喜可贺。这不仅是丁家的一大喜事,也是我们太极拳的一大喜事,充分展现了太极拳的健康形象、健康榜样。特别是二位老师都是九十高龄,并且生活和谐美满,这是太极拳幸福生活的一个生动写照。我听说盛淑远女士曾患病体弱,后通过习练太极,显著改善体质,增强了身心健康水平,与丁水德先生一起,幸福快乐、健康长寿,成为为数不多的均年届九旬但依然身心康健的太极夫妇,生动地诠释了太极健康的内涵与魅力。

我和丁水德老师认识很多年,我觉得丁水德老师是一位当代真正的优秀太极拳家。我认为要真正撑得起"优秀太极拳家"的称号,至少要具备三个方面的杰出品质。第一个品质,要有功夫。太极拳是一种武术,武术要凭功夫说话,你没有功夫、没有真功夫、没有深厚的精湛的功夫,就称不上优秀的太极拳家。丁老师师承牛春明先生,几十年满腔热情地倾注在太极拳的研习上,练就了深厚的功夫,从他年届九旬依然到处传拳不已,并且始终保持一种良好的精神状态,以及功夫功架就能看出来他的功夫精湛。第二个品质,要有传承,有再好的功夫,没有传承,不去传播,保守自封,也就辜负了大好的太极功夫。我们看到丁水德老师有家传,他的后人学得很好,也传得很好,丁尔老师、丁岑亮先生都已经在太极拳界具有很大的影响力。丁水德老

极享——余功保太极演讲录

师还在国内外教了很多学生、弟子，以前我就认识一些，这两天又接触一批，觉得他们也正在逐渐发展起来，已经成为丁老师这太极一脉的重要力量。另外，丁老师还创立了"轩德太极"品牌。第三个品质，要有品德。有功夫有传承，但没有品德就立不起来，品德包括品格、品性和品行。品格要高，品性是你的性情修为要好；品行是你的行为举止、言行要一致。丁老师为人谦和，对待同门、对待晚辈和弟子、对待家人很和蔼、厚道，不仅功夫很深厚，而且虚怀若谷。一个太极拳家最大的品格就是无私地、不遗余力地把太极拳向全社会推广，这一方面丁老师做到了。这次来祝贺丁老师九十华诞，也带来一份礼物，我们武术界的三个媒体——世界太极拳网、《武当》杂志、《武魂》杂志设立了一个"中国太极传媒大奖——德艺双馨太极拳家奖"，由我

祖孙三代在世界太极文化节上同台表演

们这三家媒体组织全国的权威人士、媒体界人士定期评选当代优秀的、具有影响力的太极拳家。今年经评委会研究决定,将"2019中国太极传媒大奖——德艺双馨太极拳家奖"授予丁水德老师,在此我代表评委会向丁水德老师颁发获奖证书。

太极拳对人具有巨大的健康价值,体现在理法上、体现在练法上,更体现在榜样上,丁老师就是一个很好的榜样。祝愿丁老师把自己宝贵的经验、体悟传播得更广。也希望丁老师的传人们多下功夫,把丁老师的"太极真经"取到手、练上身,代代传承,广泛传播。值得欣喜的是,这方面的工作已经很有成效,这两天我参观了杭州的轩德太极会馆,和馆里的朋友们做了一些交流,感受到他们的激情和责任心,并且已经有了系统的太极推广规划和有效的行动。也祝愿大家取得更加丰硕的成果。

轩德太极会馆研修室

人民网"人民太极"启动仪式

体医养人 立拳为民
——在人民网"人民太极"频道启动仪式上的演讲

2019年3月31日,"人民太极"平台启动仪式在北京首都师范大学国际报告厅举行。来自国家各部委及地方各部门的领导,全国各大高校、研究机构、医疗机构的专家学者,太极拳界各大流派传承人,以及众多产业界和媒体界人士共近300人出席了活动。

在"人民太极"平台启动仪式上,主题为探讨"体医结合如何助力健康中国"的人民太极论坛备受关注。论坛由人民体育事业部总监彭元主持,人民日报体育部副主任薛原、中国投资协会新兴产业中心常务副主任、中国医体整合联盟常务副秘书长王涛,河北省人社厅工伤康复鉴定委员会副主任王永勃,河北省开滦集团职业病防治院院长么太成和中国国际电视台外籍主持人潘宝儿等嘉宾参加了论坛。余功保应邀在论坛发表演讲。

极享——余功保太极演讲录

（2019年3月31日　首都师范大学国际报告厅）

首先热烈祝贺《人民日报》官方网站人民网上的"人民太极"平台的启动。这是太极拳发展的一件喜事。国家级的媒体平台专门开设太极拳频道，有利于太极拳层次的提高，有利于太极拳推广面的扩大。今天来了很多太极拳的老师，也可以看出大家对这个事情的重视。

我想了一句话，跟今天的主题相吻合，其实也是当代太极拳发展的一个思路或者是一个原则，这句话就是"体医养人，立拳为民"。体医养人，养的这个"人"不仅是人身，还有人心，还有社会。刚才人民太极CEO张欣先生在介绍当中也说了，这些年"太极疗"在太极和医疗康复等方面做了很多工作，为体医结合打下了一个很好的基础。为什么说还要"养社会"？因为社会是由人组成的，人和人之间的关系构成了社会，太极拳还教会我们如何处理人和人之间的各种矛盾，社会各因素之间的矛盾，动态平衡，和谐发展，有利于解决很多社会矛盾。

"立拳为民"，就是我们推广发展太极拳，要以充分服务人民大众、充分发挥太极拳的现代社会价值为着眼点。从中国太极拳长期的发展历史来看，它有不同的阶段。过去是少数人关起门来练，服务于少数人。后来逐渐发展到全社会，发展到当今我们这个时代，太极拳已经是一个融合了文化、体育、科学、医学内涵于一体的形态，"立拳为民"应该是太极拳发展的主旨，所以"人民太极"平台的开通，我觉得也是贯彻这个思想。

当代太极的发展我觉得有三大要素，也是它的三大命脉，就是文化、科学、健康，离开这三点，太极拳就难以发展好。第一个要素，文化，没有文化，太极拳发展

"人民太极"聘请形象大使

就没有高度,所以文化是太极拳发展的翅膀,让它能有广阔的空间,能有高度。第二个要素,科学,太极拳必须是深深地植根于科学的土壤之中,没有科学就没有养料,太极拳这棵大树就长不大。所以刚才咱们讲的体医结合,包括他们介绍的尘肺病的实验,还有很多各界的人这些年来研究太极拳,从科学角度做了很多工作。但是当代太极拳的发展在科学投入上还存在严重不足,这是需要我们大力加强的。第三个要素是健康,健康是太极拳这棵大树上的果实,没有健康,它就没法落地,"立拳为民"就是一句空话,怎么为老百姓服务、为国家服务?就是它一定要能落地。所以,我经常说太极拳的发展要落地、落地、再落地。

我们太极拳这几十年的发展形势很好,在党和国家的重视下,在包括国家体育总局、中国武协、全国武术界、广大民间武术家、传人各个方面的共同努力下,取得了很大的发展,但是在落地方面还有很多问题需要解决,其中重要的一点就是关于太极拳健康课题的落地性。

我们现在也提出"太极拳运动处方",关键还是要细化,要具体化。不能停留在概念上、思路上,要落实到方法上。我们都说太极拳能健身,但它为什么能健身?它的原理性的研究到现在也拿不出几篇过硬的文章来,这会成为太极拳国际化推广当中的一个障碍。还有太极拳讲养生,现在特别强有力的太极养生产品还很少,我觉得我们"人民太极"平台今后在这方面可以多做一些宣传和组织工作。这对我们当代太极拳的发展具有重要的积极意义。

历史是一种刚柔力量
——在南京体育学院的演讲

2019年4月11日，正值南京体育学院武术与艺术学院成立之际，应南京体育学院邀请，世界太极拳网专家团赴体院进行考察、交流。世界太极拳网总编、著名武术文化学者余功保、太极名家李学友、太极名家赵海鑫、青年武术家宋伟及金陵太极会馆创办人刘火财等出席。南京金陵太极会馆的主要负责人、代表张星星、贾文生等一起参加了活动。

南京体院校党委书记朱传耿接待了专家团一行，从历史、布局、作用等方面，亲自向各位太极名师详实介绍了体院刚刚修缮完成的中央体育场国术场，生动展示了民国武术的历史光辉。

专家团与体院领导进行了深入的座谈和交流。校党委副书记、副校长史国生、体育产业与休闲学院院长于翠兰、武术与艺术学院院长支川出席了研讨会。研讨中，专家们一致认为中央体育场国术场在近代武术发展史上具有独特的作用和意义，此处承载着巨大的武术信息量，恢复运用好这一资源，对弘扬优秀武术文化具有重要价值和作用。

考察、交流期间，余功保先生应邀为体院师生进行了太极文化专题讲座。

极享——余功保太极演讲录

（2019年4月11日　南京体院报告厅）

　　谢谢支川院长的介绍，特别感谢南京体院的邀请，今天上午朱传耿书记领我们参观了校园，介绍南京体院的历史，特别是重新修缮的"国术场"，很受教育。南京体院在近百年的中国武术发展史上有特殊的地位，具有丰厚的武术历史、文化底蕴，在

在南京体育学院讲座

参加讲座的嘉宾、老师

新时期能够发挥独特的、巨大的作用。中央国术馆1928年成立,1931年就建成了咱们这个"国术场",它的形状就有文化含义,八个角寓含八卦,斜坡向上,盆地形状,中空外实,寓"刚柔相济"之象,代表了中国武术的形质。武术的发展有几千年的历史,太极拳也有数百年历史,历史发展给武术锻造了一股气,这股气是洋溢在中国社会的各个层面、各个角落、各种人群中的,这股气就是中华文化的"刚柔力量",有了这股气,中国人能坚强、昂扬,遇强不怯、遇弱不欺,以天下为己任,以家国为情怀,尊重生命,和谐自然。中国人练不练武,都受到武术这股气的贯注,习武者更应将其发扬光大。

很多人练了多年太极拳,其实并没有完全弄明白太极拳的功用究竟是什么,只是了解和发挥了一些局部作用。广阔一点说,太极拳的社会价值发挥得并不彻底、全面。我们大学生应该立意要高,因为我们要更专业,也应担负着更多的责任。所以我在大学里讲课时经常强调一个内容,就是要透彻认识了解太极拳的结构和功能。太极拳的作用从小的方面说,是对人的生命质量的改善,对人心性环境的"绿化"。从大的方面说,是对中国优秀传统文化体系的"护航",是对中国社会价值体系的润滑。所以练太极练的是人心、人性。不这么去认识太极拳,就不能高效能地发挥太极拳的

参加海峡两岸交流大会的专家学者在"中央体育场"前

"刚柔力量"。所以认识太极拳，要从高度、厚度和深度这三个方面去细细领悟。

太极拳是一门实践科学，要研究到位、准确，必须亲身练一练，如果研究太极拳时不去练，就不可能研究好太极拳。太极拳以人体为实验对象，没有亲身体验，就对太极拳中的一些术语、一些原则、一些理法理解不了。很多拳论是给练到一定层次的人看的，否则会产生歧义。所以我们大学的学生、老师，不管你是教学还是从事理论研究，都要亲身练，而且要下功夫练出东西来。人体是一个小宇宙，外界是一个大宇宙，天人合一，你静下心练一练，感受一下自己的身体跟外部的这种感应，进不去是体会不到的。有些哲学家练了静坐以后说，静坐中学问很大。这是我给大家的一个提议，要认真练一练太极拳。

中国哲学的核心就是太极的思维，不管是儒释道还是兵法、医学当中都是贯穿着太极思维。太极思维就是阴阳辨证，就是一个整体观。在人的修养、国家的治理、艺术的美学上面都体现出这种思维的元素，太极拳是这种思维的生动体现。所以研究太极拳要基于这种认识，要站到这个层面上来认识，当然我们不能要求所有人都在这个层面上来看待太极拳，因为有些人就是为了健身，如睡眠不好，通过练太极拳增强一下神经的稳定性，可以有助于睡眠；有的人高血压，练一练，血压就降一下，所以不需要去理解太高深的理论。我们不要求所有人都要达到那个层次，但是我们要尽量普及推广太极文化，让大家知道远处有一座山，不一定人人都攀上去，但你一定要知道那座山在那儿，山周围的环境、这座山的地貌地质特点是什么样的。那就是中国文化的一座高峰——太极拳。原国家体委主任伍绍祖先生对太极拳接触很多，他说中国太极拳与西方体育相比，有更多的精神内涵，讲究更多的文化性。

练太极拳，不同练法效果不一样。我觉得太极拳要重点练三个字，第一个练"形"，第二个练"气"，第三个练"心"。不管练太极拳时间的长短、水平的高低，都应该贯穿这三个字。不是说第一个层次是"形"比较低，第二个层次"气"比较高，"心"更高，不是这样的，是每个层次、每一个节点上都应该贯穿这三个字，都应该有"形"、有"气"、有"心"的东西。

第一个练"形"，练的是柔和、柔顺。我们中国古代的养生思想最早的时候提出来叫"导气令和，引体至柔"。最早的导引术，从汉代以前的两禽戏、三禽戏，到汉代发展成熟的五禽戏，包括马王堆的导引术，以至于后来太极拳的产生，也是受了导引术的一些影响，吸收了其中的养分，所以太极拳的第一步就练"形"。太极拳的

"形",有它自身的特点,最突出的两大特点,一个是柔,另一个是圆。柔,就是引体至柔,柔能解除人的紧张点,把形体上的紧张点解除了,再进一步解除精神的紧张点,就能让气流通起来。人的形、气、心是融为一体的,第一步先要解决"形"的问题,入门老师教你的每个动作,一定要练准确。很多人走两个极端,一个极端就是练太极拳只练一些架子,没有内功,没有内意。另一个极端就是重视内功,孤立看待内功,把内与外割裂开来,忽视、贬低这个"形"。"形"是安放你的"气"、安放你的"心","形"就像我们搞建筑的水管子,你把这个管子的形塑造好了,不管里边通的是水、是油,是什么都能通,如果这个"形"已经歪七扭八了,什么都不会畅通。所以练太极拳第一步一定要调好"形",不然你就没法往下进行。就像一棵树,最后我们摘的是果实,但是根和树干都非常重要。

第二个练"气",要达到两个方面,手上有气感、体内有气脉。我们的中医有很多对气的论述,主要是指内在的气脉,在你身上周流的气,跟经络、穴位、脏腑结合的。比如有营气、卫气、脏气等,太极拳传统内功里讲究气脉贯穿你的整个身体,它

2019 海峡两岸武术交流大会会场

参加海峡两岸武术交流大会部分名家

是经络的组成部分,经络里运转着的就是我们的气。另外,形体上的气感,包括手上但不限于手上,这种气感也很重要,拳势一动,身上就有气感。比如白鹤亮翅,双手一张开,脚下虚实移动,有没有气?初级的,手来回地动,有拉扯感,有呼应感。高级一些的,手这么一动,你的心脏是有感觉的,我们的手指是连着心经的。十二经脉通过手足阴阳表里经的连接,构成了一个周而复始、循环相顾的整体,四肢与全身经络相通,外动能够牵引内动的。所以四肢有气,必然促进脏腑内气。

第三个练"心",其实更准确地说是"养心"。太极拳慢练、静练,就是能有助于更好地养心。养心首先让意不躁、不断,然后培养强大的心性,客观真实的心境。中国古代有一句话叫作"相由心生",通过练拳可以改变气质。什么是拳的气质?就是刚柔相济的气质,就是能文能武的宽容度。武术家的气质绝不是张牙舞爪、横着膀子的强横,而是有一颗坚强、沉着的心。练拳到了一定的程度,一定会让你更加充实、更加沉稳。你懂得引进落空、懂得以柔克刚、懂得后发先至你就会沉稳,面对一件事情不慌张、不乱,对一个很复杂的格局能够不破局。

刚才说的气脉、气质是在身心里面的,气度是散在外边的,它弥漫在外,影响你周围的气场,是跟人和人之间有关系的。气质和气脉,可以称为"体",气度就属于

"用",是要跟别人有交往、有呼应的。太极你来我往叫应对,太极拳的功夫就是应对的功夫。气度是在应对这个层面上的一种内功的东西,它不是技术,是一种战略层面的东西,太极拳要练到有气场、有气度。我通常还讲"气象"。气象就是一种很宏大的东西,一个人如果练拳到了有气象这个层面,一般都是很了不起的,很少有人能达到。一定是文武兼备,具有武学智慧的,是一种文化感,武术练得火气全无、火气褪尽。书法也是这样,中国艺术都是这样,看一幅书法作品,不是说剑拔弩张就豪放,到神品的境界叫火气全无,像《兰亭序》,像弘一法师晚年作品,返璞归真,绚烂之极归于平淡,属于练到、练通、练透了,才有了博大气象。

太极练到了一定的程度,功夫在拳外,是一种综合修养的反映,养的是气,一些能够养气的方式,都可以吸收到太极拳修为中来。在座的宋伟先生他有体会,他是个武痴,练拳很下功夫,最近他抄经,他把抄的《心经》《金刚经》拿给我看,很认真地抄。抄经跟拳没有直接关系,但是跟他练拳就发生了关系,通过抄经,他觉得心静了,气静了,练拳有了一些顿悟的东西,这就是功夫在拳外。拳论说"拳者,权也","权"就是取衡之意,最低消耗。"权"也是不偏不倚,所谓"中正",中正就能安舒,就是用最少的能量消耗,得到充沛的生命活力。

要研习好太极拳,中国文化的几大经典是必读的,但不是要求所有人,至少我们体院的学生、研究专业的人,要读《道德经》《易经》《黄帝内经》《孙子兵法》等,这是修心的必须。在修心这个层面,要让心端正,这包括两个方面,第一个把它放正,这是"体",还有一个"用",因为心不是死水一潭,不是不起波澜的,一定是在不断变化的,"正"的一个更加深刻的含义,就是你的中正,是一种动态的自我修复和回归功能,心总是在波动,一定有喜怒哀乐,但是波动以后你得能拉得回来。

昨天我们在金陵太极会馆交流的时候刘火财先生对我说,他们在用太极研究抑郁症的问题。抑郁症包括很多因素,它就是人的精神、心理行偏了,超出弹性系数,拉不回来,就是偏离了这个"正"。太极拳的修心教给大家一种自我心境的修复方法。所以我觉得太极拳可以定义为一种自我心境的修复方法。

太极拳的修心是通过具体技术来实现的。比如一个"如封似闭"推出去以后,一个"野马分鬃"分出去以后,不能太远,太远你拉不回来,任何时候都是随曲就伸,都是保持弧形,掌推出以后不能僵化了,一定要有内涵的,哪怕外形是张开的,内涵的气不能散出去,所以太极拳处处是圆。太极拳里有个词叫"乱环诀",乱环诀说两

海峡两岸武术交流大会开幕式

个东西,一个是"乱",一个是"环",怎么乱都没关系,你自己总有乱的时候、乱的状态,外在环境也会乱,但是要始终保持着一个"环",这个"环"就是一个圆融的东西。

所以太极拳是什么?是给你展现一个圆融的人生。我们在三亚连续举办了三届世界太极文化节,我记得在第一届太极文化节开幕式致辞当中我说了一句话"祝贺大家此生与太极结缘",研习太极是一个值得祝贺的事,因为你获得了一种给生命注入能量的方式,当然实现这些能量和内涵是需要一步一步、一招一式地去练习的。

文武融彰：赵斌太极文化与武学贡献

——在西安永年杨式太极拳学会成立三十五周年庆典上的演讲

"陕西太极文化节"作为陕西一个重要的传统武术文化品牌活动，2018年在铜川成功举行了首届，产生了积极广泛的影响。2019年4月12—15日，在渭南又隆重举行了第二届，规模盛大，海内外参加人数达3000人，各流派数十位太极名家出席。文化节期间，举行了"西安永年杨式太极拳学会成立三十五周年纪念庆典"以及"太极名家高峰论坛"。余功保应邀主持论坛活动，并发表纪念赵斌先生的演讲。

极享——余功保太极演讲录

（2019年4月13日　陕西渭南）

今天在"2019陕西太极文化节"期间，举行西安永年杨式太极拳学会成立三十五周年纪念庆典，也正值太极大家赵斌先生诞辰一百一十三周年。应学会邀请，让我来主持这个论坛，我感觉非常荣幸。

以前，我就看过一些赵斌先生的书、图片，也接触了不少赵斌先生的门人弟子。这次开这个会，我又系统看了一些相关资料，感触更深。也借此机会，谈一点我对赵斌先生太极武学的认识。

一、文武相益——赵斌太极人生

赵斌为杨门嫡亲，原名赵武，后改名赵斌，名副其实，印证了他的一生。我认为赵斌先生的太极生涯，基本上分为五个阶段。

第一个阶段：少年播种。

少年时曾在杨家生活，还随杨澄甫一家一起居住，受到熏陶、指点，后来上小学，成为郝为真的学生。在他早期记忆中，太极拳占据了相当大的部分，这时候，有了对太极拳直接的体会和情感，起步早，入手高，大家风范融汇成他心底的激情。

这颗少年时种下的种子，后来发芽生长成为太极华茂栋梁。

第二个阶段：军旅尚武。

赵斌先生投笔从戎是他一生重要的经历，对于他人生整体风格、风范的形成具有突出的影响作用。从16岁离家从军，经过黄埔军校学习，至任职于浙江省政府，这段经历虽然不是专业习武，但军旅的豪气纵横，锻造了他刚柔相济的性情和强大的行动

主持论坛活动

能力。

这段时间，他接触社会视角更广，层次更丰富，对社会和人性的了解更透彻，这为他后来充分运用太极拳服务社会，立体化拓展，积累了能力资源和过硬素质。

在黄埔军校的学习，培养了他文武兼备的融通素质，由刚入柔，人生向"太极态"迈出重要一步。

第三个阶段：从学宗师。

1929年，杨澄甫到浙江省国术馆主持教学工作，给赵斌学习太极拳带来了历史性机遇。这个机遇看似偶然，实则水到渠成，花开见性。

此时，赵斌实现了对太极拳的全面、系统精修，与杨澄甫朝夕相处，在西湖边每日练习，亲情加拳情，"三潭映月"见证了一段太极拳的亲族薪火相传。这是赵斌先生一生中最重要的太极拳心悟传承，为其后他的太极拳修为奠定了坚实基础。

1934年离开浙江到军队任职后，赵斌先生也始终坚持不断地研习太极拳，不断深化功夫体验与境界。

第四个阶段：传拳育人。

赵斌先生退出军界后，定居西安。新中国成立后，赵斌先生被国家安排工作。他同时开始传授太极拳功夫，后来索性辞职，全身心推广太极拳。这段时间可称为自由传拳阶段。

陕西太极文化节名家论坛现场

至此,他把正宗杨式太极拳带到西北,在西北大地播种、生根、繁衍,形成生机勃勃的局面。

第五个阶段:系统发展。

以1984年成立"西安永年杨氏太极拳学会"为标志,赵斌先生所推动的太极拳发展进入系统化阶段,其推广的速度、广度和深度也实现历史性的突破,形成他推广太极拳最为重要的历史阶段。这段时间,不仅是在西北,而且在全国太极拳界也开创了一些具有典范性的举措。

这段时间可称为系统发展太极拳阶段。

以上五大阶段,构成了赵斌完整的太极拳体系,创新了思维和理念,为太极拳的发展作出了不可替代的重要贡献。

二、正脉正法——赵斌太极理念与功技

赵斌先生注重太极拳的继承和总结,他给我们留下了一系列的太极拳拳照,还有部分的练拳视频。从这些拳照和视频当中,我们可以感受到赵斌先生太极拳功技理法的特点风格。他还留下一本重要的著作——《杨氏太极拳正宗》,比较全面系统地反映了赵斌太极拳体系的特点。这其中,赵幼斌先生、路迪民先生也为这本书的问世作出了重要的贡献。

赵斌太极拳三大理念：

1. 太极拳是一种家国情怀

太极拳是一种家国情怀，这是赵斌对于太极拳概念、太极拳定位的一种认识。这与他的经历、性情、人生理念相关。太极拳对于他而言，不仅是一种简单的技术，实际上是他人生过程的一种具体生命形态。他是通过这种技术来呈现他对于家国情怀的深刻理解和充分抒发，并且通过太极拳的研习和传播，实现他对家国的责任、家国的功能和个人对于家国价值的愿望。这使得他对太极拳从一招一式的技术形态上升到一种人生形态。在他的理念里，太极拳是一种历史文化和价值伦理的综合体，这是他太极拳实践的一个基本出发点，是基于他对太极的认识和情感。

2. 修拳、修功、修心三位一体

赵斌先生太极理念的第二个方面就是修拳、修功、修心三位一体，这三位一体的核心是修人。

赵斌先生认为修拳是一种手段，修功是对练拳的功夫提升和境界深化，修心就是要使人拳合一。在练拳的过程中要做好人，人品跟拳品是紧密相连的，所以他在西安永年杨式太极拳学会提出了"恒专不骄"四个字，就是对人品的、规矩的要求，也是拳学境界的一种体现。

2019年陕西太极文化节会场

赵斌先生太极实践的一生，也是他不断修内心、安放内心的过程。他把练拳跟做人和服务于社会相结合。无论是过去的投笔从戎还是以良知退出军界，终身致力于传播太极拳，他的练拳和传拳的过程实际上是对于内心、对于人生的一种修持的过程。做好人才能练好拳，在他的拳学实践和他的理法当中，实现了高度的统一。

3. 坚守与拓展并行

赵斌先生理念的第三个方面就是坚守与拓展并行。他对传统有近乎苛刻的要求，要求弟子们继承学习杨澄甫先生传下来的太极拳不能走样，不能随意修改。只有坚守传统这个"根"，当代太极拳才能够枝繁叶茂。同时对于太极拳的发展，他又采取了开放的、积极拓展的态度。他利用自身黄埔军校的社会资源优势联络、促成、组织了首届海峡两岸太极拳的交流活动，在当时成为太极拳的一大盛事，为中华文化的同根、同源、同宗做出了太极拳最为生动的注解。

他积极组织倡导太极拳的活动，不拘门派，团结太极同仁。他广泛传授弟子，学生传人遍布全国各地，遍布各个民族，遍布各个层次、各个领域，形成了赵斌一脉兴旺发达、枝繁叶茂的格局。这种理念是西安永年杨式太极拳学会三十五年来的核心思

参加论坛演讲的名家嘉宾

维，如今依然被坚守着。本次活动就是这种坚守与拓展的践行。

4. 体用养和

体用养和，这是赵斌太极拳的发展观。太极拳是"体"，服务于社会、服务于大众是"用"。只有体用结合，太极拳才能真正实现它的价值和功能。所以他十分注重太极拳用之于社会。对于太极拳的社会化传播他有着坚定的信念和执着的追求。他大力倡导太极拳的实用价值观和科学观，让太极拳真正为习练者造福，为大众的身心健康造福。在他的弟子学生中出现了一批通过太极拳得到身心改善、使生活质量和生命境界得到大

赵斌先生拳照

幅提升的弟子，例如扎西等人就是这方面优秀的代表。他强调养气，强调和顺，紧紧抓住太极拳用之于生命个体和社会结构这个最大的"用"。所以在他的太极拳讲学传授、发展中，不慕虚荣，不尚浮华，踏实认真，接地气。

赵斌太极拳架、功架特点：

1. 质朴沉和

赵斌先生的动作保留了传统杨式太极拳的古朴和典雅，具有立体的质感，力戒虚浮，具有沉着、稳定的综合特质。间架结构、拳架结构呼应有序，收放之中回环往复，处处相依。

2. 法度端严

在赵斌先生的行拳当中，动作虽然古朴，但是一动皆有法度，如同书法没有废笔，一动皆是规矩。每一拳一掌皆有明确的出处。这就是"讲规矩"。讲规矩来源于他对于传统的坚守。在他的理念当中，练拳要有对传统的敬畏、对规矩的敬畏。在他的拳学理论和实践当中，传统不是一个空泛的概念，而是具体落实在拳架、拳功上和教拳过程当中的一种具体实践，这与他从小浸染在太极拳的传统家庭当中有关。

3. 张弛有度

无论太极拳的开合进退，从赵斌先生的拳功拳架当中，我们可以感受到张弛的空

间和韵律。动作开展时，疏可走马，又有边界余地，所谓"我守我疆"。纵放时气势昂扬，外展顺达，又自然和畅，不散漫、不懈怠，在自然而然中保持着饱满与圆润。

4. 畅蕴透达

赵斌先生的拳架流畅内敛，不着火气。每一招式都体现出传统杨式太极拳的谦和与厚重，在行云流水中又力透梢节，全身在不经意间展现出四通八达的辽阔与顺遂。

5. 中正以灵

能"中正"才能变化。杨式太极拳以中正为核心要领，只有真正实现了中正，才能有不偏不倚，才能有自由发挥的空间。初看赵斌先生拳架并无华丽的运转和炫目的光彩，但细细品味，渐至空灵之境，则体悟舒展自由之妙。

三、拳心拳道——赵斌太极文化与武学贡献

赵斌先生太极文化与武学贡献，概括起来，突出体现在以下四个方面。

1. 填补空白

赵斌先生数十年耕耘在西北这片热土上。自退出军界定居西安，一直到他逝世，他以杨家亲族身份，把正宗杨式太极拳在西北推广开来，成为西北杨式太极拳的奠基者和拓展者，填补了陕西等地杨式太极拳发展的一个空白。而他的传人们不懈地长期耕耘，使得西北杨式太极拳成为杨式太极拳全球化发展体系当中的一个重镇，并且由此辐射发展，如今已经在全球各地广泛传播，在填补世界各地发展的一个个空白。

赵亮先生在论坛上发言

2. 捍卫传统

赵斌先生是一位传统的坚定继承者和守护者。他出生于传统的杨氏宗亲家庭，受到正宗传统杨式太极拳的熏陶，对于传统太极拳有着深刻的认识和体验，对于真正的太极传统有着准确的定位和把握，所以也就更加珍惜和执着地固守传统太极的内核。他在传拳和社会化推广活动当中，把传统作为一个压舱石来进行发展，一切的演化和衍生都是在传统基础上的拓展。曾经在体委进行传统太极拳的研究当中，要寻找优秀的传统杨式太极拳家代表，就有专家特别推荐赵斌先生，体现了他捍卫传统的成果和影响力。

3. 开放思维

开放思维是赵斌太极文化与武学的一大特色和贡献。正是因为有着深厚的传统底蕴，所以就有着真正的太极拳学自信，在太极拳的发展方式和形态方面，往往破除陈规，不拘形式。无论是在西安永年杨式太极拳学会成立和运作过程中，还是组织的各种太极拳活动，他都有着开放的思维，因此也就具有广阔的胸怀。他大力支持邯郸永年杨式太极拳发源地的各项工作，还在高龄时候亲赴永年，奔波呼吁，并且出力出钱出资源，将杨式太极拳作为一个整体推进。多年来，在他这种开放性思维的引领下，西安永年杨式太极拳协会承办和举办了多项大型杨式太极拳国际化交流活动，使得西安成为杨式太极拳最具代表性的开放城市。他们还广泛参与世界各地的太极拳活动，积极支持兄弟拳脉的发展，为杨式太极拳的发展注入了一股清流，成为杨式太极拳宏伟大厦中的重要支柱之一。

4. 彰荣体系

赵斌先生在他几十年的太极拳武学生涯当中，通过他的拳功拳技和他的理念以及传承，构建了赵斌太极拳学体系。

这个拳学体系融汇了传统杨式太极拳的文化特点，也吸收了秦川大地历史文化的养料，体现了赵斌先生丰富的人生阅历和他对拳学的独特理解。通过他的众多优秀传人们的不断发展丰富，形成了独具特色的赵斌杨式太极拳体系，概括起来具有以下四方面突出的特点：

第一，谦和蕴藉。不虚妄、不张狂，以踏实行拳养谦和之气，以沉着流畅展现蕴藉内涵。

第二，中正大度。赵斌太极拳体系的理法，以中正为本，正心正拳，以全流派与全

赵幼斌老师因对当代太极的突出贡献获得"太极传媒大奖"

域化的眼光来看待太极,行拳以中正为本。其优秀传人们也突出地继承了这些特点。

第三,纯净不拘。他始终保持着传统杨式太极拳的净化,不含杂质、不掺杂质。当代太极拳的发展环境复杂,良莠不齐,赵斌太极体系则始终坚持一种自身的雅洁,不拘谨、不拘泥,是一股流动着的、纯净的太极"泉"水。

第四,理技兼修。赵斌先生本人具有很好的文化修养和军事武学修养。他十分重视理法的研究,他教导弟子们必须得理法兼修,认为只有理论通透才能技术高妙,所以他的众多优秀传人在太极拳的理法研究上都取得了突出成果。他们在全国各类报刊、各种专业性刊物和网络上,在各类世界性、全国性的太极拳论坛和研讨会上,都有精彩的表现,体现了技理兼修的全面性修为。

赵斌先生作为20世纪一位具有广泛影响的太极拳家,他实现了三大"统一",即拳与人生的统一、文武之道的统一、体和用的统一。他曾经并将继续在当代太极拳发展上发挥着独特的、重要的影响力。

太极名家参观赵幼斌的西安拳馆

技击是太极的灵魂

——在『太极英雄擂』研讨会上的讲话

为全面推进传统太极拳的发展，激发太极拳活力，丰富太极发展形态，三亚南山世界太极文化节组委会于2019年创办"太极志——太极英雄擂"赛事。为办好比赛，于2019年4月邀请太极推手各方面相关专家在三亚南山景区召开"太极英雄擂"研讨会。对比赛规则、赛事特点、赛事运营、太极推广等方面进行研讨。2019年7—10月，"太极英雄擂"系列大赛分别在海南三亚天涯海角景区、蜈支洲岛景区和南山景区成功举行，引起海内外武术界广泛关注。

极享——余功保太极演讲录

（2019年4月28日　三亚南山景区）

各位专家大家好。

我们计划于今年6月26日在北京举行"太极志——太极英雄擂"赛事发布会，正式启动这个太极对抗性赛事项目。多年来我们一直十分重视、关注、开展太极拳技击属性和搏击对抗性项目，并进行了多方面的努力推动，"太极志——太极英雄擂"是我们的一项具体举措。

"太极英雄擂"研讨会

技击是太极的灵魂

"太极英雄擂"北京发布会

技击是太极拳的本质属性，作为一个武术拳种，如果失去了技击属性，太极拳就没有了立身之所。如果我们不关注、不注重技击属性，对太极拳的理解就会片面化，其中的很多要领就得不到真正的领会，拳势的精气神就落实不到位。所以，技击属性是太极拳的灵魂，这不是一句战略性的表述，而是练好太极拳必须的要求，是一种技术性要求。

太极推手是训练太极拳技击的常规手段，也是最简便、最有效的手段。通过推手，可以更快、更透彻地知劲、懂劲。推手不仅是训练太极拳的"用"，也是锻造太极拳的"体"，你即使不上擂台，不使用技击功能，仅就练好套路而言，推手也是很有益的，是练拳的"催化剂"。所以习练太极拳最好是了解一点推手，有条件还可以练一练推手。

太极推手是一个十分复杂的比赛项目。作为一项比赛，必须符合现代体育竞赛规律，不同于师兄弟们之间的"切磋"，也不同于街头的打斗，而是正规的体育竞技，要有观赏性、安全性，还要有风格特点。太极推手是太极的韵味、太极的技术。太极推手比赛项目开展了几十年，有成功，也有很多经验需要总结。

我们开这次研讨会就是为了开展好"太极志——太极英雄擂"这个推手比赛项目而进行的准备工作。这次参会的有各流派太极名家，有获得多次全国推手冠军的运动员，有经验丰富的太极推手裁判人员，有很成功的体育赛事运营者，希望大家为搞好太极推手这个项目畅所欲言。我认为特别重要的一点，就是一定要体现出太极的技术、太极的风格。为此，可以在规则上加以鼓励和引导，哪怕我们起步慢一点，但方向一定要对。

"太极英雄擂"天涯海角擂主大赛

技击是太极的灵魂

"太极英雄擂"南山总决赛

"太极英雄擂"蜈支洲岛擂主大赛

米兰国际太极拳论坛名家、嘉宾

太极拳的灵性与涵养

——在米兰国际太极拳论坛上的演讲

2019年5月，第三届国际太极拳论坛活动在意大利米兰的美丽风情小镇萨尔维诺隆重举行。本次论坛活动由太极拳名家杨军先生发起，杨式太极拳基金会主办。论坛倡导"健康、文化、学术"的核心要旨，以"融合、发展"为理念，邀请了几大太极拳流派的代表性人物陈正雷、杨军、吴光宇、钟振山、孙永田、和有禄等出席，进行讲座、辅导，来自多个国家各个领域的科学家进行研究成果报告。由于其开放性的思维和格局，在国际太极拳界产生了重要影响。

极享——余功保太极演讲录

（2019年5月25日　意大利萨尔维诺）

大家下午好。

非常高兴应邀到咱们这个论坛来跟大家分享关于中国太极拳的文化和科学。我首先跟大家分享两个关于太极拳文化和科学的小故事。中国是一个礼仪之邦，讲究"礼"的文化，其中的表现之一就是"礼尚往来"，送礼是中国人很讲究的一种形式，也是一门学问。来参加这个会，我就想给杨军先生和方虹女士带一个礼物，送什么礼物呢？我们是科学论坛，既要有科学的含义，又要有文化的味道，最好跟太极拳还要有些关联。后来我想了半天，选定了一种礼物。我想他们搞这个活动很辛苦，现在又是夏季，一定会出很多汗，我就选了一种手帕，能擦汗的手帕。我这个手帕有一个非常美的名字，叫"草木染"。

这一方手帕里学问很大，它是取自中国古老的手艺"草木染"，不用化学染布，而是用植物的枝叶提取成汁来染布。不同的季节，穿不同植物染的布，中国古人把这叫作"穿药衣"。为什么是药衣呢？因为不同的季节，植物有不同的药用，比如夏季用金银花染布，此物可以很好地清热解毒，穿戴在身上防暑；用柿子染的布，降气除燥等。以此中国古人实现"天地万物皆为我所备"。

中国人自古讲究和天地相合，中国人的生命艺术和生命科学就是与天地相合的艺术，中国人的人生最高境界乃"天人合一"。千年经典《黄帝阴符经》中有一句话："观天之道，执天之行，尽矣。"什么意思呢？许多外国朋友觉得中国文化博大精深，很复杂，其实中国老祖宗告诉我们，中国文化就这八个字"观天之道，执天之行"，

太极拳的灵性与涵养

参加论坛的嘉宾和代表

极享——余功保太极演讲录

余功保先生在论坛开幕式致辞

你做到了，就"尽矣"。那么这个"道"是什么？就是今天我要讲的"一阴一阳为之道"，就是"太极"。

中国古文明有一个很显著、很独特的现象，就是文化和科学是合二为一的，是融合在一起的，这点很奇妙。"草木染"是这样，太极拳也是这样。

我跟大家分享的第二个故事，是中国历史上一次非常有名的关于生命和自然的辩论会。

800多年以前，在中国江西信州，今天上饶市的铅山县，一个名为鹅湖寺的地方举行了一次鹅湖会。这在中国哲学史上是很有名的一次辩论会，当时中国最有学问的一批人集中在一起，讨论关于人和生命和宇宙的观点，就像今天我们这些人集中在萨尔维诺研究太极拳一样，大家怀揣着对人的生命深层结构和规律的探讨意愿而来。

当时这些最有名的学问人主要分成了两大派，一派的代表人物是朱熹，另一派的代表人物是陆九龄、陆九渊兄弟两个人。这个"鹅湖会"的基本目的是想"会归于一"，也就是希望能取得统一的观点，但是这两派的观点是截然相反的。朱熹强调的观点叫作"格物致知"，就是研究、用功于事物，深入探究事物之理，通过对事物的透彻研究、推致达到对规律的把握。陆氏兄弟则强调"心即理"，主张"发明本心""心外无理"。认为心明了，就可以通晓万物之理，陆九渊他们还创立了后来在中国影响很深远的一个学派叫"心学"，它的一个重要思想就是"心外无物"，即宇宙万事万物的规律，都是由我们的心映射和反映出来的。

这场辩论的结果是谁也没说服谁，但这两种观点对后来的中国太极拳理论和技术体系的发展都产生了重大的影响。练习太极拳需要反复不断对拳架、拳功下功夫，不断打磨，才能悟得太极之法、太极之妙、太极的深层规律，这叫"格拳致知"。朱熹的观点叫"格物"，在太极拳上就是"格拳"，用这个对应太极拳来讲，就是你首先要了解太极拳的基本技术，要练好拳，从太极拳当中去悟关于生命、关于自然的道理。

而陆氏兄弟的"心学"在太极拳理法中也得到充分体现。太极拳讲究心法，有的

各太极拳流派代表性人物表演

论坛嘉宾在开幕式前合影

太极拳家讲究"拳外无物",心悟才能拳知,就是你首先要用心去了解太极拳,然后你才能练好它。肢体以外的这些动作技术是次一级的,首先要获得太极心法,要用心去感知拳,而不是简单局限在肢体动作上。

这两种观点在太极拳理法技术体系中长期并存,也是太极一阴一阳的两个方面。从两个角度理解中国太极拳的理论技术、文化和科学,才可能有一个比较完整的体会。

那什么是太极拳呢?结合这两个方面并把它融合在一起,我们得出来一个结论,就是太极拳是打通人的内心与自然宇宙的联系、感应的通道。

我今天演讲的题目叫"太极拳的灵性和涵养"。灵性,就是人通过练拳跟自然沟通的一种能力;涵养,就是通过练太极拳,提高自身修为、修养、生命境界的一种能力。

刚才做科学报告的那位女科学家在演讲当中提了一个问题,什么是气?我在这里给出一种可以参考的观点,太极拳中修炼的"气"就是关于人体和自然的一种能量运行的载体和通道。我们通过练习太极拳,每个拳架的动作,如果你练习的要领正确,你就能够很真切地感受到这种"气"。我相信很多人都有这种感受到"气"的经历。

太极拳归纳起来说,核心就干三件事。

第一件事是感知自我。现代社会各种人际关系复杂,很多人失去了感知自我的意识和能力。所以第一件重要的事就是要找到自我,"我在这里"!通过练太极拳,可以真真切切地感受到自己身心的存在。太极拳能帮助现代社会的每一个人找到自己的精神家园,找到一个安放心的归宿。

第二件事是认识自我。找到了自我,"我"在这里了,但是很多人对自己并不了解,不了解"我"的需求,不了解"我"疾病产生的原因,不了解"我"健康的根源,不了解"我"为什么快乐、为什么烦恼、为什么烦躁和愤怒、为什么很多能力发挥不出来?这就应该对你的自我身心结构有一个透彻的认识。认识的关键是了解身心的平衡和不平衡因素,这就要了解生命的阴阳之道,太极拳能起到一种重要的"通道"作用。

第三件事就是改善自我。了解了"我"的结构了,还要建立一种良性的变化趋势。就是对原有的结构进行改善,使之更加优化,让我们的生存更有方法,让生活更有品味,让我们的生命更有境界。

米兰国际太极拳论坛活动盛况

所以在上述三种过程中,太极拳作用巨大。太极拳不仅能帮助你建立一种合理的身体运动结构,更能帮助你建立一种科学的心理支撑结构。通过练习太极拳,修炼出一个强大的、自知的、自尊的、自信的、自强的生命状态和境界。

太极国学赋

——在第二届昆明太极思享会上的演讲

2019年7月1—3日，第二届太极思享会在昆明成功举办。作为世界太极拳网创办的一个优质太极文化品牌，秉行着"以文化引领太极拳，以传承推动传播"的主题思想，倡导以"文化"为核心理念，坚持中华优秀传统文化的价值传播，使太极拳传统文化得到更好的传承与弘扬。此次活动作为三亚南山第四届世界太极文化旅游节的分项内容，共有6个国家和地区的100余位太极名家、知名学者参加，设置了开幕式、太极名家表演、太极健康学术交流、太极名师大讲堂、太极名家进社区、虚宁太极论坛、衡芷院太极国学雅集等活动，结合云南特有的绿色生态、全域旅游和健康养生资源，旨在促进世界太极文化的发展、交流、进步，营造良好的传统文化发展、创新氛围，真正实现优秀中华文化的价值传播。活动期间，还举行了为期三天的世界太极文化巡展。太极国学雅集中，众多优秀的传统文化传承者带来了茶道、香道、书画、禅舞、健身气功等精彩演绎。本次活动由三亚南山第四届世界太极文化旅游节组委会主办，云南盛和大健康承办。

极享——余功保太极演讲录

（2019年7月1日　昆明盛和大健康）

特别感谢李学友老师为太极思享会成功举办作出的重要贡献。第一届的时候，李老师就和我沟通，计划举办一个文化性强的高层次的太极拳活动，当时我们确定下来"太极思享会"这么一个定位。2016年在昆明，首届举行得很成功，在国内外太极拳界产生了广泛影响，今年还是在昆明继续举办第二届，得到了大家的积极响应，在此也向国内外的各位嘉宾、向本次活动的承办者云南昆明盛和大健康表示感谢。

与一般的太极拳交流比赛不一样，"太极思享会"每次参加人数虽然不多，但凝

开幕式会场

聚和发挥的能量很大。我们强调太极"思"之力量、"享"之能量、"学"之根脉、"雅"之格调，形成了独具一格的特色。它不是一般的活动，是一次太极文化的践行与彰显。"太极思享会"以太极技术为基础，以太极文化为核心内容，以直指人心的质朴与深刻，张扬激动人心的热情，蕴含悠融博大的蕴藉。为了表达这种理念，也是为了祝贺、纪念这次活动，我专门写了一篇《太极国学雅集赋》，在这里给大家介绍一下，并简单做几点解说。

演讲解说《太极国学雅集赋》

《太极国学雅集赋》全文如下：

　　岁在己亥，圆荷初芳。有高人名彦，五十贤达，姿仪斌悦，雅聚于滇。品茶，鉴香，论拳，书画，且吟且舞，既修既谈，会友以仁，功不自已，各展大方。怀古今之清悠，喻未来之澄达，被南山之福泽，衍盛和之昌健，为一大快事也。

　　是时也，满城春绽，晴景开明，天晓澄朗。群贤跃悦，意气往宕。宇内豪杰云集，冠盖一方。拳武萦映，烁烁其光。虚宁见心，运就向性。衡芷隐雪，静运相张。尧宇之内，问战之间，支辩欣蕴，振发玄微，令人识以悟新，智以悟慧。

　　拳之为道，体用无方。武而不妄，文而不殇，羡吾生之，悠悠明享。琴箫若

世界太极文化巡展－昆明站

望,大音不张,天心怡苍,万壑风尚。乾坤序祥,太学律纲。纵放曼折,舞运诗将。书尔意象,点墨笺行,八面耀荡,仲和为疆。

行而无穷,观滇池之岑云;白鹤鹏舞,感天水之涵漾。思平文武,归心建奉,兰茂杨林,诗医玄壶。随心之所往,承意之所住,处乱不火,唯吾唯馨。心香卓卓,化纷扰于无形;单鞭堂伟,握刚柔于蕴藉。不蔓不拘,且怡且静。

怀陶公之南山,感魏晋之灵运,岩上无心之云手,天际中流之龙鹤,缥缈登仙,江海其旷。太极珠光,辉宏内外,天地人物,莫之能覆。虚以载和,无所不克;纷扰归一,无所不盈。同声相应而虎啸风生,同气相求而龙骧云起。太极见缘,思享汇彰。是为记。

（2019年7月）

做几点简单说明。之所以称为"太极国学",因为"太极"是中国古代哲学的核心概念,太极的学问是国学中的核心架构,太极文化、太极哲学以及相关的实践形成了一门完整的学问。"五十贤达",这次我们参会国内外代表一共50位,包括太极名家、专家学者、大学教授、太极拳推广人等。活动内容包括品茶、鉴香、论拳、书画等,本次活动和首届一样,除了太极拳,还将其他几种典型的中国传统文化形态融合在一起，它们虽然表现形式有别，但精神内核都是中国文化关于生命的体悟和实践，有着相辅相成的作用，互相体证，可立体化提高太极国学修养。"虚宁见心，运就向性。衡芷隐雪，静运相张"，我们分别在昆明虚宁寺举行论坛会、在衡芷院举行国学雅集，明心见性，演武论禅，动静相生。

"拳之为道，体用无方。武而不妄，文而不殇"，我认为这是中国太极武学的本质属性，习武为强身养性，功夫越高，心境越平和，不会妄想、不会妄动，妄想就是狂妄自大，认为自己天下第一，自诩本门派天下第一，看不起别的门派。妄想还包括浅尝辄止，刚学了点皮毛，就想开宗立派。妄想还包括对经典拳理拳法随意解释，自己一知半解，便故作权威，误人误己。妄动就是行为举止粗鲁低俗，恃强凌弱，滥用武技，将武术视为好勇斗狠的工具。经常贬低别人，抬高自己，不尊师重道，甚至丧失人格底线。这实际上是没有理解中国武术强、健的要义，武术是要强大生命，建设生活。文人不能弱，体不能弱，意志不能弱，应文武结合，刚柔相济，侠义在心，豪气在胸。文武相合乃中国人修为的优化模式。

"思平文武，归心建奉，兰茂杨林，诗医玄壶"，是讲云南的两位重要历史人物。段思平，在云南大理一带建立大理国，使得四方归心，谥号神圣文武皇帝。兰茂为明代云南中医学家，著有《玄壶集》，在中医养生上有很高造诣。

此文作为活动的记载，对在滇池、讲武堂的演武、交流活动也进行了描述。对"太极思享会"的形态、主旨，对太极拳的风格、特点、功技也做了介绍，也对太极拳的文化、理法、修养、境界进行了阐发。文章中还有一个小"彩蛋"，算是一个文化趣味吧，就是把这次参会的所有嘉宾的名字中的字都嵌入了文章，也是一个纪念吧。

衡芷院国学雅集

附：第二届昆明太极思享会嘉宾名单

【组委会领导】

李　杰

余功保

关　鹏

杨其元

李学友

胡　晓

保竣尧

【嘉宾代表】（以姓名汉语拼音为序）

陈骊珠	李　斌	吴忍堂
陈晓怡	李剑方	肖承东
程龙飞	刘洪耀	阎素杰
崔晓雪	刘火财	杨志芳
崔仲三	刘彦英	杨宗杰
丁岑亮	马贵鹏	张茂清
傅鲲鹤	马向东	张世昌
黑志宏	邱玉相	张　欣
胡　刚	宋　伟	赵海鑫
黄建成	苏清标	赵　云
霍培林	苏自芳	郑雪清
江　澜	田春阳	支　川
江　涌	王战军	庄　海

太极国学雅集赋

余功保 撰文
邱丕相 书法

在2019年7月昆明举行第二届"太极思享会"上，著名太极文化学者余功保先生发表了《太极国学雅集赋》，全文不仅论述了"太极思享会"的形态、主旨，也对太极拳的文化、理法、修养、境界进行了阐发，引起全体与会代表的强烈共鸣。著名武术家、博士生导师邱丕相先生特地以书法书写了《太极国学雅集赋》全文，书文结合，充分彰显了"功夫"的精妙内蕴。

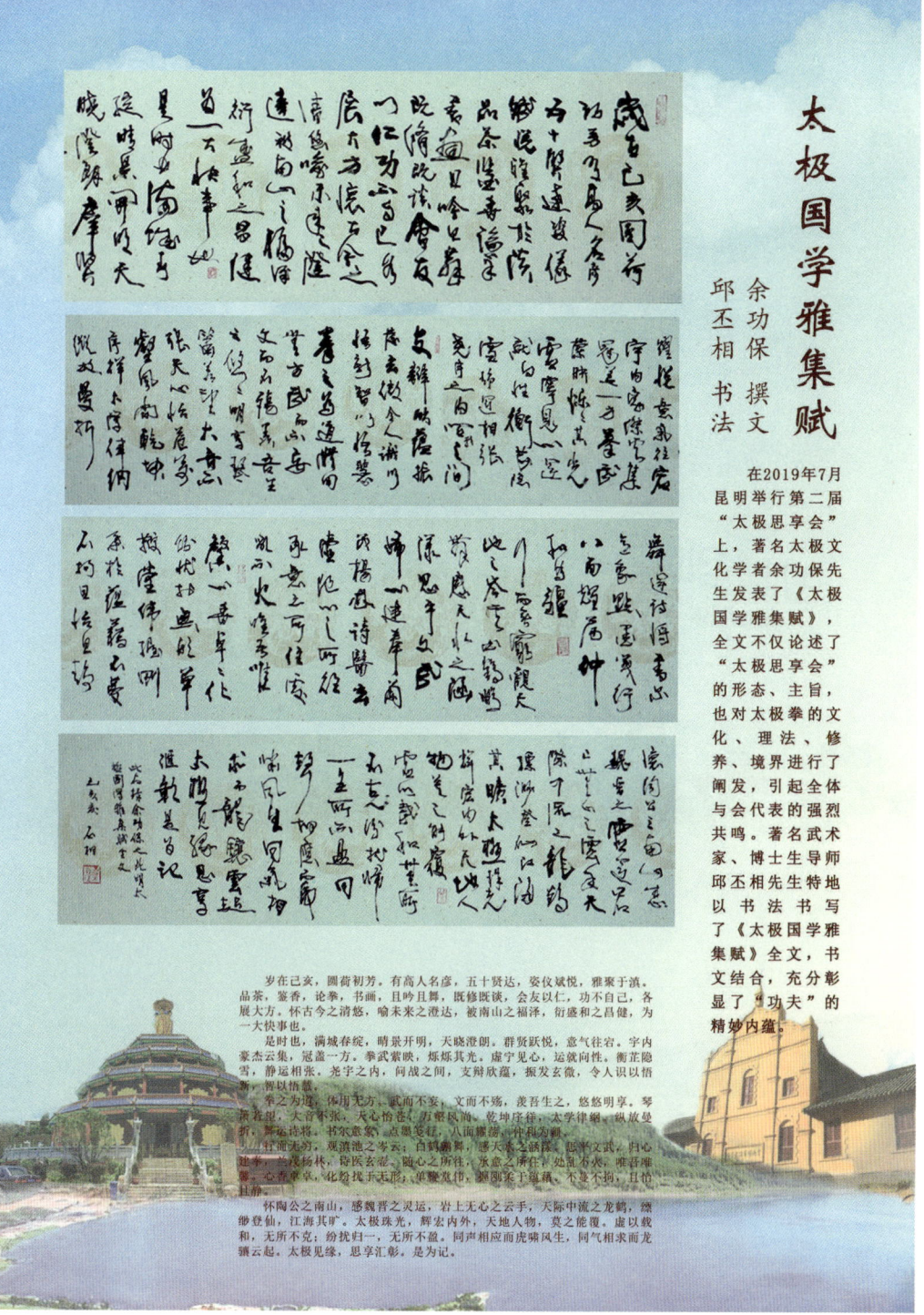

岁在己亥，圆荷初芳，有高人名彦，五十贤达，姿仪斌悦，雅聚于滇。品茶，鉴香，论拳，书画，且吟且舞，抚修既谈，会友以仁，功不自己，各展大方。怀古今之清悠，喻未来之澄达，被南山之福泽，衍盛和之昌健，为一大快事也。

是时也，满城春绽，晴景开明，天晓澄朗，群贤跃悦，意气往宕，宇内豪杰云集，冠盖一方。拳武紫映，烁烁其光，虚宁见心，运欲问性，衡芷隐雪，静运相张，羌宇之内，伺战之间，支附欣蕴，振发玄微，令人识以悟新，智以悟意。

拳之为道，体用无方，武而不矣，文而不彰，羑吾生之，悠悠明亨。琴涧者也，大音960张，天心怡巷，万般风雨，乾坤仔侪，太学律翻，纵放曼折，舞坛诗将，书家意鉴，点意笔行，八面潇洒，中利为纳。江面无方，观溴池之夸云，白鹤激之，烝夫香之涵孽，想学文武，白心追李，沧复扬林，俗医名蕊，陶心之所往，冰意之所在，处渚万水，唯吾渊意。心香章卓，化怒抚手无形，之聱底旧，颐刚柔于幽藕，不复不拘，且怡且舒。

怀陶公之南山，感魏晋之灵运，岩上无心之云手，天际中流之龙鹤，绣纱登仙，江海其旷。太极珠光，辉宏内外，天地人物，莫之能覆，虚以载和，无所不克；纷拢归一，无所不盈。同声相应而虎啸风生，同气相求而龙骧云起。太极见缘，思享汇彰，是为记。

《武当》杂志刊登邱丕相先生书法撰写的《太极国学雅集赋》

拈花一笑，意气自在
——在无锡灵山武术大会上的演讲

无锡灵山梵宫是世界佛教论坛的永久会址。2019年7月8—10日，由无锡太湖国家旅游度假区管委会和门惠丰武术院联合主办的武术大会暨武王决功夫联赛在这里隆重举行。来自中国以及日本、韩国、西班牙等国家和地区的近千名选手参加了该次武术大会。国内外东岳太极传人汇聚一堂，交流技艺，研讨武术的功法技法。

7月9日上午，大会开幕式在梵宫隆重举行。门惠丰武术院执行院长高飞主持开幕式。著名武术家门惠丰之女、门惠丰武术院院长门敢红致开幕词。著名武术家阚桂香、宗光耀、陈顺安、王战军等来自全国各地的武术名家、传人和无锡市、太湖旅游度假区管委会、灵山景区有关方面的领导出席活动。著名太极文化学者余功保先生应邀到会，并发表演讲。

开幕式上，无锡东岳太极拳研究会以及全国各地的东岳太极拳传人代表进行了精彩的表演。该比赛项目在设置上既突出重点又体现出了开放、兼容的格局。不仅有众多东岳太极拳的传人上场比赛交流，同时还设置了太极推手、跆拳道、短兵搏击以及其他武术项目。大会上还进行了太极推手项目的研讨活动。

大会期间，恰逢著名武术家阚桂香老师八十寿辰，来自世界各地的武术传人为这位多年来为中国武术发展作出重要贡献的优秀武术家共唱生日歌。阚桂香老师精神抖擞、兴致勃勃，欣然登台表演了精彩的太极功夫。

该活动中，来自世界各地的武术爱好者还参观了无锡的优美自然风光，领略了自在舒适的拈花小镇的独特韵味。

极享——余功保太极演讲录

（2019年7月10日　无锡灵山梵宫）

　　感谢门敢红老师邀请我参加在无锡灵山举行的这个"门惠丰武术院武术大会"。刚才看了大家为阚桂香老师举行的八十诞辰的庆祝活动，这个环节很令人感动，既展现了太极拳传承的脉络，也抒发了太极人的感情。阚老师在太极拳领域辛勤耕耘很多年，作出了突出贡献，今天门惠丰老师和阚桂香老师的很多弟子们，呈现了继承他们武学事业所取得的成果，不断将太极文化发扬光大，这是送给阚老师最好的贺寿礼物。

　　中国武术的一个重要精神就是传承，中国文化通过各种不同的形态，几千年不断

在灵山武术大会上演讲

地传承下来，影响了一代又一代的中国人，现在也影响了很多世界各国的人民。武术承载着中国文明精神，是最为典型的一种传统文化形态。今天在灵山胜境，在梵宫这里举行武术大会，我觉得很有特点，我用三个词来概括一下，这三个词是太极拳修炼的三个原则，也是本次活动的特点。

第一个词叫"形质相和"，就是我们的形式形态和它的本质相统一、合一、和谐。太极拳是讲究灵性的，讲究和谐、天人合一的，跟我们的灵山胜境，跟我们的马山、太湖，这一方灵性的山水完全吻合。练中国的太极拳，核心有两个东西，一个叫"内圣外王"，要把自己修炼得内外坚强、强盛，身体的健康和心性的坚强。还有一个叫"天人合一"，因为人就是大自然灵气的产物，人的生命过程就是不断地汲取大自然的灵气来滋养，这是中国文化精神的一个核心要点，练太极拳就是强化这种灵性沟通，并建立滋养体系。所以在这样具有灵气、灵性，又有着优美的自然山水和人文资源的地方来举行太极拳活动是"形质相合"的，也是暗合中华文化的精神。

第二个词叫"意气相投"。中国的太极拳被称为"内家拳"，意、气为修炼法门。其实中国的所有武术都讲究意、气，这是核心要素。就连中国的其他文化形态也讲究意、气，我们的书法讲究意、气，我们的建筑也要讲意、气贯通。今天我们参观灵山大佛，听介绍说当时选址、建设过程当中，也是很注重气脉的。中国古人过去讲究风水，现在有的人叫环境地理学，都要讲气脉，山环水抱必有气。气是什么东西？

气就是天地间养育人的优质生物场。所以我们练太极拳要练气，练气要与意相结合，这是太极拳的练习方法，以意运气、以意导气。灵山这个地方，有太湖之水，有连绵山脉，也是意、气相投。我们住的这个拈花小镇，是一个非常有特色、最具禅意的文化小镇，行拳运气，拈花一笑，有意无意之间气就生了。在这个地方你来练太极拳、修行，禅意自在。禅是什么？禅是无，是空，也是有，禅就是你的生活，随手一拈就是禅，你举手是禅，扫地做饭是禅，我们练武术是禅，太极的云手也是禅，所以在这个地方我们感受到拳意、禅意。我们练太极拳注重内心的感受、内心的安放，讲究意、气的祥和，所以说这里与太极也是意、气相投。

第三个词叫"内外相通"。练太极拳，要培养我们良好的生命状态，身体好，气质好，还要形成一种博大的气象，人文气象。人的一生很复杂，但是也很简单，就六个字，生存、生活和生命。生存是要活下去的问题，生活是要有品质的问题，生命则是要有境界的问题。生命这个层次要讲内外相通，天、地、人能沟通，我们五千年传下的文明跟我们现代人要互相贯通。练拳是一种运动形态，它的高层次叫作"技进乎道"，到了这个程度，就叫内外贯通。另外我们这个活动还有一个特点，就是来了很多国外的朋友，这也是内外贯通。今天门敢红老师和高飞先生介绍了门惠丰武术院关于"一带一路"的活动规划，到韩国或到其他国家去，这也是内外贯通的一种形式。"内外贯通"不管从形式上还是从内容上都是太极拳一以贯之的一个重要原则，因为太极拳是一种开放的、综合的、立体化的思维。

拈花小镇

基于这三点，我们这次活动办得很有特色、很成功，成为2019年太极拳、武术活动的一个闪光点。我们在座的所有老师们、嘉宾们和国外来的朋友们，共同谱写了这一首和谐的、灵性的、健康的生命乐章。

谢谢大家。

拈花一笑，意气自在

嘉宾与裁判员

为阚桂香老师祝寿

太极内功十三势
——深圳市武术协会骨干研修讲座

2019年8月,余功保作为深圳市武术协会荣誉主席,应邀为深圳市武术界进行一场专题讲座,深圳市武术协会各委员会、各武术辅导站主要负责人及骨干参加听讲。在深圳举办教学活动的易水武艺国际团队等太极、武术机构也参加了讲座活动。

极享——余功保太极演讲录

（2019年8月2日 深圳）

深圳是个充满了活力的开放性城市。今天深圳市武术协会在香港中文大学深圳校区组织、举办这个讲座，李慈成主席告诉我，深圳市武术协会骨干基本都来了，还有不少教师、学生。来到校园感觉很亲切。我过去曾经在大学进行过武术的组织推广工作。

今天这个讲座有两层含义。我被聘为深圳市武术协会的荣誉主席，曾经答应过李慈成主席，与深圳市武术协会的朋友们做一次交流，这次算是完成这个承诺，这是其一。另外，就是这几天世界太极拳网"太学堂"在深圳举办苏自芳内家功夫研修班，这也是给学员们做一次讲座。"太学堂"是世界太极拳网的教育品牌，致力于培养、修养太极人才，传承太极文化。

今天这个讲座我想了一下讲什么，这两天也搜集了一下意见，大家希望能听一些与实践关系比较密切的，特别是太极内练的有关内容。那么我就讲一下"太极内功十三势"，与太极内功相关的十三个字。

我觉得最核心的技术，不管哪派、什么套路，都有一个特别核心的内容，就是关于它的内在的练习方法，也是我们通常讲的"内功"，关于内功的概念和练法很庞杂，也有很多的误区。

我们在很多场合，听到一些人讲，练太极拳不要练成"花架子"，这个事情其实要客观看待。"花架子"其实也不错，练拳练得好看些有啥不好呢？总不能故意去练得难看吧？只是单纯地练"花架子"不好。也就是说，拳架子没有内容、没有内涵不

好,并不是架子好看有问题。我们通常讲到练太极拳,不要停留在表面文章,"练拳不练功,到老一场空",就是要练太极拳的内功。

练内功是要有真传的,还要自己下功夫。体验到了才知道,哦,原来如此。很多人对于内功的理解,很片面、很表面,有很大的偏差,甚至在一些习练太极拳几十年的人当中也存在一些关于内功的误区。

所以对于太极拳内功的认识,我觉得有必要从根本概念上了解它。其实内功并不复杂,太极拳的内和外从来就是合在一起的。不是说太极拳这里有个"内",那里有个"外",我们练完了"外"再去练"内",这个概念是不对的。太极拳就一个动作,没有内外之分,比如"云手",它既有内又有外,内和外是合在一起的。

所以不要想着我先练几年的拳架子,然后再去练内功,把"内"灌进架子中。如果太极拳的拳架从一开始你就练对了、练准确了的话,它一定是有内功的,从开始就内外如一,"不二"。看我们传统拳论讲的一些东西,就是讲一个道理——"拳架子"就是内功。怎么练"虚灵顶劲""舌抵上腭""含胸拔背""气沉丹田"等,这些都是内功的练法。

拳架子就要找内外合一的东西。可能老师给你调一个"手挥琵琶",让你手高一点、低一点,你动作不合适,这个拳的气感就没有了。内功都是架子里的东西,所以不要认为它是单独的体系。我们说太极拳是内外兼修、形神兼备的,说的就是这个道理。所以我们从练拳一开始就应该找这个东西。

这就涉及太极拳主要修炼的内容。太极拳在长期的发展过程中,它在不同的历史阶段,主要的作用侧重点是有所不同的。我认为太极拳对当代社会来说,它最主要的修炼作用有三大方面。

第一个作用是"培元固本"。培养人体的元气,有了充实的元气,你才能有你的气质。如果你的"元"很虚弱,你这个人是立不起来、撑不起来的。你人往那一站,气质的感觉不一样,太极拳培元固本做好了,你才能有气势。所以练太极拳的第一个作用就是要培元固本。你练拳的过程中,要看是不是达到这样的作用、是不是有这样的效果、是不是奔着这个方向去练的。

第二个作用是"优化结构"。优化包括身、心两方面的结构,调节身体的结构,调整心理的结构。身心互相的融合搭配与否也是优化的目标。我们现代人很多的病,比如抑郁症等,都是由于压力给身心带来不平衡造成的。还有一层含义,就是优化结

深圳讲座会场

构的变化趋势，你现在是一个健康结构，我们优化它以后，是向着一种好的趋势来变化。一种好的趋势建立以后，它可以不断地积蓄能量，不断地带来健康的能量。即使你这个人现在很健康，结构不优化，变化的趋势也越来越乱，那你用不了多久也会出问题。所以，太极拳就是通过阴阳平衡、刚柔相济、动静相生等练习方法来优化你的身心结构。长期练习太极拳的人，只要你练对了，身心的状态是越来越好的。

优化身心结构的核心点在于四个字——动态平衡。各门各派太极拳的共同要旨，如果用最简洁的话概括，就是动态平衡。阴阳相合是动态平衡，刚柔相济也是动态平衡，动态平衡才能产生一种持久的平衡效应。如果你是静态的平衡，一旦一方平衡被打破，另一方一定也会失衡，就会造成整个系统的紊乱。太极拳是中国古人一项了不起的智慧成果，它建立了一套动态平衡的机制。太极拳就是体现中国古代养生文化生命观中动态平衡机制的实践方法。

第三个作用就是构建"智慧模型"。太极拳不仅是一个"形"的操作，还要有"意"的练习，有整个思维的参与。所以，太极拳是中国太极文化、太极理论的一种形体实践，它把中国人对于生命、对于自然、对于宇宙万物的认识概括为我们中国文化关于生命观的一套体系，比如阴阳体系、五行体系、八卦体系等，这些融合在一起就体现了它的智慧，太极拳处处都表现这种智慧的东西。比如"如封似闭"，简单的几个动作里就包括了很多起承转合，起承转合就是人生的大智慧。太极拳最后修炼的就是心性，是构建一种智慧模型。这个智慧模型包括健康智慧、生存智慧、发展智慧等，可以直接应用到我们的身体、我们的家庭生活、我们的事业上，应用到社会、政治、军事、经济各个方面。比如《孙子兵法》就是阴阳太极理论的军事应用，中医就是阴阳太极理论的医学应用。功夫是什么？不仅仅是一拳一脚的技术，古代拳论讲"拳"者，"权"也，这个"权"就是动态平衡。

所以，在了解太极拳内功习练方法之前，对内功的含义和它的功能有一个准确的认识特别重要。

那么接下来，我们要对太极内功的习练内容有一个精确的把握。太极拳内功是一个很庞大的体系，如果在大学开课可以讲几年，但是简单地说，太极内功有三大元素，大家要重点研修的太极内功的三大元素，一个是"气"，一个是"意"，还有一个是"势"。

第一个元素是"气"。"气"是什么？如果写书，专门讲"气"可以写厚厚一大本。简单来说，"气"首先是一种感觉。有人说，练太极拳得气如何如何难，其实很简单，练对了，5分钟就可以感觉到"气"，手上、身上都有感觉，如手指发胀、腹部发热、脚下发热等感觉。一个拳势往那一摆，头顶百会，虚灵顶劲，舌抵上腭，下颌内收，圆裆松胯，脚底涌泉穴轻轻一抓地，然后松开，上下贯通，这些要领做到了，马上气感就来了，这是最简单的感觉。

再一点，"气"是一种联系。我们中医里面有很多种气，太极拳里也有很多种气，拳论说"气遍周身不稍滞"，要把气运到全身，"气"是联系身体各大器官、各大系统、各个部分的一种连带的介质媒体。你有了这个"气"，就能把你所有太极拳的动作贯穿在一起。

第三点，"气"代表一种功能。你的气强不强啊，纯净不纯净啊，杂不杂呀，这代表你的功能层次不一样。

第二个元素是"意"。太极拳里大家经常看到讲"意"的很多，比如"意气君来骨肉臣""用意不用力"，处处都有。国外有些翻译甚至说太极拳是"意识体操"，都强调这个"意"。有这个"意"的参与是中国内家功夫的一大特点，跟别的锻炼方式不一样，其他方式没有这种"气""形""意"这么完整的结合。

"意"首先是一种主动性、引导性的思维活动。太极拳中的"意"有一个特点，它是若有若无的。这是我们太极拳里讲的一个宗旨，在练习太极内功当中，这个"意"不能太重。"意"太重你没法入静。比如"意守丹田"，不是让你死守丹田部位，不是使劲地想，如果使劲长时间地想是要出问题的。太极拳中的"意"是"绵绵

若存""恍兮惚兮"的那种状态。练拳当然是一个不断发展的过程，一开始你要记忆太极拳的动作，你肯定是要用"意"的，开始是"我练拳"，到了高级阶段是"拳练我"。什么叫"拳练我"？就是你进入那个状态，拳是与你相合的。你不用专门用很强的意识去引导，它就会引导着你走。你建立了一种良性的驱动模型，拳势自然地带动着你去走。那个时候意识越来越淡化了，到最后是没有的。

  第三个元素是"势"。"势"是在"式"的基础上洋溢出来的"场"。太极拳当中有很多误区，大家常说的太极拳是体弱多病的人练的、老年人练的，这是误区。太极拳里还有一些误区，其中对"形"的轻视是一个很重要的误区。我们讲内功是强调内外如一，但不是说这个"形"不重要。有些人为了显示自己的层次高、功夫深，就说练内功那个"形"没关系，其实这个"形"非常重要，轻视不得，"形"的完整呈现就是"式"，动态的"式"、有内涵的"式"就是"势"。特别是开始练的时候，你必须得下苦功夫把这个"形"给打扎实了，这个模型建立了，一点不能偏差。因为你这个"形"对了，你装这个"气"，装内功的容器才对，你才能装得多、装得好、装得纯净，而且会建立起一种开放的结构。如果你这个动作错了，后边就相反了。所以，你"形"对了才能有内功。有的人说重"意"不重"形"，重"内"不重"外"，这个是有偏差的。开始你把"式"打好了，事半功倍；相反的，一开始"式"如果做得不好，你回过头来再找，那麻烦就大了。过去讲"学拳容易改拳难"，就是这个意思。所以这个"形"一旦对了以后，跟内功相结合，它就形成一种"势"，你有了内功一定会有这个"势"。相反，如果你没有这个"势"，你就不会有很好的内功基础。"势"是什么？形神相合乃为"势"。你说光练一个动作，一个"单鞭"在这儿摆得挺好看，挺端正，但是你里边没有神，就出不来"势"。你这个动作摆到那神完气足，这个时候你既有了"形"，又有了神，这个"势"才能出得来。

  这个"势"就是内外结合的体现。你看很多老一辈的拳家练拳，造诣深厚的都有"势"，陈发科先生、杨澄甫先生、董英杰先生、吴鉴泉先生、李雅轩先生等，他们留下了很多拳照，都有一股"势"在里边，没有火气，没有那种张牙舞爪的感觉，那个气势很大、很磅礴、很浑厚，这就叫神形相合，将内在的东西衍生出来。比如书法，一开始宣纸、墨分开，是没有生机的两个东西，但是经过书法家的创作，墨与宣纸相结合，凝聚了书法家的修为，一写出来满纸云烟、满目气象，书法之"势"就出来了。练拳也是这样，通过练拳把你内在的东西洋溢出来，这就是你的拳"势"。所以我们打拳人如果练得有"势"，就有内功，越练气势越饱满，这是你旺盛生命力的一种基础和形态。

判断一个拳家功夫高低，有没有"势"是一个重要指标。如果练得精神很萎靡，一定是没有练好。在练拳过程中，这种内在的"势"也逐渐衍化成他人格的一部分，他的自信、自强与自尊。所以太极拳练得好的人，一定有贵族气象，一定有很强的人格魅力。

"势"还有一个意思就是变化趋势。太极拳有一句话叫"随曲就伸"，我跟当代一些太极优秀名家的对话录三部曲第一部书名用的就是这个词，它讲的就是变化趋势。通过练太极拳，你对你自身越来越了解。我们很多时候对于自身是不了解的，你不了解自己的身体状况，特别是心理状况。很多时候你是感觉不到你身体的变化的，你的肢体、你的内脏的状况你没有时间静下来细细体察它们。当我们练太极拳的时候，通过一些动作来牵动经脉，你会感觉到身体的很多部分它舒服不舒服？它是一种什么状态？所以通过练太极拳你会越来越感受到自己的身体状况，了解它然后逐步地把握它，逐渐改善它。所以，我们中国古代的养生学里有一句话叫"我命在我不在天"。

"势"就是一种这个状态。用一句物理学上的话讲就叫"场"。我们通常说的气场就是一种综合性状态。几大太极流派，开始的"场"有所不同，但是到了一定层面，到了高级阶段，这些"场"又是统一的。对于每个人来说，你练不同流派的拳，是有不同的"场"的；练同一个流派的拳，在不同的阶段，这个"场"也是不一样的。但到了高级阶段，太极拳的"场"又是一样的，就是"刚柔相济""混元一体"。

我觉得只有完整、准确、深入地掌握了这三大元素，太极拳内功才算练到了。

下面我谈一下关于"太极内功十三势"，就是今天讲座的题目，每势一个字，实际上就是关于太极内功习练的十三个字。因为时间的关系，我只能是每个方法简单地跟大家分享一下。这十三个字每个字都值得去琢磨，每个字可以是独立的，但实际上又是一体的，你中有我，我中有你。如果真正完整透彻地做到了其中一个字，其他的字连带的也就能够落实了很多。就像我们写书法，你练好了一个汉字，它的中锋运笔、起承转合，用墨浓淡，它的结构、笔法、章法等都掌握得很好，对其他汉字书写的把握都有很大帮助。所以，太极拳内功这十三个字不要孤立地去看待，需要用一种内在的连带关系来看待。

极享——余功保太极演讲录

第1个字："沉"，沉着的"沉"。"沉"就是要放下，你能够放得下才能沉着。我们讲太极拳练习要生根，练太极拳你能沉得下来才有根。因为我们日常的其他运动是要张扬起来，练太极拳你必须得沉下去。有了这个"沉"字，你才能够稳得住，气才能平稳平和，你的气息才不翻涌。太极拳本身是一个很柔和的运动，但是有时候你练的时间长了，也会气喘吁吁，这就可能练得不对，说明你练拳时气血上翻，但是你沉下去以后你整个气势就稳了，稳如泰山。这个"沉"更多是一种内在的感觉，跟拳架的高低是没有关系的，不是说你练得越低就越沉。沉了手上就有东西了，动作是内外如一的。所以练拳你要自己检查一遍，沉着不沉着，沉稳不沉稳，不要急躁，包括速度，你匆匆忙忙地练，练十遍，不如踏踏实实地沉下去练一遍。"沉"还包括你的呼吸，可能你在练习当中呼吸是乱的，就没有"沉"。练拳当中有多种呼吸方法，有的老师讲要配合拳势呼吸，与开合有关；有的讲自然呼吸，你不用管它，做到细匀深长就可以。不管怎样，有一个基本点你要符合，就是呼吸跟动作是不散乱的，这就是"沉"。

第2个字："敛"，收敛的"敛"。太极拳讲究要"收敛入骨"，这个"敛"字从现代科学的角度来讲，它是一个蓄能的结构。我们日常在生活劳作或者是练拳时，如果做得不恰当，是一种耗散结构，是消耗能量的。我们要建立起一个蓄能量的结构，你练一遍拳就像充电一样。过去为什么有一些现象，大家有些不理解，就是一些很有名的拳家，有的寿命并不太长，这是有一定的历史背景的，有的和他的练法有关。过去练功夫叫操功夫，它是以技击为主，练功力，外放的，"练时无人似有人"，技击是把意念放到外面去，放到对方身上去，"意到则气到"，久而久之，消耗了很多生命能量，影响健康和寿命。不是说这种练法不好，练拳看你的主要目的是什么。我们练内功在盘架子的时候，一定要"敛"，内气能收敛才能把你练的精华之气为我所用。太极拳练对了，气能够敛住，就会越练越有劲，越练越想练，如果练着练着感到特别累，就要反思是不是练得不对，没有敛住。不要想着今天还有两遍指标没完成，咬咬牙再练两遍，这种感觉就不对了。练拳是蓄能，是给人体"充电"。你的能量应该越练越充足，如果越练脸色越苍白就不对了，应该是越练越神清气爽。郑曼青先生的弟子徐忆中先生现在90多岁了，思维敏捷，身体健康，他给我介绍过郑子太极拳的"美人手"练法，"敛"是其要诀之一，练拳是要气达四梢，但气不散出去。

有人问我，练拳舌抵上腭的时候，练着练着，口中唾液很多怎么办？这个可以吞咽下去，传统养生内功练习口中分泌的唾液被称为"琼浆玉液"，是能够滋养内脏的。所以过去道家练内丹功打坐的时候产生唾液就咽下去，这也是"敛"。

第3个字："合"，合在一起，就是浑然一体，内外处处相合。"合"字在拳论中也很多见，从形体上来说，"合"是带来的一种牵引感，这是跟其他运动不一样的，其他的运动你是感觉不到这种牵引感的。牵引感就是不管你练哪个动作，全身各部分是有呼应和连带关系的。你随便一个动作，你的左手、右手，你的胯、腰、膝、足都有一个牵引感，这是完全可以感觉到的。比如"闪通背"，两只手张开，两腿前后弓步，腰、胯松沉，头部上领，每一部分都有牵引感。练拳时就像一个木偶一样，全身被众多线所牵引，那个线就是我们的气，我们的四肢就是那木偶，所以这一动，木偶一定是全身都被牵引的。这就是太极拳的"合"。大家有时候说"合"说得很玄，其实很简单。你如果练拳没有这个牵引感说明你没合上，这个牵引感就是"合"，也是太极拳的系统工程。练太极的过程中有了这种"合"才叫"生生不息"，拳论所说的"一处有一处虚实，处处总此一虚实"才能实现。你没有这个"合"，只能是"一处有一处的虚实"。人作为一个太极体有一个大的虚实，你做到这个"合"以后，才能做到"盈虚有象"这么一个状态。我太极拳名家对话录三部曲的第二部书名就用了这四个字。

第4个字："静"。"静"是在太极拳练习刚入门的时候，很多老师都跟你讲的，要入静不要有杂念，不要一边练着拳，一边还听着歌。现在大家也在争论要不要配乐，这些其实都是形式上的东西。关键是你要入静，这个"静"字在太极拳里也是非常要紧的。

太极拳的"静"有两个重要的含义：第一个是你的思想意识状态，练拳的时候要静。第二个是你要进行一种均匀均衡的动。"静"不是不变的，不是静止的，匀速的、均匀的、均衡的动，它也是"静"。"静"实际上是人体的一种纯净的、节能的状态，能够唤起最深层的动。刚才我讲"动态平衡"，它这种动只有达到了静，才是生生不已之动。人每一部分的生命系统都有一种内在的旋律，静到一定的时候，可以启动这种生命的旋律，内在的旋律产生共振的时候，引发深层次的动。由静产生的这个"动"才是我们说的真动，叫真气萌动。这个"动"是有价值的动，我们练太极拳就是追求这种动。

技击上来说，"静"也是太极拳的一种重要方法。有人说太极技击，怎么没看到你用"白鹤亮翅""野马分鬃"啊？这种理解是表面化的，套路招法是用来训练劲力、气息、意识、功力的，并不是将套路中的招法直接移植到实战中去，哪种武术都无法简单地移植招法到实战搏击中。但是训练中的功力、方法是可以灵活运用的。比如"静"，只有进入了这个"静"的状态，才能把自己的身心调到高度敏感，对外界更加敏锐，反应更快。所以"静"的状态是一种最好的反应状态。为什么学生在高考之前要让他减压，要避免杂念过多，"静"是为了更好地发挥。太极拳的"静"，使你能感知对方，能够做到后发先至、以柔克刚。在养生上更是这样，只有静下来，才能很好地认识自身。身体上的一些毛病，在动的过程中是感受不到的，我们通过练拳静下来，能够感受到哪个地方不通。所以太极拳的"静"很微妙、很奇妙，也很玄妙，你真正掌握了这个"静"以后，会对太极有个全新的认识，它是能够触动你内心的变化的一个东西，你练到那个程度时就能知道。

第5个字："守"，守住不丢。首先要守住"形"，动作不走样。一开始我们练习"形"的时候，老师告诉你，这个动作手不能高过眉，那个手不能越过身，但每个人的状态不一样，高矮胖瘦、体重、性格各方面也不一样，会有一个变化的区间。就是每个"形"要灵活理解，既要严守规矩，又要练得灵动、灵活。过去传统的练拳方法，一个动作老师让你两个小时不许动，就是强化固化你这种"形"。其次要守住"意"，不要乱动乱想。有时候我们用一些练习方法，比如"意守丹田"，守丹田不是目的，是训练你这个"意"。另外，还要守住"气"，不让气散出去。我刚才说了，你气如果往外散了，你越练会越虚弱，所以要守住，我们叫"守中用中"。

《黄帝内经》里讲"精神内守，病安从来？"人身自有强大的"长生药"，你要善于挖掘。其实现在很多西药也是刺激你自身产生一种免疫能力和自愈能力。有些药物暂时起到一种化学的抑制作用，但是真正调节好，是需要自身强大的自我调节能力的，那是最自然、最长久的一种调节。这就要求守住自己，包括刚才说的"固本培元"，守住你的"本"，守住你的"元"，守住你的"气"。

太极拳论里有一句话叫"我守我疆"，就是让你更好地守住你自己。所以练好太极拳的人，他的自信、判断和自愈的能力都很强。

第6个字："通"，就是通达、通畅，气脉贯通。练每个动作，必须让气通到四肢百骸，"搂膝拗步"气通到手上还不行，必须得通到脚、通到全身。做到"通"，气才能鼓荡起来，气鼓荡了才能混元。有了"通"，练拳时有一种沐浴感，一个动作到位了，架势往那儿一摆，如同水浇下来，全身就洗了一遍。太极拳练通了很受用，叫遍体通泰，是可以上瘾的，因为很舒畅。现在有人研究用练太极来辅助戒毒，是有一定的道理的。练太极拳可以给你身心带来一种巨大的愉悦感，这种感受只有练"通"了才有。

第7个字："盈"，充盈、饱满，有张力，饱满了精神才能"提得起"。大家可以经常看一看真正名家的拳照，的确是精神饱满、内敛、气度不凡的。我是主张要临摹拳照的，我以前写过专门的文章，介绍如何临摹名家拳照，就如同书法临帖一样，把拳照可以挂起来，经常看，潜移默化。好的拳照各有特色，也有一些共同点，饱满充盈是共同点之一。照片如此，视频也是这样。我们前一段时间在世界太极拳网上发了一段苏自芳老师在三亚南山表演八卦掌的录像，神完气足，让人看了是一种巨大的享受。录像在网上放了以后，一周左右时间有将近100万人观看。现在我们是有这个条件，对着照片和录像一遍一遍临摹，这是一种很好的学习方法。在临摹中要注意细心体会他们的充盈感。

"盈"体现在拳架上就是有张力，不瘪、不凹陷。太极拳里叫"无使有凹凸处"，你练拳瘪进去了，这拳练得就不饱满、软塌，所以练拳里还有一句话叫"支撑八面"。你看有的女同志练拳，好像身体很单薄，但往那一站，拳架拉开，很充盈，支撑八面，气魄很大，像大将军一样有气势，凛然不可侵犯。这种就是充盈。

练拳中具备了这种充盈，你就能够把拳的气势练出来，有腾挪的空间，有鼓荡。陈式太极拳的鼓荡很明显，刚柔相济，其实各个流派也都是这样，所以一定要练全面的充盈。你拳架一旦凹进去了，下一步的进阶就很困难。

第8个字："涵"，涵养的涵，就是含而不露，力不出尖。你所有的动作都是圆的，太极拳核心是个圆，圆是什么？就是力不出尖，意不露形，气不外泄。这三个方面做不到，就不是高水平的太极拳。太极拳处处是弧形，有的理论叫"身备五弓"。身体是个总圆，处处都是圆的，任意一个动作都包含了很多的圆，比如两手臂之间是个圆，沉肩坠肘腋下是个圆，含胸后胸部是个圆，圆裆又是一个圆，屈膝膝盖部位是个圆，我们的足底抓地足弓又是个圆。你可以在身体上找出好多圆来，但都是力不出尖，意不露形。

这个"涵"的一个重要意思就是指意念，涵而不露，做到了意念的涵而不露，才能做到气不外泄。气泄，过去叫"破体"，一破体就出去了。所以气要涵在内，在内

順守
溜中
靜
沉

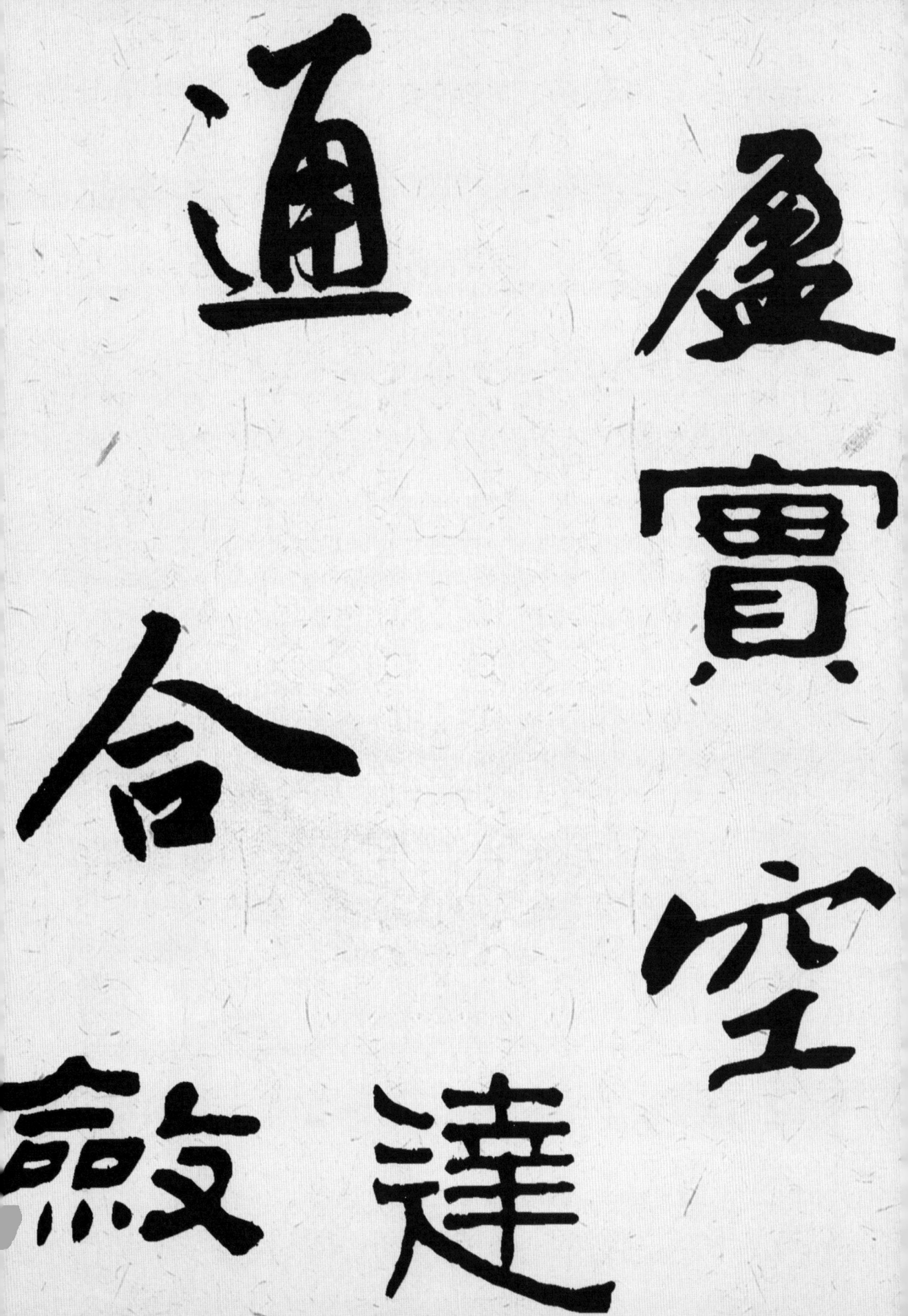

通 寶
合 空
歟 達

部鼓荡，就像一个气球，你周身如一涵在内。不管你在外面怎么拍，气是在这个球体里边，练太极拳就是练自身的这个球体。

功夫最重要的一个要素，它有如影随形的两个字叫"涵养"。没有涵养就没有功夫，不管是武术功夫，还是书法功夫，还是茶功夫，都是这样。所以你练太极拳不懂得涵养，就没有真正的内功。

第9个字："顺"，顺畅、顺利、顺随。顺，就是你练拳当中不能憋气，要通畅、要顺溜。怎么样才算顺呢？我觉得一个最生动最简单的解释就是你练拳舒服不舒服，最舒服的状态就是你最顺的状态。这个舒服是真正的舒服，你一开始练拳不会动作，老师教你动作，技术定型肯定跟你的习惯不一样，一开始有点不舒服是正常的，当你学会了，越练你应该越舒服，你找那个舒服的状态，觉得舒服了，这个拳就练对了，就练顺了。经常有人问我说能不能够推荐练什么拳种合适、练什么套路合适、怎么练才算对、才算合适？我告诉这些朋友，什么拳种你觉得你看着舒服，你内心想练的你就去选它，也就是你最舒服的那个状态。当然还要看你旁边有没有条件、有没有老师教。所以拳练到最后，拳就是你自己。练的时候大家可能有统一的拳，练到最后它是一个特别个性化的东西。就像你写书法一样，写到最后形成你自己的风格，拳练到最后也一定是练成你自己的感受和风格。你不是给老师练的，不是练成老师的东西，是要练成自己的，符合自己的生理结构、自己的认识、自己的各种心性、自己的性格特点等。你是独一无二的，是唯一的，太极拳练到你身上，跟你最契合，你觉得最舒服的状态，这就叫把拳练顺了。

第10个字："达"，通达，用一句通俗的话讲就是"到位"。你没到位就没有"达"，形要到位，气要到位，功夫要到位，所有的"动"都要到位，差一点不行。你动作到位了，气才能到位。比如"搂膝拗步"，掌不推到位，气也不可能到位。推过了，这也不叫到位，这叫"越位"。到位的时候，是你最舒服的状态，如果做得还不够，虽然感觉上气宇轩昂，但这个状态不是最舒服的，再微调一下，领一下顶，沉一下肩，可能就找到了最舒服的状态，这就叫到位。这也就是我们说的这个"达"字。

这个"达"的另外一个意思就是气达四梢。我在很多地方都被大家问到太极内功的问题，我说一个最简单的办法，即练太极内功就是"气达四梢"，你练的时候要把气送到梢节去。你练拳，手上有没有气？送到梢节没有？送到脚下没有？之所以在冬天练拳，练了半天脚越来越冷，在那直跺脚，就一定是没做到气达四梢，达到梢节后脚是热的。用一句通俗的话来讲，就是把拳要练开了。练得开，不是练散了，是要把气都送到位，把动作送到位，把意念送到位，这就是"达"。

第11个字："空"。"空"是太极拳里一个很高的境界，是方法也是境界，是内功里要特别重视的一个词。"空"跟另外一个字往往相随，就是"无"，"空无"的练拳状态很高级。首先就是不着力，不着意就不能着力，不着尘埃，一尘不染，没有紧张点，这就叫"空"。所以拳练到最后就要练"空"，越练越清，到"空"了就练到"无中生有"。开始练拳的时候就要"无"要"空"，所以拳论上讲"无极生太极"。有的人说要练练站桩，站桩就是体味那个"空"的状态，当然也不一定是非站桩不可，通过练拳架子也可以达到这个状态，每个老师的教法不一样。

"空"的时候动作不着力，你这个手推出去是感觉不到手的，只有到了这种"空"你的意气才能到，你手推出去就是感觉到一团气在推，这时候你的形就化掉了。过去有一首太极拳的《授密歌》，以前知道的人少，在民国后就流行起来了，现在有人专门对其进行解释，开头两句就是"无形无象，全身透空"。要练到全身透空的境界，即行拳中"此身无一物，无处惹尘埃"，老话讲"挂不上相"，这个不着意不着力就是没有脏东西。对方来推你的时候，打不着你的紧张点，对你发不出力。我们讲"无欲则刚"，这个"欲"是一种有形的东西，没有"欲"就"空"了。比如做事情，我们努力去做，我们尽心去做，不问结果，这也是一种"空"。如果你对结果有很重的牵挂，就有了"欲"。"无欲"不是说你什么都不做，而是说你尽心地去做，尽力发挥现在的资源、能力优势去做，但是结果可能有多种，你要接受，坦然面对，这叫"空"。

"空"不是什么都没有，那叫虚无。"空"是一种最大的"实"，充实的存在叫"空"。太极拳也是这样，所以太极拳要练得空灵澄澈，这就是为什么说它既是一种方法，也是一种境界，是你人性、人生修为的东西。所以我们练太极拳的人，应该是越练越智慧，可以上升到很高境界的。

第12个字："实"，就是实在、厚重，跟刚才那个"空无"相对应，我们叫举重若轻。我刚才说的"空"就是一种真实的存在，是一种充实的存在，但这种存在不能造成我们的压力，所以叫举重若轻。是要有这个"重"的存在，然后才"若轻"，实中求虚，虚中求实，不能虚浮，所以太极拳讲究虚实分明。

练太极拳，不是把自己练虚弱了，而是要把自己练成强壮之身，这就是"实"，越练你的精力越充沛。所以，太极拳还要往"实"了练。这个与"空"、与"松"是不矛盾的，它们互相之间要把握好分寸。

我今天讲的这些字有多种层次的理解，其实里面包含了一些很高深的东西，中国内功的方法和境界很多都在里面。有些内容是我们一边练一边去体会的。太极拳不是简单的武术，包括了过去的导引术、道家内丹术、佛家的修持功夫、儒家的修心功夫在里面，并且都是完整一体的。太极拳修炼到最高的境界就是一种人性的修炼，身心并练，所以说太极拳是中华文明集大成的一种体验和实践成果。

第13个字："中"。这是最后一个字，也是我觉得非常重要的一个字，可以说贯穿在前12个字里的一个字就是"中"。这是我们太极拳内功里处处要坚守的一个字，无论从动作、从行气、从用意上都要讲"中"。四方核心谓之"中"。太极就是"中"的实践，一阴一阳合在一块就是"中"。太极图里最玄奥的是什么？是阴阳鱼中间的那条S线，它有阴也有阳，它既是阴又是阳，阴阳合一就是"中"。我说所有太极拳的核心要领，贯穿在一块，如果用最简单的四个字表达，就叫"动态平衡"，这条线就是动态平衡。它就是"欲上先下""欲左先右"，这是简单从形上叫中用。太极拳练习用意的"若有若无"，也是这个"中"。

所以练太极拳的状态就是要中正，要守中用中，刚才说了"守"，守什么呀？就是守住这个"中"，用这个"中"。我们太极拳讲"有前必有后"，说的也是这个"中"，"搂膝拗步"的手向前推，气要贴脊背，这也是"中"。气贴脊背的同时，百会穴上领，脊柱松直，圆裆松胯，任督二脉就贯通了。你不用专门去练小周天、大周天，拳练对了周天就贯通了。有的人把周天说得很玄，有些说法一看就是没有练到过的。人是一个很科学的结构，你动作导引形态、意态对了，气自然循经而行。各归其位，各行其道，这个状态就是"中"。这就是内功的高级练法。

丹田也是一个"中"的概念。有人看不同的书对丹田有不同的解释，有人说有上、中、下三丹田，还有人说丹田在体外，还有人说丹田是"气海"等，理解不一样。丹田其实就是"中"的一个具体体现。就整个宇宙而言，人就是一个丹田，所以练的就是你这个丹田。我们中国传统的生命修持最核心的一个观点是"天人合一"，天人合一就是人和自然相合，人是一个小宇宙，包含了大宇宙各方面的全息化的信息，这是我们天人合一的一个基本认知。怎样做到天人合一？就是要练自己，把自己

参加讲座活动的部分深圳市武术协会和易水武艺的成员

当做宇宙的一个丹田。所以对"中"的理解，要有大格局、大胸怀，它不是一个具体的位置，也不是一个简单的概念，它是一种体系、一种系统、一种训练方法，太极拳就是一种练"中"的拳。

所以刚才我讲，前12个字里处处贯穿这个"中"字，我们练内功也要强调这个"中"字，无过不及，就是"中"。你不能过，练拳要勤奋，但你练过了也不行，一定要练到舒适为止，练到你的状态好为止，要适度。任何一个方法，再好也一定要坚持科学习练。不是说练了一定就有好效果，不是说你练了就能健身，不科学习练同样也会造成一些损害。所以，练好拳的前提就是要科学习练，要有科学的认知、科学的程序、科学的锻炼方法，这样你才能够达到很好的效果。

世界因太极而不同

——在新加坡国际太极文化论坛上的总结演讲

2019年8月9—12日，中国太极名家代表团一行12人，应邀参加第四届新加坡国际武术文化艺术节及国际武术邀请赛，同时在新加坡举行三亚南山第四届世界太极文化旅游节系列活动之"新加坡国际太极文化论坛"和"新加坡国际太极名家对话会"。各位与会名家介绍了自己进行太极拳国际化推广的有关情况，阐述自己关于太极拳教育培训的理念，分享关于开展太极拳国际化教育培训的实践经验。内容涉及国际太极拳高级人才的培养、组织机构的发展、产业运营模式、文化传播等方面。

极享——余功保太极演讲录

（2019年8月10日 新加坡体育运动学校）

各位朋友，女士们、先生们：

大家好。这次我们由各个流派太极拳名家组成的中国太极名家代表团，应邀来参加新加坡国际武术文化艺术节和国际武术邀请赛，同时，在这里举办三亚南山第四届世界太极文化旅游节的重要活动内容之一——"国际太极名家论坛"和"国际太极名家对话会"。这是我们每年要进行的一个重要的、国际化的交流活动，已经成为一个国际太极文化交流的品牌。

今年，我们这个论坛和对话的主题是"太极拳国际化教育的理念、方法和实践"。这些年来，太极拳已经普及到很多的国家和地区，世界各国人民通过习练太极拳，改变了他们的健康状况，改变了他们的生活习惯、生活态度、健康理念，也改变了他们的生活方式。通过练习太极拳，他们更多地了解了中国文化，也改变了他们对中国的一些认识。过去一些人完全不了解中国，通过习练太极拳，他去主动地了解中国文化、了解中国社会、了解中国人。还有一些人，过去对中国认识很片面甚至有偏差，通过练习太极拳，他的这种认识更加全面、更加客观、更加完整。所以太极拳它是一个载体，承载的不仅仅是技术，还有人类生命的一些基本元素。

我们现在经常谈"共享"，太极拳就是让全世界人民来共享中国几千年文明发展的成果，这就是一种融合，文化的融合。过去徐才先生强调"武术源于中国，属于世界"，那个时候是一种理念、一种目标，那么现在，它已经变成了现实。太极拳的传播力量非常的巨大，它的作用力不亚于一本书的传播力。因为太极拳它就是一本生动的书。太极拳的每一个动作，每一招每一式都是这本书的一个章节，这个章节是开放式的，它有自己固定的内容、内涵，每个人都可以往里书写、续写自己的体会、内涵、理解。所以，我说太极拳是一本巨大的、开放式的、生动的图书。

刚才，我们的几位嘉宾都围绕"太极拳国际化教育的理念、方法和实践"这个专题，谈了自己的理解和看法，我觉得讲得都很好，我听了也深受启发。比如杨军先生，谈了他几十年来在世界各地进行太极拳教育的深切体会，介绍了他们关于人才培养的系统，采用分级制把东西方的教学特点融合在一起，这都是实践总结出来的。再比如陈娟女士，介绍了她多年来在城市进行太极拳馆运作的体会，这都是花了大量的时间、精力，也投入了大量的资源总结出来的，很宝贵。我一直认为，城市化的太极拳馆是现代社会发展的一种新形态，它是当代太极拳发展的一个细胞和烽火台。我们把它搞好了，有利于我们的发展。特别是现在很多太极拳馆运营得并不是很理想，所以，他们的一些成功经验，对很多人有重要的借鉴作用。刚才也讲了，傅清泉先生是另一种推广方式，轻资产化的操作，这也是一种特点，这种方式对人才和综合资源的要求都比较高，清泉在教学上形成了自己独特的风格。所以我觉得，太极拳的发展应

做论坛总结演讲

该是多元化的，国际化发展应该是科学化、系统化、规范化和多元化相结合。刚才关鹏先生也介绍了连续举办几届三亚南山世界太极文化节的成功经验，现在已经作为一种模式，供很多人进行研究。我觉得，三亚南山世界太极文化节的一个重要特点，就是打破了武术界、太极拳界的界限。所以过去我提出来一个太极拳"全域化"的概念，就是整合社会资源，以开放性的思维来搞武术活动，然后可以把太极拳、武术的影响力扩展到全社会、全世界。

  太极拳是一门人生健康修养课，也是一门社会修养课。前两天一个朋友跟我讲太极商道，要进行太极商道的培训和拓展，我觉得这是一个非常好的题目。太极智慧是可以应用到各个领域的，所以它应该成为人的一项基本素质培养方法，也是一项高级修养方式。太极文化是关于生命内在结构和发展变化的一门学问，它对每一个人的生活都有积极的改善意义，世界上越来越多的人通过习练太极拳而改善了自己的身体结构、生活品质和生命状态，世界因为有了太极拳而不同，因为有了太极拳而使生活更加生动，色彩更加灿烂。我们在这里举行中外太极名家对话会的意义在于，倡导一种文明的延续发展和文化的沟通。希望太极拳能为多元化社会发展带来崭新的价值。

  本次活动中，新加坡国际武术文化艺术节和国际太极名家论坛对话会联合设立"国际武术传承卓越大奖——金鼎奖"，获奖者包括我们今天在座的一些太极名家。他们是一群富有责任、情怀和担当的优秀人物，身怀绝技，承载着数千年来中华文明传承的强大基因。作为太极拳体系当中的核心中坚力量，与众多优秀的太极文化推广者一道，鼎立起中国太极文化的辉煌大厦。作为国际文化传播和文明交流的优秀使者，他们是这个世界上最具活力、最生动的精英代表。

  谢谢大家。

世界因太极而不同

中国太极名家代表团出席新加坡国际武术文化艺术节开幕式并剪彩

太极是一种融合性文化
——在『中国武术墨尔本国际论坛』上的演讲

2019年8月30日至9月2日,第二届澳大利亚国际武术节在墨尔本盛大举行。本届武术节由澳大利亚维省华人联合会和澳大利亚武术文化艺术总会主办,澳大利亚东武太极联盟和澳大利亚大华时代传媒集团承办。世界各国和地区武术爱好者1000多人参会,中国武术专家团应邀出席。由世界太极拳网主办的"中国武术墨尔本国际论坛"为本届武术节的核心内容之一。

极享——余功保太极演讲录

（2019年8月30日 墨尔本）

女士们、先生们，世界各国的朋友们：

大家好。今天来自世界各国和地区的太极拳武术爱好者们相聚在墨尔本，举行这个论坛，探讨关于中国武术的内涵和国际化推广的问题。首先特别感谢大家来参加由世界太极拳网主办、澳大利亚东武太极联盟承办的这次论坛。

这个论坛的主旨是研讨武术文化的国际化发展。我们常常说越是民族的就越是世界的，这句话实际上阐述了世界文明大格局当中文化的独特性与融合性的相互关系，以及灿烂、悠久、文明的国际化的价值。

中国古人的太极思想，就是一种独特性和融合性相交融的思想，独特性就是每一个小的系统，比如人体系统，是一种独立的结构，具有独立性，同时又有着广泛的开放性和融合性。我们的"天人合一"学说就是这种开放性和融合性的体现。佛教文化里讲的"不二"，就是这种独特性。我经常讲太极拳练到高的境界应该就是你自己的拳，有你自己的个性，你自己的思想，你自己那种灵动的生命力，这个时候才叫"得到"了拳。

太极拳就是建立在一系列的规则、一系列的原理基础上的。原理、规则是盖房子的支柱、结构、墙窗，但是真正让你获得自由的空间，是建筑物当中的"空"，有用的是这些空间，这就是我们传统哲学当中"无"的思想、"无"的有用性。过去经常讲"武术源于中国，属于世界"，这句话就是抒发、表达了我们对于中华优秀文化的一种自豪感，同时也是一种责任感。当年大力提倡这句话的徐才先生，就是怀着一种

张东武先生在论坛开幕式上表演

太极是一种融合性文化

深深的责任感的，所以后来他把自己的所有精力、智慧都投入到了这种责任感的落实上。我们今天在座的很多人也是有这种自豪感和责任感的。文化的自信带来内心的人格的自信，我们很多人长期在海外推广太极拳、武术，他们就是交融在多边文化的框架之中，并且深切感受到文化的独特性和融合性相互交织产生的时空感。

太极拳的国际化推广就应该是既保持文化的独特性，不被腐蚀、侵蚀掉，同时又以开放的胸怀体现融合性。我觉得每一个国家、每一个地区，它的推广方式可能有所区别，推广的形式、形态、侧重点也不太一样，这就是它的融合性，和当地的社会结构和当地的文化特点相融合。但是在这过程中，我们又始终不能丢掉太极拳最本质、最核心、最具特色的东西，这就是太极拳的运动方式、特点，以及它所蕴含的中华几千年的文明特质，这也是它的价值所在。所以我觉得技术上可以千变万化，但是文化的特质不能随意变动，否则它就是一种变异。

刚才看了几位老师的演讲和表演，他们以边讲边练的方式、理论和实践结合的方式，给我们生动地呈现了中国太极拳、武术的特点。我刚才听到下面有很多外国朋友在议论，说他们的演练非常有魅力、有思想、有情感。这些外国朋友理解了中国武术的特点，中国武术本质上就是一种有思想的运动，通过运动来表达情感，它是有一种

极享——余功保太极演讲录

精神的陶冶和灌注在内的,所以太极拳练到最后,一定对人的精神气质有着很好的改善作用,从而实现了在生命境界上的提升。我想,这也是太极拳具有强大的国际生命力的一个重要原因。

谢谢大家。

徐勤兰女士在论坛发言

太极是一种融合性文化

澳大利亚墨尔本国际武术节现场

太极拳的"水上高地"

——在天津"太学堂-国际太极教育研究发展中心"揭牌仪式上的演讲

2019年9月29日,天津水上记忆博物馆与"太学堂-国际太极教育研究发展中心"在天津市水上公园举行隆重的揭牌仪式。水上记忆博物馆由天津善水有道文化传媒有限公司精心打造,是以百年水上记忆系列展陈及文化交流为主要内容的城市文化博物馆。在水上记忆博物馆正式开馆之际,世界太极拳网"太学堂"正式落户天津,面向公众开展研学交流。太学堂-国际太极教育研究发展中心由世界太极拳网与善水有道共同合作打造,致力于传播太极拳科学理念、太极文化思维、太极拳传统功技,培养太极拳优秀人才,为推进"健康中国"服务。来自全国各地的文化界、武术界嘉宾200多人参加了揭牌仪式。

极享——余功保太极演讲录

（2019年9月29日 天津水上公园）

各位嘉宾、天津武术界的朋友们：

大家好。正值中华人民共和国成立70周年之际，在承载了天津几代人记忆的文化地标——水上公园这片核心区域里，我们举行"天津水上博物馆"和"太学堂-国际太极教育研究发展中心"的揭牌仪式。今天来了很多天津市文化、体育、旅游、企业界的名流，非常感谢大家的光临。

"太学堂"作为世界太极拳网打造的太极拳教育品牌，其目的在于构建全球化、现代化的太极拳传播教育平台。今天在这里揭牌的"太学堂-国际太极教育研究发展中心"

天津"太学堂"教育中心揭牌仪式

致力于培养高端太极人才，将研制开发系统的太极拳教程。太学堂为一个开放式的平台，致力于为各流派的太极拳老师服务，将聘请一批最优秀的太极拳老师作为课堂教练，打造线上和线下高效、有机融合的体系，构建世界太极文化传播的高地。这个中心落户天津我们非常高兴，天津是武术的重镇，津门武林涌现了一大批杰出武术家，流传着很多精妙的武功、学问。太极拳讲究"上善若水"，在天津这片风水宝地，力争建设好太极拳的"水上高地"，感谢江涌先生为此付出的努力。

太极拳的教育是一个体系，不是简单、单一的培训，不仅包括技术，还包括文化、理法。不是简单地教会大家练太极拳的招式、套路，出发点应是国民素质的

"水上记忆"馆长江涌讲话

基础教育，把太极拳、武术作为提高青少年身心健康水平的重要选项。以前的很多武术培训，主要侧重在技术面，技术很重要，是基础，但太极拳教育还要引入更多的国学、科学的内容，让太极拳成为一种现代健康生态环境、一种健康的生活方式、一种健康智慧，应该成为人的健康素质公共课。

世界太极拳网目前正稳步推进全球化太极文化教育发展战略，建立起多平台的教育传播体系。与文化、企业机构和政府部门合作，在国内外相继成立了多个线下研发培训传播中心和交流发展基地，与众多的太极拳研究培训基地合作，打通国内外太极教育渠道、国学教育渠道、文化发展渠道，开发出具有特色的中国文化教育品牌。

相信"太学堂–国际太极教育研究发展中心"将在今后的太极拳推广中发挥重要的作用，将成为天津市民学习太极拳、交流太极拳、研究太极拳的一个健康之家，也将充分结合、发挥天津的武术资源优势，构建新时期天津传统武术现代化教育的新品牌。

当代武术家的精神和意识

——在『今武汇』中华武学中青年领袖峰会上的演讲

2019年9月30日至10月2日,"今武汇"中华武学中青年领袖峰会在河南温县盛大举行。各传统武术流派中青年优秀传承人、精英学者以及主流媒体代表汇聚一堂,勾绘时代武术价值的强盛图谱,搭建时代英雄的用武之地。活动旨在搭建一个研究、交流、合作平台,主题为"传承中华传统武学、开拓思维",深入挖掘传统武学的现代价值与发展方式。峰会还特邀了国内优秀的武术文化研究学者、教授参加峰会活动。大家相互交流实践经验,共享研究成果,探讨传统武术在新时代的发展规律。本次活动由世界太极拳网、王战军太极协会共同主办,云台天瀑酒厂协办,温县人民政府特别支持。活动内容包括开幕式、武术峰会论坛、演武会等。由余功保主持峰会论坛。论坛上王战军、乔凤杰、马文国、洪浩、胡春泉、邵志勇等分别进行了主题发言,阐述武术研究心得,交流武术发展经验。9月30日下午,主题为"品酒论武——功夫国学雅集"在焦作修武天瀑酒厂内隆重举行,与会者品酒演武,抒发中华武术豪情。雅集还举行了书画笔会活动,体现了文武兼容的国学风尚。与会代表在交流传统技艺的同时深入细致地探讨了武术的现代化发展,包括现代武术的现代价值、现代武术的传播教育方式、现代武术的产业化发展等问题,相互进行了沟通,达成众多合作意向。代表们纷纷表示,"今武汇"这个平台立意高、落点实,为今后的传统武术发展注入了强大的正能量,对于激发社会各界参与传统武术发展的热情具有着积极的作用。

极享——余功保太极演讲录

（2019年9月30日　温县海旺弘亚国际酒店）

这是第一次召开中青年武术家峰会。感谢王战军先生和他的团队为这次活动付出的努力，也感谢温县县委县政府对本次活动的大力支持。这次活动参会者都是各传统武术流派当今中青年优秀人物，当然还特邀了几位年龄比较大的武术家，体现出武术发展的历史脉络。这个会议的人员、结构和内容都是空前的。2017年我们在山东泰山举办了"中青年太极领袖峰会"，取得了非常好的效果，这次会议也是对上一次峰会的呼应和延展。

咱们这些代表都是各个流派的佼佼者，在技术、理法上都有很好的修为，咱们中的许多人将来都会在武术上担当大任。今天我重点谈一谈关于当代武术人的精神和意识。我觉得每一位优秀的武术家都要具有一定的精神和意识。

首先是文化精神。武术家要做真正懂得中国传统文化的人，而不是停留在口头上、概念上，你内心深处是不是真正认同武术是优秀的传统文化形态？是不是体会到了武术拳脚刀剑中承载的文化信息？你在承接了先辈功夫的同时，是不是也承接了武术的文化基因？这一点是决定武术家是否有大格局、大修为的基础。

其次是孤独精神。现代社会功利性太强，许多的文化形态在功利面前变了质、变了味。武术也存在这样的问题。武术家具有孤独精神，要能耐得住寂寞才能静下心好好练功夫，练真功夫。练好功夫是一切的基础，而不是急功近利、投机耍滑。我曾经跟媒体讲，现代信息时代，通过宣传造就一个全国武术界知名的"武术家"很容易，几个月就可以做到了，但你知名了以后能不能立得住？没有功夫、没有本事，这个所

主持"今武汇"峰会

谓的"知名"是长久不了的，结果可能更糟。传承武术是小众的事，传播武术是大众的事。孤独精神本身也是对性情的一种陶冶，你能够对传统有独立自主的见解，不会人云亦云，把武术本质的东西传承好。有了孤独精神，才能做到"清白""明白"，不会让杂质遮住眼睛。佛家讲"无明"，就是我们内心有很多的障碍，阻挡了我们对世界的真实理解和认知，对传统武术也一样，没有空明的境界，就会妨碍对武术本质的认知。我觉得孤独精神对当今优秀武术传承者非常重要，只有具有孤独精神的人，才能修炼好传统武术的高功夫、大境界。

最后是科学精神。就是要客观、科学地看待传统武术，看待你那一门的武术。我们对传统的练法、传统的理法体系、传统的教学体系都比较熟悉了，但还要能用科学的眼光、科学的态度去认识武术。这方面我们还有很多欠缺，比如太极拳等拳种的健身原理，从现代科学角度如何去分析、去认识？一些练习方法的科学性检验，武术教学方法如何更适应现代人的接受心理和接受能力等。另外一点也很重要，要有质疑的态度和能力，传统武术不是万能的，它在结构上、理法上、传播方式上，也有需要改进的地方。一成不变地照搬就是僵化。当然，我们要避免虚无主义和别有用心的"质疑"。要做到置疑的正确性和高效性，就要有一定的科学素养。

当代优秀武术家还要具备一些专业的意识，其中比较重要的是现代意识、传统意识、忧患意识、国际意识。

现代意识，就是传承经典、服务现代的思维。武术的内核是传统的，它的传播要善于运用现代的手段、方式，能够让现代人，特别是青少年喜爱、接受。武术的技术理论体系也应该不断发展完善，吸收现代成果，不断增添时代的活力因素。现代意识中包括互联网意识等方面，网络已经成为武术发展的新生态。我们这次峰会为什么叫"今武汇"，就是强调现代意识、现代社会价值和现代责任感。

"今武汇"峰会现场

传统意识,就是在现代社会信息纷乱中保持定力、坚守传统。武术的传统是经过数千年积淀下来的智慧结晶,包括传统武术的技术、理论、功法和伦理价值观。有时候这些传统特点会受到追捧,有时候会被冷落,我们的心境不应随着得失荣辱起伏,坚守传统就是坚守我们的内心、坚守中华民族的生命观和实践方法。

忧患意识,就是居安思危,要有压力。武术的发展面临着几千年来最好的局面和条件,但也经受过前所未有的文化冲击和社会观念冲击。武术发展面临着很多新问题,比如青少年习练者的数量不足、优秀教师的不足、科研水平的不足等。正视这些问题才能解决好这些问题,我们不悲观、不懈怠。

国际意识,是站在全球化的角度去开展武术的研究、推广和传播。武术通过几十年来大家的不懈努力,在全世界100多个国家和地区都有机构和习练者。我们要面对两个方面的环境:一个是中国武术走出去的国际环境,另一个是世界各种武术及相关形态不断进入中国的国内"武林"国际化趋势。我们既要保持定力和自信心，又要善于吸收其他国家武术国际化发展的经验。

本次"今武汇——中青年武术领袖峰会"开创了一个崭新的交流、合作的平台和模式，祝愿中华武术各流派百花齐放，在现代社会中展现力量与智慧。

参会代表合影

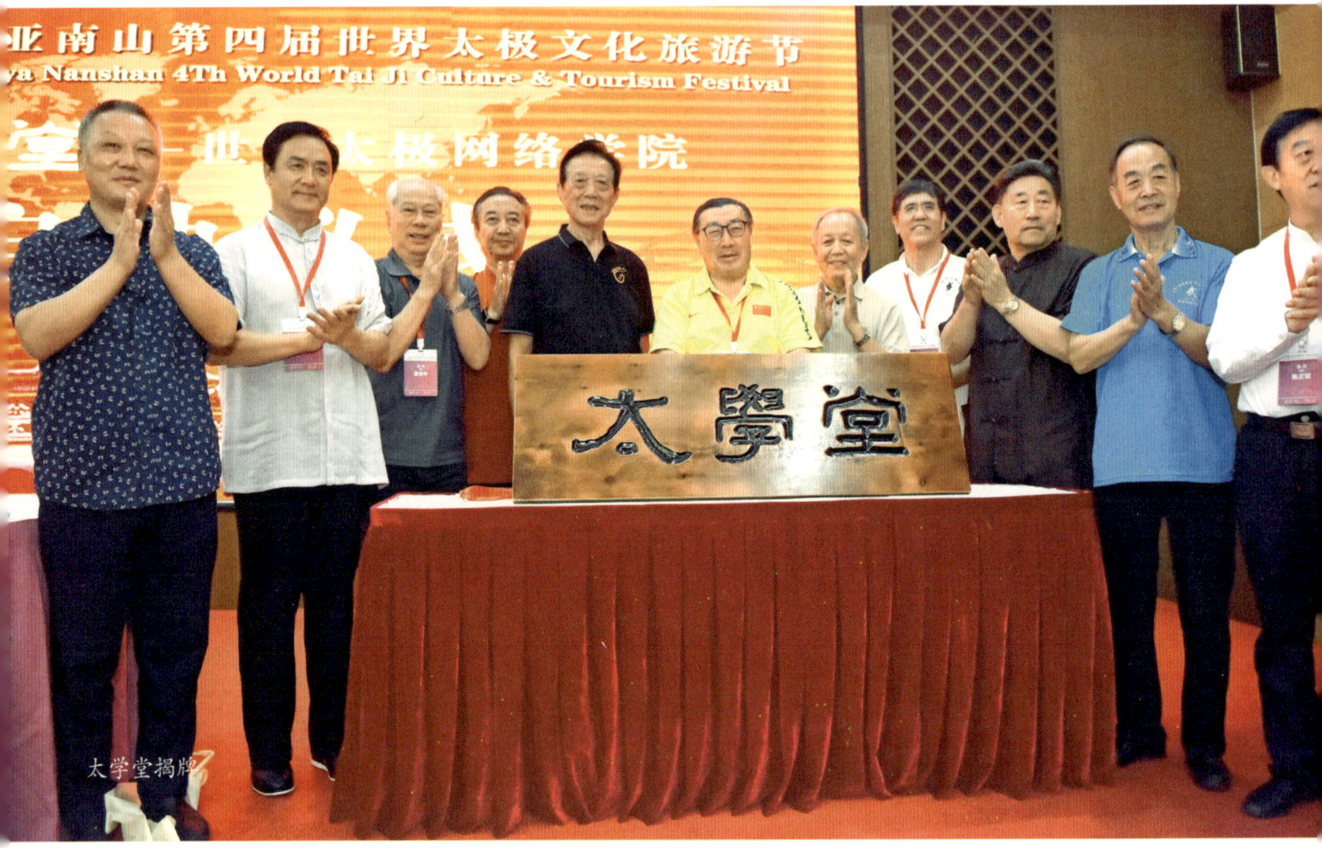
亚南山第四届世界太极文化旅游节
ya Nanshan 4Th World Tai Ji Culture & Tourism Festival
太學堂

太学堂揭牌

太极拳的新生态

——在『太学堂-世界太极网络学院』揭牌仪式上的演讲

2019年10月，三亚南山第四届世界太极文化旅游节在三亚隆重举行。活动期间，世界太极拳网于10月28日举行"太学堂-世界太极网络学院"揭牌启动仪式，来自海内外的太极拳名家、专家学者、领导嘉宾200多人出席。揭牌仪式上进行了太极拳论坛研讨和高端对话活动。李德印、邱丕相、陈小旺、陈正雷、蔡仲林、关鹏等进行了专题发言。

极享——余功保太极演讲录

（2019年10月28日　三亚南山景区多功能厅）

太学堂揭牌仪式会场

世界太极拳网重点打造的在线教育平台"太学堂-世界太极网络学院"经过几年的筹备，又进行了一年多的网络试运行，今天在这里正式揭牌，标志着太学堂的全面启动。今天来参加揭牌启动仪式的老师很多，包括武术界德高望重的领导，各太极拳流派的代表性人物，各大体院的博士生导师、教授等，说明大家对太极拳互联网教育的重视，也非常感谢大家的支持。

太极拳的新生态

在太学堂揭牌仪式上演讲

互联网技术、理念的发展已经成为当今社会文化、技术、生活不可缺少的支柱形态，也是太极拳发展必不可少的要素。自2001年开始，我们就关注并进行太极拳、武术的网络化建设与研究。开始的时候，我们把网络作为太极拳发展的一种重要技术推进手段，现在，我们可以说，它远远不只是一种方法，而是一种新生态。互联网对于太极拳来说，不是锦上添花的事情，而是关乎盛衰的要素。网络提供了与以往完全不同的传播方式、研究方式、修炼方式、生活方式，我们讲"太极拳是一种当代人健康的生活方式"，那么网络太极拳生态健康与否至关重要。

高质量的太极拳网络教育有几个关键，这也是"太学堂-世界太极网络学院"所遵循的几个原则。第一，严格实行准入制，要推荐真正有水平、有品行、有能力的太极拳优秀名家，担纲太极网络教学的核心主导者。网络的传播力量很大，好的老师让大众受益，同样的，素质差的教学者会遗患多多。太极拳网络教育要起到重要的示范作用。第二，研制适合网络教学的优秀的太极拳教学内容、教材和教法，培养多层次、多级别的网络太极拳教师队伍。第三，根据互联网的特点，以及它快速发展的最新成果，适时推出适应网络传播特点、具有较好网络传播效果的教学方式。互联网的教学不同于线下，不能完全照搬线下的教学模式。第四，要有国际化的思维和视角。网络的广泛传播性和便捷性在太极拳国际推广中扮演越来越重要的角色。太极拳网络教育的内容和方式要考虑国际化应用的效果，并且要专门研究国际化教学的专项课程。

网络教育不是简单地录制视频进行在线收费，也不是简单地教会几个太极拳动作、几个套路，它是一种新型的教育体系，是人与人之间的有效文化链接，构建起享受太极、享受生命的生态圈。

太极拳的中和之道
——在首届杨式太极拳精英赛论坛上的演讲

2019年10月12—14日，首届杨式太极拳精英赛在山西临汾隆重举行，本次活动由杨式太极拳名家杨军策划发起并组织举办，山西省武术协会、临汾市体育局、杨氏太极（北京）国际文化发展有限公司主办，山西省武协杨氏太极拳研究会、临汾市杨氏太极拳协会、太原铁路临汾杨氏太极拳协会承办。共有来自全国各地120多支代表队的1500多名杨式太极拳传人参加了比赛、交流、联谊活动。山西省体育界、武术界、临汾市有关领导出席活动。李剑方、杨志芳、赵幼斌、杨军、杨斌、杨勇、李正、庄海等太极名家出席活动并做精彩表演。邀请赛期间，特邀部分与会名家进行了太极文化和理法专题讲座，参会杨门精英弟子还举行了联谊活动。

极享——余功保太极演讲录

（2019年10月12日　山西临汾）

这两天的活动办得很好，集中了国内外很多杨式太极拳的精英。组委会邀请我讲讲太极文化和理法方面的内容。我想跟大家分享一下太极拳的生命智慧中很重要的一点——中和之道。

"中和"这个词在中国太极拳的技术理论里到处都有，大家看太极拳的书经常提到，在中国的传统文化典籍里也非常多。最重要的儒学典籍，大家知道"四书五经"，"四书"中的一书是《中庸》，它是古人关于生命境界的修持，有关行为规范，后世有很多的研究注解。在中国传统文化体系中，《中庸》是一本很重要的书，是最早的比较系统、比较深刻阐述中和之道的典籍。"中庸"这两个字是什么含义？"中"这个字，就是和谐、融合，不偏不倚，《太极拳论》中就是这么说的，处处都要讲究和谐、自然、平衡。"庸"这个字在中国古代有多种讲法，它的一个核心含义就是坚毅，稳固不动、不变，坚如磐石为"庸"。所以"中庸"合在一块，大家就明白了，它说的就是变与不变，是一种阴阳之道。

过去有些人有误解，觉得"中庸"指左右逢源，实际上"中庸"是刚柔相济的。这种刚柔性在太极拳中得到充分反映。它有两个方面，一个是"中"，说句大白话，"中"就是"最恰当"，恰当为"中"，是指你自己要保持一个最恰当的状态。比如中国古人讲"天人合一"，就是你和自然是一体的，通过自己来体察、认识自然，自

己外部的所有因素和内部所有因素有机地融合，此为"合"，为"圆融"。

其实这个"中和"不光是儒家，道家、佛家都讲"中和"，佛家的"圆融""空了"，道家的阴阳相生也是"中和"。太极拳从根本上来讲，就是"中和"之拳。太极拳其实就干三件事，这是我们练习太极拳的人要先了解的，不能稀里糊涂地练几十年的拳，最后还觉得太极拳健身就是慢悠悠地活动身体，对太极拳真正的功能、结构还没有深入的理解。中国文化修持讲究取法乎上，要是你的眼光、你的境界、你的起手不高，后面的拳功、境界也高不了。从这一点上来说，有一个好的老师非常重要。

太极拳三件事的第一件，关注自己。我们现代很多人其实早就没有在关注自己了，在信息社会，我们每天接触的纸质、电子出版物是过去几十年的若干倍。你很多时候没有真正地关注你自己，你甚至忘了你头上还有个脑袋，你身体里边还有很多内脏，你的注意力都在外界，所以太极拳要把你拉回来，关注自身。有时候我们说的文言一点，练太极拳叫寻找自己的精神家园。现在有一句流行的话，"我们在生命的整个过程中，因为走得太远，忘记了你为什么出发"，你的生命本体是你存在的基础，所以第一件事要关注自己。

第二件事，认识自己。你关注了以后还得认识，光关注没有用，你要认识自我。我们的中医怎么来的？通过反观内视，发现了穴位、经络，建立起中医的一套系统。

太极拳的中和之道讲座

到现在为止，西医解剖找不到我们的穴位和经络的实体存在，这是我们古人通过反观内视在练功的状态中感悟的。在自我锻炼过程中，进入"寂然不动，感而遂通"的状态，这样来深入认识自己。练太极拳就是通过动静相生的方法，通过太极拳的要领，把身体调整到自然、通达的状态，就是启动了"内省"的机制。太极拳的一些要求，比如处处弧形、圆转、力不出尖、形不破体等，都是调整到适当的状态。通过这些练习，你认识到自己的生命规律原来是这样的，你才能达到一个很好的健康状态。在练习中你也会逐渐体会到体内的种种变化、心性的种种变化，慢慢就会沉浸其中、享受其中。所以练了太极拳的人，更懂你自己，懂得你的需求，懂得你现在的身体状况是什么样的。原来这个地方不疼，练着练着觉得怎么有点不舒服，这不是坏事，是发现了问题，因为疼说明你这个地方不通了，你能够仔细观察到自己，就达到认识这一步。否则等你到最后觉得疼得不行了，发生重大的病变，那时候就晚了。提早察觉身体各种内部的不适应、不协调，这是认识自己。

第三件事，改善自己。认识到问题就要改善它的状态。人的健康是跟三个环节相关的，第一个环节是先天因素，包括遗传在内的各种各样的先天因素，这是你没法改变的。第二个环节是环境因素。你整天住在有雾霾的地方，跟住在空气新鲜、四季气候宜人的地方是不一样的。这个环境因素还不光是自然环境，还有社会环境。整天压力特别大，家里家外的各种事情纷繁庞杂，跟你很舒心很快乐是不一样的，环境因素一部分可以改变，一部分是不能改变的。第三个环节是锻炼因素。这是最具主动性的一个因素，是完全可以改变的，太极拳锻炼就属于这个因素。所以人的健康是一个综合性的因素，这样我们也可以理解太极拳家的寿命不一样的原因，很多拳家是健康长寿的，也有少数寿命不长，因为还有很多综合因素。但在其他因素相对固定的情况下，练不练、练得对不对还是有很大区别的。中国生命观有一个基本认识出发点，叫"我命在我不在天"，就是指最后你自己是完全能够把握自己的生命状态的，这是练太极拳的一个根本点。

所以我们练太极拳，高级境界是对自己生命过程的认识和把握，能够去改造它，能够实现一个完整健康的生命过程。

太极拳的理法中融入了中国人关于生活、生命各个方面的智慧，所以它不仅仅局限在健康。常有人问我，太极拳要不要技击？现在社会上争论也比较多。太极拳当然要技击了，太极拳是传统武术，没有技击就不是武术，所以太极拳发展中必须旗帜鲜明地倡导技击。太极拳要不要养生？当然要养生了，现在全世界上亿的人在练，就是为了健康养生的。但是技击是太极拳最核心最重要的东西之一，不是它的最高境界。太极拳的最高境界是对于生命的把握，是赋予人的生命更加幸福和谐的一种文化运动形态。有一次在山东日照开会，中国老年体协的领导问我说，能不能用最简单的话告诉我，太极拳是干什么的？我说概括起来就三句话，第一句话是"让生存更有方法"；第二句话是"让生活更有品质"；第三句话是"让生命更有境界"。这就是太极拳要干的事。所以我们理解太极拳，要从一个大的生命状态来理解，它不是一个简单的、小的东西。原国家体委主任伍绍祖先生曾经讲过一句话，很多人不太理解，他说，武术是体育，但是高于体育。他主要就是指文化智慧这方面的。

生命智慧在太极拳中不是一个简单抽象的东西，它是贯穿在每一个拳势的动作当中的。"中和"是太极拳生命智慧中最重要的内涵之一。那么什么是太极拳的"中和"呢？这个"中"不是说这里有一条线，行拳依照这条线不偏左也不偏右，处在这个地方是"中"，这只是"中"的外在表现形式之一。更深一层是保持"中"的形态，这个形态叫"不偏不倚"，形态比形式更深一步，有动势在内。每个势子都有"不偏不倚"，你来个"单鞭"，虽然一拳一钩，也要不偏不倚；来个"提手上势"，脚下有虚实，手上有前后，形式上不一定完全对称，但形态上要"不偏不倚";来个"云手",也要在中线上不偏不倚,腰的左右转动,是以"中"为一种形态的。所以"中"不是简单的空间概念,而是动态平衡的平衡线。

太极拳中有的形态上并不是简单的不偏不倚,有的拳势静止定式时阴阳虚实很明显,叫"有偏有倚",这边是阴,那边是阳,阳中有阴,阴中有阳。更深刻一点,阳到阴的这边,阴到阳的这边,反复地震荡,但是震荡是围绕着一个平衡点,这也叫"中"。动态平衡不仅不是静止的平衡,也不是平面的,更不是一条线的,有个点为平衡点,立体的、四面八方的。这个点我们把它称为"无极点"。每个拳势有个"无极点",拳势与拳势之间的连接变化也有个"无极点"。"太极者,无极而生",讲的就是这样的平衡结构,就是"中和之道"。所以,王宗岳《太极拳论》开篇就讲"中和之道"。

练拳中,不是说每个动作你摆得很规矩、很标准就对了,关键是"中和",否则就容易僵硬。太极拳是讲究变化的,太极拳理法源于《易经》,"易者,变也",变化的动势当中处处符合"中和"的原则,这才是太极拳真正的"中和"。

这个"和"字也要深入理解,怎么算"和"？太极拳在动态的变化当中,它是在一个大的系统里变化,任何一个动作牵扯的是你上上下下各个部分,是综合的运动,在这个过程中你就要达到一个"和"的状态,这才叫"中和"。"和"是阻力最小、损耗能量最小的状态。太极拳的每个动作都要有这种贯穿的东西。

判断一个人太极功夫的高低,有几个重要参考标准。

首先,你看这个人练拳的感觉如何。由于太极拳是一种内外兼修的功夫,太极功夫练得好的人,他的气质一定是"中和"的,一定有内在的一种气势,这种气势和气质,是那种很沉雄的、不张扬的,但是又很浑厚的。气势出来,气质敛住,拳的"中和"之气就有了。

其次练好太极拳有三个层次。第一个层次是气势。有功夫的人练太极拳一定有一种独特的太极气势。你一看这个人畏畏缩缩、磨磨唧唧、叽叽喳喳,没有气势,拳一定没有练好。太极拳一定是通达的、舒展的。第二个层次,功夫再高一点就有了气度。你能够感觉到的,把气势内敛了以后,装到你自己身体里,融化在你的精气神里、你的肢体当中,就有了气度。第三个层次是气象。功夫练好的人一定有气象,有独特的太极拳的气象。你看历代的太极拳大家拳照,都有他们自己独特的东西在里面。气象是什么东西？就是内外合一。你看他这人往这一站,拳往这一摆,我们中国

杨式太极名家表演

人所说的天人合一、寒暑往来、四季变化都在他的挥洒之间，这是一种气象，当然练到"气象"层次的人比较少。

"中和"还是一种气感。"形、气合一"方为中和。判断一个人太极拳练没练到家，一个重要方面是看他有没有气感，是不是气达梢节。每个动作都要内外合一，一定是有气的，鼓荡全身。所以我们练太极拳的每一个动作，你的四肢百骸都要有气，叫"气遍周身不稍滞"，达不到这种状态，无论外在动作多么舒展，形都是"瘪"的，就算不上"中和"。冬天在外打拳，越练越冷是不对的，应该脚趾头、手指头发热，越练精气神越旺盛。练拳感觉练得很累，说明没到中和状态。

中国的文化是个很独特的体系，它所有的高深理论在太极拳里都一一找到了的对应点。这些年王阳明的"心学"很流行，他的一个重要思想就是"知行合一"，太极拳就是知行合一的。它把人体作为一个符号，把中国很多关于传统的理念融合起来，实践出来。所以练太极拳一定是融合了中国文化的气质在里面。所以真正练好了太极拳的人，真正懂太极拳的人，一定是具有中国文化修养的人。因为太极拳里融合了中国传统文化的精髓，练通几个拳势，胜读若干本书。要了解中国哲学的高深境界，练一练太极拳是有好处的。不同的国家、不同的文化，形成人的主流气质是不一样的。

开幕式

太极拳是对形成中国人的典型气质影响最大的运动形态。太极拳本身是一种健康的机制，又有着生命进退取舍的豁达，既有以柔克刚的机变、有后发先至的沉静，也有"虽千万人吾往矣"的气势。太极拳的内敛、从容、包容、融合、大度、坚忍、刚毅，深深契合了中国人的典型气质，这也是"中和"的气质。

刚才和大家讨论了什么是"中和"，那么太极拳当中"中和"的表现形态和特点有哪些？

第一点，在形上的"中和"表现形态叫"中正安舒"。大家都知道，练太极拳一定要形正才能气正、才能意正，意正了，练习太极拳才能消除你的各种紧张点。如果意不正，一定达不到这个效果。

第二点，在劲上的"中和"表现形态叫"刚柔相济"。太极拳讲"劲"不讲力，所以说"用意不用力"。经常有人问，太极拳中"力"和"劲"有什么区别？它们在以下这些方面都有区别：力是单一的作用点，劲的作用点是多点的；力的方向是单向的，劲的方向是多向的，还可以是螺旋的；力的大小是相对固定的，劲的大小是不断变化的；力是刚的，劲是刚柔相济的。此外，力就一种，劲有很多种。在太极前辈的书中，有的把劲分成了几十种之多。用一句话概况就是，劲是复合的、优化了的力。

第三点，在气上的"中和"表现是细、匀、深、长四个字。关于呼吸，不同的老师讲法很多，有的说要配合动作，即拳势呼吸，比如开为呼、合为吸，或者反过来。有的讲要腹式呼吸，腹式呼吸又包括顺腹式呼吸和逆腹式呼吸。也有的人说不用特别关注，自然呼吸即可，你练你的拳，呼吸随它去，自然状态即可。每个老师讲得都有道理，虽然要求不同，但都离不开"细、匀、深、长"这四个字，这四个字就是呼吸上的"中和之道"。

第四点，在意上的"中和"表现就是"绵绵若存"，绵绵若存说得白一点叫若有若无。练拳要运用意念，太极拳强调"用意不用力"，但意念不能太重，太重就"滞"了，就淤在那，气脉就不通了，时间长了就会形成堵塞。意念也是会僵化的，意念僵化就会引起内气运行的紊乱。西方有人把太极翻译成"意识体操"，也是突出"意"的特点。如果没有意，就是单纯的体操，就是形体运动了。意念过了，身心就失去"中和"。

第五点，在拳势上的"中和"表现是"随曲就伸"四个字。现在大家写书的时候，有时候写成"拳式"，有时候写成"拳势"，前者更突出固定性的、形态性的东西，后者突出一种变化的东西。太极拳练到最后要生动，要有韵味，就是要有"势"，"势"的核心就是"随曲就伸"。"随曲就伸"就是"中和"，在变化方面的"中和"。技击的时候，你和对方形成一个"势"的场；练拳的时候，你的身心和周围环境就是一个"变化"的场。一个人对这个"势"的把握有几种类型，一种是他不会用"势"，甚至逆势而动，就会出问题。第二种是高手，他会顺势而为，"势"来了他会借。当然更高的是会造"势"，造成了"势"再顺势借势。什么叫"随曲就伸"，就像水一样，山涧里边起起伏伏，这里有个水塘，那里有个瀑布，水一定是随曲就伸、随物赋形。杯子什么样，容器什么样，水就是什么样。

练拳也是这样，呈现一种拳势，这个拳势是空间、时间、形态、意念的综合体。同样一个推掌，有没有这个"势"是不一样的。单纯一推很单薄，如果前推的同时，你把气贴着脊背，左右手一对拉，"势"就出来了。再配合头顶百会穴微微上领，脚底涌泉穴稍稍一抓，松开膝、腰、胯，这个"势"又不一样了。练拳能不能把你的生命能量盘活，关键在"势"上。

第六点，在拳功上的"中和"表现也是四个字：蓄、发、相、变。练功是要积累的，首先要能懂得"蓄"，不懂得"蓄"的人就练不好内功，人的生命能量就像蓄水池、充电池，要不断补充，练太极内功是补充方法之一。"发"是让水活起来，不懂得"发"的人，如同死水一潭，时间长了，那死水一潭就要变质。所以有三个字形容练内功，叫"活泼泼"，活泼泼的那个样子。佛家讲"行走坐卧不离这个"，就是活泼泼的这种生命状态。这就是太极拳内功的"中和之道"，即"蓄发相变"。

"中和"是一种高级智慧，我们通过练太极拳可以深入理解，从而运用到生活当中、运用到生命过程当中。"中和"的智慧从动态来说，它是一种方法，这很容易理解，但是从高级的境界来说，它实际上是一种"中和"的状态。这种"中和"状态有很多特点，我就不一一说了，我举一个例子，"中和"之礼，礼貌的礼，拳本身也是练的一种"礼"，不能简单地理解为礼貌，"礼"是内心深处对于生命和自然沟通了以后产生的一种自然的尊重和喜悦，练好拳又培养了品味和贵族气质。以前有句话叫"知书达理"，我们也可以说"知拳达礼"，通过练拳，懂得了"礼"的要义。孔子过去对他的儿子说过一句话，叫"不学诗无以言"，当时主要讲《诗经》，这句话的意思不是说不学《诗经》你就不会说话了，或者不学《诗经》你不能说话，而是说你不学《诗经》，你没法和高层次的人一起谈话，你到那个圈子你都不知道怎么说话，你也不知道你说什么，说了人家会觉得你没修养，笑话你，这就是指品味。我后来改造了一下，我说"不习拳无以行"，不是说你不练太极就不会走路，而是说不明白怎么走最合适，你走不出最佳的状态来。"礼"是一种综合性的心性的修养，是一种智慧，是一种发自内心的表达。所以我说练好太极拳的人，也应该是很有品味的人。他懂得生活是怎么样的一个状态，懂得怎么样去品生活。所以，太极拳应该作为中国国民素质教育的一个基础培训内容之一。

关于"中和"的智慧，我简单再给大家提示几点，都是大白话。第一句话，"到位，但不破位"。练拳要到位，手该到哪，脚该到哪，劲力意气该到哪，要明确。但是不能破，形破体，劲就不完整，气破体，就散出去了，这都是破位。办事情也是这样，不到位或做不充分，不能充分地利用、发挥固有的能量，过了可能反为其害。太极是一个圆球，球里始终有东西，小中见大，有限包含了无限，以有限来体悟无限，这是太极拳的一种方法论。第二句话，"瞻前但也顾后"。一定要有前瞻性，有前必有后，有左必有右，欲将物掀起，必先寓下挫之力。拳未动，意先行。顾后，就是拳势的变化，不要"变老"，做在"极点"之前把后面的变化了然清楚。在日常生活中应用很多，比如"未料胜先料败"，做任何一件事情，没有忧患意识不行，没有保底线不行，没有止损位不行，所以瞻前也要顾后。第三句话，"后发而能先至"。不要莽撞地行动，太极拳以静制动，但是可后发先至，这就要求你的爆发力很强，彻底松，才能爆发大能量。陈式太极拳的"掩手肱捶"是个发劲动作，但要先松得彻底，你发的劲才能整、才能快。松得越彻底，协调性就越高，速度也越快，才能做到"后发先至"。第四句话，"细微而至宏大"。练太极拳为什么要慢？慢就能细，拉长体感、体悟的时间，把细节放大，慢下来以后你能细细体会很多以前没注意的事，体会更深刻的事。写书法，有的人飞龙走凤，一快掩百丑。真正要练书法，行笔不可过快，笔法上纯熟了，有功力了，你就敢于慢慢地写，起承转合交代得很清楚，拳也一样。比如"搂膝拗步"，一个推掌过去，中指领起来，与心经沟通，下手掌慢慢下按，与前推掌相合，百会穴微微上领，前后腿的重心虚实分布好，每一处细微构成了一个气势宏大的稳定结构。慢练的过程中，对一切内在的行气路径和感觉也可以进行有效调整。

另外，"野马分鬃"和"如封似闭"都有"展"的练法，手和臂展的过程中还有旋转的成分，其中还有裹、有松，分手、推手的时候肩沉不沉？腰如何旋转？练的时候不可能想那么细，但是你分开琢磨这个事的时候就要细，叫不厌其细，做到了精微才能致宏大。这样去看，"中和"不仅是说阴阳两个因素的辩证关系，也是一种整体观。

高筑太极"黄金台"

——在定兴黄金台武术节上的演讲

2019年10月18—20日，河北定兴"京工万达杯"黄金台武术节暨孙氏武学全国观摩交流大会隆重举行。一场由优秀太极拳传人，河北、定兴的太极、武术机构，各界太极拳爱好者，定兴中小学生广泛参与的汇集2000多人的太极展演活动精彩呈现，在古色古香具有浓郁传统文化韵味的"黄金台"上及周边区域，展开了一幅独特的生动太极画卷。本次活动以"赏金台文化，品健康定兴"为主题，旨在传承和弘扬中华武学文化，促进武学交流，推动地域文化和武学文化和谐交融，全国各地孙氏武学传人齐聚定兴，登黄金台，观非遗文化，品武学精华，各地孙氏武学名家进行了展演。活动由保定市体育局、定兴县人民政府主办，世界太极拳网作为媒体协办机构，予以大力支持。文化节期间，举行了全国孙氏武学高峰论坛。论坛由张春光主持，余功保、张茂清、霍培林、刘树春、童旭东分别演讲。

极享——余功保太极演讲录

（2019年10月19日 河北定兴）

定兴黄金台武术节演讲

非常高兴来参加定兴的黄金台武术节和孙氏武学全国观摩交流大会。定兴是具有悠久武术历史和深厚群众基础的地方。"定兴三李"名扬武林，有很多传奇。近年来，在定兴县委、县政府大力支持和领导下，在定兴一大批优秀的武术传承人不懈地努力下，这里已经成为孙氏武学以及传统武术的兴旺之地。

这次汇集2000多人的孙式太极拳展演活动，围绕黄金台周围，开合进退，阴阳变化，很壮观、很生动。特别是其中有很多青少年学生练习，我听说咱们定兴很多学校都在教授孙式太极拳，这就更具特色和意义。青少年正值金色年华，如日初升，太极给他们赋能，帮助他们今后的人生更加光彩闪耀，今天我们在具有历史象征意义的黄金台展示太极功夫，研讨太极文化，也是筑起一座太极"黄金台"，从这里必然会走出众多的"贤达仁人"。

当今太极拳发展最缺的是优秀的人才，特别是具有深厚武术情感、具有浓郁家国情怀、具有精深武术功夫、具有良好道德修养，又具有现代科学文化知识的人才。孙氏武学在这方面是有传统的，孙禄堂先生、孙剑云先生都是文武兼修的典范性人物，他们用自己的一生，诠释了中华武学的价值和内涵。我们期望定兴能在这方面做出积极的贡献。

我们正处在一个伟大的时代，中国的武术面临着历史上前所未有的发展环境、发展条件和发展机遇。定兴的这次活动，也是今年全国传统武术的一件盛事。祝愿孙氏武学和其他各流派的传统武术一道，为中华民族文化的复兴与昌盛发挥积极作用。

黄金台上演太极

张茂清先生在论坛报告

孙婉容老师向组委会赠送条幅并讲话

童旭东先生在论坛报告

名家表演－霍培林

高筑太极『黄金台』

名家表演－刘树春

名家表演－沈宝发

太极拳的取舍之道

——在『感恩太极大学堂』南山游学班结业典礼上的演讲

2019年10月19—25日，"感恩太极大学堂"在三亚南山文化旅游景区内举办游学培训班。来自全国各地的数十名学员参加培训，并参加了三亚南山第四届世界太极文化旅游节活动。

极享——余功保太极演讲录

（2019年10月25日 三亚南山景区）

大家经过一周左右的培训，今天就要结业了。我前些天就跟大卫约好，结业的时候来跟大家见面聊一聊。虽然过两天三亚南山第四届世界太极文化旅游节就要开幕，现在筹备工作很紧张，但事关太极人才培养，又事先答应了，所以今天我还是来跟大家分享一下太极。

具体的技术我就不讲了，你们在这个培训班学了很多。我想在这里简单说说太极拳里一个十分重要的核心问题，就是太极拳的取舍之道。

我始终强调，太极拳是一种生命智慧。太极修行有几个层面，第一个层面是技术、技击、健身的作用；第二个层面是心性修养的层面；第三个层面就是生命智慧，关于宇宙、自然、生命一体的问题。在这个层面上来说，中国文化是一个圆融体，太极拳是文化实践。我们今年的世界太极圆桌会议的主题是"佛学与太极"，也研究这方面的内容。

几年前我们在南山办首届世界太极文化节，有的人还讨论，太极拳不是道家的么？怎么在佛教文化园区内办？说太极是道家的，还是儒家的等，这是比较片面的一种理解，其实太极拳中儒释道内容都有。南山寺方丈印顺大和尚在文化节开幕式专门做了主旨演讲，阐述中国文化的融通性。从根本上来说，中国的太极拳是在儒释道一体的中国文化土壤中出现的，这就是一个"取"，取中国文化之本。太极拳把中国文化的各个学术流派，诸子百家，中国武术的各种拳法流派、内功外技为我所用，取百家之长，近取诸身，远取诸物。所以太极拳的产生就是"取"的结果。但太极拳又具

感恩太极大学堂在三亚南山练拳

有"舍"的特性，不仅舍弃了传统武术的一些习惯性的训练、使用方法，还在理法和实践上极致地发挥了中国文化中"舍"的理念和思维模式。可以说，不懂"舍"，就不可能真正地懂得太极拳。

我们的人生，很多人在不断进取，大家一般认为，成功源自不断进取，这从某个角度看是对的。但如果仔细静思一下，我们会发现，更多时候，甚至更重要的元素，取决于我们的"舍"。舍什么？如何舍？每一天我们都会面对很多抉择，能取的少，需要我们舍的多，懂得取舍之道，就是懂得人生大智慧。太极拳中，恰恰重点讲的就是这一点。

"无为"是老子《道德经》的一个重要思想，"无为"很重要的一方面就是"舍"。《道德经》第十二章中说："五色令人目盲，五音令人耳聋，五味令人口爽,驰骋畋猎令人心发狂,难得之货令人行妨。是以圣人为腹不为目,故去彼取此。"这是阐述修身之法,也是太极拳练习的法要,就是摒弃外在杂乱因素的干扰,向内而修,获得内在的、纯净化的身心环境。这个环境是帮助我们增长生命能量的。

但是对太极拳中"舍"的元素,很多人还是有误解的。比如"柔"的问题,"柔"是"舍"在太极拳中一个突出应用。"柔"是太极拳标签性的要领,如"以柔克刚""柔顺"等。社会上相当一部人还是认为太极拳是老人练的、是体弱的人练的。大家说,你退休了,好啊,这回你可以练练太极拳了,或者在你生病以后说,你该练练太极拳,有助于康复。这是对的,但是,你年轻的时候,你健康的时候,难道不可以练练太极拳吗?

一次讲座当中,听众也是来自全国各地,都是辅导老师级别的,我问大家,你们认为太极拳是"刚拳"还是"柔拳"?百分之九十的人说,是柔拳。我问为什么?大家说,太极拳处处讲究柔嘛,我说,大家讲得也没错,但是我认为太极拳更是"刚拳"。太极拳本质上是一种刚性拳,"柔"是它的一个过程、手段,叫"积柔成刚""百炼钢化为绕指柔"。你在技击当中,"柔"是一种训练方法,慢练是为了更

南山太极文化节组委会领导关鹏、杨其元参加讲座活动

快,不可能上擂台或者实战中,让你慢慢打。技击最终还是手快打手慢,击中你的一瞬间,还是力大胜力小。所以练拳时我们要把过程、结果、出发点分清楚,这样才能更精确地把握太极拳的核心。

所以"柔"是一个过程,练太极拳是为了让人意志力更加坚强,生命力更加勃发,对生活更加热爱,让人的状态更加激情四溢、阳光灿烂,这就是阳刚之气。所以练了太极拳的人,他一定是具有蓬勃的阳刚之气,洋溢着一种健康向上之气。当然它有内敛沉雄的一面,这就是刚柔相济的状态。你不能说练了太极拳以后,都缩头缩脑的,走路举止就是慢慢悠悠、行动迟缓的,这是不对的,应该"静如处子,动如怒涛"。"动"为取,"静"为舍,动静问题也是取舍问题。

所以太极拳本质上是一种"刚"拳,当然这个刚是加引号的,不是那种简单的刚。练太极拳,既要有年老的、体弱的,也应该有阳光灿烂的人、身体健康的人、年轻活泼的人、时尚潮流的人。

练拳本身就是"取",取中要懂得"舍"。太极拳作为一种武术,当然有武术的共性,这就是要进取。现在有的人练太极拳练着练着就练偏了。有人说我练太极拳挺刻苦,练了两小时很累,我要休息休息,这就有点问题。应该越练太极拳越精神,练两小时以后应该精神饱满,一点不累,还想练。你累了,说明你"取"过了,没有"舍"或者舍得不够,该舍的没舍掉,累赘太多,负担太重,所以累。

练太极不能过劳。比如练站桩,应该越练内力越充沛。你要到内功的阶段,越练越内气勃发,你站在那不动,也浑身发热,冬天练得四肢发热,不会是手脚冰凉。所以练太极拳,你说功夫高低如何衡量,我说这很简单,两个因素,一个是你看这个老师的气度气质,练好太极拳的人,一定是内敛沉雄,气宇轩昂,不会畏畏缩缩的。还有一个,是不是气脉贯通了,经常练得手脚冰凉的人一定没练好。

太极拳的每个动作都有运气的功夫,一定要在梢节上有气,就像一个手形的气球。充没充满气,一个指标是手指上允到气了没有,手指上充满了,中间才能充满,这就是"气达梢节"的道理,就是太极拳中讲的"气遍周身"。这也是太极拳取舍之道、取气舍形。

我们一生当中,大部分时间都在不停地获得、追求,但是回过头看,对我们影响最关键的,能为我们身心健康、生命境界、事业发展带来飞跃的核心点是你懂得"舍",很多时候我们需要做的判断是要舍弃哪些东西。比如有些人辞职下海,这就是一个"舍"。怎么他发展起来，而我这还这样？因为人家当初有一个"舍"。我们入校读书，大学有选修课，表面上选的是一两门课，这是从一个角度来看，我觉得选的结果实际上更大的意义在于你舍弃了多少其他课，这是着眼点的不同。

太极拳"舍"的理论不是空泛的，是根据实际练习方法有对应的。比如太极拳的劲力上，要"舍"什么？舍掉僵化，我们叫"去僵化柔"，这个"去"是什么？就是舍。所以练太极拳第一步你要松下来要舍掉僵硬，把僵硬去掉以后，你才能得到柔劲。有些人练太极拳说我不知道怎么柔，那你反过来练，去掉你的僵，之后就能达到柔。因为我们很多人在长期的劳作当中积累了很多的紧张点，就是僵化点。我们出生后最佳的状态、浑圆生命的状态是婴儿状态，就是松柔的状态，这是老子很推崇的状态，婴儿状态是没有僵化的。我们练拳，也要追求"能婴儿乎"？从意念上来说，要舍掉杂念。我们在练拳当中，有一句话叫"练拳无人似有人"，这是从技击训练"术"的层面上讲的。还有一句话叫"用意不用力"，这是从"功"的层面上讲的。练太极到高水平就是"拳无拳，意无意"，要学会怎么样舍弃执着的杂念。太极拳的内功状态是什么？首先取决于你的安静的状态，真正能够静得下来，杂念能去掉，形、意、气才能"如一"，才能内功上身。如果舍不掉杂念，比如老想技击的人，练的时候总想着这招怎么用，这就不是真正的太极拳。有杂念后，人总是局限在一个范围内。所以练太极的高境界，内功的境界叫"有意无意之间""若有若无"。

"若有若无"指内功，指到了高层次，这和规范不矛盾。太极拳从硬件上来说，练的招式开始就要有规范，这是必须的。因为规范定型后，你才能有更大的空间、更大的余地去自由，去"无"。也就是说，你意念上的"舍"，是建立在形态上的"取"基础上的。我记得我上次在扎西老师咸阳纪念活动上，我专门强调一个入门学习时拳架子规范的重要性，这是针对有些人觉得架子不重要而言的。有的人认为我要练内，架子不重要，这种观点是不对的，架子非常重要。入门时你必须规范，哪怕一开始你会觉得有点别扭，树立规范的过程就是纠正你一些不正确习惯和姿态的过程，难免有点不适应，这是"取"的过程，是由简到繁的过程。规范之后，达到一定的程度，就逐渐要化繁为简。一个套路几十式，逐渐练成一式中包含许多式。吴式太极拳大家杨禹廷先生，健康长寿到96岁。他曾说，太极拳那么多式，练到最后就两式，一式叫"阴"，一式叫"阳"。这就是化繁为简，就是"舍"的练法。

太极拳动作之外是"心法"，心法就是由"舍"而提炼出来的东西。在心法层次上看太极，每个动作都是贯穿心法的，所以太极拳从头到尾就一式。到那个程度，每个动作外形是一个区别，只是空间的方位不同，它内在的练习法则是一致的。一开始不要求大家都到这个地步，大家可以逐渐来。所以太极拳是学无止境的，是你学一辈子永远有提升的东西。到了那个程度，太极拳就是你自己的了。

所以我经常强调，太极拳是一个非常个性化的拳，怎样练算最好？最适合你的、你觉得最舒服的就是最好的。这时候算"舍"了拳，"取"了你。

与培训班部分学员合影

新中国70年太极发展成果展开幕

提高国民素质的基础课
——在新中国七十年太极拳发展座谈会上的发言

2019年10月26—31日,三亚南山第四届世界太极文化旅游节隆重举行。作为文化旅游节的一项重要内容,举行了"新中国七十年太极拳发展座谈会"。来自世界各地的太极拳名家、专家、推广人,优秀机构代表约50人参加。

极享——余功保太极演讲录

（2019年10月30日 三亚南山景区贵宾厅）

感谢邱丕相老师的主持。刚才几位老师都做了发言，充满了情感和责任感。我们今天参加座谈会的老师都是在太极拳传承、研究、传播、实践的第一线，并且都取得了很大的成就，作出了突出贡献。大家作为亲历者来谈中华人民共和国成立70年来的发展，最权威、最生动。我们组织这么一个座谈会，一是简单回顾，更重要的是着眼未来。

因为时间关系，不可能展开来说。我这里用十个"一"提取70年间的10幅图，来回望一下70年来太极拳的发展概况。

一个理念，就是太极拳要为广大群众的健康服务。这个理念是新中国发展太极拳的理念，这个理念的倡导者是毛泽东主席。他提出"发展体育运动，增强人民体质"，这是一个很重要的基石。

一套拳，就是24式简化太极拳。1956年，当时国家体委组织太极拳的各个流派的专家们编创的这套太极拳，成为70年来习练人数最多、流传面最广的太极拳套路。可以说很多人就是学着它进入太极拳的大门的。这套拳为太极拳发展作出了重要贡献，也是当今世界上锻炼人数最多的体育形式。虽然在这几十年的过程中，特别是开始阶段，对24式简化太极拳的争论比较多，比如如何在推广中保持传统性等，但越来越多的人对这套拳予以高度认可。

一句话，就是邓小平同志说的"太极拳好"。太极拳论历代有很多，这句话却是最简短、最本质，在当代也是影响最大的一句"拳论"。邓小平同志1978年的这句题

世界冠军陈思坦演示24式太极拳势

词，鼓舞了很多人参与到太极拳锻炼、推广中来。

一个机构，就是国家体育总局武术运动管理中心，最初成立的时候叫武术研究院，后来又增加了中心的牌子，和中国武术协会在一起，实际上是一套人员几块牌子。作为国家体育总局的武术主管部门，武术运动管理中心在组织国内外武术活动、综合推动太极拳发展上，发挥了重要作用。许多竞赛太极拳套路也是由武术研究院组织编定的。今天在座的有好几位都是原来武术研究院、武术运动管理中心的领导。

一个联合会，国际武术联合会。1990年成立，这是一个真正由中国人主导的，以中国项目为核心的国际化

国际武术联合会成立大会

体育组织。徐才同志在担任武术领导工作时，带领一批优秀武术工作者，为联合会的成立不懈努力。联合会成立后，开展了许多卓有成效的工作，成为武术、太极拳国际化发展的核心推动力量。

一个演练，天安门万人太极拳集体演练，不仅开创了万人以上太极拳演练的先河，并且由于天安门特殊的地位，使得这场表演意义非凡，影响深远。中央电视台当时做了全程实况直播，许多流派的太极拳名家、武术影视明星参加了演练活动。我们去国外的时候，在中国驻外使领馆办公室内，很多次看到天安门万人太极拳表演的照片。这次表演的传播价值很大，后来许多场合、许多地方都相继举行过大规模的太极拳演练活动，显示了太极拳运动群众广泛的参与性。

一个活动，世界太极拳健康大会。2001年在三亚举行。当代群众性太极拳活动很多，搞得都不错，世界太极拳健康大会是其中具有代表性的一个。无论从规模上、内容上、影响上都具有很突出的地位。这个活动最大的特点是倡导科学性、文化性、国际性、群众性，作为21世纪初期的一项大活动，对后来的许多太极拳活动都具有影响作用。自2001年之后，武术运动管理中心基本上每两年举办一次，已经举办了七届。

一次进入，就是太极拳进入高校。太极拳进入高校，几十年间一直在做，有很多大学老师、民间拳师作出了很多努力。一个标志性的事情，就是1982年北京大学武术协会的成立，掀起全国性高等学校习练武术、太极拳的热潮。北大武协专门设立了太极拳组织，邀请各流派优秀名家到学校授课。其后全国各高校也纷纷在师生中大规模推广太极拳。多年来高等学校培训了大量太极拳人才，随着学生们走向世界各地，太极文化也得到广泛传播。

一个项目，就是太极推手。这个项目说起来比较复杂，有进展、有突破、有曲折，还有待突破。技击是太极拳的重要属性之一，太极推手是训练技击的重要方式。所以发展太极推手也是太极拳发展的必然。1982年

"太极英雄擂"推手比赛

在新中国七十年太极发展座谈会上发言

11月，全国首届武术对抗项目——散打、太极推手表演赛在北京举行。太极推手首次作为一项体育竞赛项目问世。其实从1962年国家体委就开始了推手的有关研究，1979年开始试点，积累经验。由于规则、风格等方面的问题，推手作为全国正式比赛项目也曾暂停。但近年来很多社会化武术活动、太极拳活动中都设立了太极推手项目，也深受欢迎。我们今年也举办了系列的"太极英雄擂——太极推手比赛"，反响还不错。作为完整的太极拳体系，太极推手是必须发展的。

一次挖整，就是全国武术挖掘整理工作。这不仅是新中国，也是历史上由政府组织的最大规模、最广范围、最深入的传统武术挖掘整理活动。从1983年到1986年在国家体委领导组织下，各级体委武术挖整组的积极配合下，历时3年，对全国的武术进行了一次全面的普查，并对传统技艺进行挖掘整理，取得了丰硕的成果。这次工作搜集了大量拳谱，录制了70岁以上老拳师拳艺视频400小时左右，其中很大一部分是有关太极拳的珍贵史料，获得一批极有价值的太极拳技、拳理的祖传孤本、善本、抄本，这些成为继承、发展太极拳的宝贵资料。

以上是回顾70年来的太极历程的10点总结，当然除了这"10幅图"，还有很多精彩画面，共同组成了当代太极拳波澜壮阔的画卷。

中华人民共和国成立以来，太极拳发展经历了不同的阶段，形成了多层次的发展格局，从传统体育运动项目，到群众的主要健身手段，覆盖面越来越广。但太极拳发展还有巨大的提升空间，发展的层次和质量还应不断提高，应该加强研究和宣传，使太极拳成为提高国民素质的基本教育方式之一，让更多人受益于太极拳的身心健康效能。

世界太极明星联队表演

生命因太极而精彩

——在三亚南山第四届世界太极文化旅游节开幕式上的致辞

2019年10月26—31日，历时6天的三亚南山第四届世界太极文化旅游节隆重举行，共有来自中国、美国、澳大利亚、德国等36个国家和地区近3000多名各流派名家、传人以及代表参加。本届太极文化旅游节主要活动包括新中国70年太极拳发展成果展、太极功夫交流大赛、太极英雄擂"王中王"决赛、太极旅游峰会与论坛、世界太极导师大讲堂、"佛学与太极文化"世界太极圆桌会议、颁奖盛典、太极健康旅游等，打造"互联网+太极文化""体育+文化+旅游"的特色精品文化活动。活动期间，还向广大市民和游客推出以"游三亚，品太极"为主题的"太极文化周"活动，组织"太极名家走进三亚校园"的公益活动。组委会还联合多家太极业界权威媒体，在颁奖典礼上首次评选发布"世界太极影响力排行榜"，包括"70年太极拳最具影响力人物""70年最具影响力太极机构"等。颁奖盛典上，由各个时期顶尖太极、武术世界冠军组成的"明星联队"首次亮相，各展绝技，轰动全场。

极享——余功保太极演讲录

（2019年10月27日 三亚南山文化旅游景区）

开幕式致辞

各位领导，各位嘉宾，各位太极拳的名家、传人、爱好者，女士们、先生们：

大家上午好。

三亚南山第四届世界太极文化旅游节今天在这里隆重拉开序幕。这项活动已连续举办四届，已经成为全世界广大太极爱好者一项传统的节庆活动。

今年，在前三届的基础上升级为世界太极文化旅游节，更加拓展了其活动的结

开幕盛况

构、功能、影响以及辐射面,显示了太极拳立足于传统,面向现代、面向群众、面向未来的立体化定位,标志着太极拳活动迈向又一崭新的台阶。

我从每一位参会者脸上洋溢着的太极拳文明之光、健康之光和智慧之光,可以看到、感受到一批当代具有代表性的优秀的太极拳精英,他们用自己的行动诠释着太极拳的内涵与价值。从他们身上看到了太极拳的活力、魅力、张力与鲜活的生命力。如果说太极是一首歌,我们每一位朋友都是一个音符;如果说太极是一首诗,我们每一位朋友都是一个隽永的词汇;如果说太极是一座文化长城,我们在座的每一个朋友都是其中必不可少的一块砖。

我们非常高兴地看到,三亚南山世界太极文化旅游节已经成为当代最负盛名、最具影响力的太极文化活动,更关键的是,它是最讲究科学内涵、最讲究文化品味,并且形成了多平台、多层次、全域化的综合性的太极文化活动。

我们在夯实太极拳的传统根基的同时,努力拓展太极拳的现代辐射力。我们始终秉承着一个理念,太极拳属于人类生命智慧的结晶,它应该更好地服务于人类的生命质量的提高和生命状态的优化。

极享——余功保太极演讲录

　　太极拳不是一种技术和工具，它是提高国民基本素质的必须。

　　三亚南山世界太极文化旅游节不是一场简单的活动，它是一种理念。在这里，我们可以自由表达和分享对于太极拳的理解。它是一个平台，在这上面，每个流派、每一位名家和传人都能将其作为大展宏图的用武之地。

　　生活因为太极而更加丰富，生命因为太极而更加精彩。

　　谢谢大家。

第四届世界太极文化旅游节闭幕盛典

生命因太极而精彩

世界太极圆桌会议

"无形"与"无明"
——在"佛学与太极"世界太极圆桌会议上的主持发言

2019年10月26—30日,三亚南山第四届世界太极文化旅游节在三亚南山景区隆重举行。文化节期间,举行了"佛学与太极"世界太极圆桌会议。来自海内外的太极名家、专家教授、佛学文化研究者参加了会议。

极享——余功保太极演讲录

（2019年10月29日 三亚南山景区）

世界太极圆桌会议是我们在三亚南山世界太极文化旅游节上创办的一个专题性的高端研讨会，自2016年以来已经举办了四届，每届一个专题，参加的人员都是来自世界各地的太极拳研究、教学、推广的高端人才。前三届的主题包括"太极拳的国际化发展""太极拳的现代化教育""传统太极拳的内涵与再生力"等。

今天众多来自世界各地的太极拳名家、佛学研究专家、大学教授坐在一起，探讨太极拳与佛学这个专题。这是个很有意思的内容，进行这个研讨的前提，是我们认同中国传统文化的一体性，儒、释、道三家，在太极拳这个文化载体上，产生了和谐的共振应和。前两天我和南山景区的关总一起拜访了南山寺主持印顺大和尚，我们也谈了一些关于佛学与太极拳的内容。印顺大和尚也出席了几次文化节活动，今天也来参加了这个论坛，十分感谢。

太极拳与佛学在很多方面具有相通性、相融性，许多方面互相印证。从对世界的认知方法来看，佛学讲究"破执"——破除执念，求得真实。佛教讲究"空"，认为很多的障碍来自我们的内心，要"缘起性空"，从自性见中走出来，用无限之心认识无限的宇宙。这种认知观在太极拳理法中也有充分的阐释，太极拳论讲"无形无相，全身透空"，就是以自我执念的摒除，达到"泉清河静"的生命状态。在生命的修持方法上，也有一些映对，佛教讲"照见五蕴皆空"和太极拳的"恬淡虚无，真气从之"的修为方式互为相通。

佛教中有一个"无明"障碍的概念，修行就是破"无明"，将"增益"和"损

「无形」与「无明」

主持首届世界太极圆桌会议

减"作为修行的两方面因素，这在太极拳修炼中也有类似的概念、体现方式和进阶阶段。太极拳中的"无形"境界，就是超越自我形体的束缚，达到拳道无极的状态，实现生命的高度自由。当然，这些理法不是简单的对应，而是不同体系对生命、自然探索和体证的分别表达。

佛教中的禅宗文化对太极拳的理法与实践也有很显著的影响。太极拳"金刚捣碓"的练法就有直指人心的"拳喝"之效。无惊无惧便得大勇，不取不欲便是自如，修拳既修身、修劲，也修心。

今天在座的专家学者和太极拳家们也准备了一些发言内容，也欢迎大家热烈讨论。太极拳是一个开放的结构，所以它吸收了很多武术流派的精华，也融汇了儒、释、道三家的文化要旨，希望今天的研讨会在太极文化的透析方面取得一点积极的成果。

太极动商

——在镇江职业技术学院『动商』研究中心揭牌仪式上的演讲

2019年11月27日，江苏省非物质文化遗产孙氏太极拳传承基地暨动商研究中心揭牌仪式在镇江职业技术学院隆重举行。校长丁钢，副校长李大洪，太极文化学者余功保，市老科技工作者协会会长赵珏，南京理工大学动商研究中心主任王宗平教授，镇江市老科协常务副会长徐铭，孙式太极拳名家张茂清、霍培林等参加活动。揭牌仪式上，赵珏和余功保共同为"孙氏太极拳传承基地"揭牌，丁钢和王宗平共同为"动商发展研究中心"揭牌，李大洪、徐铭为特聘教授和教师颁发聘书。揭牌仪式后，举行了太极拳和动商研讨会。王宗平、余功保分别做了演讲。

极享——余功保太极演讲录

（2019年11月27日　江苏镇江职业技术学院文体中心）

做"动商与太极拳"发言

感谢镇江职业技术学院领导的重视，今天举行孙氏太极拳传承基地和动商研究中心两个揭牌仪式，这两者也是有密切关联的。

刚才听了王宗平教授对"动商"有关内容的介绍，很受启发。王教授积极倡导"动商"的概念，在全国学校教育系统、在体育界都产生了热烈反响。他刚才也专门提到，动商与太极拳相结合有很大的研究价值和推广价值，我觉得这是太极拳在现代社会发展的一个很有意义的切入点。

以前我们比较熟悉情商、智商，前些年也有人提出过健商，这些都是和人的身心相关的，谈到"商"就是和大脑、中医，和太极拳所说的"心"相关。我以为，"动商"是关于运动健康的一种综合能力，就是如何科学锻炼，如何适当选择锻炼方式、形态，如何安排锻炼程序等。

这方面，有两点我认为需要强调。

第一，太极拳是一种"动商"的作品，太极拳的运动可以有效提升人的"动商"水平和能力。太极拳练习以形入手，以心为要。高水平的太极拳锻炼是要获得修心的效果，太极拳的锻炼对人的体能、智能、心性有较大程度的提升，能够改善人的生命基本素质。通过太极拳的锻炼，能够深入了解人的生命特性，从而把握如何锻炼更具效能，在有限的锻炼时间里，获得更大的锻炼价值。太极拳对人体的改善、改造是全方位、长久性的，对其他的运动也有辅助作用，这也就是动商"为运动赋能"的效果。

第二，练习太极拳也要讲究"动商"，科学地动，科学修炼。不仅要以心行气，还要以心驭体。"动商"概念的一个核心，就是有序锻炼、全程锻炼，不是简单地运动就有效果。将"动商"的观念引入到太极拳锻炼中。动商中的"将运动有机嵌入全生命过程以获取最大效益的智慧"的理念与太极拳的具体练习要领和原则是高度吻合的。

太极拳的锻炼从动商角度来说，是一种社会学的概念。练拳不单纯是个体的事，与自然、社会、他人都有关联。比如太极拳练习的社交属性，以往我们关注得不够，但从动商的角度，从对身心多层次改善的角度来说，就值得我们去研究。

太极拳的发展方式应该紧密结合时代特征、时代属性，吸收时代科学、人文成果。太极拳与动商的结合研究，希望能为广大太极拳教师和爱好者提供一种有助的思路。

孙氏太极拳传承基地揭牌

参加动商与太极拳研讨活动

武居于心，无拘于天地
——在『梧居堂』国学健康大讲堂上的讲座

2019年11月27—28日，国学健康研修交流平台"梧居堂"在江苏镇江举行启动典礼。余功保、任刚、张茂清、霍培林、马广禄、王战军、沈宝发、左常波等来自全国各地的国学健康领域的数十位名家、嘉宾出席活动。28日上午，余功保先生主持"梧居堂"启动典礼，并在首场"梧居堂"国学健康大讲堂上做"太极内功的心法"讲座。在"大讲堂"活动中，任刚先生做"太极文化与太极拳行法"讲座、张茂清先生做"传统武术的要领和原则"讲座、王战军先生做"太极拳四大层次"讲座。世界太极拳网进行了网络直播，梧居堂创办人宋伟先生主持了大讲堂活动。

梧居堂启动典礼中，还举行了"中国传统生命健康文化展览"以及书法、古琴、茶道、香道品鉴等交流活动。

极享——余功保太极演讲录

(2019年11月28日　江苏镇江梧居堂)

梧居堂雅集

  各位朋友大家好。今天梧居堂举行启动典礼，高朋满座。江苏镇江是个文韬武略兼备的地方，可以说是"承千年文宗武脉，蕴古今江山灵秀"。宋伟先生倾心构建"梧居堂"这个平台，以生命健康、身心修持、自然天成为发心，以梧桐引凤、兼容并包之格调与境界，力争构建中国传统生命文化的清流高地，这么多嘉宾都很支持。

现在我们举行"梧居堂国学健康大讲堂"的首场讲座活动，是关于国学生命健康方面的内容。其中重点是太极拳的文化、理法，因为太极拳是在生命健康方面最核心的国学内容，我把它称为"太极国学"，太极国学是生命健康方面最重要的国学体系。

我先抛砖引玉，一会儿还有几位老师做精彩的演讲。我今天讲的题目就是"太极内功的心法"，因为内功是太极拳这些年发展比较受关注的一个概念。我有一个观点，"太极拳是一种高级内功"。因为高级内功所需要的几个要素，内外相合、形神兼备、性命双修、动静结合等，太极拳都具备。

过去我们在运动上有过一些误区，比如我们曾经提出"生命在于运动"，这个观点没有错，关键是怎么动。任何运动都得讲究科学的方法，没有科学的运动就是盲动、乱动。有的人片面理解，认为只要"动"就好，动得越厉害就越好，结果造成一定的运动损害。比如跑步，方法如果不得当，也会对身体造成损害；包括练太极拳，如果你练的方法不合适，同样会产生一些负面的作用。所以都要讲究科学运动。有一段时间气功很热，有的人又提出了"生命在于静止"，当然是以一个极端的方式来强调"静"的重要性。这个"静"是中国文化当中，特别是生命文化当中非常玄妙的一个东西，里边有无穷的奥妙。但是也有一些人走偏了，不仅舍弃了动，而且静中意念活动又没有有序的指导，造成一些偏差，特别是出现一些精神方面的障碍。

我们祖先最早的时候从植物、动物，比如大树、龟等生生不息中悟得"以静养生"的道理。后来很多养生术中都吸收了这些仿生的内容。太极拳中的不少拳势就有借鉴一些动物的生命运动的规律，并且比较完整地体现了动静结合的锻炼方式，这是真正的完整的养生理念。

我有一个观点，就是养生从理论上你说一千道一万，结果一定要用实践来印证。我曾经说过一句很简单的话，你看那些活到90岁、100岁以上仍然健康的人，他练的可能就对，你去研究他的东西，就一定有价值。当然，健康长寿有很多因素，先天的、遗传的、环境的、自己修为的等，我们讲的锻炼主要是自己修为的因素。我接触很多这样健康高寿的拳家，他们都有两个共同点，强调形神并练，动静相生，这两点实际上也都是太极内功心法。

很多东西弄明白了以后都不复杂。中国文化讲究大道至简，返璞归真，非常高级的东西到了最后总结出来几条，一定是很简单的东西。把东西说复杂了的，是开始领

为梧居堂题字：武居于心，无拘于天地

你入门的时候，或者是带你进修的过程中，一定要给你讲明白。修行的过程中一定要说透，可以说得很复杂，甚至越说越复杂，但是当你掌握了以后，一定是一个很简单的东西。所以今天我讲太极内功心法，就是简单地从心法的角度给大家分享一点感受。

梧居堂今天启动，我写了一句话，专门作为贺礼，送给宋伟先生。这句话也是我今天讲的一个主题，这句话就是"武居于心，无拘于天地"。刚才启动典礼上我解释了"梧居堂"这个名字的含义，有自然的意思、有武功的意思、有太极的意思、有修心的意思。

实际上合起来就一个意思，让自己的身心健康地、自由地安放，行走在天地之间。

我觉得中国太极内功心法的高级境界，就是这几个字："无拘于天地"。我们身心的很多问题都是来源于羁绊、拘束，来自外在因素对我们的捆绑、自己对自己的捆绑等，限制了生命能量的发挥，限制了我们的创造力。现在的社会，越来越多的人离自然越来越远，这是一个大问题。太极，就是帮助我们更好地回归自然，找到我们的本性。

"武居于心"，这个"武"，不是简单的"术"，还有"功"、有"学"、有"道"，中国武术不是简单地讲技击、养生，更高的含义是对社会、对身心的涵养意义。所以中国武术中有很多礼仪的东西、文化的东西。这个"武"是中国人的一种生命观，为什么战国时期、秦汉时期，包括唐宋等各个朝代，许多文人不以武为业，但崇尚佩剑，因为那是一种生命理念表达的符号，表达对生命强健的提倡。所以我说，太极拳是刚性的，它阳光、强大、自信、自尊、自强，让人练了以后，更加热爱生活，更加有力量，更加充满正能量，综合起来，我把太极拳概括为一种具有东方文化特色的"优能量"。所以"武"字是代表了中国对生命文化、对于天地人的一种强盛、和谐、畅达的理念，不单单是一种技击术。

"武居于心"，就是要用心去修炼功夫。练太极不是跟肢体较劲，而是真正把意、气练到你的心性里、融在四肢百骸中，一言一行、一举一动都具有"武"之风范，这才是"武居于心"。孔子是文人，李白也是文人，他们就有"武居于心"的风范。武有侠，有侠就有一股浩然之气，有生命力，这就是中国的文武之道。我们看李白的诗，处处洋溢着这种豪侠气象。所以真正把"武"练到心里，你就能无拘无束，遨游天地。庄子的《逍遥游》就是这种无拘于天地的境界，身上没有僵化点、没有紧张点，你的心性才能得到一种自由的安放、释放。所以我觉得这是中国武学的一种高境界。中国太极内功心法上，首先应该是修心。技术层面上的东西，这些形态也非常重要，要与修心很好地结合起来。当优美潇洒的拳架与内在的养气修心相结合，它就不是"花架子"了。我曾经在一些场合说过，武术讲究"花架子"，但是我们要避免的是单纯的"花架子"，内外兼修是没有问题的。就像书法一样，如果没有你的境界、没有你的格调、没有你的心性、没有你的气韵在里边，你写得再好看也没有很高的艺术价值。技术是一种通道，一种必然的通道，从这个通道我们要达到"神俱"的境界。技法是需要的，技要进乎道，这也是中国武术真正追求的东西。

梧居堂国学健康大讲堂部分嘉宾

我们看一些大家的拳架子，比如孙禄堂先生、吴鉴泉先生、董英杰先生等，他们的拳架子非常好看，有神也有型，所以我们强调是形神兼备。我们喝茶，茶要好，这是一个重要方面，为什么我们还要研究茶器、茶具，这也是形神兼备。形神兼备了，才能达到修心的层次。中国的阴阳理论，是一个和谐的整体，相关元素不可偏废。

太极拳如果说要归纳一个核心原则的话，可以用四个字来概括，就是"动态平衡"。阴阳就是一种动态平衡，"形"和"神"也是一种动态平衡。所以内功心法的第一步，一定要掌握"形"这个东西，不能抛却它，没有这个"形"，你一定达不到那个"神"。所以在入门学习太极拳的时候，一定要打好基础。大家都说弘一法师、谢无量的字好，称其为孩儿体，但是你要看到弘一法师、谢无量早期的字，那是很讲究技法的，很有基础的，最后才抛去了一些"形"的东西，这是一个过程。

"形"的第一步达到以后，就要注重心性的修炼，心性修炼我觉得核心有三个层次。

第一个是"心气"。修炼"以心行气"。太极拳要和顺，要达到内外兼备，就要能够"以心行气"。太极拳动作你练得再好，如果没有气感，那一定是表面文章，所以"心气"是练拳的一个节点，有了"心气"，才能说你到练"内"的层面了。

第二个是"心神"。有了"心气"以后，气还是形态上的鼓荡的东西，"心神"

就是你练形而上的东西。

第三个是"心境"。这是一种功夫，也是一种境界。练武的人到了高境界，一定是有气势、有气度的。武学修为好的人一定有他自己独特的气度，这种气度不是剑拔弩张的，而是温文尔雅的，也有很大的气场在里面。练到高级境界，一定是有自己的气象，就好像一座大山、一条河流，它一定是气象万千的。没有到"心境"的人，你的武学很难说到了化境。当然到这个程度的人很少，到了"心境"这个程度，一定是文武交融的。李白的诗，很多呈现的就是"心境"。文武合一了以后，就有了仁、义、忠、勇、礼、智、信这些元素，真正的武术心法一定是形神合一的，一定是有很精湛的武技，很精深的武功修为和很高妙的武学修养在内的。

"至武为文"，这是中国文化的心法。

武居于心，无拘于天地

梧居堂国学健康大讲堂

黄丽女士带领日本太极拳爱好者进行太极拳集体表演

太极拳的「传统性」是当代生活的滋养剂

——在日本德岛国际武术交流大会上的演讲

日本德岛县，旧称阿波，位于日本西南部，属于日本地域中四国地方的东部。德岛的阿波舞世界闻名，近年来，由旅日中国太极优秀传承人黄丽女士倡导主办的德岛国际武术交流大会，也逐渐成为当地的著名文化活动品牌。2019年11月30日至12月2日，第二届德岛国际武术交流大会在德岛体育馆隆重举行。来自中国、日本及世界各地20多支代表队的300多名运动员参加了交流大会。中国驻大阪总领事李天然先生，德岛县知事饭泉嘉门先生以及德岛县、市众多政府官员，中国武术研究院原副院长、中国武术协会原副主席张山先生，著名太极文化学者余功保先生，著名武术冠军戈春燕女士、张成忠先生，以及武术界嘉宾张秋、赵海鑫、张梅瑛、徐昌文、冷先锋、李蓉、丁长滨、苗蔚恒等知名人士出席活动。

极享——余功保太极演讲录

（2019年12月2日 日本德岛）

各位女士们、先生们：

　　大家晚上好。刚才大会仲裁主任张山先生总结了这次活动的情况，特别是中国驻大阪领事馆和日本德岛政府对中国太极文化十分重视，对本次活动给予了大力的支持，中国驻大阪总领事李天然先生和日本德岛知事饭泉嘉门先生也出席了本次活动。活动办得很成功，特色鲜明，应该说是2019年中日文化交流的一个亮点。

与张山先生一起为黄丽女士颁奖

在德岛国际武术交流大会上演讲

德岛的太极拳交流活动已经连续举办10多年，这样的国际武术交流大会也连续举办了两届，中国许多地方的武术、太极拳机构都先后派人来参加了活动，其影响逐渐扩大，黄丽女士为此作出了重要的贡献，今年在三亚我们发布的"世界太极文化优秀传播人物"中，黄丽女士也光荣入选，这是对她多年传播中国太极文化的充分肯定。

活动开幕式上，中国的太极和武术名家、世界冠军们进行了精彩的表演，他们的示范，让观众欣赏到了世界一流的中国太极拳、武术的水平。几百人的日本太极拳爱好者的集体表演也令人印象深刻，反映了德岛太极拳具有广泛的民众基础。这些都展现了本次活动的层次和规模。这次活动除了日本和中国的太极拳爱好者，还有新加坡、加拿大、美国等国家和地区的代表，体现了国际化的特点。

这两天我们参观了德岛的阿波染工艺和富有浓郁日本文化气息的阿波舞，据说

极享——余功保太极演讲录

阿波染的"德岛蓝"作为"日本蓝"被选为东京奥运会的宣传设计主色调。这也反映了德岛文化的影响力。在本次活动中，始终突出了太极拳传统文化的特色，"传统"是人类社会长期在生活实践中积淀下来的人文精华，是生命不断成熟的果实，对"传统"的尊重和继承，是当代生活的重要"滋养剂"。太极拳现在也作为德岛的一个重要文化特色，在全日本产生了越来越广泛的影响。近些年来，太极文化是中日两国文化交流中最具代表性的文化形态，德岛太极拳活动的蓬勃发展将为推动中日文化的交流发挥重要作用。

近日，我在有关报道上看到，现在日本习练太极拳的人数已经超过150万人，其中

开幕式上中日太极拳传人联合表演

70%为女性,专职主妇很多。一些人开始只是体验一下,后来就一练几十年放不下。有的人以前很少运动,本来还担心能不能跟上,但开始练习后发现并不难,在和朋友一起活动的过程中,水平不断提高,练了多年后已经成为太极拳老师。有的学员表示:"太极拳将曾是普通妇女的我带进一个崭新的世界,能够拥有想要理解和追求的东西,真的很幸福。"

这说明太极拳给日本现代生活带来了重要的变化,为生活添加了营养剂。这种情况不仅在日本,在世界很多国家也都在发生着,太极拳在深度地融入现代人们的生活。祝愿世界人民都能从这一古老的中华文明中不断体验生命的价值和魅力。

太极拳的『传统性』是当代生活的滋养剂

戈春艳、张成忠在开幕式表演

久久为功

——在日本『陈泮岭传统武术99协会』上的演讲

2019年初在日本交流访问期间，余功保应"陈泮岭传统武术99协会"会长陈晓怡女士邀请，在福冈为该协会举行太极拳文化讲座。

极享——余功保太极演讲录

（2019年12月3日　日本福冈"咖道庵"）

非常感谢晓怡女士的安排，在这样景色宜人的地方和大家一起来分享中国太极。这个地方叫"咖道庵"，名字和环境结合在一起，很有禅意，是一个自然之地，一处人和山水之间的自然道场。刚才晓怡告诉我，日本电影明星高仓健很喜欢这里，经常来喝咖啡，他在中国也很有名，他的形象很阳刚，喜欢在这么秀美的地方养性，这也是阴阳调和吧。

咖啡不错，好的咖啡需要慢慢品，太极也是要品的。太极一要下功夫练，再则就是要慢慢品，品太极的韵味，要用心去品味，需要长时间静下来慢慢品，这就是功夫，正如咱们这个太极拳协会的名称——久久为功。所以这是今天我给大家的第一个建议，就是练太极不要着急，慢慢练，以品咖啡、品茶的感觉、感受，用心去品。这是一种品拳的状态，这样练太极，时间越久，味道越醇厚。

太极拳需要品的内容很多，今天我重点和大家讲太极拳很重要的三个基本要素：舍、空、通。

舍，就是我们要卸重、去重。我们身体内外积累了很多"灰尘"，这些灰尘对生命力形成干扰和损害。我们背负了很多东西，都是在负重而行。练太极就是要把这些"重物"卸掉，像丢垃圾一样把它们舍去。所以练太极要先舍，舍掉杂念才能入静。一点一点舍掉全身内外的紧张点，就能轻松、愉快地练太极。所以练太极的人应该是快乐的。

空，就是要轻灵，就是让我们身体达到高度的松柔。"空"的一个关联词就是"无"。中国禅宗六祖慧能在日本也很有名，他最有名的一首诗中说"本来无一物,何处惹尘埃",

说的就是"空"。通过练拳建立起"空"的状态，才能不让"尘埃"惹身，才能保持长久的健康。要做到"空"，就要先做到松、柔，除了修身，还要修心。

通，就是要通畅、贯通、融通。练太极开始的时候是自己的事，慢慢的就不仅仅是自己的事了。自身要通，各关节协调运动也是通，经络、气脉要运通，还有就是和家人、朋友、社会要融通。我们通过练拳，和整个社会、自然、宇宙达到和谐的状态。一边练拳，一边学习一些太极文化、太极哲学，在动作中体会道理，再用道理来结合练拳，这就是我们经常说的理法兼备。

所以，练太极就是塑造人，塑造身心健康、情绪健康的人。

在此也祝贺大家，遇见了太极，因为结缘了太极就结缘了生命的智慧，就更容易去感受自己、家人、朋友、社会和自然的美好。

山中宁静

极享——余功保太极演讲录

讲座

久久为功

与"陈泮岭传统武术99协会"各教室负责人合影

太极拳的动静之道
——在『黄山论剑』武术文化论坛开幕式上的演讲

2019年12月6—9日，"科星太极杯"黄山论剑暨第五届武道文化教育艺术节在黄山隆重举行。来自全国各地各流派的优秀武术家、武术传承人、大学教授、博士生导师、武术推广人、武术机构负责人代表200多人云集一堂，共同研讨交流中国传统武术的功法、技法和发展，并进行演武活动。其中包括韩建中、张茂清、刘玉强、杨维、王岗、李金龙、武世俊、田秋信、冯秀芳、庄海、钱兴勇、熊志柱、马向东、陈建韧、王建勋、徐文龙、张国祥、仇学琴、田益维、关贵林、彭超华、穆松、黄剑君等。各位武术家举行了"黄山论剑"及传统武术文化教育研讨活动，就中国传统武术的结构与功能、传统武术技击、传统武术的现代化发展、传统武术与养生等进行了阐述交流。

在传统武术交流比赛活动中，来自全国各地的数十个武术拳种流派的传人、选手展现了个人和集体精彩的拳、械功夫。活动期间与会代表还举行了"游黄山、练武术"活动。

极享——余功保太极演讲录

（2019年12月8日 黄山轩辕国际大酒店）

今天我们在黄山脚下举行这场武术文化论坛，很有韵味。黄山秀美、多姿、变幻莫测，云海峰石著称天下，虚实相生，映合了中国武术、太极拳的典范理想境界。

刚才韩建中先生、李金龙先生、王岗先生、刘玉强先生、杨维先生，还有几位老师我就不一一列举了，他们都做了精彩的发言。大家在2019年即将结束的时候，一起来讨论武术的发展，特别是武术教育问题，很有意义。

武术包括武技、武功、武学、武道这几方面，真正修炼好，这几方面缺一不可，贯穿其中有很多要素，"动静"是重要的一方面。今天我重点讲一下太极拳的"动静之道"。从运动形态上来说，每种武术都有动有静，太极拳更加显著。

前些天我在日本访问交流，日本武术界就有人提了一个问题，问中国武术是不是分为内家、外家，因为有动的比较剧烈的和静的比较明显的，他们认为太极拳就是一种静的、一种柔的功夫，而少林武术等是一种动的功夫。我跟他们讲，从一定层次上来看，好像是这样的，大家分了一下"内家""外家"，但这是粗分，从更高层次上来说，中国武术是不分内外家的。真正优秀的武术家，他必须是要练内功的，否则就是不合格的武术家。在座的冯秀芳老师的父亲冯志强先生，还有张茂清老师的师傅孙剑云先生，过去都曾经作为优秀武术家的代表在世界医学气功交流会上讲学。不管是哪个流派的中国武术，都必须讲"内"。少林拳有没有内功？当然有了，易筋经等那些行气法、打坐法都是内功。从另一方面来讲，大家认为太极拳是静的、是柔的，它讲不讲"动"？当然讲。所以我要强调一个观点，不要简单理解太极拳是"柔"的

"黄山论剑"武术文化论坛

拳，它具有很强的"刚"的属性。

练太极拳不懂"动"、不懂"刚"，你就没有练好太极拳。"动静结合""刚柔并济"是太极拳非常重要的特性。如果太极拳练到最后练成了缩头缩脑、晃晃悠悠、唯唯诺诺，没有那种昂扬之气、阳刚之气，那是太极拳没有练好。

柔是它的过程和方法，太极拳一定得是"刚柔相济"的。大家觉得陈式太极拳窜蹦跳跃，有很多发劲动作，但陈式太极拳的核心叫"蓄发相变"，有发有蓄，刚柔相济。太极拳看着练时很柔，所以大家认为是静的，但必须练成"刚"的。"刚"是什么？刚是你旺盛的生命力、蓬勃的能量、对生活热爱的激情，很昂扬。所以太极拳练到最后，出拳的时候可以柔，真正发出去的时候、用的时候、打的时候必须得是刚的。柔是为了协调整体，要把人练得完整，刚是柔的效果。动静与刚柔是相通的，有动静才有真正的刚柔。所以中国武术的动静之道从大的方面来分拳种，可以在初级形态、在入门的时候分，到高级阶段是不分的，也没法分，任何拳种都应该是刚柔相济的。

太极拳是一个"动静相生"的修炼方法，这点很要紧。不能真正理解太极拳的动静相生，就不会深刻了解太极拳的生命之道。

太极拳讲究"以静致动",也有人说是"以静制动",制约的"制"。前者是根本,后者是应用。动静是阴阳的运动属性体现,"动静"就是"阴阳"。拳以静而精纯,这是"质";以动而浑厚,这是"势"。王宗岳在《太极拳论》开宗明义就讲:"太极者无极而生,动静之机,阴阳之母也。"这句话可作为练拳的法要,反复、深入琢磨。

太极拳是具有代表性的动静结合的练习方法,这是它的一大特征,也是它的精妙之处。理解太极拳"动静之道"要从两方面来看,第一点,太极拳是一个主静的拳术。"静"在中国传统养生修持术中的特殊意义和作用,在太极拳中得到最彻底的发挥和贯彻。《老子》曰:"清静为天下正",练拳不"静"就不"正"。静为"沉着",拳论强调"以心行气,务令沉着",做不到"静"就无法"以心行气",就沉着不了,拳就有燥气、火气。第二点,太极拳根本上归结于动。静的作用是什么?不是限制动,更不是不让动,是不让"妄动",避免"盲动"。戚继光在《纪效新书》中说:"又莫贵乎静,静则心不妄动,而处之裕如,变化莫测,神化无穷。"从某种意义上来说,也可以理解成"静"为体,"动"为用。

太极拳与一般的体育运动不一样。通常的体育运动,比如跑跳投,按我们通常的理解基本上是动的,以动为主,没有太极拳的这种静,特别是太极拳在精神层面的静。动更多是指形体、肢体的,静是我们内在的、精神的、心性的,所以太极拳特别强调心性的锻炼。

技击是武术的灵魂,但是技击不是武术的最高境界。太极拳等优秀武术拳种使人更加强大,第一个是身体素质的强大;第二个是心性的强大,你有强大的心性,就能勇敢面对一切艰难困苦;第三个是智慧的强大。

太极拳最高级的境界是培养人生命力的强大。生命力强大既包括了技击的能力,也包括养生的能力,包括应对社会与自然相融合的能力,当然也包括你这流派跟其他武术、跟其他文化相融合的能力。所以我常说真正优秀的武术家,他一定是国学大家。太极拳是真正的智慧文化,文化不是说读几天书、上若干年学就真正有了的,文化是需要身心双修的。

太极拳的动静之道包括很多方面,拳法、拳功我们可以理解为"动",拳的文化、思想、它的信息可以理解为"静"。练太极拳一定要理解它动的方面和静的方面,包括哪些内容,它真正的含义是什么,从而依照"动静相生"的原则去练。

为传统武术推广者颁奖

在"黄山论剑"武术文化论坛开幕式上演讲　　　　　在"黄山论剑"武术文化论坛会上

"动静相生"是中国传统养生学的核心要素,是"绝招"。古人说:"天地本乎阴阳,阴阳主乎动静。人身一阴阳也,阴阳一动静也。动静合宜,气血和畅,百病不生,乃得尽其天年。"不仅理论上是这样,从实践上看也是这样。历史上很多著名的长寿者都是"动静结合"的理论倡导者和实践者。在我接触的当代很多90岁以上的拳家中,他们给我的最突出印象就是动静相生、动静结合。过去我们曾经组织过练气功纠偏的,发现出偏者中很多就是没有做到"动静结合",有的人单纯追求"静",意念过深、过重,就钻进去,有静无动;有的人则是只有动没有静,形同体操。

不了解"动静相生",就不会把握太极拳"练养结合"的核心。所以我说"动静之道"是中国太极拳一个特别重要的属性。

中国女性的『精神旗袍』

——在古兜『健康中国太极文化产业』高峰论坛开幕式上的演讲

2019年12月31日至2020年1月2日,第五届"健康中国太极文化产业"高峰论坛暨2020《太极星球》生态共享全球发布会在广东江门古兜温泉小镇隆重举行。来自全球10多个国家和地区的2000多名代表参加活动。活动内容包括太极跨年元旦联欢会、论坛和发布会开幕式、系列论坛活动、各产业和行业联盟发布会等。文化部、商务部、工信部以及和太极机构、洪门文化发展战略基金会、华商书院、武当山旅游特区等部门和机构的众多嘉宾出席了活动。

极享——余功保太极演讲录

（2020年1月1日 江门古兜温泉小镇）

大家新年好！非常高兴来参加这次"健康中国太极文化产业高峰论坛"活动。刚才听了何俊龙先生对"太极星球"生态共享全球发布介绍，以及高部长等嘉宾的讲话，稍后齐善鸿教授等专家还要做精彩的演讲。我们这个论坛是一次从文化、健康、发展、产业等方面进行的多层次、全域化的研讨交流。

今天是 2020 年的第一天，元旦本就是一个符合太极状态的特殊日子。新年伊始，元在太极里是一个特殊的节点，时间按照太极图绕了一圈，起点和终点合而为一，而且不是简单的重合，按照太极拳来说，是"旧力未尽、新力已生"的一个状态。它是"阴"和"阳"的合一、"藏"和"发"的合一。这个"藏"就是我们中华五千年文化的一个积累、蕴藉，"发"就是它的勃发，用之于社会、服务于现代，发挥更好的时代价值。我们的文化一直在绵延地发展，是中华民族的一个巨大的养料库。但是随着现代社会的发展、经济的发展、信息的高速流通，我们很多人已经丢失了这种"藏"的东西，所以我们今天的发布会、论坛实际上是一个文化的"唤醒"活动。太极文化、太极拳是能够将传统优秀文化转化为我们当代幸福生活要素的一种巨大的能量。

提到太极，这里实际上有三个概念：第一个是"太极"，这个词是中国人最精辟的对于自然宇宙认识的一种高度概括；第二个是"太极文化"，是系统地阐发太极思想的一个体系，太极文化可以说是中华文明的最核心的一部分，它是融合了儒、释、道在内的；第三个是"太极拳"，它是最生动体现和诠释太极文化、太极思维的一种生命运动形态。我觉得太极文化包括太极拳，对于我们当今社会来说，它是一种润滑剂，可以让社会更加和谐；对于个体生命来说，它是一个催化剂，能够催化巨大的、健康的、优化的、内生的能量。每个人身体里都有巨大的能量，所以中国人生命修持里有一句话叫"我命在我不在天"。当今著名医学家钟南山院士也曾很通俗地说："在健康问题上，你自己比老天爷管用。"就是强调自我锻炼的重要性。每个人体内都蕴藏着巨大的能量，这种巨大的能量需要去引导、去催化，需要一副药引子，太极拳就是药引子之一。

前段时间在一次国学演讲中，听众是一些时尚女性，她们对传统文化很有兴趣，对生活充满热爱，但是对太极拳的了解并不多，邀请我做了一个太极国学讲座。开始大家就问了一个个简单而又深刻的问题：太极拳是什么？我们为什么一定要练太极拳？它和其他的健身运动有什么不同？我看着会场中陈列的许多精美旗袍回答说："太极拳是中国女性的精神旗袍。"

太极拳不仅仅是一种健身术，还是一种养生术、养心术、它的巨大作用是在精神层面对生命的锻造和升华。中国女性为什么喜欢穿旗袍？因为旗袍最符合中国女性的身材和气质。它是从服饰的角度表达了中国女性对于生命的理解、体验和展现，它以一种生活方式体现了中国女性丰富的生命形态。

我们今天在场的许多女性朋友，有的在练太极拳，有的还没开始练，准备练一练，我愿意和大家交流一点感悟。其实我们发现，在全国、全世界习练太极拳的人群中，女性朋友占了很大比例，很多人练得非常好，但太极大家中，女性比较少，希望将来有更多的杰出女太极拳家出现。

旗袍形式简洁但雍容大气，充分体现了内敛而又乐观向上、端庄而又灵动、静谧而又飘逸的东方女性美，它是最符合中国女性的身材、内在气度与审美取向的服饰。而太极拳，它的精神内核和文化特征与旗袍是相同意象下的不同表述形式，它是从内向外表达了中国人的生命理解和追求。练习太极拳就是女性为自身量身定做、打造的

名家合练

"健康中国太极文化产业"高峰论坛演讲

具有恒久的、独具魅力的、充满活力的、高贵典雅的精神旗袍。

太极如旗袍,没有过于繁复的样式,却有无限的风情与韵味,在云手翻掌之间,柔性的美与刚性的韧,天衣无缝地契合,有"人间值得"的归心之感,这便是太极的举止美。通过太极拳的练习,健康身心、容光焕发、步履轻盈、从容自信,这些便是太极拳给女性带来的健康美。没有健康的人就没有神采,生命状态黯淡无光,再好的衣服上身也是索然无彩。

太极拳处处呈现出弧形,曲线尽现,婉转不绝,绕梁三日。太极拳的修炼,倡导中正、舒展、畅达,讲究动静相生,举手投足之间的每一动作每一动势,充满了内外的张力,以及含蓄有度的法则规矩,这便是太极的形态美。

太极拳、理、法合一,阴阳和谐。长期习练太极拳的人,具有沉稳的气,通晓阴阳变化之理,察生发循环之道,通过练习太极,能够实现"知拳达理";长期习练太极拳的人,能够从大局着眼、从高处着眼、从长远着眼,具有开放性的思维,对事物具有动态的理解力,因此具有闪耀智慧光芒的知性美。

太极拳儒雅大方,秀中慧外,意气涵于内,而舒展达于外。把活脱脱的生命激发出来、激扬出来、涵养起来,将内在的生命能量不断地培育壮大,并且将这种能量润

论坛会场

达于四肢百骸。培养强大的心性是它独特的作用,太极拳的锻炼使得女性具有强大的优雅气场,这便是太极拳的气质美。

通过太极拳的锻炼,修炼出独一无二的、最符合自身特点和气质的精神旗袍。这件旗袍是属于你的,是世上唯一的、不可取代的专属用品。买一件衣服、做一件旗袍,可能穿在自己身上很美,穿在别人身上同样的美。但是太极拳这件精神旗袍是不可替代的,如影随形,此生相伴,永不抛弃,成为你最贴心、最真实,也是最忠实的朋友,呵护你的健康,润养你的脏腑,温暖你的心境,融通你的环境,伴随你一生,塑造独一无二的你,成为每一位女性朋友最具价值的一件贴身的锦绣华服。中国人讲究正衣冠,正己、正身、正心,太极拳就具有这种"正"的作用,正你的气息、你的气质、你的内气,培养你强大的心性。

一元复始,让我们从太极这个"圆"中,体验圆融健康、快意畅达的人生。

太极：中国人的『精神唐装』
——2020年元旦太极网络贺词

2020年元旦之际，世界太极拳网创办的网络教育平台"太学堂-世界太极网络学院"线上正式开通，余功保先生在太学堂直播平台发表贺词并进行新年专题太极讲座，阐释太极拳的精神内涵和文化要义。

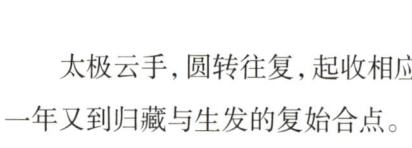

（2020年1月1日　北京世界太极网络学院）

太极云手，圆转往复，起收相应，一年又到归藏与生发的复始合点。

我们中国人的传统习惯，新年送新衣。给你心爱的、亲爱的、挚爱的、热爱的人，送去健康的心意。太极拳，是中国人的"精神唐装"，它保暖、养生、培元、固本。

著名文学家沈从文先生曾经受周恩来总理嘱托，研究著述了《中国古代服饰研究》一书，成为他晚年最重要的贡献。在中国人眼里，服饰不仅仅是遮体的穿着，还体现出中国人的意态精神，是一种文化象征。所以在沈从文先生的书中，丰富的服饰衣料之外，贯穿着浓郁的文化意识和生命的体证含义。

太极拳这套"精神唐装"，彰显了中国人生活"正身""正意""正衣冠"的品质化诉求，对于塑造人的精神气质、健康智慧、品行修养具有显著、独特的作用，全面体现了中国人的修为、礼仪、道德等内涵。

太极拳之"形"，中正安舒、雍容大度，有唐装之"架"；

太极拳之"礼"，谦和温润，吐纳包容，有唐装之"适"；

太极拳之"德"，海纳百川，八面支撑，有唐装之"合"；

太极拳之"技"，丰富绚烂，美于目而怡于心，有唐装之"色"；

太极拳之"法"，阴阳相和、刚柔相济、动静相间，有唐装之"度"；

太极拳之"气"，内固精神，外示安逸，浑然一体，有唐装之"范"；

太极拳之"范"，端庄宏严，刚柔蕴藉，流畅洒脱，有唐装之"风"；

太极拳之"用"，以柔克刚，随曲就伸，不偏不倚，无过不及，有唐装之"势"。

腹有诗书气自华，身有太极神自畅。一套太极拳练的是身，修的是心，正的是己，和之于他人，惠之于社会。一动无有不动，节节贯穿，处处相合，于己合，与人合，与社会合，与自然合。

华服不一定人人能买，而太极却是人人可练。古人云："莫以为易而轻之，莫以为近而弃之。"这近在眼前、易学易为的太极拳就是你终身不离不弃的忠诚朋友。"投之以桃，报之以李。"

太极不负我，我不负此生。"优能量"的赋能，你会惊喜地发现一个不一样的生命状态，一个更加强大、自觉、自醒、自立的真实存在。

太极不仅能练就健康体魄，更能塑造健康的气质。每个人都能够根据自己的状态找到自己适当的"穿着"方法。"书中自有颜如玉"，拳中自有赛黄金，健康生命万金难求。

生命常新，生命长兴。珍爱自己，以太极为友；珍爱亲朋，以太极为理；珍爱他人，以太极为介；珍爱社会，以太极为媒。

将太极这套"精神唐装"穿在身，洋溢的是中国文化、中国伦理、中国气派、中国气象、中国风范、中国风骨。更展现出中国式的行动力，涵容而不虚弱，刚强而不张扬。名侠之大义，担社会之公道。

中正安舒，你会更加挺拔。随曲就伸，你会雍容大度。临泰山之既溃而不乱，沉静如水，含春夏秋冬往来风光。颐脑安神，你会顺气畅气，明达通理，晓回旋之便，培养强大的心性力。可以之为鉴，正人正心，陶冶性情，涵养道德。淫而不虚，充而不忘。刚柔相济，不张不狂，温热而雅。

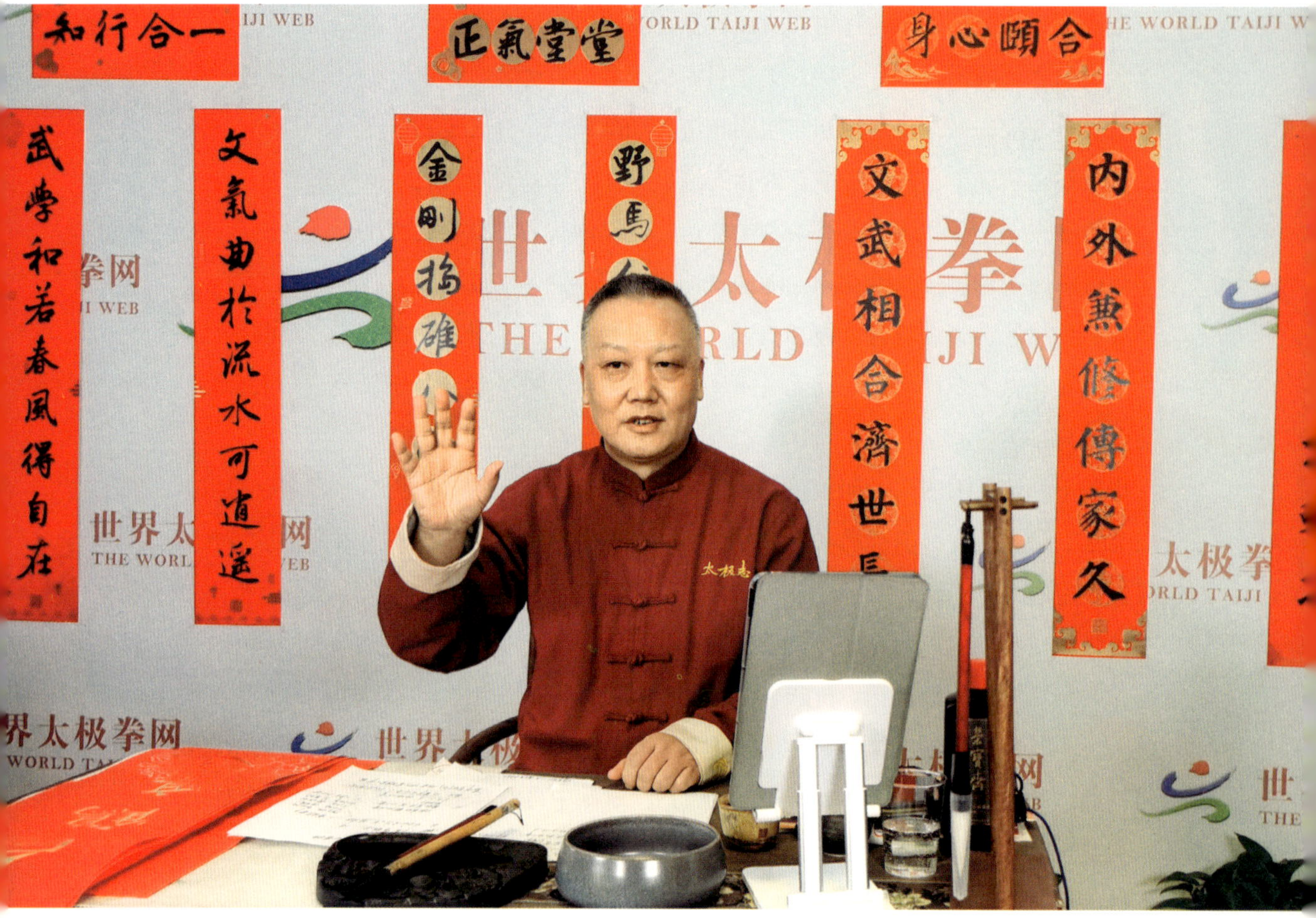
正氣堂堂
身心頤合
武學和若春風得自在
文氣曲於流水可逍遥
内外兼修傳家久
世界太极拳网
THE WORLD TAIJI WEB

太极新年讲座

这套"精神唐装"，不是简单穿着于形，而是了然于胸，融之于体。其中蕴含着高效的催化剂，能激发自己强大的能量。它由静入手，疏导全身经络，和养全身气血，鼓荡周身气机，通达四肢。人立天地间，守神、不妄，是之为"中"。

唐装穿在身，心是中国心，你能感受到文化之根，文化的博大、文化的魅力和文化的能量。

终身为友，不离不弃。人衣合一，如影随形。

曾经在APEC领导人峰会上，各国嘉宾身着中国唐装出场，惊艳全球。这是因为唐装显示了中国的文化内蕴、生命色彩和精神气度。

过有品质的生活，做有价值的人。

日月轮回，岁岁更新，新陈代谢，周而复始。生命之本，在于自然的萌生；生命之久，在于持续的勃发；生命之享，在于内外的比宜。

每一个中国人都研究一点、习练一点太极拳，为自己锻造一套"精神唐装"，让我们的生命更有色彩、更具活力、更显张力，更加自信、自强和自尊。

内容编辑 何 佳
责任编辑 孔令良
内文设计 刘艾兰
美术设计 李 照

建议上架类别：体育、武术

ISBN 978-7-5009-6115-4

关注更多图书请扫码 定价：286.00元